Jürgen Möller

Der Kampf um den Harz April 1945

Wappen des VII. US Corps

Der Vorstoß des VII. US Corps von der Weser durch das nördliche Eichsfeld und die Goldene Aue bis in den Raum Sangerhausen, die Besetzung von Nordhausen, die Befreiung des KZ Mittelbau-Dora und die Kämpfe zur Zerschlagung der deutschen Truppen im Harz

Verlag Rockstuhl

Impressum

Umschlaggestaltung: Harald Rockstuhl, Bad Langensalza

Titelbild:
Die 3rd US Armored Division erreicht Nordhausen.
Foto: National Archives, Licence CriticalPast 65675029077

Umschlagrückseite:
Eine Planierraupe der 1st US InfDiv räumt am 12. April 1945 einen deutschen Panzer „Königstiger“ von der Straße Dorste/Osterode.
Foto: Mit freundlicher Genehmigung des 1st Infantry Museum

Bisherige Auflagen:
1. Auflage 2011 und 2. Auflage 2013, 3. bearbeitete Auflage 2016 im Verlag Rockstuhl, Bad Langensalza

4. bearbeitete Auflage 2021
ISBN 978-3-86777-257-0

Satz und Layout: Jürgen Möller
Lektorat unter Verantwortung des Autoren
Gedruckt auf alterungsbeständigem Papier nach ISO 9706

Die Deutsche Nationalbibliothek verzeichnet diese Publikation in der Deutschen Nationalbibliografie. Detaillierte bibliografische Daten sind im Internet über *http://dnb.d-nb.de* abrufbar.

Inhaber: Harald Rockstuhl
Mitglied des Börsenvereins des Deutschen Buchhandels e.V.
Lange Brüdergasse 12 in D-99947 Bad Langensalza/Thüringen
Telefon: 03603 / 81 22 46 Telefax: 03603 / 81 22 47
www.verlag-rockstuhl.de

Inhaltsverzeichnis

Mein Dank gilt an dieser Stelle:

KZ Gedenkstätte Mittelbau-Dora, Nordhausen

1st Infantry Division Museum, Leighton Barracks Würzburg
Ms. Gabriela Torony, Museum Curator

8th Armored Division Association
Mr. Okay Taylor (Webmaster), Mr. Vernon Miller und Charles Gordon

83rd Infantry Division, Mr. and Mrs. Clay Mayfield

Stadtarchiv Nordhausen, Herrn Hans-Jürgen Grönke

Stadtarchiv Osterode, Herrn Ekkehard Eder

Nationalpark Harz, Dr. Friedhart Knolle

„Krell'sche Schmiede" Wernigerode
Herrn Dipl. Museologe Peter Nüchterlein

Geschichtswerkstatt Gieboldehausen
Herrn Gerhard Rexhausen und Heinrich Bode

Luftbilddatenbank Dr. Carls, Würzburg-Estenfeld
Herrn Dr. Hans-Georg Carls und Wolfgang Müller

documentation office Berlin, Herrn Ulrich Koch

Manfred Bornemann, Hamburg; Fritz Dernedde, Ührde; Fred Dittmann, Kelbra; Heiko Einecke, Museum Burg Querfurt; Karl-Heinz Engelhardt, Großbodungen; Eduard Fritze, Wachstedt; Heiko Golla, Thale; Herbert Heere, Hardegsen; Rudolf Herz; Berlin; Carl-Heinz Hühne, Tanne; Jörg-Michael Junker, Auleben; Dr. Jürgen Kürschner, Sollstedt; Peter, Lehmann, Wernigerode; Hardy Liebner, Berlin; Jan Linzmaier, Nienhagen; Andreas Maak, Förste; Axel Messing, Northeim; Rolf Owczarski, Helmstedt; Christian Resow, Tanne; Friedel Rusteberg, Schwiegershausen; Harald Schlanstädt, Eisleben; Hans Schneider †, Nordhausen; Winfried Sperling, Ludwigshafen; Rolf Staufenbiel, Gröningen; Lothar Steinicke, Steinheuterode; Edith Wagester, geb. Dernedde, Herzberg; Dr. Helmut Weber, Falkensee; Prof. Dr.-Ing. Klaus Weber, Burgdorf-Ehlershausen; Karl Wedler, Epschenrode; Robby Zeitfuchs, Wierschen; Thilo Ziegler, Sangerhausen

„Den ungerechtesten Frieden finde ich immer noch besser als den gerechtesten Krieg“

Marcus Tullius Cicero

Vorwort

Dieser Band der Dokumentationsreihe zur amerikanischen Besetzung Mitteldeutschlands sollte ursprünglich in Anlehnung an das Buch „Der Kampf um Nordthüringen im April 1945“ den Vorstoß des VII. US Corps der 1st US Army von der Weser bis zur Mulde darstellen. Ein Vorhaben, das schnell an seine Grenzen stieß. Waren doch große Teile des VII. US Corps an der Einkesselung und Zerschlagung der 11. deutschen Armee im Harz beteiligt. Doch wer sich mit dem Harz und der 11. Armee beschäftigt, kommt nicht umhin, sich mit dem zu beschäftigen, was zur Aufstellung und letztendlich zum Einsatz dieser Armee führte – dem „Ruhrkessel“. Schließlich bestand die Masse der 11. Armee aus Einheiten und Verbänden, die dem „Ruhrkessel“ entkommen waren und sich kämpfend bis in den Harz zurückzogen, wo sie sich mit frisch aufgestellten oder in der Aufstellung befindlichen Verbänden vermischten. Aber das ist nur ein Gesichtspunkt. Der Harz bildete gleichzeitig die natürliche Trennungslinie zwischen der 9th US Army und der 1st US Army beim Vorstoß zur alliierten Haltelinie an Elbe und Mulde. Will man also verstehen, was sich in diesen Tagen im Harz ereignete, muss man auch die benachbarten amerikanischen Verbände betrachten, in diesem Fall das XIX. US Corps der 9th US Army. Geht man dann noch ausführlich auf die Besetzung des nördlichen Eichsfeld, der Stadt Nordhausen, der Goldenen Aue und die Befreiung des KZ Mittelbau-Dora ein und betrachtet die Ereignisse an der Trennungslinie des VII. US Corps zum V. US Corps im Süden, erreicht man schnell einen Umfang an Material, der weit über das geplante Maß hinausgeht.

Daher wurde in Absprache mit dem Verlag entschieden, das Buch zu teilen. Während sich dieses Buch mit den Aktivitäten des VII. US Corps vom Übergang über die Flüsse Weser und Leine bis zum Vorstoß in den Raum Sangerhausen beschäftigt und sich dann der Einkesselung und Zerschlagung der deutschen Truppen im Harz widmet, wird in Kürze ein zweites Buch erscheinen, das sich mit dem Vorstoß des VII. US Corps aus dem Raum Sangerhausen zur Mulde und der Einnahme von Halle beschäftigt. Ergänzt wird dieses zweite Buch mit einem kurzen Abriss zur amerikanischen Besatzungszeit im gesamten Vormarschgebiet des VII. US Corps und im Harzraum. Gleichzeitig wird mit diesen Büchern endgültig der Wechsel von der Dokumentation der Ereignisse des Jahres 1945 in Thüringen zur Dokumentation für den gesamten mitteldeutschen Raum vollzogen, der bereits in den Büchern zum Leipziger Südraum und zu Zeitz begonnen wurde.

Nun wird bei vielen Interessierten die Frage auftauchen, warum sich jemand noch einmal diesen Themen widmet, wo bereits mehr darüber geschrieben wurde, als zu jeder anderen Region Mitteldeutschlands. Vielen sind die Bücher von Manfred Bornemann und Ulrich Saft zu den Kämpfen im Harz bekannt, die ihre Ergänzung in der Zeitzeugensammlung von Robby Zeitfuchs und Volker Schirmer und den Übersetzungen amerikanischer Unterlagen durch Peter Nüchterlein finden. Gleiches gilt für die Arbeiten von Dr. Schröter, Dr. Kuhlbrodt und Dr. Geiger zu Nordhausen.

Die gleiche Frage stand auch am Anfang dieser Arbeit. Doch bei der Beschäftigung mit dem Thema ergaben sich innerhalb von kurzer Zeit so viele neue Aspekte, dass eine Neubearbeitung gerechtfertigt scheint. Dabei will das Buch aber nicht konkurrieren, sondern versucht diese Arbeiten mit bisher unveröffentlichten oder weniger bekannten deutschen und amerikanischen Unterlagen und Zeitzeugenberichten zusammenzuführen. So wurden erstmals umfassend Unterlagen der 9th US InfDiv und der 4th CavGp aus dem Bestand der National Archives ausgewertet, deren Verbände an vielen Stellen Nordthüringens und des Harzes überlappend mit den anderen Divisionen zum Einsatz kamen. Hinzu kommt eine Vielzahl an Arbeiten von Heimatforschern, die erst in den letzten Jahren entstanden sind oder bisher nur regional bekannt waren.

Da auch das Buch keinen Anspruch auf Vollständigkeit und endgültige Wahrheit erhebt, werden bewusst auch Ereignisse angesprochen, die nicht vollständig belegt oder widersprüchlich sind, um so möglichst viele Reaktionen auszulösen, die zu einer Klärung führen können. Es ist zu hoffen, dass somit ein weiterer Baustein für zukünftige Forschungen geschaffen wurde. Für Anregungen, Ergänzungen und Korrekturen wenden sie sich bitte an:

Jürgen Möller
E-Mail: juemoehistory@yahoo.de

oder

Verlag Rockstuhl Bad Langensalza

* * *

I. Die militärische Lageentwicklung bis Ende März 1945

Ende März 1945 liegt das Dritte Reich in seinen letzten Zügen. Im Osten beginnen die russischen Verbände mit dem Sprung aus den eroberten Oder-Brückenköpfen Richtung Berlin. Im Westen haben die Alliierten nach der Überschreitung des Rheins mit dem Stoß ins Herz des Reiches begonnen.

Am **23. März 1945** beginnt die 21st (brit.) Army Group mit ihrem Großangriff am Niederrhein und die Truppen der 2nd Royal Army und der 9th US Army beginnen mit der Einschließung des Ruhrgebietes von Norden. Südlich des Abschnittes der 9th US Army drängen die Kräfte von Lt. Gen. Courtney H. Hodges 1st US Army der 12th US Army Group im Siegerland gegen den Südrand des Ruhrgebietes.[1]

Am **28. März 1945** fällt die Entscheidung des Oberkommandos der westalliierten Streitkräfte unter Dwight D. Eisenhower über die Fortsetzung der Gesamtoffensive westlich des Rheins. Strategisches Ziel ist es, nach der Zerschlagung des Ruhrkessels mit der 12th US Army Group unter General Omar N. Bradley im Zentrum den Hauptstoß über Kassel und Erfurt auf Leipzig und weiter nach Dresden zu führen, das Reichsgebiet in zwei Teile zu spalten und das wichtige mitteldeutsche Industriegebiet Halle-Merseburg-Leipzig zu besetzen. Das Endziel Dresden wird später korrigiert und als Haltelinie für den Vorstoß die Mulde-Linie festgelegt. Die im Norden angreifende 21st (brit.) Army Group des Field Marshal Bernhard Law Montgomery soll bis zu den norddeutschen Häfen vordringen und die 6th US Army Group unter General Jacob „Jake" Loucks Devers soll nach Süddeutschland vorstoßen und im Donautal den Kontakt zu den Russen herstellen.

Diese Entscheidung fällt gegen massiven Widerstand der Briten, die Eisenhowers Strategie in Frage stellen. Der britische Field Marshal Brooke wirft Eisenhower die „planmäßige Verzettelung" seiner Kräfte vor. Hintergrund sind die britischen Befürchtungen, dass die angloamerikanischen Verbände bei der Zerschlagung des „Ruhrkessels" zu lange gebunden seien würden. Sie plädieren für einen starken Vorstoß auf der gesamten Frontbreite und einem gezielten Angriff von Kräften Montgomery's auf Berlin. Churchill ist sich sicher, Berlin vor den Russen zu erreichen. Ungeachtet der Vereinbarungen erhofft er sich, Berlin als Faustpfand für zukünftige Verhandlungen mit Stalin einsetzen zu können.

Eisenhower hingegen ist gegen die Einnahme von Berlin. Als kühl kalkulierender Militär ist er sich des Preises für die Einnahme der Hauptstadt des Deutschen Reiches bewusst. Dabei orientiert er sich an seinem erfahrenen Heerführer Omar Bradley, den er selbst als *„größten Frontbefehlshaber, dem ich in diesem Krieg begegnet bin"* bezeichnete. Dieser hatte die möglichen Verluste mit bis zu 100 000 Mann beziffert. Bradley schreibt in seinem Buch *"A soldier's story of the Allied Campaigns from Tunis* *to the Elbe": „Ein ganz schön hoher Preis für ein Prestigeziel."* Dass seine Schätzungen durchaus berechtigt sind, zeigt sich daran, dass die Rote Armee beim Sturm auf Berlin über 100 000 Tote hinnehmen muss. Und auch, wenn Stalin den Angloamerikanern vorwirft, dass *„sich ihnen ganze Großstädte kampflos ergaben, während an der Ostfront um jede Bahnstation gerungen würde"*, so ist es falsch anzunehmen, dass die Deutschen ihre Hauptstadt kampflos aufgeben würden. Hinzu kommt, dass sich die Russen zu diesem Zeitpunkt näher an Berlin befinden als die Westalliierten.

Eisenhower wird in seiner Entscheidung durch General Marshall als Vertreter der Combined Chiefs of Staff gestärkt. In dieser Phase schaltet sich Roosevelt in die Debatte ein und erteilt dem britischen Premier Churchill das letzte Mal eine Absage zu dessen Plänen. Roosevelt will ein gemeinsames Vorgehen mit den Russen. Churchill muss klein beigeben. Montgomery erhält den Befehl, nicht in Richtung Berlin anzugreifen. Alle weiteren Entscheidungen Eisenhowers wurden von dieser Entscheidung geprägt. Ab jetzt agiert nicht mehr der Politiker, sondern der Militär Eisenhower. Und für den ist das Ziel klar - die vollständige Zerschlagung der Wehrmacht. Dem ordnet er die militärischen Planungen unter. Ihm ist klar - der Feind muss zerschlagen werden, wo er angetroffen wird. Als Feldherr weiß er aber, dass er die Kampfmoral seiner Truppen und die Entschlossenheit seiner militärischen Führer nur aufrechterhalten kann, indem er ihnen mit dem Siegeslorbeer winkt. Und der ist nun einmal Berlin. Deshalb ist er sich mit Bradley einig, dass selbst seine Armeeoberbefehlshaber nicht erfahren dürfen, dass Berlin nicht mehr als Ziel in Frage kommt.

Bradley, dessen Armeen die Hauptaufgabe bei dieser letzten Offensive zukommt, war für diesen Auftrag nicht ohne Grund ausgewählt worden. Neben der Würdigung seiner bisherigen Leistungen sind sich Eisenhower und Marshall sicher, dass Bradley der einzig richtige und vor allem loyale Mann dafür ist. Die Amerikaner würden nicht glücklich sein, wenn man Montgomery diese Aufgabe gegeben hätte, denn der würde jede Möglichkeit, Berlin zu nehmen, mit Sicherheit nutzen und die Briten würden dann den ungewollten Ruhm einstreichen. Während hinter der Bühne die politischen Rangeleien über Macht und Nachkriegsordnung weitergehen, beginnen die Vorbereitungen zur letzten großen Offensive im Westen.

Am **29. März 1945** erreichen die Spitzen des VII. US Corps der 1st US Army den Raum Marburg und das V. Corps den Raum Limburg. Die, auf Initiative von Eisenhower, neu gebildete 15th US Army unter dem Kommando von Lt.Gen. Leonard T. Gerow wird auf der Linie Düsseldorf – Köln formiert und übernimmt die Sicherung des Westrandes des entstehenden „Ruhrkessels". Frankfurt/Main wird durch das XX. US Corps von Lt. Gen. George S. Patton's 3rd US Army genommen. Sein VIII. US Corps steht im Raum östlich Boppard und das XII. US Corps erreicht an der Spitze der 3rd US Army das Gebiet südlich Lauterbach/Hessen. Obwohl der Angriff auf Mitteldeutschland erst nach der Zerschlagung des „Ruhrkessels" erfolgen soll, war es Patton gelungen, Bradley davon zu überzeugen, einen Stoß weit voraus zu führen, um ein vermutetes deutsches Hauptquartier bei Gotha zu erobern. Bradley weiß, dass er Patton dieses Zugeständnis machen muss, um ihn bei Laune zu halten. „Lucky", wie Patton genannt wird, stürmt in Richtung Osten vorwärts.

Im Abschnitt der 6th US Army Group marschiert Lt. Gen. Alexander M. Patch's 7th US Army nach der Überquerung des Rheins bei Worms über Mannheim und Heidelberg durch das Neckartal und den Odenwald nach Osten. Truppen seines XV. US Corps erobern die Mainbrücke bei Aschaffenburg. Weit zurückhängend erreicht ihre 1re (frz.) Armée unter Gen. Lattre de Tassigny am 30. März den Rhein und überquert ihn in der Nacht zum 31. März. Von hier aus strömt sie nach Bayern und Württemberg hinein.

Die, auf breiter Front geführte, alliierte Großoffensive im Westen zerreißt die ohnehin schwache deutsche Westfront auf ihrer gesamten Breite. Nach dem Übergang der Alliierten über den Rhein bei Wesel am 23. März wird im Norden der H.Gr. H unter Gen.Obst. Johannes Blaskowitz, die entlang des Flusses Ijssel von Deventer/NL bis Arnheim/NL und weiter südwärts entlang des Rheins bis Duisburg steht, im Zentrum aufgespalten. Durch die entstandene Lücke schiebt sich die 9th US Army auf den Nordrand des Ruhrgebietes und in Richtung Teutoburger Wald vor, während die 2nd (brit.) Army nach Norden drückt. Die 1. FschA unter Führung des Gen.d.Fl. Alfred Schlemm, der wegen einer schweren Erkrankung am 28. März von Gen.d.Inf. Günther Blumentritt abgelöst wird, wird dabei nach Nordosten auf den Unterlauf der Weser zurückgedrückt. Der Kontakt zu den Kräften an der Südflanke der H.Gr. H geht verloren. Sie werden der südlich angrenzenden H.Gr. B unterstellt. Am 28. März kommt die H.Gr. H zu der Erkenntnis: *„Bei H.Gr. H konnte bis jetzt unter Aufbietung aller Kräfte, trotz tiefer Einbrüche, der Zusammenhang der Front noch gewahrt werden. Infolge des Fehlens von Reserven ist auch bei ihr das Zusammenbrechen der Front nur noch eine Frage von höchstens Tagen. Dem Gegner steht damit der Vorstoß nach Mitteldeutschland und in Richtung Bremen – Hamburg unter Abschirmung der Niederlande und des Ruhr-Gebietes offen."* Der Antrag der Heeresgruppe auf Zurücknahme der Front erhält *„eine schroffe Ablehnung (...) und das Verbot, jemals wieder eine solche Lagebeurteilung vorzulegen."* [2]

Die H.Gr. B unter GFM Walter Model steht mit der 15. Armee des Gen.d.Inf. Gustav-Adolf von Zangen und der 5. PzArmee von Gen.Obst. Josef Harpe entlang der Rhein-Linie zwischen Düsseldorf und Koblenz. Doch in dessen Front ragt wie ein Dorn im Fleisch der amerikanische Brückenkopf bei Remagen, südlich von Bonn. Bereits am 7. März war hier der 9th US AD der 1st US Army die Ludendorff-Brücke als erste Rhein-Brücke unversehrt in die Hände gefallen. Aus dem Brückenkopf Remagen heraus stößt die 1st US Army mit Beginn der Großoffensive durch das Siegerland nach Nordosten vor. Wie eine gewaltige Zange umfasst die 9th und 1st US Army das Ruhrgebiet. Am 31. März 1945 stellt die H.Gr. B in ihrer abendlichen

Lagebeurteilung für den OB West fest, dass der Aufbau einer neuen Frontlinie hinter der Heeresgruppe notwendig ist, von der aus *„mit ausreichenden Kräften Angriffe zum Abschneiden des durchgebrochenen Feindes und Herstellung der Verbindung zur H.Gr."* geführt werden müssen.[3] Am 1. April 1945 treffen sich die Spitzen der 9th und 1st US Army südlich von Lippstadt, die H.Gr. B ist *„zwischen Rhein, Ruhr und Sieg"*[4] eingekesselt.

Auch die Front der südlich anschließenden H.Gr. G wird an mehreren Stellen durchbrochen. General Patton's 3rd US Army war es nach der Einkesselung von Teilen der 1. und 7. Armee in der Pfalz am 22. März gelungen einen Brückenkopf über den Rhein bei Oppenheim zu erobern. Übergänge bei Boppard und St. Goar folgen. Aus den Brückenköpfen heraus stoßen seine Panzerkolonnen über Frankfurt/Main Richtung Kassel und in Richtung Thüringen. Der Stoß dehnt die entstandene Lücke zwischen der H.Gr. B und G weiter aus. Die 7th US Army überquert den Rhein bei Worms und rückt durch das Neckartal und den Odenwald vor. Die 1re (frz.) Armée überquert den Rhein zwischen Speyer und Maximiliansau und stößt durch Nordbaden und Württemberg nach Osten.

Die deutsche Westfront befindet sich damit Ende März 1945 in der Auflösung. Insbesondere die Einkesselung der H.Gr. B reißt eine riesige Lücke in die deutsche Front, durch welche die amerikanischen Verbände nunmehr fast ungehindert in den mitteldeutschen Raum hineinströmen. Dem hat das deutsche Oberkommando nur noch wenig entgegenzusetzen. Lediglich Adolf Hitler ist nachwievor der Überzeugung, dass das Halten der Front für einen Zeitraum von drei bis vier Wochen reichen wird, um die neuen Strahlenjäger zum Einsatz zu bringen und damit die Situation zu Gunsten des Reiches zu verändern.[5] Wunderwaffen und neue Armeen sollen das Deutsche Reich retten. Doch selbst der Hauptpropagandist des Deutsches Reiches, Joseph Goebbels, hatte bereits am 8. März 1945 in sein Tagebuch geschrieben: *„Den feindlichen Luftarmaden haben wir nichts Nennenswertes entgegenzusetzen."*[6]

In dieser Situation erteilt das OKW den Befehl zur Neuaufstellung der 11. PzArmee im Raum zwischen Weser und Harz und der 12. Armee im Raum Fläming - Dessau - Wittenberg - Halle - Merseburg. Der Führer selbst beauftragt den, von einem Autounfall genesenden, Gen.d.Pz.Tr. Walter Wenck, aus den letzten deutschen Reserven, Ausbildungseinheiten der Kriegsschulen, RAD-Einheiten und jungen Rekruten, den neuen Großverband, die 12. Armee, zu bilden. Auftrag dieser Armee: *„Versammlung im Harz, also westlich der Elbe, und Angriff nach Westen zum Entsatz der H.Gr. B; dadurch Spaltung der westlichen alliierten Streitkräfte und durch weitere Operationen Herstellen einer geschlossenen Westfront."*[7]

Den Aufmarschraum der Armee Wenck soll die 11. PzArmee sichern, die unter Führung des, bereits im Februar 1945 neu aufgestellten, Stabes der 11. Armee aus den Resten der, dem „Ruhrkessel" entkommenen, Einheiten der 5. PzArmee und 15.

Armee sowie Ersatzeinheiten der Wehrkreise VI Münster, IX Kassel und X Hannover aufgestellt werden soll. Der Harz als wichtiges Zentrum der V-Waffen-Produktion und als Schutzraum vieler aus Berlin ausgelagerter Dienststellen bietet als natürliches Hindernis nach Meinung des OKW ideale Voraussetzungen, um mit dem Feind unterlegenen Kräften eine neue Widerstandslinie aufzubauen.

Den Hauptanteil an der neuen 11. PzArmee bilden die Reste des LXVI. AK und des LXVII. AK der 5. PzArmee der H.Gr. B. Das LXVI. AK unter dem Kommando von Gen.Lt. Hermann Flörke, welcher Mitte März den erkrankten Gen. Lucht abgelöst hatte, war am 30. März durch den Vorstoß der alliierten Truppen von der H.Gr. B getrennt worden. Auf Befehl GFM Models übergibt das Gen.Kdo. den bisherigen Abschnitt an den K.Kdt. Fritzlar, Gen.Maj. Helmuth Walther, dem Kdr. der 166. InfDiv „Jütland", und wird aus dem Einsatz gezogen. Die 166. InfDiv „Jütland" war am 9. März 1945 in Mitteljütland/Dänemark durch Umbildung der 166. ResDiv entstanden und mit den Gren.Rgt. 660, 661 und 662 sowie dem Art.Rgt. 1066 und dem Pi.Btl. 1066 in Marsch gesetzt worden. Nur ein geringer Teil der Transporte erreicht jedoch ihren Bestimmungsort. Der Division wird im Entladeraum noch das Gren.Rgt. 593 der 328. InfDiv „Seeland" unterstellt, die ebenfalls in Dänemark aus Genesenen aller Wehrkreise aufgestellt wurde.[8] Der Verbleib der anderen Teile der Divisionen „Jütland" und „Seeland" ist unklar.

Über Kassel wird der Stab des LXVI. AK in den Raum Paderborn – Marsberg entsandt, um die dort befindlichen Truppen zu übernehmen und mit ihnen einen sofortigen Stoß Richtung Winterberg – Edertalsperre zu führen. Den Hauptteil dieser Truppen bildet die, auf dem Truppenübungsplatz Sennelager bei Paderborn aus Ersatztruppenteilen der Waffen-SS aufgestellte, SS-Pz.Brig. „Westfalen" unter SS-Ostubaf. Hans Stern, die zu diesem Zeitpunkt noch dem Stellv. VI. AK unterstellt ist.[9]

Die Brigade, die nur dem Namen nach eine Panzerbrigade ist, verfügt über zwei Grenadierregimenter. Das SS-Gren.Rgt. Meyer unter Führung von Stubaf. Meyer besteht aus dem Stab des SS-Pz.Aufkl.Ers.u.Ausb.Rgt., der SS-Pz.Aufkl.Ers.u.Ausb. Abt. I, Stubaf. Frühauf, der SS-Pz.Aufkl.Ers.u.Ausb.Abt. II, Hstuf. Schaarschmidt und der SS-Pz.Aufkl.Unterf.Ausb.Abt., Hstuf. Sonne. Die Stärke des Regimentes beträgt zirka 1500 Mann. Das SS-Gren.Rgt. Holzer unter Ostubaf. Friedrich Holzer, das aus dem SS-Pz.Ers.u.Ausb.Rgt. Augustdorf hervorgeht, verfügt über die SS-Pz.Ers.u.Ausb.Abt. I, Hstuf. Zimmermann, die SS-Pz.Ers.u.Ausb.Abt. II, Hstuf. van Geldern, die SS-Pz.Unterf.Ausb.u.Lehr.Abt., Hstuf Burmeister, die I./SS-Pz.Rgt. 26 unter Hstuf. Kloskowski und die II./SS-Pz.Rgt. 26 unter Hstuf. Grams mit insgesamt zirka 1200 Mann.[10] Außer einer gemischten Panzerkompanie mit 15 Panzern älteren Typs in der I./Rgt. Holzer verfügen beide Regimenter nur über leichte Waffen.[11] Artillerie und Panzerabwehrgeschütze fehlen gänzlich. Einziger Vorteil ist das

Vorhandensein von 25 gepanzerten Mannschaftstransportwagen im Rgt. Meyer und die Ausstattung mit einer Vielzahl an Lastwagen.

Verstärkt wird die Brigade durch die s.Pz.Abt. 507 des Heeres unter Maj. Schöck.[12] Die Abteilung war ohne die 1. Kp. und ohne Panzer im Februar und März 1945 von der Weichsel nach Paderborn verlegt worden, um mit dem neuen PzKpfw VI, Tiger II „Königstiger", ausgerüstet zu werden.[13] Die Abteilung verfügt mit ihren zwei Kompanien über 22 PzKpfw VI Königstiger und drei Jagdpanzer V „Jagdpanther".[14] Da der Einsatz der s.Pz.Abt. 507 bei der SS-Pz.Brig. „Westfalen" bezeichnend ist für die Situation der deutschen Panzertruppe in der letzten Phase des Krieges, möchte ich an dieser Stelle kurz einige Ausführungen zum Zustand der deutschen Panzertruppe im Westen machen, ohne dieses Thema abschließend behandeln zu wollen. Dies ist jedoch erforderlich, um die Ursachen für die unterschiedlichen Angaben in den Berichten der deutschen Generalität und der darauf basierenden Literatur zu verstehen.

Im März 1945 befinden sich neben den Ersatzverbänden der Waffen-SS verschiedenste Teile von schweren Heeres-Panzerabteilungen im Raum Paderborn – Sennelager zur Auffrischung und Umrüstung auf neue Panzertypen. Außerdem befindet sich im Bereich des Truppenlagers Sennelager eine größere Anzahl von Panzern der verschiedensten Bauarten, die jedoch nicht vollständig ausgerüstet und nur teilweise einsatzbereit sind. Als sich die Front nähert, kommen diese Einheiten mit und ohne Panzer in den unterschiedlichsten Unterstellungsverhältnissen und mit der unterschiedlichsten Ausrüstung zum Einsatz. Während der darauffolgenden Rückzugskämpfe vergrößert sich das Durcheinander, indem Panzer, Panzerjäger, Sturmgeschütze und Selbstfahrlafetten jeglicher Art aus rückwärtigen Instandsetzungseinrichtungen, von Transporten, die ihren Einsatzraum nicht erreichen, von versprengten Einheiten oder aus Treibstoffmangel liegengebliebene Fahrzeuge wahllos eingegliedert werden und mit wechselnden Besatzungen unter unterschiedlichsten Einheitsbezeichnungen zum Einsatz kommen. Dabei kommt es zu solchen Vermischungen, dass selbst Befehlshaber und Kommandeure der Korps und Divisionen den Überblick verlieren. Nicht zu sprechen von den amerikanischen Truppen, deren Kriegsgefangenenbefragungen und Feindmeldungen dieses Durcheinander belegen.

So werden zirka 200 Mann der 3./s.Pz.Abt. (Tiger) 424 als Infanteristen in die SS-Pz.Brig. eingegliedert und gehen bei den Kämpfen im Raum Paderborn-Salzkotten unter.[15] Da die Abteilung im Januar 1945 im Sennelager aus der s.Pz.Abt. 501 hervorging, wird in der späteren Literatur aber an Stelle der s.Pz.Abt. (Tiger) 424 von der 3./ s.Pz.Abt. 501 gesprochen.

Die nächste Einheit, die von diesem Verwirrspiel betroffen ist die ehemalige Pz.Ers.u.Ausb.Abt. 500, deren Heimatstandort das Sennelager ist und die den Ersatz für die schweren Panzerabteilungen des Heeres stellt. Die Abteilung war im Februar

1945 gemeinsam mit den Panzerlehrgängen „Tiger“ und der Technischen Lehrgruppe zur Pz.Ers.u.Ausb.Abt. Tiger[16] zusammengefasst worden. Mit Auslösung der Aktion „Leuthen“, der Mobilmachung des Ersatzheeres, auf die später noch eingegangen wird, war daraus die Pz.Ausb.Abt. 500 (Tiger)[17] hervorgegangen, die zur Aufstellung des Heeres-Pz.Ausb.Vbd. „Westfalen“ dienen sollte.[18] Doch dieser Verband unter Führung des Kdr.d.Pz.Tr. im W.Kr. VI, Gen.Maj. Theodor Bohlmann-Combrinck, der auch als Pz.Gr. „Westfalen“ bezeichnet wurde, kommt letztendlich nie zur Aufstellung. Die, zur Aufstellung bestimmten, Truppenteile werden noch auf dem Transport zur H.Gr. H in die Front eingegliedert. [19] Während die Masse von ihnen im Ruhrkessel eingeschlossen wird, schließen sich anderen Teile den Truppen außerhalb des Kessels an. So wird ein Teil der Pz.Ausb.Abt. 11 Bielefeld und wahrscheinlich auch Teile der Pz.Ausb.Abt. 500 in die 116. PzDiv eingegliedert.[20] Der damalige Angehörige der Pz.Ausb.Abt. 11, Erich Kalckbrenner, berichtet, dass sein Bahntransport mit drei PzKpfw V Panther, zwei bis drei PzKpfw II und IV der Pz.Ausb.Abt. 11 und drei Panzerjägern 38 (t) Hetzer der Pz.Jg.Abt. 228 der 116. PzDiv aus Herford von Bielefeld aus am 29. März in Marsch gesetzt und am 30. März nach einem Tieffliegerangriff in Ahlen entladen wurde. Dort geraden sie in die Rückzugsbewegung und verlieren alle Fahrzeuge. Reste gelangen mit einer K.Gr. der 116. PzDiv, die dem Kessel entkommen war, in den Harz.[21] Wo die Pz.Ausb.Abt. 500 genau verblieben ist, ist unklar. Die, noch im Sennelager verbliebenen, Reste der Pz.Ers.u.Ausb.Abt. Tiger werden in andere Einheiten eingegliedert. So nennt die Stärke der 3./s.Pz.Abt. 424 (501) eine Ausstattung mit einigen Fahrschulpanzern der Pz.Ers.Abt. 500.[22] Im Abschnittsbefehl Nr. 1 des Abschnittskommandeurs Süd Senne, Gen.Maj. Görbig, vom 31. März werden 200 Mann der Pz.Abt. 500 gemeinsam mit dem Gren.Ers.Btl. 396 und der SS-K.Gr. Uhden im infanteristischen Einsatz bei der K.Gr. Merks in Salzkotten genannt. Maj. Merks war Kommandeur des Gren.Ers.Btl. 396 des Gren.Ers.Rgt. 571 der Div. Nr. 471, das Ende März 1945 der Div. Nr. 466 unterstellt war. Bei diesen 200 Mann handelt es sich daher mit hoher Sicherheit um jene Einheit, die als 3./s.Pz.Abt. (Tiger) 424 oder 501 in das SS-Rgt. Meyer eingegliedert wurde. Eine Stärkemeldung der K.Gr. Karst, Div. Nr. 466, an die K.Gr. Görbig meldet Tage später, am 6. April, eine Pz.Abt. 500 mit zehn Panzern und Aufklärungspanzern. Da die Div. Nr. 466 noch am 4. April keine Panzer in ihrer Stärke führt und in den Unterlagen der Historical Division der US Army weder Karst noch Görbig von Panzern sprechen, liegt auch hier eine Verwechselung nahe. Einige Quellen nennen auch die Pz.Ers.u.Ausb.Abt. Tiger bei der SS-Pz.Brig. „Westfalen“, was ebenfalls auf einen Zusammenhang mit der s.Pz.Abt. 501 und der Pz.Ers.u.Ausb.Abt. 500 hindeutet.

Doch das ist noch nicht alles. Im Februar und März 1945 waren Teile der s.Pz.Abt. 424 auf dem TrÜbPl Sennelager zur Aufstellung der s.Pz.Jg.Abt. (Jagdtiger) 512 herangezogen worden. Hierbei wurde auch Personal der s.Pz.Abt. 511, deren 3. Kp. von Ostpreußen kommend im Sennelager liegt, von der 3./512 übernommen. Während die neuaufgestellte 1. und 2./s.Pz.Jg.Abt. 512 beim LIII. AK zum Einsatz kommt und Mitte April in Iserlohn kapituliert, wird die 3./512 unter Oblt. Schrader, die sich Ende März als letzte Kompanie noch im Sennelager befindet, auf Führerbefehl in die SS-Pz.Brig. eingegliedert und der 3./507 unterstellt. Sie wird später in den verschiedenen Unterlagen sowohl als selbstständige Einheit als auch, als Teil der s.Pz.Abt. 507 geführt.[23]

Eine weitere Einheit ist die s.Pz.Abt. 508, die Anfang März aus Italien kommend im Raum Paderborn – Etteln eingetroffen war, um auf den PzKpfw VI „Königstiger" umgerüstet zu werden. Für die Ausstattung mit „Königstigern" gibt es jedoch keine Nachweise.[24] Der Komm.Gen. des LXVI. AK, Gen.Lt. Flörke, ordnet sie in seinem Bericht für die Historical Division, wenn auch mit Fragezeichen versehen, fälschlicherweise der SS-Pz.Brig. „Westfalen" zu. Diese Verwechselung mit der s.Pz.Abt. 507 wird später von anderen übernommen. In dem Buch „Krieg in der Heimat" von Ulrich Saft wird sie der K.Gr. Görbig zugeordnet. Görbig erwähnt sie allerdings in seinen Berichten nicht. Sie erscheint lediglich als K.Gr. Stelter, benannt nach ihrem Kommandeur, Hptm. Joachim Stelter[25], in einer Stärkemeldung der K.Gr. Karst, Div. Nr. 466, vom 5. und 8. April an die K.Gr. Görbig. Zuvor und danach aber nicht mehr. Außerdem scheint nur ihre 1./508 unter der direkten Führung von Maj. Stelter in der Anfangsphase über einige Panzer verfügt zu haben, während die 2. und 3. Kp. rein infanteristisch zum Einsatz kommen.[26]

Somit ergibt sich, dass die Panzertruppe im Raum Paderborn – Senne bis auf wenige Ausnahmen aus der s.Pz.Abt. 507, den „Jagdtigern" der 3./512 und der gemischten SS-Panzerkompanie besteht, die sich zu diesem Zeitpunkt alle bei der SS-Pz.Brig. befinden. Das bestätigt auch ein Dienstreisebericht von Maj.i.G. Oxenius vom WFSt an das Führerhauptquartier. Oxenius hatte gemeinsam mit Oberst Großkreutz[27] im Auftrag des OKW ab dem 1. April eine fünftägige Frontreise in den Bereich des OB West zur Überprüfung des Standes der Weser-Verteidigung im Raum Detmold – Kassel durchgeführt und in seinem Bericht beim Stellv. VI. AK keine weiteren Panzer genannt.[28]. Damit an dieser Stelle genug zu den Panzerabteilungen.

Nun wieder zurück zur SS-Pz.Brig. „Westfalen". Die Brigade wird am **30. März 1945** auf Befehl des Stellv. VI. AK alarmiert und tritt in zwei Kolonnen zum Angriff über Paderborn – Kirchborchen – Fürstenberg – Niedermarsberg und Paderborn - Dahl – Lichtenau - Scherfede an. Trotz einiger Anfangserfolge bleibt der Angriff auf Grund der Unerfahrenheit der mit Masse kaum ausgebildeten SS-Rekruten und des hohen Ausfalls an Technik liegen. Während die Panzer der gemischten Panzerkompanie völlig veraltet sind, sind die meisten Panzer der unterstellten s.Pz.Abt. 507 fabrikneu und nicht eingefahren, so dass sie bereits nach kurzem Einsatz instandgesetzt werden mussten. Am Abend hält die Brigade mit dem SS-Rgt. Meyer auf der rechten Seite und dem SS-Rgt. Holzer auf der Linken eine Sperrlinie von der Warthe an der Reichsstraße 1, südwestlich von Paderborn, über Westrand Wewer – Westrand Nordborchen – Kirchborchen – Südrand Etteln – Südrand Ebbinghausen – Südwestrand Holtheim – Hardehausen bis zum Südrand von Scherfede. Dort erhält Ostubaf. Stern ein Schreiben des Stellv. VI. AK mit dem Führerbefehl, dem Angriff des LIII. AK unter Gen.Lt. Fritz Bayerlein, auch als Gruppe Bayerlein bezeichnet, aus dem Raum Schmallenberg mit einem Stoß aus dem Raum Korbach westwärts entgegen zustoßen. Dafür soll die Brigade neben der s.Pz.Abt. 507 durch *„alle einsatzbereiten Jagdtiger aus dem Sennelager"*, also der s.Pz.Jg.Abt. 512, unterstützt werden. Gleichzeitig erhält Stern die Mitteilung, dass er weiterhin der H.Gr. B untersteht und alle weiteren Befehle vom LXVI. AK erhalten wird.[29]

Am Abend des 30. März stellt Gen.Lt. Flörke in Altenheerse und Willebadessen den Kontakt zum Stab der Beob.Ers.Abt. 6 aus Lemgo her, die in diesem Abschnitt das Eggegebirge sichert.[30] Am 31. März übernimmt das LXVI. AK offiziell den Südabschnitt des Stellv. VI. AK südlich der Straße Brakel - Paderborn und das Kommando über die SS-Pz.Brig. „Westfalen". Die Sicherungen im Eggegebirge verbleiben in Absprache zwischen dem Gen.Kdo. und dem Komm.Gen. des Stellv. VI. AK, Gen.d.Art. Mattenklott, in der Verantwortung des Stellv. VI. AK. Die SS-Pz.Brig., die nach den Kämpfen am Vortag auf 15 Kilometer Breite auseinandergezogen ist, formiert sich neu und versucht einen Teil der Panzer wieder einsatzbereit zu machen.[31] Bei einer Besprechung auf dem Brigadegefechtsstand am späten Nachmittag, an dem neben den Abteilungskommandeuren der Brigade auch Gen.Lt. Flörke und ein Verbindungsoffizier der H.Gr. B teilnehmen, fordert Letzterer im Namen von GFM Model erneut den Angriff der SS-Pz.Brig. nach Süden zur Einnahme der Ausgangsposition für den weiteren Angriff. Inzwischen erreicht der Vorstoß der 104th US InfDiv, die der 3rd US AD folgt, den Raum Warburg und bedroht bereits den Rücken der Brigade.[32] Der Korpsgefechtsstand geht nach Neuenheerse. Dort erhält Flörke im Tagesverlauf mehrfach Befehle von GFM Model und GFM Kesselring zum Angriff auf Winterberg. Doch ohne die SS-Pz.Brig. kann der Befehl nicht ausgeführt werden.[33]

Gen.d.Inf. Hitzfeld
hier noch als Oberst
Foto: NARA

Der Komm.Gen. des LXVII. AK, Gen.d.Inf. Otto Hitzfeld, dessen Korps von der H.Gr. B getrennt wurde und das seinen Abschnitt und die Restteile des Korps mit Genehmigung des WFSt an das Stellv. XII. AK abgegeben hatte, erhält am 30. März fernmündlich von GFM Model den Befehl, sich zum Stellv. Gen.Kdo. IX. Korps nach Kassel zu begeben und den Verteidigungsabschnitt Kassel – Alsfeld zu übernehmen.[34] Das Stellv. Gen.Kdo. IX. AK unter Führung des Komm.Gen. im W.Kr. IX, Gen.d.Inf. Theodor Petsch, das zu diesem Zeitpunkt auf der Linie Edertalsperre – Melsungen steht, verfügt in seinem Abschnitt über kaum nennenswerte Kräfte. Lediglich südlich von Fritzlar ist der Flugplatz zur Verteidigung hergerichtet. Alsfeld, Ziegenhain, Hann.Münden und Kassel sind zu Stützpunkten erklärt. Die Besatzungen bestehen im Wesentlichen aus Ersatz- und Sonderformationen. In der Linie Waldeck – Fritzlar – Melsungen stehen die Teile der 166. InfDiv „Jütland“ und 328. InfDiv „Seeland“ und an der Fulda bei Melsungen Teile einer Panzertruppenschule. Hitzfeld, der in der Nacht zum 31. März in Kassel eintrifft, beginnt daher erst einmal mit Organisation der Verteidigung. Der Gefechtsstand des LXVII. AK geht nach Elgershausen, südwestlich von Kassel.[35]

Nördlich an das LXVI. AK schließt sich das Stellv. Gen.Kdo. VI. AK, W.Kr. Münster unter Führung des Komm.Gen., Gen.d.Inf. Franz Mattenklott an. Der Wehrkreis war Mitte März im Rahmen der Stärkung der Kampfkraft der Westfront auf Befehl des OKW der 1. FschA der H.Gr. H *„mit allen nördlich der H.Gr. Grenze und westlich des Dortmund-Ems-Kanals liegenden Teilen der H.Gr. in jeder Hinsicht unterstellt“* worden.[36] Mattenklott hatte, nachdem sich der Wehrkreis seit Beginn der britischen Luftlandung bei Wesel überwiegend in Feindeshand befindet oder Kampfgebiet ist, aus dem „arbeitslosen“ Stab des W.Kr. VI Münster das Stellv. Gen.Kdo. VI. AK mit Gefechtsstand in Hiddensen, südwestlich von Detmold, gebildet. Doch die Verbindung zwischen dem Stab der 1. FschA und dem Stellv. Gen.Kdo. VI sollte nicht zustande kommen.

Dem Stellv. Gen.Kdo. VI. AK untersteht die K.Gr. Becher unter Gen.Maj. Karl Becher, Wehrmachtskommandant Bielefeld und ab dem 20. Februar 1945 Schutzbezirksältester Bielefeld, der mit Garnisonstruppen und Volkssturm einen Sicherheitsbereich gegen feindliche Luftlandung in den Landkreise Minden, Lübbecke, Osnabrück, Melle, Halle, Bielefeld, Herford, Salzuflen, Lemgo und Paderborn errichtet und ab dem 30. März südlich angrenzend an die H.Gr. H[37] schwache Verteidigungsstellungen im Teutoburger Wald und Eggegebirge bezogen hatte. Zu ihnen gehören auch die Truppen des Kommandanten des Truppenübungsplatzes Sennelager, Gen.Maj. Paul Görbig. Görbig, der zugleich „Kommandeur des Sicherheitsbereichs Abschnitt Süd (südlich Bielefeld) und Truppenübungsplatz Sennelager“ ist, verfügt über die Reste der Ersatztruppen, die sich noch im Sennelager befinden. Die Masse der Ersatz- und Ausbildungstruppen, war mit der Aktion „Leuthen“ mobilgemacht worden und hatte kurz zuvor im Rahmen der „Westgoten“-Bewegung den Platz verlassen.

Adolf Hitler hatte am 19. März 1945 die *„Verlegung aller Einrichtungen und Einheiten des Ersatzheeres, einschließlich der Schulen und Ausbildungseinheiten der Waffen-SS, Marine und Luftwaffe in den frontnahen Raum“* befohlen. Daraufhin hatte der Ob.d.E. am 21. März 1945 die Aktion „Leuthen“ ausgelöst. Sie war nach dem „Gneisenau“ und „Blücher“-Aufruf des Ersatzheeres und dem „Scharnhorst“-Aufruf der Verbände der Waffen-SS im Jahr 1944 sowie dem Aufstellungsbefehl für zehn Divisionen der 33. Welle aus dem Jahrgang 1928 eine der letzten Maßnahmen, um noch einmal

300 000 Mann des Ersatzheeres für die zusammenbrechende Front freizumachen.[38] Am 23. März 1945 hatte dann der Gen.Insp.d.Pz.Tr. den Befehl zur Aufstellung von Panzerausbildungsverbänden aus sämtlichen Ausbildungseinheiten der fechtenden Truppe, Panzertruppe, Schulen und Lehrgänge erteilt. Zurückbleiben sollen nur Ersatzeinheiten mit je einer Genes.Kp. und einer Stamm.Kp., die Gebirgstruppe und Schulen, deren Einsatz ohne Kampfbedeutung ist. Die so mobilisierten Einheiten, die hauptsächlich aus jungen, unausgebildeten Rekruten, Genesenden und teilweise Kriegstauglichen bestehen, wurden mit Masse ab dem 28. März mit der „West-, Ost- und Nordgoten"-Bewegung in Richtung Ost- und Westfront und nach Norddeutschland in Marsch gesetzt. Nach dieser Maßnahme hört das Ersatzheer faktisch auf zu bestehen.[39]

Außerdem unterstehen dem Stellv. Gen.Kdo. VI. AK die K.Gr. Gen.Lt. Karst der Div. Nr. 466 Bielefeld[40], deren Abschnitt südlich an Bechers Bereich angrenzt.[41] Karst, dessen Ausb.Div. dem FschAOK 1 der H.Gr. H unterstellt wurde, war mit seinem Stab und Teilen der Division dem Ruhrkessel entkommen, während die Masse der Division ebenso wie die Div. Nr. 476 Wuppertal[42] des Stellv. VI. AK in der Ruhrfront aufgegangen war. Karst wird das Gren.Ers.Rgt. 571 der Div. Nr. 471, W.Kr. XI Hannover, unter Obstlt. Veith unterstellt. Zum Regiment gehört das Gren.Btl. 82, das Gren.Btl. 194 und das Offz.Nachw.Btl. W.Kr. XI. Die Div.Nr. 471, auch Ausb.Div.z.b.V. 471, die im Rahmen der „Gotenbewegung" aufgestellt wurde, war als Reserve der H.Gr. H zugeteilt worden. Auf dem Marsch zur Front hatte man ihre südlichste Marschgruppe mit dem Gren.Ers.Rgt. 571 bei Paderborn in die Front des Stellv. Gen.Kdo. AK VI eingegliedert, während die Masse der Division am 28. März dem FschAOK 1 direkt unterstellt und zur Sperrung von Rheine und den Zugängen zum Teutoburger Wald eingesetzt wird.[43] Die, kurzzeitig unterstellte, SS-Pz.Brig. „Westfalen" wird am 31. März an das eintreffende LXVI. AK abgegeben.[44]

Südlich des zukünftigen Abschnittes des LXVII. AK stehen die Reste der 7. Armee des Gen.d.Inf. Hans von Obstfelder der H.Gr. G zwischen Eisenach und Schweinfurt/Unterfranken, die vor den anstürmenden amerikanischen Verbänden auf die hessisch-thüringische Landesgrenze zurückgewichen waren. Der Großteil ihrer Verbände wird im Raum Frankfurt/Main eingekesselt. Der Stab des Stellv. Gen.Kdo. XII. AK und W.Kr. Wiesbaden unter Gen.d.Art. Herbert Osterkamp entkommt dem Kessel einsatzbereit, dem Stab des LXXXV. AK gelingt die Flucht lediglich zu Fuß. Von der 7. Armee erhält Gen.d.Pz.Tr. Frhr. Smilo v. Lüttwitz den Auftrag, aus dem Rest des LXXXV. AK im Raum Eisenach das Korps neu aufzustellen. Ab dem 1. April übernimmt er den Befehl über den Werra-Abschnitt beiderseits von Eisenach mit dem Schwerpunkt entlang der RAB 4. Das Stellv. XII. AK steht am Abend des 31. März auf der Linie Fulda – Hünfeld – Vacha und hat dort losen Anschluss zum LXXXV. AK.

Am linken Flügel der 7. Armee hält das LXXXII. AK des Gen.d.Inf. Walther Hahm den Abschnitt von Bad Neustadt über Schweinfurt bis Volkach am Main. Am rechten Flügel der 7. Armee ist mit der Organisation der Abwehrfront im Raum Mühlhausen - Gotha Gen.Lt. Horst Frhr. v. Uckermann mit Gefechtsstand in Süßenborn bei Weimar beauftragt. Die schwachen Sicherungen der, als Korps.Gr. Uckermann bezeichneten, Kräfte können im Zusammenwirken mit dem LXXXV. AK das Vordringen der Amerikaner in den Raum Mühlhausen - Gotha jedoch nur kurzzeitig an der Werra-Linie verzögern, aber nicht verhindern. Die, zur Schließung der Lücke zwischen der 7. und 11. Armee vorgesehene, Ausb.Div. „Bayern“ unter Gen.Lt. Oskar Blümm, die am 30. März auf Befehl des OKW unter Führung des Stabes der 212. VolksGrenDiv zur Neuaufstellung der 212. VolksGrenDiv im Raum Lauda-Königshofen/Baden-Württemberg herangezogen wurde und auf ihren Bahntransport zur 7. Armee nach Eisenach wartet, wird auf Grund von fehlendem Transportraum wieder entladen. Am gleichen Tag erhält Obstlt. von Hobe auf dem Gefechtsstand der H.Gr. G in Öhringen den Befehl zur Ablösung des erkrankten Blümm und zur Übernahme der Division. In Anbetracht der wenige Kilometer entfernt stehenden amerikanischen Spitzen, wird die Division auf Entschluss von Hobe westlich von Bad Mergentheim in die Tauber-Front eingegliedert und steht einen Tag später im Kampf.[45]

Hinter dem Abschnitt der 11. und 7. Armee schließt sich neben den Kräften das Stellv. Gen.Kdo. IV. AK, W.Kr. Dresden, unter Führung des Komm.Gen. und Wehrkreisbefehlshabers, Gen.d.Inf. Hans Wolfgang Reinhard[46], entlang der Saale-Linie von Halle über Merseburg bis nördlich von Weißenfels die mehr als 1000 Flakgeschütze aller Kaliber der 14. Flak.Div. Leipzig des Gen.Maj. Adolf Gerlach und der 21. Flak.Brig. Bad Lauchstädt an. Sie bilden den, bei den alliierten Bomberpiloten als „Flakhölle“ bezeichneten, berüchtigten Flakgürtel des mitteldeutschen Industriezentrums. Dieser Gürtel zieht sich mit dem Zentrum Leipzig von Bitterfeld über Halle – Schkopau – Merseburg – Leuna – Weißenfels – Zeitz bis Borna. Das Zentrum der Verteidigung bildet die Eisenbahnstrecke Halle - Weißenfels. Diese Flakverbände werden aber erst ab dem 12. April dem XXXXVIII. PzK der 12. Armee unterstellt. Dem W.Kr. IV untersteht auch der K.Kdt. Halle, Gen.Lt. Anton Rathke, der später zeitweilig der 11. Armee und ab dem 12. April 1945 dem XXXXVIII. PzK der 12. Armee unterstellt wird. Rathke verfügt über sieben Bataillone aus den Resten der H.Na.S. I Halle und des Lehr.Rgt. der Schule, eine Standortkompanie sowie Volkssturm und Schutzpolizei in Stärke von insgesamt 4000 Mann. Außerdem kann er auf Unterstützung durch mehrere ortsfeste Flakbatterien des mitteldeutschen Flakgürtels rechnen.[47]

* * *

[1] Alle Angaben beruhen im Wesentlichem auf dem Buch „United States Army in World War II - Chronology 1941-1945“ von Mary H. Williams, Office of Military History, Department of the Army, Washington D.C. 1960.

[2] Historical Division, B-414, Oberst i.G. Rolf Geyer.

[3] „Das letzte Kriegsjahr im Westen“, S. 498.

[4] Historical Division, B-606, Oberst Günther Reichhelm.

[5] BA-MA, ZA 1/1056, Oberst i.G. Wilutzky.

[6] „Joseph Goebbels Tagebücher“, S. 127.

[7] NARA, B-606, Oberst Reichhelm.

[8] Gem. Tessin. Belegt ist nur die Aufstellung des Gren.Rgt. 593. Die 328. InfDiv „Seeland“ erscheint 1945 in keinem Wehrmachtsbericht. Andere Regimenter außer dem Gren.Rgt. 593 der Division ebenfalls nicht. Da jedes Regiment über ein Ers.Btl. verfügt haben soll, muss es sich bei dem, in den G 2 Unterlagen der 3rd US Army genannten, Gren.Ers.Btl. 593 um dieses Bataillon gehandelt haben.

[9] Sämtliche Befehle und Meldungen, die die SS-Pz.Brig. betreffen, laufen am 30./31. März über das Stellv. VI. AK und Gen.d.Inf. Mattenklott.

[10] Die Gliederung wurde aus „Aufstellung, Einsatz und Untergang der SS-Panzerbrigade Westfalen März–April 1945“ v. Wilhelm Tieke in der Reihe „Der Freiwillige“ Heft 4 – 12/1989 entnommen. Gen.Lt. Flörke verwechselt in seiner Ausarbeitung für die Historical Division, NARA, B-383 das Rgt. Meyer mit dem Rgt. Holzer. Außerdem ordnet er dem Rgt. Holzer drei Abteilungen und dem Rgt. Meyer vier Abteilungen zu, wobei es sich bei der 4. Abt. um eine Ers.Abt. gehandelt haben soll. Das I. und II./Pz.Rgt. 26 kommt aus dem Stamm der SS-Pz.Brig. Groß. Diese war vermutlich zur Aufstellung einer neuen SS-PzDiv, der Division „Tannenberg“ vorgesehen.

[11] Bei den Panzern soll es sich teilweise um PzKpfw III mit der veralteten 5cm-Kanone gehandelt haben.

[12] Gen.Lt. Flörke spricht von der s.Pz.Abt. 508, wobei er diese mit Fragezeichen versehen hat. Die s.Pz.Abt. 507 ist aber richtig.

[13] „Chronik der s.Pz.Abt. 507“. Vgl. auch „Das Ende der deutschen Panzerwaffe 1945“ v. Wolfgang Schneider.

[14] „Chronik der s.Pz.Abt. 507“. Vgl. auch „Tiger – Geschichte einer legendären Waffe“ v. Schneider und „Die letzten Trümpfe des Reiches“ v. Jean Restayn, Steelmaster Nr. 20. Die Angaben zur Ausstattung mit Panzern schwankt zwischen 15 und 22 PzKpfw „Königstiger“. Belegt sind die drei „Jagdpanther“. Hinzu kommt mindestens ein Bergepanzer. Wie viele PzKpfw bei Beginn der Kämpfe tatsächlich zum Einsatz kamen, ist nicht eindeutig belegt.

[15] „Das Ende der deutschen Panzerwaffe 1945“ v. Schneider. Betreffs der Zuordnung der Pz.Abt. 424 (501) liegen widersprüchliche Angaben vor. Flörke nennt die 501 beim SS-Rgt. Holzer, Saft nennt die Zuordnung zum SS-Rgt. Meyer.

[16] Gem. W. Schneider „Tiger in Combat II“, Stackpole Books 2005, S. 338, lautete die Einheitsbezeichnung Pz.Lehr.u.Ausb.Abt. Tiger.

[17] Ebenda. Schneider spricht von der Pz.Gr. Paderborn, die für den Pz.Ausb.Vbd. „Westfalen“ vorgesehen war. In den Unterlagen zur Aufstellung des Pz.Ausb.Vbd. „Westfalen“ wird von der Pz.Ausb.Abt. 500 gesprochen. Vgl. auch Tessin.

[18] „Das Ende der deutschen Panzerwaffe 1945" v. Wolfgang Schneider. Siehe auch Tessin.

[19] Gem. Tessin „Verbände und Truppen der Deutschen Wehrmacht und Waffen-SS", Ausgabe 1979, Buchstabe W, S. 254.

[20] Gem. Tessin. Vgl. auch Schneider. Jentz nennt in seinem Buch „Die deutsche Panzertruppe" die Stärkemeldung des Pz.Ausb.Vbd. „Westfalen". Möglicherweise basieren diese Zahlen auf Angaben des Kdr.d.Pz.Tr. im W.Kr. VI zur Stärke der Einheiten, die für den Pz.Ausb.Vbd. vorgesehen waren.

[21] „...bis zum bitteren Ende im Harz" v. Dr. Erich Kalckbrenner, Angehöriger der Pz.Ausb.Abt. 11, veröffentlicht im Internet auf der Seite http:/home.arcor.de/axel.strube/Berichte/bis_zum_bitteren_ende.html.

[22] Zwei PzKpfw VI „Tiger", ein PzKpfw V „Panther", ein PzKpfw IV und ein Sturmgeschütz.

[23] „Das Ende der deutschen Panzerwaffe 1945" v. Schneider. Siehe auch „Die letzten Trümpfe des Reiches" v. Jean Restayn, Steelmaster Heft Nr. 20, Aug – Sept 2000, basierende auf „Krieg in der Heimat" v. Ulrich Saft. Zur Ausstattung der Abteilung mit „Jagdtigern" gibt es verschiedene Angaben. Vermutlich verfügte die 3./512 über sieben „Jagdtiger".

[24] „Panzer-Abteilung 508 – Erlebnisse, Erinnerungen 1943–1945"

[25] Später befördert zum Major.

[26] „Panzer-Abteilung 508 – Erlebnisse, Erinnerungen 1943–1945". Vgl. auch „Die Kämpfe zwischen Eggegebirge und Weser im Frühjahr 1945" v. Waldemar Becker. Vgl. auch Interrogation Report 1st US InfDiv.

[27] Oberst Großkreutz war bis zu seiner Verwundung im Oktober 1944 Kdr des Pz.Art.Rgt. 73 und kam nach seiner Genesung zum WFSt. Er ist nicht zu verwechseln mit dem Kdr des Sich.Btl. Kohnstein, Obstlt. Großkreutz.

[28] BA-MA RW 4/495 (III W129 W01-6/205 OKW 183), Handakte Maj.i.G. Oxenius (OKW/WFSt/Org F) 1944-1945.

[29] „Aufstellung, Einsatz und Untergang der SS-Panzerbrigade ‚Westfalen' März–April 1945" v. Wilhelm Tieke, in „DF" Heft 6/89.

[30] NARA, B-329, Gen.Lt. Flörke.

[31] Ebenda.

[32] „Aufstellung, Einsatz und Untergang der SS-Panzerbrigade ‚Westfalen' März–April 1945" v. Wilhelm Tieke.

[33] NARA, B-329, Gen.Lt. Flörke.

[34] BA-MA, ZA 1/660, B-309, Gen.d.Inf. Hitzfeld.

[35] Ebenda.

[36] Historical Division, B- 414, Oberst i.G. Geyer.

[37] Die H.Gr. H wurde auch als H.Gr. Blaskowitz bezeichnet nach Gen.Obst. Johannes Blaskowitz. Blaskowitz übernimmt am 06.04.45 die 25. Armee und wird Oberbefehlshaber der „Festung Holland".

[38] „Die Aktion Leuthen -- Das Ende des deutschen Ersatzheeres im Frühjahr 1945" v. Andreas Kunz, MGFA – Zeitschrift für Geschichtswissenschaften, Heft 9, 48. Jahrgang 2000, S. 789ff. Die Aufstellung der 33. Welle war mit Führerbefehl bereits Ende 1944 befohlen worden. Die hierfür vorgesehenen Verbände sollten nicht für die „Leuthen-Aktion" herangezogen werden.

[39] „Die Aktion Leuthen - Das Ende des deutschen Ersatzheeres im Frühjahr 1945“ v. Kunz. Siehe auch BA-MA, Schreiben Ob.d.E. AHA/Stab II Nr. 2880/45 gKdos. v. 28.03.45 – Verlegung der Ausbildungseinheiten des Ersatzheeres hinter die West- und Ostfront mit Anlage 1b - Zusammenstellung der Bahntransporte für Aktion Leuthen und Schreiben der Org.Abt. (I) Nr. I/1691/45 gKdos. v. 28.03.45 Aufstellung von Pz.Ausb.Verbänden durch Ob.d.E. (Aktion „Leuthen“).

[40] Div. Nr. 466 ging gem. Tessin aus der Div. Nr. 176 Wuppertal, auch 526. ErsDiv, hervor. Vgl. auch NARA, B-319, Gen.Lt. Karst.

[41] NARA, B-205, Gen.Maj. Becher.

[42] Div. Nr. 476 ging gem. Tessin aus der Div. Nr. 526 Wuppertal hervor.

[43] NARA, B-414, Oberst i.G. Geyer. Vgl. auch NARA, B-354, Gen.d.Inf. Blumentritt.

[44] NARA, B-217, Gen.d.Inf. Franz Mattenklott.

[45] Helmut Veeh „Die Kriegsfurie über Franken 1945 und das Ende in den Alpen“, Eigenverlag, Aub 2003, S. 100.

[46] Im Heft „Das Kriegsende im Stab eines Armeekorps“ Sonderheft Dresden 2005. Mil.hist. Schriften des Arbeitskreises Sächsische Militärgeschichte e.V. nennt General Reinhard als letzten Komm.Gen. und Befehlshaber.

[47] Gem. Geldermann „Die Armee Wenck“. Ähnliche Angaben finden sich im AAR der 104th US InfDiv, die von etwa 2700 Mann spricht. Allerdings wird dort Gen.Maj. Fritz De Witt als K.Kdt. genannt. Zu Gen.Maj. De Witt konnten keine Angaben ermittelt werden.

II. Der Vorstoß des VII. US Corps zur Weser

Mit Beginn des Monats April 1945 gewinnt der Vormarsch der Alliierten auf breiter Front weiter an Dynamik. Schon der erste Tag des Monats bringt einige wesentliche Entscheidungen, die den Verlauf der Operationen im mitteldeutschen Raum bestimmen werden.

Bis zum **Ostersonntag**, dem **1. April 1945** stößt die 2nd (brit.) Army der 21st (brit.) AGr aus dem Gebiet nördlich von Essen in der Hauptrichtung Hamburg – Wittenberge a. d. Elbe nach Nordosten. Die unterstellte 9th US Army fährt im Bereich von Lt.Gen. Raymond S. McLain’s XIX. Corps mit der die 2nd US AD nach Südosten bis Lippstadt. Ihr XIII. US Corps unter dem Kommando von Maj.Gen. Alvan C. Gillem Jr. stürmt in Richtung Weser vorwärts und Maj.Gen. John B. Anderson’s XVI. US Corps setzt die Räumung der Region südlich von Haltern fort.

Im Abschnitt der 12th US AGr geht das V. US Corps von Maj.Gen. Clarence R. Huebner der 1st US Army nach Nordosten und erreicht über Homberg in einem langgezogenen Stoß nach Norden den Raum Warburg. Das VII. US Corps von

Lt.Gen. Collins
Foto: National Archives

Maj.Gen. J. Lawton Collins stößt mit der 3rd US AD unter Brig.Gen. Doyle O. Hickey auf Paderborn. Hickey hatte nach dem Tod von Maj.Gen. Maurice Rose am 30. März 1945 das Kommando über die 3rd US AD übernommen. Der Division wird durch die unterstellten Infanteristen das 414th InfRgt von Col. Gerald C. Kelleher der 104th US InfDiv unterstützt. Die TF Kane, 1./32nd AR des CCA der 3rd US AD schwenkt mit den, auf den Panzern aufgesessenen, Infanteristen des 1. und 2./414 nach Nordwesten, über Geseke und Bökenförde auf Lippstadt. Von Norden nähert sich ihnen das 41st AIR der 2nd US AD. Gegen 15.30 Uhr (B) treffen sie sich östlich von Lippstadt. Die Reste der H.Gr. B sind im „Ruhrkessel" eingeschlossen. Um 09.40 Uhr (B) dringen Kräfte der TF Lovelady, 2./33rd AR des CCB über Eggeringhausen – Dörenhagen in Paderborn ein und bis gegen 17.00 Uhr (B) haben die drei getrennt operierenden TF Boles, Welborn und Lovelady, Paderborn besetzt. Im Lagebuch des OKW/WFSt heißt es: *„Auf der Autobahn feindlicher Vorstoß nach Lippstadt von Soest aus. Damit ist die Umzingelung der Heeresgruppe B vollzogen."*[1]

Die 104th US InfDiv des VII. US Corps unter Führung von Maj.Gen. Terry de la Mesa Allen steht weit auseinandergezogen ohne ihr 414th InfRgt, aber verstärkt durch das 750th Tk Bn, das 817th TD B, das 555th AAA (AW) Bn und das 957th FA Bn, mit dem RCT 413 im Raum Rimbeck und dem RCT 415 50 Kilometer südwestlich davon im Raum Hallenberg. Das RCT 413 unter Col. Williams M. Summers führt begrenzte Angriffe mit dem 1./413 und 2./413 und trifft auf den Widerstand der jungen Rekruten der SS-Pz.Brig. „Westfalen". Das RCT 415 unter Col. John Hamilton Cochran wehrt einen, von vier Panzern und Selbstfahrlafetten der PzLehrDiv. unterstützen, Angriff von zirka 150 Grenadieren der 3. PzGrenDiv von Küstelberg auf Medebach ab. Die TF Laundon, 104th Rcn Tp, sichert gemeinsam mit der, um 17.00 Uhr (B) unterstellten 4th CavGp die Nordflanke der Division im Raum Brilon.

Die 1st US InfDiv besetzt Geseke, Steinhausen, Büren, Rüthen und Hemmern. Die 9th US InfDiv ist mit der Blockierung der feindlichen Ausbrüche an der Ruhr beschäftigt und greift örtlich nach Norden, Nordwesten und Westen an. Die 8th und 78th US InfDiv rücken an der Sieg-Linie weiter vor.

Am gleichen Tag erreicht die, aus dem Rhein-Main-Gebiet vorstoßende, 3rd US Army thüringischen Boden. Ihr XX. US Corps attackiert unter dem Kommando von Lt.Gen. Walker nach Nordosten und während seine 80th US InfDiv den Raum Kassel erreicht, schwenken die Hauptkräfte nach Osten und rücken auf Mühlhausen vor. Das XII. US Corps, das sich bei seinem Vorstoß nach Nordosten weit vom XX. und vom benachbarten XV. US Corps der 7th US Army absetzt, erreicht mit seinem nördlichen Angriffskeil die Werra westlich von Eisenach. Die Panzerspitzen seines südlichen Angriffskeiles rollen durch die Rhön in Richtung Thüringer Wald.

Zur Führung des geplanten Angriffs zum Entsatz des „Ruhrkessels" verlässt der Oberbefehlshaber West, GFM Albert Kesselring mit seinem Befehlszug den Raum Ohrdruf - Crawinkel und erreicht zwei Tage später, am 3. April 1945, die Gegend zwischen Elbingerode und Drei-Annen-Hohne, wo er sein Hauptquartier aufschlägt.[2]

Bei der H.Gr. H, deren Lage im Raum Münster immer kritischer wird, wird auf Befehl des OKW Gen.Obst.d.Fsch.Tr. Kurt Student eingesetzt, um einen Gegenangriff aus dem Raum Rheine auf Münster zu führen. Doch dieser muss schnell erkennen, dass die vorhandenen Mittel lediglich für örtliche Angriffe ausreichen. Die Kräfte unter seinem Kommando werden zur A.Gr. Student zusammengefasst.[3]

Beim Stellv. VI. AK[4] drücken die amerikanischen Truppen weiter auf den Teutoburger Wald. Motorisierte amerikanische Verbände rücken Richtung Herford vor. Im Abschnitt der K.Gr. Becher fühlen Panzerspitzen auf Brackwede und beiderseits der Autobahn Bielefeld – Oerlinghausen vor. Bei Hillegossen – Ubbedissen gelingt es Truppen der Garnison Herford unter Führung von Maj. Gröne die amerikanischen Truppen abzuweisen, die daraufhin nach Südwesten in den Raum Oerlinghausen – Augustdorf schwenken.[5] Oerlinghausen, das von einer K.Gr. des Pz.Gren.Ers.Btl. 64 unter Oblt. Rademacher[6], Fallschirmjägern der K.Gr. Schönwald, Hitlerjugend und einigen 2cm und 8.8cm Flakgeschützen verteidigt wird, wird ab dem Abend aus Richtung Schloss-Holte und Lipperreihe unter Artilleriebeschuss genommen, nachdem die Orte von Truppen der 2nd US AD besetzt wurden.[7] Gen.Maj. Görbig, dessen Abschnitt Sennelager noch nicht angegriffen wird, erhält von Gen.Maj. Becher den Auftrag, sich mit allen verbliebenen Ersatzeinheiten des Heeres und der Waffen-SS im Sennelager auf den Abschnitt Oerlinghausen – Horn zurückzuziehen und diesen in Anlehnung an die K.Gr. Karst zu verteidigen. Der Rückzug erfolgt in drei Kampfgruppen, der K.Gr. Augustdorf, Staumühlenlager und Altes Lager.[8] Damit ist die lose Front der K.Gr. Becher durchbrochen und die Kampfgruppe in zwei Teile gespalten. Der Kontakt zu den Teilen nördlich der Linie Halle – Werther geht verloren. Auch in der tiefen Südflanke des Korps, im Abschnitt der K.Gr. Karst bei Peckelsheim, kommt es zu Feindeinbrüchen.[9] Der Korpsgefechtsstand geht nach Abbenburg, sechs Kilometer östlich von Nieheim.

Beim LXVI. AK, das auf Grund der Befehlsgebung überlappend im Abschnitt der K.Gr. Karst des Stellv. VI. AK steht, geht Paderborn, das von Alarmeinheiten, Flak und dem Bodenpersonal des Flugplatzes unter Führung von Hptm. Detmar verteidigt wird, verloren. Panzerspitzen der 3rd US AD rücken auf Neuenbeken – Bad Lippspringe vor. Spähtrupps werden bei Altenbeken gemeldet.[10] Buke wird am

Abend besetzt. Ein Stoß der 104th US InfDiv und 9th US AD aus dem Raum Warburg, das am Vortag genommen wurde, über Löwen nach Norden erreicht Peckelsheim, wo ein Bataillon und eine Art.Abt. der 166. InfDiv „Jütland“, die für das LXVI. AK vorgesehen sind, bei der K.Gr. Karst zum Einsatz kommen. Dann erreicht der Angriff Willebadessen, das von Panzern der SS-Pz.Brig. gesichert wird. Doch diese weichen angesichts der Übermacht zurück und am Nachmittag dringen amerikanische Truppen in Willebadessen ein. Bei Lichtenau und Scherfelde kommt es zu örtlichen Kämpfen. In Scherfelde gelingt es der I./SS-Rgt. Holzer starke Angriffe abzuwehren. In der Zwischenzeit setzt die SS-Pz.Brig. „Westfalen“ die, am Vortag begonnene, Versammlung von Kräften für den befohlenen Angriff aus dem Raum Hardehausen - Scherfelde nach Südosten auf Marsberg fort, um dort einen Ausgangsraum für den weiteren Angriff Richtung Edertalsperre zu gewinnen. Hierfür werden die, bisher zurückgehaltenen, Teile der Brigade mit der s.Pz.Abt. 507 trotz starkem amerikanischen Artilleriebeschuss im Raum Dahl – Schwaney – Herbram versammelt.[11] In Anbetracht der Lageentwicklung stellt das Korps den Antrag auf Rücknahme der Verteidigung hinter die Weser, der abgelehnt wird.[12] Da die Gefahr der Einschließung der Brigade, insbesondere durch den Vorstoß in ihrem Rücken, immer stärker wird, befiehlt das LXVI. AK in Abänderung der bisherigen Pläne den Angriff der Brigade in Richtung Warburg – Hofgeismar, um den Anschluss an das Stellv. IX. AK herzustellen.[13]

Im neuen Abschnitt des LXVII. AK treffen in der Zwischenzeit die, aus dem Vogelsberg-Gebiet und dem „Ruhrkessel“ entkommenen, Stäbe der 26. und 326. VolksGrenDiv sowie Splittergruppen der 89. InfDiv, 26., 326., 272. und 277. VolksGrenDiv ein. Hitzfeld gliedert sie gemeinsam mit den dort stehenden Kräften des Stellv. IX. AK in die Abschnitte Hann.Münden, Habichtswald, ostwärts dahinter der Abschnitt Kassel, den Abschnitt Eder unterteilt in Fritzlar und Felsberg, und den Bachabschnitt Fulda. Zu den Stützpunkten Alsfeld und Ziegenhain kommt jedoch keine Verbindung zustande und sie gehen verloren.

Kaum das diese Kräfte die stützpunktartige Sicherungslinie bezogen haben, stehen sie im Kampf. An der Edertalsperre setzt sich die dort stehende Luftwaffeneinheit ohne Befehl ab. Fritzlar geht nach Artilleriebeschuss und Panzerangriffen verloren. Amerikanische Truppen stoßen auf Kassel. Der Fü.Stab. Stellv. Gen.Kdo. IX. AK verlässt Kassel und verlegt nach Witzenhausen, das LXVII. AK geht nach Gertenbach/Hessen, nordwestlich von Kassel.[14]

Am **Ostermontag,** dem **2. April 1945**, sichert die 3rd US AD mit der TF Welborn und Lovelady des CCB und der TF Boles des CCA Paderborn, während die TF Kane des CCA in Lippstadt verbleibt. Das RCT 413 der 104th US InfDiv säubert weiter den Raum Rimbeck und das RCT 415 führt begrenzte Vorstöße aus dem Raum Medebach nach Westen und Norden. Erneut kommt es zu deutschen Angriffen auf Medebach, die abgewehrt werden. Die unterstellte 4th CavGp besetzt mehrere Ortschaften westlich von Brilon. Das RCT 414 operiert mit der 3rd US AD im Raum Lippstadt – Salzkotten – Paderborn. Gegen 18.00 Uhr (B) wird der 104th US InfDiv das CCA der 7th US AD, das das RCT 415 nach der Einnahme des stark verteidigten Küstelberg, westlich von Medebach, ablösen soll, unterstellt. Die 1st US InfDiv baut ihre Positionen aus und hält Verteidigungsstellungen. Die 9th US InfDiv sichert Züschen und Winterberg auf der rechten Seite, Berleburg und Berghausen im Zentrum sowie Girkhausen und Neu-Astenberg auf der Linken. Die 78th und 8th US InfDiv gehen vom VII. US Corps unter die Kontrolle des XVIII. US Corps (Airborne). Das 87th Cml Mort Bn wird ab 06.00 Uhr (B) dem VII. US Corps für die weiteren Operationen unterstellt.

Am Abend des 2. April 1945, 22.00 Uhr, erscheint der OB West Kesselring persönlich auf dem Korpsgefechtsstand des LXVII. AK in Gertenbach, um den Gen.d.Inf. Otto Hitzfeld den Befehl des OKW zu übermitteln, das Kommando über das SS-PzAOK 11 bis zum Eintreffen des neuen Befehlshabers, Gen.d.Art. Walther Lucht, zu übernehmen. Gen.d.Art. Lucht war als Komm.Gen. des LXVI. AK im März zur Wiederherstellung seiner Gesundheit in die Führerreserve Potsdam versetzt worden und Anfang April noch nicht in der Lage das Kommando über die Armee zu übernehmen. Die Ernennung Hitzfelds zum vorläufigen Befehlshaber der 11. PzArmee führt in der späteren Geschichtsschreibung immer wieder dazu, diese als „Armee Hitzfeld“ zu bezeichnen. Hitzfeld schreibt: *„... ich taufte sie kurzerhand 11. Armee, da von Panzern und SS kaum die Rede war.“*[15] Der Befehl des OKW an Hitzfeld, der von Gen.Obst. Jodl unterschrieben ist, lautet: *„a) die große Lücke in der Durchbruchsfront Höxter/Kassel/Nordrand Thüringer Wald zu schließen, b) mit der Armee Model – eingeschlossen im Ruhrgebiet – durch Angriff die Verbindung herzustellen, c) die tiefe Flanke in Richtung Mühlhausen zu schützen und d) Entschluss und beabsichtigte Durchführung bald zu melden.“*[16]

Kesselring unterstellt Hitzfeld hierfür neben dem LXVI. AK und LXVII. AK das Stellv. IX. AK und das Stellv. VI. AK.[17] Den Befehl über Hitzfelds LXVII. AK übernimmt vorübergehend der Ritterkreuzträger Gen.d.Art. Maximilian Fretter-Pico unter Beibehaltung seines Kommandos über das Stellv. Gen.Kdo. IX. AK und den W.Kr. IX Kassel. Fretter-Pico, der seit Dezember 1944 ohne Kommando war, hatte erst an diesem Tag das Kommando im W.Kr. IX von Gen.d.Inf. Petsch übernommen, der in die Führerreserve versetzt worden war. Auf Grund der gemeinsamen Führung des LXVII. AK und des Stellv. Gen.Kdo. IX. AK durch Gen.d.Art. Fretter-Pico verfügt das Korps jetzt über die Reste der 26. VolksGrenDiv unter Gen.Maj. Kokott, der 326. VolksGrenDiv unter Gen.Maj. Dr. Kaschner, der 5. FschJgDiv unter Oberst Gröschke, einzelne Flakkampfgruppen, Ersatzeinheiten des W.Kr. IX, und die, in der Zuführung befindliche, H.Pi.Brig. 688 unter Maj. von Reden.[18]

Die 26. VolksGrenDiv war vorher der Korps.Gr. von Gen.Lt. Walter Botsch, LVIII. AK, der 5. PzArmee der H.Gr. B gemeinsam mit den Resten der 18. VolksGrenDiv unterstellt und hatte sich nach der Schließung des „Ruhrkessels" aufgelöst. Während Teile der 18. VolksGrenDiv und der Stab des K.Kdt. Bonn zur Neuaufstellung der InfDiv „Ullrich v. Hutten" der Armee Wenck herangezogen werden, hatte man aus den Resten der 26. VolksGrenDiv und der 18. VolksGrenDiv eine Kampfgruppe mit der Bezeichnung 26. VolksGrenDiv gebildet. Nach Meinung der NS-Propaganda waren *„Volksgrenadierdivisionen – Einzelkämpfer mit modernen Waffen"*[19], in Wirklichkeit waren sie jedoch nur unzureichend ausgerüstete und ausgebildete Verbände, aufgestellt aus den Resten zerschlagener Divisionen.

Die 26. VolksGrenDiv, auch als Div.Gr. Kokott bezeichnet, besteht Anfang April 1945 aus Teilen des Füs.Rgt. 39 (Gren.Ers.u.Ausb.Btl. 514 der 154. Div. aus Dänemark), des Gren.Rgt. 77 und 78 (K.Gr. Schäffer und Sahlden), des Div.Füs.Btl. 26 in Stärke von zwei Kompanien und des Pi.Btl. 26 sowie mehreren Batterien des Art.Rgt. 26, dem Felders.Btl. der Division und einigen Panzerjägern der Pz.Jg.Abt. 26. Dazu kommt die K.Gr. Zehler. Gen.Lt. Zehler hatte Ende März 1945 im Rahmen der „Leuthen"-Bewegung die Div. Nr. 409 Marburg mit den Ersatztruppen des stellv. Gen.Kdo. IX. AK übernommen, zu deren gemeinsamen Einsatz es jedoch nicht mehr gekommen war. So kommt der Divisionsstab als K.Gr. Zehler im Raum Kassel zum Einsatz.[20] Außerdem werden der Division neben zwei RAD-Abteilungen, Teile des Rgt. „Donauland" der Schattendivision „Donau", ein Fahnenjunker-Lehrgang der Schule VIII für Fahnenjunker der Infanterie Wetzlar der Div. Nr. 409 und eine Pz.Abt. unter Maj. Lambert unterstellt.[21]

Doch die Masse der Pz.Abt. Lambert befindet sich einschließlich ihres Führers noch auf dem Transport. Maj. Lambert war am 1. April 1945 mit dem truppenlosen Stab und der St.u.Vers.Kp. der Pz.Abt. 44 in Groß-Glienecke im Havelland mit dem Ziel Kassel in Marsch gesetzt worden, um dort die Führung über die neu aufgestellten Pz.Jg.Kp. 1106, 1089 und 1716 zu übernehmen. Die Pz.Abt. 44, die im Februar 1945 aus der Res.Pz.Abt. 5 der 233. ResPzDiv in Dänemark aufgestellt worden war, gehörte zur PzDiv „Holstein" und war im März 1945 bei den Kämpfen in Pommern zerschlagen worden. Während die Reste der PzDiv „Holstein" am 26. März in die 18. PzGrenDiv der H.Gr. Weichsel eingegliedert werden, dient der Stab der Division zur Aufstellung der PzDiv „Clausewitz".[22]

Als erster Transport trifft am 2. April die Kompanie unter Oblt. Fussel in Bad Sooden ein. Die beiden anderen Kompanien befinden sich noch auf dem Bahntransport von ihrem Aufstellungsort, dem böhmischen TrÜbPl Milowitz (Milovice nad Labem). Dort war jede der Kompanien mit zehn Jagdpanzern 38 (t) „Hetzer" und einem Bergepanzer ausgerüstet worden, weshalb in verschiedenen Quellen auch von der Pz.Ausb.Abt. Milowitz oder aber Pz.Jg.Abt Lambert gesprochen wird. Da Lambert und der Stab noch nicht eingetroffen sind, kommen die „Hetzer" unter

Oblt. Fussel sofort bei der H.Pi.Brig. 688 zum Einsatz. Doch bereits beim Vormarsch auf Kammerbach treffen sie auf die vorrückenden amerikanischen Spitzen und verlieren ein Fahrzeug. Weitere drei fallen aus technischen Gründen aus und müssen gesprengt werden.[23]

Die H.Pi.Brig. 688 war ab Januar 1945 unter dem Kommando des Ritterkreuzträgers Maj. Edzard von Reden aus Teilen des Pi.Ers.u.Ausb.Btl. 14 in Weißenfels aufgestellt und mit dem Aufruf zur „Westgoten"-Bewegung am 1. April 1945 per Bahn nach Witzenhausen transportiert worden, wo sie am 2. April entladen wird. Die Brigade besteht aus zwei fahrradbeweglichen Bataillonen mit sechs Kompanien. Das 1. Btl. unter Hptm. Witt geht nach Bad Sooden-Allendorf und das 2. Btl. unter Hptm. Martin nach Witzenhausen.[24]

Die 326. VolksGrenDiv, die mit Splittergruppen der 89. InfDiv und 277. InfDiv dem Ruhrkessel entkommen war, verfügt Anfang April 1945 über Reste der Gren.Rgt. 751, 752 und 753, die Div.Füs.Kp. 326 und Teile des Art.Rgt. 326. In die Division werden das Res.Pz.Gren.Btl. 3[25] und das Gren.Ers.Btl. 593[26] sowie die Art.Abt. der 166. InfDiv „Jütland" mit acht russischen 12,2 cm Feldhaubitzen eingegliedert. Außerdem unterstehen ihr Teile der H.U.S. d. Pz.Tr. Eisenach.

Die H.U.S. f. Pz.Schtz. Eisenach war ursprünglich für den Pz.Ausb.Vbd. „Westfalen" vorgesehen, während die H.U.S. f. Pz.Gren. Eisenach zum Pz.Ausb.Vbd. „Franken" sollte.[27] Doch beide erreichen ihr Ziel nicht. Gemeinsam mit Teilen der 3./s.Pz.Abt. 510[28] und 3./s.Pz.Abt. 511, die sich in Kassel zur Ausstattung mit PzKpfw VI „Königstiger" befinden, werden sie im Raum Kassel zusammengefasst und in die 326. VolksGrenDiv eingegliedert. Dort werden sie später nur noch als H.U.S. Eisenach geführt. Sie verfügen neben einer Anzahl PzKpfw III und IV aus Eisenach vermutlich über 13 werksneue PzKpfw VI „Königstiger", die man den beiden Kompanien in den Henschel-Werken Kassel erst wenige Tage zuvor übergeben hatte. Doch die meisten der „Königstiger" sind bereits zerstört oder ausgefallen.[29]

Bei dem, als 5. FschJgDiv bezeichneten, Verband handelt es sich um Teile des Fsch.Jg.Rgt. 15 und des Fsch.Pi.Btl. 5 die bei der Einkesselung des Ruhrgebietes von der 5. FschJgDiv abgetrennten wurden und unter der Führung des Ritterkreuzträgers Oberst Kurt Gröschke stehen. Das Fsch.Jg.Rgt. 15 unter Ritterkreuzträger Maj. Rudolf Berneike verfügt über zwei Bataillone mit insgesamt sechs Kompanien. Das Fsch.Pi.Btl. 5, das nur noch über 50 Mann Stamm- und 100 Ersatzleute verfügt, steht unter der Führung des Ritterkreuzträgers Lt. Friedrich Bausch. Ihre Gesamtstärke beläuft sich auf zirka 600 Mann.[30]

Diese Kräfte stehen auf der Linie Immenhausen – westlich Kassel – Dennhausen (Fulda-Schleife südlich von Kassel) – Fulda-Linie bis südlich Melsungen und haben keinen Anschluss nach links.[31] Bei Melsungen überschreiten die amerikanischen Truppen die Fulda.

Beim rechten Nachbarn, dem LXVI. AK, scheitert der nach Mitternacht begonnene Angriff der SS-Pz.Brig. „Westfalen" aus dem Raum Schwaney – Herbram und Neuenheerse in Richtung Warburg. Einsetzende amerikanische Gegenangriffe zwingen die Waffen-SS zum Rückzug. Willebadessen wechselt mehrmals den Besitzer. In Scherfelde gelingt es der I./SS-Rgt. Holzer mit Hilfe der gemischten Panzerkompanie die amerikanischen Truppen eine Zeitlang aufzuhalten, bevor sie dem Druck weichen und sich bis nördlich Bonenburg zurückziehen müssen. Bei einem nördlich davon angesetzten Angriff der V./SS-Rgt. Holzer[32] wird Borlinghausen kampflos besetzt, der weitere Angriff auf Löwen wird jedoch zurückgeschlagen.[33] Auf Befehl der 11. Armee nimmt das Korps die Front auf die Linie Pyrmont – Hann.Münden zurück.[34] Das Inf.Btl. und die Art.Abt. der 166. InfDiv „Jütland", die zeitweise der K.Gr. Karst unterstellt waren, gehen jetzt unter das Kommando des Korps.[35]

Nördlich des LXVI. AK rücken im Abschnittes des Stellv. VI. AK amerikanische Truppen unter Umgehung von Bielefeld auf Herford vor. Spitzen fühlen weiter zum Westrand des Teutoburger Waldes, westlich von Oerlinghausen, zur Dörenschlucht nordöstlich von Augustdorf und Oesterholz – Kohlstädt vor. Bad Lippspringe geht verloren. Teilen der, in der Senne eingekreisten, deutschen Truppen unter dem Kommando von Gen.Maj. Görbig gelingt der Ausbruch. Sie werden als K.Gr. Görbig[36] in die Front der K.Gr. Becher eingegliedert und beziehen wie befohlen eine 20 Kilometer breite Sicherungslinie von Oerlinghausen bis Horn. Mit Hilfe einiger instandgesetzter Übungspanzer und einer zugeteilten Flakabteilung gelingt es einzelne Feindangriffe abzuwehren.[37]

Mit dem Feindeinbruch im Raum Bielefeld wird die Verbindung zur der, nördlich des Stellv. VI. AK stehenden, 1. FschA der H.Gr. H endgültig unterbrochen.[38]

Am gleichen Tag trifft gegen 18.00 Uhr von Neustrelitz/Mecklenburg über Berlin und Halle kommend das Vorkommando des Stabes der 11. Armee im motorisierten Landmarsch in Mühlhausen/Thür. ein, wo es sich beim zufällig anwesenden GFM Kesselring meldet. Von Mühlhausen fährt das Vorkommando zu Gen.d.Art. Fretter-Pico und anschließend zum Gefechtstand des LXVII. AK in Gertenbach zur Meldung bei Gen.d.Inf. Hitzfeld.[39]

Mit der Befehlsübergabe an Gen. Hitzfeld und dem Eintreffen des Stabes übernimmt die 11. Armee die Führung der Kampfhandlungen im mittleren Abschnitt der Westfront. Oberst i.G. Estor, Chef des Stabes AOK 11, beschreibt später den Zustand dieser 11. Armee mit den Worten: *„Die Armee verfügte somit über keinen einzigen kampfkräftigen, geschlossenen Verband, keine nennenswerte Artillerie, keine Reserven, keine Luftunterstützung. Die Bezeichnung ‚Armee' besteht somit eigentlich zu Unrecht, ‚Sperrverband' hätte ihren Charakter besser gekennzeichnet."*

Am **Dienstag**, dem **3. April 1945**, sichert bei der 3rd US AD das CCB weiter Paderborn. An mehreren Stellen wird der Kontakt zur 8th US AD hergestellt, so am Nachmittag durch die TF Welborn bei Bad Lippspringe und durch die TF Hogan des CCR nördlich von Salzkotten und am Abend durch die TF Boles bei Delbrück. Die TF Kane verbleibt in Lippstadt und hält dort den Kontakt zur 9th US Army. Die TF Yeomans besetzt um 21.30 Uhr (B) Lichtenau und wird um 23.45 Uhr (B) von der TF Lovelady des CCB abgelöst.

Das RCT 413 der 104th US InfDiv besetzt gegen starken Widerstand Scherfede und Hardehausen. Das RCT 415 nimmt nach schweren Kämpfen mit Teilen des Gren.Rgt. 1219 der 176. InfDiv des LXXIV. AK der 15. Armee Küstelberg und übergibt um 24.00 Uhr (B) den Ort an das CCA, 7th US AD, das wieder aus der Unterstellung unter die 104th US InfDiv herausgeht. Die 4th CavGp sichert den Raum Brilon und wird in der Nacht von Teilen des RCT 415 abgelöst. Die 1st US InfDiv baut weiter ihre Positionen aus. Das RCT 39 der 9th US InfDiv räumte die Region westlich der Straße Züschen-Winterberg, Elemente des RCT 47 nehmen Oberkirchen, das RCT 60 sichert Westfeld und entlastet Elemente des RCT 39 in Neuastenberg.

Auf dem gemeinsamen Gefechtsstand des AOK 11, des LXVII. AK und des Stellv. Gen.Kdo. IX. AK in Witzenhausen teilt der OB West den Anwesenden mit, dass die 11. Armee ihm direkt unterstellt ist. Der Gefechtsstand des AOK 11 verlegt auf Schloss Adelebsen, 23 Kilometer nordwestlich von Göttingen. Da die Quartiermeisterabteilung der 11. Armee auf der Verlegung in Nordhausen in den schweren Bombenangriff gerät und hohe Verluste erleidet, wird die, im Raum Göttingen befindliche, beschäftigungslose Quartiermeisterabteilung der 15. Armee kurzerhand in das AOK 11 eingegliedert. Das Nachrichtenregiment der Armee, das sich noch immer auf dem TrÜbPl Wünsdorf befindet und auf Betriebsstoff wartet, trifft erst Tage später ein.[40] Bereits am 2. April 1945 hatte Oberst i.G. Estor, an den WFSt gemeldet, dass *„die Führungsabteilung des AOK 11 unvollkommen besetzt ist und das das, für die nachrichtentechnische Führung der Armee zugewiesene, SS-Führungs-Nachr.Rgt. unbeweglich ist. Es benötigte dringend 100 Lastwagen, um die Führung der 11. Armee zu ermöglichen.*“[41] Eine einheitliche Führung der 11. Armee gibt es damit von Anfang an nicht. Hitzfeld beantragt nach umfassender Lagefeststellung noch in der Nacht auf dem Gefechtstand des LXVI. AK in Bodenfelde über Funk beim OB West die Aufhebung des Angriffsbefehls.[42]

Im Abschnitt des Stellv. VI. AK durchbrechen die amerikanischen Truppen die Stellungen bei Oerlinghausen und Detmold. Oerlinghausen wird gegen 19.30 Uhr von Panzerkräften genommen. Bei den Kämpfen um Oerlinghausen werden 75 deutsche und etwa 20 amerikanische Soldaten sowie fünf Zivilisten getötet.[43] Mattenklott erteilt auf Grund der aussichtslosen Lage gegen den Willen des OB West den Befehl zum Eindrehen der Front auf die Linie Hameln – Barntrup – Blomberg – Horn für den nächsten Tag.[44]

Beim LXVI. AK gelingt in Abstimmung mit dem Stellv. VI. AK dank der guten Fahrzeugausstattung der SS-Pz.Brig. in der Nacht das Absetzen vom Feind. Das LXVI. AK steht jetzt im Norden angrenzend an das Stellv. VI. AK auf der Linie Wehrden a.d. Weser – Brakel und im Süden entlang der Linie Weser-Schleife nördlich Hann.Münden – Hofgeismar angrenzend an das LXVII. AK. Die Verbände der 166. InfDiv sichern im Anschluss an das Stellv. VI. AK auf der Linie Erkeln – Rothe, daran schließt sich das SS-Rgt. Meyer bis Dalhausen und das SS-Rgt. Holzer bis Trendelburg an. Bis in den Reinhardswald soll das, in der Zuführung aus Hannover befindliche, Gren.Btl. Bortscheller als Sperrverband in Stärke von drei Kompanien mit Panzerfäusten und Pak eine lose Sicherungslinie besetzen. Die Städte Hofgeismar, Trendelburg, Beverungen und Karlshafen sollen durch Kampfbesatzungen in Stärke von bis zu je 200 Mann aus Volkssturm und Ersatzeinheiten mit einigen Pak und alten Panzern verteidigt werden. Der Korpsgefechtsstand geht nach Bodenfelde.[45]

Beim LXVII. AK dringen amerikanische Truppen beiderseits Melsungen in den Bergen nach Osten vor und erreichen die Verbindungsstraße Kassel – Eisenach. Die Fulda-Linie ist aufgebrochen.[46] Verzweifelte Versuche von Teilen der H.Pi.Brig. 688 und Teilen der H.U.S. d. Pz.Tr. Eisenach Widerstand zu leisten scheitert. In Kassel dringen amerikanische Truppen ein. Der rechte Flügel der 326. VolksGrenDiv, nördlich von Kassel, bei Obervellmar, wird eingedrückt. Dort hatte die unterstellte SS-K.Gr. Thöle[47] zwei Tage lang den Bahndamm Niedervellmar – Obervellmar gemeinsam mit einigen ortsfesten Flakbatterien gegen starken Feinddruck gehalten, nachdem sie im Forst Wilhelmshöhe durch einen amerikanischen Panzervorstoß erhebliche Verluste erlitten hatte.[48] Auch die K.Gr. Bremm der 326. VolksGrenDiv, die auch als Gren.Btl. Bremm bezeichnet wird, und aus Resten des Gren.Rgt. 990 der 277. VolksGrenDiv in Stärke von 150 Mann besteht, zieht sich unter Führung von Obstlt. Josef Bremm aus dem Raum Kassel zurück.[49] Dort hatte sie mit Unterstützung einiger PzKpfw VI „Königstiger" der H.U.S. Eisenach mehrere erfolgreiche Gegenstöße durchgeführt, wofür Bremm später für die Schwerter zum Ritterkreuz eingereicht wird. Doch er erhält sie nicht mehr offiziell, da sich zu diesem Zeitpunkt das AOK 11 bereits aufgelöst hat. Hitler hatte die Verleihung von Auszeichnungen an Kriegsgefangene oder Vermisste verboten.[50] Der Stab der Division geht nach Oberkaufungen. Die 26. VolksGrenDiv mit Gefechtsstand in Schwarzenhasel steht von Malsfeld bis Rotenburg/Fulda und Bebra im Kampf. Dort befindet sich auch die, der 26. VolksGrenDiv unterstellte, 5. FschJgDiv. Die Front des LXVII. AK wird auf die Linie Hann.Münden – Kassel - Hessisch-Lichtenau – Waldkappel zurückgedrückt.[51]

Am Nachmittag greifen Bomberverbänden der Royal Air Force die nordthüringische Stadt Nordhausen an. 256 viermotorige Bomber „Avro Lancaster“ und zweimotorige Fernaufklärer De Havilland „Mosquito“ IV werfen gegen 16.00 Uhr ihre Bomben über dem Stadtgebiet und in der Umgebung der Stadt ab.[52]

Nordhausen, im Landkreis Grafschaft Hohenstein gelegen, ist verkehrstechnischer Knotenpunkt und Mittelpunkt der Rüstungsindustrie im nordthüringischen Raum. In Nordhausen laufen die Bahnstrecken aus Halle, Erfurt und Göttingen zusammen, über die die Truppentransporte und der Nachschub in Richtung Westfront laufen, hier beginnen die gebirgsüberschreitenden Straßen über den Harz. Rund um Nordhausen findet sich eine Vielzahl von schützenswerten Rüstungsbetrieben, deren Transportrouten die Stadt kreuzen. Durch die Stadt verlegen hochrangige militärische Stäbe und Einrichtungen des NS-Staates auf ihrem Rückzug oder auf der Flucht Richtung Süddeutschland Und jetzt, nachdem der „Ruhrkessel“ geschlossen ist und die amerikanischen Truppen nach Osten vorrücken, ist die Stadt Drehscheibe für die Truppen der 11. Armee, die in den Harz zurückweichen. So wird Nordhausen, das seit geraumer Zeit nur noch wenig Militär beherbergt, zum strategischen Ziel.

Das hatte zuvor anders ausgesehen. Mitte der 30iger Jahre war Nordhausen zur Garnisonsstadt geworden, als 1935 durch den Reichsarbeitsdienst mit dem Bau des Fliegerhorstes am Darrweg begonnen wurde und Ende 1936 die Ln.Ers.Abt. II/13, aus der nach mehreren Namensänderungen 1940 die Luft-Nachrichten-Schule 1 der Luftwaffe wurde, in die ebenfalls neugebaute Boelcke-Kaserne einzog.[53]

Angehörige der L.Na.S. I in Nordhausen und beim Ausmarsch zu einer Übung
Fotos: Privat

Der Fliegerhorst E 32/III und der Flugplatz dienten in den kommenden Jahren als Stationierungsplatz der III. Staffel/KG 253, der späteren III./KG 4 „General Wever", und als Ausbildungsflugplatz für Flugzeugführer und Bordfunker.

In der angrenzenden Flugzeugwerft der Junkers Werke erfolgte ab 1944 der Bau von sogenannten „Mistel-Gespannen", Tarnname „Beethoven-Gerät".[54] Die „Mistel-Gespanne" bestanden aus einem, zur Großbombe umgerüsteten, unbemannten Bomber des Typs Ju 88 mit einem Sprengkopf am Bug und einem, mit einem Gestänge darüber befestigten, bemannten Jagdflugzeuge FW 190 als Leitflugzeug. Der Pilot steuerte sein Gespann zum Ziel, wo er die Großbombe im Zielanflug ausklinkte und anschließend abdrehte. Ein weiterer Versuch, das Ruder in diesem verlorenen Krieg herumzureißen. Diese Gespanne kamen unter anderem in den letzten Wochen des Krieges gegen die russischen Brückenköpfe an der Oder zum Einsatz. Im April 1945 ist davon aber nicht mehr viel übrig. Die III./KG 4 hatte schon 1940 Nordhausen verlassen. Die L.Na.S. I war Mitte 1944 aufgelöst worden und hatte Teile des Geländes an die Junkers-Werke abgeben. Im Nordteil des Geländes hatte man Anfang 1945 ein Außenlager des KZ Mittelbau-Dora untergebracht.[55] Die Angehörigen der Flieger-Betriebs-Kompanie der L.Na.S. 1 wurden in Boden- und Fallschirmjägereinheiten der Luftwaffe eingegliedert.[56] Die Schul- und Ausbildungsflugzeuge der Nordhäuser Ergänzungseinheit hatte man am 14. August 1944 nach Quedlinburg verlegt.[57] Die „Mistel-Gespanne" und die dazugehörige Technik gingen im März 1945 von Nordhausen nach Merseburg, wo ein Teil von ihnen später in die Hände der Amerikaner fällt.[58] So befinden sich Anfang April nur noch das Flugplatzkommando A 35/IV im Fliegerhorst. In den Hallen und auf dem Flugfeld stehen nur noch Schulmaschinen und ausgefallene Flugzeuge. Nach der Besetzung registrieren die amerikanischen Truppen eine Ju 88, zwei beschädigte Ju 52, drei Ju 86, eine beschädigte Ju 87, eine Siebel 204, zwei beschädigte He 111, drei FW 58, zwei dreimotorige italienische Bomber Savoia-Marchetti SM 82, drei französische Caudron C 445 und zwei unbe-

Erbeutetes „Mistel-Gespann" auf dem Flugplatz Merseburg
Foto: National Archives (fold3.com)

waffnete FW 190 S-5 sowie eine Anfänger-Schulmaschine Klemm 35 und ein notgelandeter amerikanischer Jagdbomber vom Typ P-47 „Thunderbolt".[59] Die „Thunderbolt" hatte am 1. April 1945 bei einem Tieffliegerangriff auf einen Personenzug am Nordhäuser Bahnhof Altentor Motorschaden erlitten und war auf dem Flugplatz notgelandet.[60] Als weitere Dienststellen der Luftwaffe befinden sich in Nordhausen das, hauptsächlich mit Luftwaffenhelferinnen besetzte, Flugwarnkommando der Luftwaffe „FLUKO-Kennung 02622/15-Ost" zur Weiterleitung von Berichten der Luftraumbeobachtungsstellen in der ehemaligen Loge in der Domstraße [61] und die Luftnachrichten-Stelle A, Kdtr. Nordhausen.[62] Von ihnen werden auch die Nordhäuser Luftschutzzentrale im Keller unter der Sparkasse und die 2. Befehlsstelle in der Zichorienfabrik in der Stolberger Straße mit aktuellen Luftlagemeldungen versorgt.[63] Weitergehende, detaillierte Informationen zur Nordhäuser Luftfahrtgeschichte finden sich in dem Buch von Fred Dittmann „Fliegerhorst und Luft-Nachrichten-Schule 1 Nordhausen 1935–1945", das 2006 beim Verlag Rockstuhl in 1. Auflage erschienen ist.

Neben der Luftwaffe beherbergt die Stadt nur noch eine Kompanie garnisonsverwendungsfähiger Soldaten des Lds.Schtz.Btl. 635 zur Gefangenenbewachung[64], die Stadtkommandantur, das Wehrkreiskommando in der Bahnhofsstraße[65] und die San.Abt. Nordhausen mit zwei Kp. des Res.Laz. 1127 Nordhausen. Außerdem ist Nordhausen im April 1945 Sitz des Marineoberkommandos West. [66] Das Marineoberkommando West war im Oktober 1944 aus dem ehemaligen Marinegruppenkommando West mit Sitz in Paris, Place de la Concorde, hervorgegangen und hatte sich unter Führung von Admiral Krancke nach der Landung der Alliierten aus Frankreich zurückgezogen. Teile des Marineoberkommandos West hatten in der Stadt am Harz Quartier bezogen.[67]

In den verbliebenen staatlichen Einrichtungen in der Stadt laufen Anfang April längst die Vorbereitungen für das Absetzen. So haben die Verantwortlichen der Stadt um Oberbürgermeister Dr. Herbert Meyer und des Landkreises um Landrat Wolff von Wolffersdorff ihren Verwaltungen den Befehl zur Vernichtung der Geheimsachen und wichtiger Akten und Dokumente erteilt. Für die Ordnungspolizei[68], zu der eine Abteilung Luftschutzpolizei mit 250 Ukrainern und die evakuierte Feuerlöschpolizei Kassel gehört, liegen die Marschbefehle vor.[69] Sie sollen sich unter Führung des Majors der Schutzpolizei Dettmann, der zum Stab der örtlichen Luftschutzleitung gehört, der zurückgehenden, kämpfenden Truppe anschließen. Gleiches gilt für die Angehörigen des Wehrkreiskommandos Nordhausen unter Führung ihres Leiters und Standortältesten Maj. Friedrich Quelle sowie des Marineoberkommandos West in Nordhausen.[70]

Doch mitten in diesen Vorbereitungen trifft sie der Bombenangriff. Bisher war die Stadt Nordhausen und die umliegenden Städte und Orte der Landkreise Grafschaft Hohenstein und Sangerhausen meist glimpflich davongekommen. Trotz unzähliger

Fliegeralarme, vereinzelter Bombenabwürfe und stetig zunehmender Tieffliegerangriffe hatte es im Vergleich zu anderen Regionen Mitteldeutschlands keine größeren Opferzahlen gegeben. Ausnahmen bilden unter anderem ein Tiefflieger am 5. Mai 1944, bei dem dreizehn amerikanische doppelrumpfige Lockheed P 38 „Lightning"-Jagdbomber erst zwei Züge am Bahnhof Berga-Kelbra und dann einen durchfahrenden Militärzug angegriffen hatten. Hermann Scharfe schreibt hierzu: *„Wenige Minuten später durchfuhr ein Militärzug den Bahnhof. Auch er wurde unter Beschuss genommen. An verschiedenen Häusern entlang der Strecke entstand dabei Dachschaden. Der Zug wurde verfolgt und vor der Aumühle zum Stehen gebracht. Es wurden 28 Personen getötet und viele verletzt."*[71] Fast an der gleichen Stelle war es am 21. Februar 1945 noch einmal zu einem Tieffliegerangriff auf zwei Züge gekommen. In dem vollbesetzten D-Zug Nr. 90 wurden im Kuhrieth zwischen Berga-Kelbra und Auleben 40 Personen getötet.[72] Zwischen Heringen und Aumühle wurde ein Truppentransport mit französischen Angehörigen der Waffen-SS angegriffen, wobei sechs Soldaten getötet und sechs verwundet wurden.[73] Am 22. Februar 1945 war es dann über dem Stadtgebiet zu einem ungezielten Abwurf eines Verbandes von 15 Consolidated B-24 „Liberator" Bombern gekommen, die sich auf dem Rückflug von einem erfolglosen Angriff befanden. 45 Opfer dieses Bombenabwurfs wurden im Rahmen einer öffentlichen Trauerfeier am 27. Februar 1945 auf dem Neuen Friedhof beerdigt.[74] Ein einzelne „Lightning" zerstörte dann am 1. April 1945 mit nur einer Bombe das Hotel „Hessischer Hof" und ein Nebengebäude und tötete dabei dreißig Menschen, die meisten von ihnen Stabsoffiziere des Marinestabes.[75]

Als gegen16.00 Uhr die Luftwarnsirenen „Voralarm" geben, befindet sich die örtliche Luftschutzleitung und der Arbeitsstab der Stadtverwaltung für die Obdachlosen gerade auf der Ausweichbefehlsstelle in der Zichorienfabrik an der Stolberger Straße, um dort über weitere Evakuierungsmaßnahmen zu beraten. Jetzt müssen sie miterleben, wie die Stadt im Bombenhagel versinkt.[76] Um 16.10 Uhr heulen die Sirenen „Luftalarm". *„Es war die 401. Luftwarnung für Nordhausen und zugleich die letzte, die von den Sirenen auf den Dächern in diesem Krieg gemeldet wurde."* schreibt Dr. Manfred Schröter in den Beiträgen zur Heimatkunde, Sonderausgabe 1988 „Die Zerstörung Nordhausens und das Kriegsende im Kreis Grafschaft Hohenstein 1945".[77] Was dann und am kommenden Tag im Einzelnen geschieht, ist nicht Inhalt dieser Dokumentation und ist in dem genannten Werk von Dr. Schröter sowie dem 1995 erschienenen Buch von Dr. Peter Kuhlbrodt „Schicksalsjahr 1945 – Inferno Nordhausen" sowie dem 2000 erschienenen Buch von Dr. Walter Geiger „Nordhausen im Bombervisier - Zum Luftkriegsschicksal einer mitteldeutschen Stadt 1940–1945" ausführlich dargestellt.

Erst am nächsten Tag wird das Ausmaß der Schäden sichtbar. Noch kann keiner sagen, wie viele Opfer dieser Angriff gekostet hat. Auch in den Nachbarorten fordert der Angriff Opfer. In Bielen werden 17 Personen getötet, in Rottleberode vier und in Stolberg sieben.[78] Noch in der Nacht flüchtet ein Großteil der Bewohner von Nordhausen aus der brennenden Stadt und bringt sich in der Umgebung in Sicherheit.

Am **Mittwoch**, dem **4. April 1945**, verlässt beim VII. US Corps der 1st US Army die TF Kane, 3rd US AD Lippstadt, nachdem die 8th US AD durch ihre Linien hindurch gegangen ist und löst das CCB in Paderborn ab. Die Task Forces des CCB, 3rd US AD beziehen Ausgangsstellungen für die Fortsetzung des Angriffs. Die TF Richardson des CCR entsendet eine Battle Group nach Lichtenau, um dort die TF Lovelady abzulösen. Bei der 104th US InfDiv säubert das RCT 413 die Wälder nördlich seiner Linie und besetzt Kleinenberg, Hardehausen und Holtheim. Das RCT 415 beendet die Ablösung der 4th CavGp und geht nach Willingen. Bei Küstelberg kommt es erneut zu Kämpfen, bei denen das 1. und 2. Gren.Btl. des Gren.Rgt. 1219 fast vollständig zerschlagen werden. Befehle treffen ein zur Einnahme der Ausgangspositionen für den Angriff nach Osten. Hierzu soll das RCT 413 Elemente der 9th US AD im Raum Bonenburg und das RCT 415 das 1./23 der 2nd US InfDiv im Rimbeck bis zum Abend des kommenden Tages ablösen. Bei der 1st US InfDiv gibt es keine Veränderungen. Im Abschnitt der 9th US InfDiv bewegt sich CCA der 7th US AD nach Nordwesten und nimmt Hildfeld, Grönebach und Niedersfeld, das RCT 39 gewinnt an Boden und kommt im Raum Grönebach - Winterberg voran, das RCT 60 nimmt Altastenberg ein und das RCT 47 verteidigt die Südflanke und weist entschlossene Gegenangriffe gegen Oberkirchen zurück. Dann formiert die Division die TF Birks, bestehend aus dem CCA der 7th US AD und dem RCT 47 und die Division wird mit den beigefügten Einheiten dem III Corps unterstellt. Um Mitternacht wird als Grenze zwischen dem VII. und V. US Corps die Linie Rimbeck – Bonenburg festgelegt. Der CP des VII. US Corps verlässt Marburg und verlegt nach Niedermarsberg.

Während die Kräfte der 1st US Army bei den Kämpfen um den „Ruhrkessel“ gebunden sind, entwickelt die 3rd US Army ihre Offensive weiter in Richtung Osten. Das XX. US Corps beendet die Einnahme von Kassel und erreicht mit seinen Angriffsspitzen Mühlhausen. Das VIII. US Corps, welches aus dem Raum westlich von Frankfurt/M. herangeführt wurde, beginnt mit seinem Angriff durch das XX. und XII. US Corps hindurch nach Osten. Dabei werden Teile des XII. US Corps unter das Kommando des VIII. US Corps gestellt. Das XII. US Corps setzt seinen Vormarsch Richtung Kamm des Thüringer Waldes fort. Dann erhält Patton endgültig den Haltebefehl. Er soll warten, bis die 1st US Army den „Ruhrkessel“ liquidiert hat. Die Gefahr eines deutschen Gegenstoßes in die offenen Flanken der 3rd US Army ist zu groß. Insbesondere die im Harz in der Neuaufstellung befindliche 11. deutsche Armee ist für die alliierte Militärführung eine unkalkulierbare Gefahr.

Der Angriff der 3rd US Army endet damit genau an dem Tag, an dem die Großoffensive der 12th US AGr offiziell beginnt. Trotz aller Risiken hat sie Bradley vom 14.

April auf den 4. April vorverlegt, um den, entlang der gesamten Westfront in Schwung geratenen, alliierten Vormarsch nicht zu bremsen. Am gleichen Tag wird Lt. Gen. William H. „Simps“ Simpson's 9th US Army aus der 21st (brit.) AGr herausgelöst und Bradley's 12th AGr unterstellt. Bradley verfügt jetzt über, wie Williams in „The last offensive“ schreibt, die *„größte amerikanische Streitkraft unter seinem Kommando“*. Die 12th AGr verfügt nunmehr über insgesamt vier Armeen, zwölf Corps und 48 Divisionen mit 1,3 Millionen Mann. Und Bradley lässt sie, wie er später schreibt *„größtenteils ohne Leine laufen“*. Seinen Armeen werden lediglich die Ziele vorgegeben. Die 9th US Army soll über Hannover und Magdeburg zur Elbe zwischen Dessau und Wittenberge angreifen und sich bereithalten, „den Angriff in Richtung Berlin oder nach Nordosten fortzusetzen“[79], die 1st US Army über Halle und Leipzig auf Dresden und die 3rd US Army soll nach dem Aufschließen der Nachbarn den Angriff über Erfurt und Weimar nach Chemnitz fortsetzen. Keiner, seiner drei Feldherrn weiß, dass sie die Endziele nie erreichen würden und nie erreichen sollen.

Am 4. April 1945 heißt es im KTB des OKW/WFSt: *„An der neu aufgebauten Front südlich der Weser übernahm die 11. Armee den Befehl... Der OB West übersandte eine neue Lagebeurteilung. Gehalten werden muss Schweinfurth und ferner der Raum Nordhausen, mit dessen Verteidigung der SS-Gruppenführer Kammler beauftragt wurde.“*[80]

Das Stellv. Gen.Kdo. IX. AK scheidet aus der Führung der Front aus und übernimmt Organisationsaufgaben im rückwärtigen Raum der 11. Armee. Der Wehrkreisstab geht unter Führung des Chefs des Stabes, Gen.Lt. Ludwig von Nida in das Hotel „Zum Kanzler“ nach Stolberg.[81] Gleichzeitig wird auf Antrag der H.Gr. H durch den OB West das Stellv. VI. AK der 11. Armee unterstellt.[82]

Beim Stellv. VI. AK spitzt sich die Lage weiter zu. Die angreifenden amerikanischen Truppen werfen, ohne auf nennenswerten Widerstand zu treffen, die letzten schwachen Sicherungen des Korps aus dem Teutoburger Wald und Eggegebirge. Detmold, das von einer K.Gr. aus Garnisonstruppen, Angehörigen des Fliegerhorstes und Teilen des W.Kr.-ROB-Lehrgangs VI Detmold unter Maj. Höhle verteidigt wird, geht nach zwei Tagen Artilleriebeschuss gegen 19.00 Uhr verloren.[83] Hinter Detmold halten Angehörige der Kraftfahr.Ers.Abt. 6 unter Führung von Hptm. Sprenger ihre Verteidigungsstellungen.[84] Lemgo, dessen Bürgermeister Wilhelm Gräfer sich für eine Kapitulation eingesetzt hatte und am 4. April in Lüdge durch ein Standgericht unter Leitung von Gen.Maj. Görbig zum Tode verurteilt und hingerichtet wurde, wird besetzt. Die Reste der Kampfbesatzung unter Hptm. Walter Heckmann setzen sich ab.[85] Auch Lage wird bis zum Abend besetzt. Amerikanische Truppen fühlen bis zur Linie Barntrup – Brakel vor. Nördlich von Hameln erreicht die 2nd US AD unter Führung von Maj.Gen. Isaac D. White die Weser. Jetzt wird auch Bielefeld, das von einer K.Gr. unter Führung des K.Kdt. Oberst Sommer verteidigt wird, und Herford besetzt.[86] In der Dörenschlucht bei Augustdorf endet der dreitägige

Widerstand von Teilen der K.Gr. Augustdorf, die aus Resten der Garnison Augustdorf und des TrÜbPl besteht.[87] Bei den Kämpfen gehen zwei deutsche Panzer verloren, zwei weitere werden in Berlebeck zerstört.[88] 35 Angehörige einer Genes.Kp. der Waffen-SS werden getötet. Nach deutschen Angaben wurden während dieser Kämpfe sieben amerikanische Sherman-Panzer abgeschossen.[89] Der Versuch der K.Gr. Görbig, die befohlene Sicherungslinie Barntrup - Horn einzunehmen, scheitert auf Grund des schnellen Nachrückens der amerikanischen Truppen.[90]

Die K.Gr. Becher erhält den Befehl, die Restkräfte westlich der Weser hinter den Fluss zurückzuziehen und Bodenwerder zu halten. Die offene Nordflanke soll lediglich durch schwache Sicherungen gedeckt werden. Außerdem plant das Korps, einen kleinen Brückenkopf westlich von Polle zu bilden, um den Rückzug der Korpsteile vom Westufer zu sichern. Beim Rückzug geraten Teile von Bechers stark geschwächten und kaum motorisierten Truppen in Gefangenschaft. Der Gefechtsstand der K.Gr. Becher geht erst nach Lügde, drei Kilometer südwestlich von Bad Pyrmont, und am Abend nach Hehlen bei Bodenwerder. Die K.Gr. Görbig setzt sich fast kampflos auf die Linie Barntrup – Elbrinxen, acht Kilometer südlich Bad Pyrmont, ab. Der Gefechtsstand von Görbig geht nach Polle.[91] Gen. Karst geht mit seinem Stab nach Höxter, wo dem Korps das Pz.Pi.Ers.Btl. 19 Holzminden und Pi.Ers.Btl. 26 Höxter unterstellt werden. Der Korpsgefechtsstand geht nach Bevern, fünf Kilometer nordöstlich von Holzminden.[92]

Beim LXVI. AK rücken die amerikanischen Truppen über Bad Driburg auf Brakel vor und überrollen das Infanteriebataillon der 166. InfDiv. Aufklärung nähert sich Hofgeismar und Grebenstein. Auf dem Gefechtsstand der SS-Pz.Brig. in Tietelsen lehnt Gen.d.Inf. Hitzfeld den Antrag des Gen.Kdo. zur Verlegung der Verteidigung hinter die Weser und Unterstellung der am Fluss eingesetzten Flakartillerie ab. Das SS-Rgt. Holzer mit Gefechtsstand in Langenthal hat nach wie vor keinen Anschluss nach links, da der Sperrverband Bortscheller noch nicht eingetroffen ist. Dafür werden dem Korps die fehlende Quartiermeisterabteilung mit Sanitäts- und Nachschubeinheiten und eine 200 Mann starke Pionierbrigade unterstellt. Der Korpsgefechtsstand verbleibt in Bodenfelde.[93]

Beim LXVII. AK besetzen die Truppen der 80th US InfDiv nach teils heftigen Kämpfen Kassel. Der K.Kdt., Gen.Maj. Johannes Erxleben, kapituliert. Bei der 326. VolksGrenDiv rücken die amerikanischen Truppen in Richtung Bettenhausen vor. Bei Berghausen wird die Fulda überschritten. Die deutschen Truppen ziehen sich bis zum Abend auf die Linie Hann.Münden – Speele – Spiekershausen – nördlich Heiligenrode – nördlich Niederkaufungen – südlich Oberkaufungen – Helsa – Lichtenau zurück. Der linke Flügel wird zum Anschluss an die 26. VolksGrenDiv bis westlich Großalmerode zurückgenommen. Der Div.Stab geht nach Escherode. Die 26. VolksGrenDiv zieht sich mit der 5. FschJgDiv kämpfend vor den amerikanischen Truppen zurück, die von Hersfeld und Gerstungen auf Eschwege vorrücken und setzt sich auf die Linie Großalmerode – Kammerbach – Werra-Abschnitt beiderseits Bad Sooden-Allendorf – Brückenkopf Eschwege – südlich Wanfried ab.[94] Der 26. VolksGrenDiv wird die H.Pi.Brig. 688 unterstellt.

Am Vormittag erreicht der Stab der Pz.Abt. 44 unter Maj. Lambert im Bahntransport Arenshausen, wo er entladen wird. Der Luftangriff auf Nordhausen hatte den Zug aufgehalten.[95] Die zweite Kompanie der Pz.Abt. 44 unter Oblt. Günther wird, aus Milowitz kommend, nach einem Tiefffliegerangriff auf den Zug am 1. April bei Wolkramshausen, in Leinefelde entladen.[96] Der dritte Bahntransport, dessen Lokomotive bei Großengottern durch einen Luftangriff zerstört wird, erreicht am gleichen Tag Mühlhausen. Dort fällt der gesamte Transport noch während der Entladung in die Hände der 6th US AD.[97]

Am Abend erteilt der OB West auf dem Gefechtsstand des AOK 11 in Adelebsen die Genehmigung zum weiteren schrittweisem Rückzug. Den Antrag der Armee auf Zurücknahme des Nordflügels auf die Weser und zur Unterstellung aller im Armeebereich befindlichen Luftwaffen-Flakkräfte lehnt er jedoch ab. Die *„eigenmächtige Maßnahme des Stellv. VI. AK missbilligt er scharf“*.[98] Auch den Befehl zum Stoß auf den „Ruhrkessel“ hebt Kesselring wieder auf und erteilt Hitzfeld den neuen Auftrag: *„Armee stößt dem über Eisenach – Richtung Mühlhausen vordringenden Feind in die Flanke und verzögert dadurch sein Vorgehen in Mitteldeutschland... Angriff ist so zu führen, dass starke Kräfte vorgetäuscht werden. Angriffsbeginn nachts oder in der Dämmerung. Zeitpunkt 5.4. abends oder 6.4. früh.“*[99] Hitzfeld schreibt später: *„Damit war das Schicksal der Gruppe Model besiegelt. Sie war sich selbst überlassen. Niemand würde ihr mehr zur Hilfe kommen.“*[100]

Um 09.08 Uhr wird die Stadt Nordhausen zum zweiten Mal Ziel britischer Bomber. Diesmal greifen 252 Bomber der 5th Bomber Group und 8th Pathfinder Group die Stadt an, in der die meisten Bewohner noch immer unter dem Schock des Angriffs vom Vortag stehen.[101] Nur ein Teil Einwohner hatte nach dem ersten Angriff die brennende Stadt verlassen und Schutz in den Dörfern und Wäldern der Umgebung gesucht.

Als um 09.24 Uhr der Angriff endet, hat sich die Zahl der Opfer noch einmal dramatisch erhöht. Mit dem Abdrehen der Bomber setzt die Flucht der letzten Überlebenden aus der Stadt ein, die aus Angst vor weiteren Angriffen Schutz in der Umgebung suchen. *„Langsam leerte sich die Stadt. Die Leute in den Randgebieten wurden von den Parolen und der Fluchtbewegung mitgerissen. Selbst in den Straßen, in denen die Fensterscheiben noch heil waren, begannen die Menschen zu fliehen.“*[102] Dort hatte man bereits unmittelbar nach dem ersten Angriff unter Leitung des Oberarztes des Nordhäuser Krankenhauses, Dr. med. Kurt Weidermann, begonnen, Notlazarette aufzubauen, wohin man seit der Nacht die Patienten des zerstörten Nordhäuser Krankenhauses und der Lazarette sowie die unzähligen Verwundeten mit Autos, Lastwagen und

Pferdefuhrwerken bringt. Erst am 8. April finden die Kranken und Verwundeten trotz des Widerstandes von Maj. Groß[103] Schutz in einem verlassenen Stollen des Mittelwerkes in Niedersachswerfen. Groß hat den Befehl, das Werk zu verteidigen und die Stollen zu sprengen und ist gewillt, diesem Befehl nachzukommen.[104] Dabei hatten bereits in der ersten Nacht Zivilisten Schutz in zwei Stollen des Werkes gefunden, nachdem es dem Salzaer Bürgermeister Reinhold Hirl[105] gelungen war, die Sicherungsmannschaften zu überreden, die Zugänge zu öffnen. Auch diesmal hilft Hirl, an den sich Dr. Weidermann in seiner Not wendet.[106]

Aufnahme der US Air Force nach dem Bombenangriff auf Nordhausen
Foto: National Archives (fold3.com)

In der Zwischenzeit wüten in Nordhausen die Brände. Nur wenige Feuerwehrkräfte versuchen den Bränden Einhalt zu gebieten. Die Straßen sind für die Löschfahrzeuge durch Trümmer und Bombentrichter unpassierbar, die Wasserleitungen vielerorts unterbrochen. So geben die verbliebenen Kräfte, die ohne jegliche Führung und Unterstützung von außen zum Einsatz kommen, schnell den Kampf gegen die Flammen auf. Lediglich der Kasseler Feuerlöschpolizei, die sich nach dem Fall von

Kassel mit der Wehrmacht zurückgezogen hat und am späten Abend mit zwei Löschzügen in Nordhausen eintrifft, gelingt es an einigen Stellen Personen zu retten und Brände zu löschen, aber gegen die Flächenbrände hat sie keine Chancen.[107] Auch für die Überlebenden ist das Grauen noch nicht zu Ende, denn jetzt nehmen amerikanische Jagdbomber die Flüchtenden unter Beschuss. Noch einmal gibt es Tote und Verwundete.[108] Wie viele Opfer die beiden Bombenangriffe genau gefordert haben, lässt sich nur schwer ermitteln. Stadtarchivar Dr. Schröter beziffert die Gesamtzahl der Toten beider Angriffe auf 8800, davon 6000 Nordhäuser, 1500 Kriegsgefangene, Soldaten, Zwangsarbeiter und Flüchtlinge sowie 1300 getötete Häftlinge in der Boelcke-Kaserne. 74 Prozent der Innenstadt sind zerstört, historische Gebäude für immer verloren. Annähernd 20 000 Menschen sind obdachlos.[109] Noch Jahrzehnte danach wird man in der thüringischen Residenzstadt Gotha die Legende erzählen, dass der Angriff vom 3. April eigentlich ihr gelten sollte und es nur dem mutigen Handeln eines Bewohners zu verdanken sei, dass es nicht dazu kam. Dieser soll auf dem Rathaus die weiße Fahne gehisst haben, als der Bomberverband bereits über der Stadt war, und ihn so im letzten Moment zum Abdrehen auf Nordhausen bewegt haben. Doch bereits Dr. Schröter und Dr. Geiger hatte in ihren Büchern klargestellt, dass der Bomberverband nie ein anderes Ziel als Nordhausen hatte. Dies bestätigen auch die Dokumente des Bomber Command.

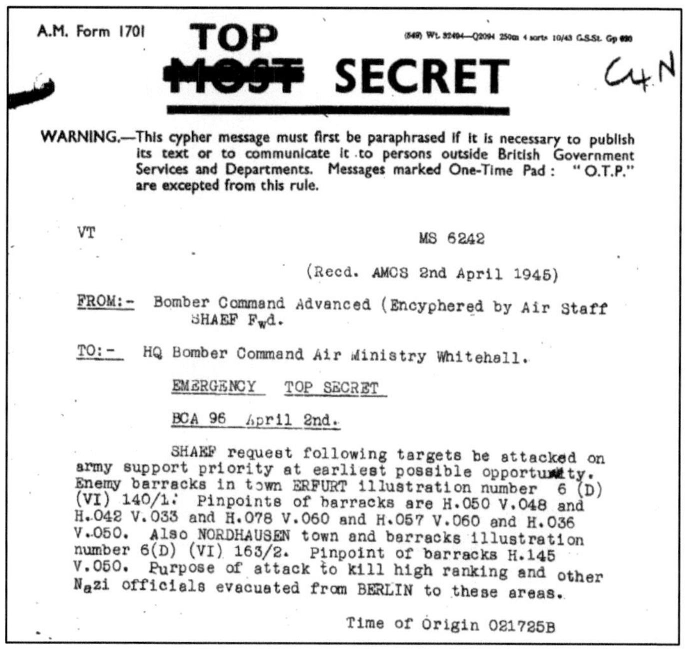

A.M. Form 1701

TOP ~~MOST~~ SECRET

C4.N

WARNING.—This cypher message must first be paraphrased if it is necessary to publish its text or to communicate it to persons outside British Government Services and Departments. Messages marked One-Time Pad: "O.T.P." are excepted from this rule.

VT MS 6242

(Recd. AMCS 2nd April 1945)

FROM:- Bomber Command Advanced (Encyphered by Air Staff SHAEF Fwd.

TO:- HQ Bomber Command Air Ministry Whitehall.

EMERGENCY TOP SECRET

BCA 96 April 2nd.

SHAEF request following targets be attacked on army support priority at earliest possible opportunity. Enemy barracks in town ERFURT illustration number 6 (D) (VI) 140/1. Pinpoints of barracks are H.050 V.048 and H.042 V.033 and H.078 V.060 and H.057 V.060 and H.036 V.050. Also NORDHAUSEN town and barracks illustration number 6(D) (VI) 163/2. Pinpoint of barracks H.145 V.050. Purpose of attack to kill high ranking and other Nazi officials evacuated from BERLIN to these areas.

Time of Origin 021725B

Kopie eines Fernschreibens vom 2. April 1945 mit der Zielzuweisung Erfurt und Nordhausen Sammlung Schneider/Nordhausen

Am **Donnerstag**, dem **5. April 1945** bereitet im Abschnitt der 9th US Army das XIII. US Corps den Angriff über die Weser bei Minden vor. Das XIX. US Corps erreicht mit dem Hauptteil seiner Kräfte im Raum Hameln die Weser. Das CCA der 2nd US AD unter Brig.Gen. John H. Collier dringt in den Westteil von Hameln ein, wo auf Befehl des K.Kdt. die Weserbrücken in der Nacht gesprengt wurden. In der Zwischenzeit hat das 17th Armd Engr Bn nördlich von Hameln, bei Ohr, eine Pontonbrücke gebaut und mit Hilfe des unterstellten RCT 119 der 30th US InfDiv gegen leichten Widerstand einen Brückenkopf errichtet. Über diese setzt das CCB unter Brig.Gen. Sidney R. Hinds über und stößt weiter nach Osten vor. Hameln wird erst zwei Tage später von Süden durch das RCT 117 der 30th US InfDiv besetzt.[110]

Bei der 1st US Army werden das VII. und V. US Corps vom Auftrag der Zerschlagung des „Ruhrkessels" entbunden und beginnen mit dem Angriff Richtung Osten. Elemente des V. US Corps entlasten dabei das XX. US Corps der 3rd US Army bei Kassel. Beim VII. US erhält die 3rd US AD den Auftrag, weiter die Nordflanke des Corps zu schützen und mit zwei Combat Commands anzugreifen. Gegen 12.00 Uhr (B) beginnt der Angriff auf vier Routen mit dem CCA unter Col. Leander L. Doan im Norden und dem CCB unter Brig.Gen. Truman Everett Boudinot im Süden. Auf der Linken des CCA rückt auf der Route 1 die TF Boles, Lt.Col. John K. Boles, Jr. vor und auf der Rechten, auf der Route 2, die TF Kane, Lt.Col. Matthew W. Kane. Beim CCB marschiert die TF Welborn, Col. John C. Welborn links auf der Route 3 und die TF Lovelady, Col. William B. Lovelady rechts auf der Route 4. Das CCR unter Col. Robert L. Howze, Jr. folgt als Reserve auf der Route 2 mit der TF Hogan, Col. Samuel Hogan, und auf der Route 3 mit der TF Richardson, Lt.Col. Walter B. Richardson. Das 83rd Armd Rcn Bn unter Lt.Col. Prentice E. Yeomans folgt auf der Route 4 an der rechten Korpsflanke. Gegen vereinzelten Widerstand in Form von verteidigten Straßensperren und Panzerabwehrfeuer rücken sie bis in die späte Nacht vor. Das unterstellte RCT 414 unterstützt den Angriff der Panzerkolonnen. Beim CCA rückt die TF Boles über Buke und Bad Driburg vor und erreicht am Abend das unverteidigte Ottbergen, westlich der Weser und die TF Kane nimmt Schwaney und Siebenstern und erreicht Rheder. Beim CCB greift die TF Welborn von Dahl aus an, nimmt Herbram und Dringenberg und erreicht Siddessen. Die TF Lovelady beginnt den Angriff in Eggeringhausen und erreicht über Willebadessen den Ort Willegassen.

Die 104th US InfDiv beginnt mit der Umgruppierung. Ihr RCT 413 löst Elemente der 9th US AD im Raum Borlinghausen – Bonenburg ab und das RCT 415 geht in den Raum Rimbeck – Menne – Dössel – Ossendorf. Die unterstellte 4th CavGp bleibt in ihrem Raum und wehrt deutsche Gegenangriffe auf ihre Stellungen ab. Mündliche Befehle zur vollständigen Ablösung der 9th US AD bis zum nächsten Abend treffen ein. Die Division soll am 7. April den Angriff des VII. US Corps an der rechten Seite mit zwei Regimentskolonnen führen und die Weser überqueren. Die TF Laundon, 104th Rcn Tp, unter Führung von Capt. Arthur S. Laundon soll verstärkt durch Panzer, Panzerjäger und Pioniere den Angriff der zwei Regimentskolonnen anführen, gefolgt von je einem verstärkten motorisierten Infanteriebataillon, die anderen Bataillone folgen teilmotorisiert oder zu Fuß. Für den Angriff werden der Division die Co. A, 87th Cml Mort Bn für das RCT 413 und die Co. B, 87th Cml Mort Bn für das RCT 415 unterstellt. Die 1st US InfDiv versammelt sich im bisherigen Raum für den Angriff nach Osten und erhält zur Verstärkung die Co. C und D, 87th Cml Mort Bn, die bisher der 104th US InfDiv unterstellt waren.

Das XX. US Corps besetzt Mühlhausen und schwenkt mit Teilen nach Südosten auf Langensalza.[111] Die, bei Kassel von ihrem Auftrag entbundenen, Teile des Corps marschieren nach Osten und erreichen Eschwege. Die Grenzen des, in die Angriffsfront der 3rd US Army eingeführten, VIII. US Corps werden verändert und dem Corps die frühere Zone des XII. US Corps übertragen. Somit übernimmt das VIII. US Corps die Verantwortung für den Raum Eisenach - Langensalza - Gotha. Teile des VIII. US Corps gehen in Vorbereitung des weiteren Angriffs nach Nordosten bis zur Linie Mühlhausen - Langensalza vor. An der rechten Flanke der 3rd US Army beginnt das XII. US Corps in Vorbereitung auf den Angriff seiner Panzerkräfte Richtung Südosten, auf Coburg, mit der Umgruppierung.

Auf deutscher Seite erreichen beim Stellv. VI. AK die amerikanischen Panzerspitzen die Weser bei Hameln und überschreiten südlich davon, zwischen Ohr und Grohnde, den Fluss. Tündern wird besetzt. Aufklärung stößt südostwärts bis in den Raum Halle – Heyen, nordöstlich Bodenwerder, vor.[112] Starke amerikanische Kräfte drücken auf Schwalenberg. Der Korpsgefechtsstand verbleibt in Bevern.[113]

An der Korpsgrenze zwischen dem Stellv. VI. AK und dem LXVI. AK dringen amerikanische Panzer östlich Brakel über Hembsen auf Ottbergen vor. Im südlichen Korpsabschnitt gehen die vorgeschobenen Ortsstützpunkte Hofgeismar und Grebenstein verloren. Ansonsten verhält sich die Front hier ruhig.[114] In der Nacht erreichen vier PzKpfw VI „Königstiger" und Jagdpanzer V „Jagdpanther" der s.Pz.Abt. 507[115] und Infanteristen des SS-Rgt. Meyer in Kompaniestärke den Ort Tietelsen, westlich von Beverungen, wo sich am Vortag der Brigadegefechtsstand der SS-Pz.Brig. befand und der jetzt von deutschen Truppen verlassen ist. In der Nacht entwickeln sich nordwestlich des Ortes zwischen diesen Kräften und den amerikanischen Truppen, die von Erkeln her aufklären, vereinzelte Gefechte.[116]

Beim LXVII. AK fühlen im Abschnitt der 326. VolksGrenDiv die amerikanischen Truppen nach Hann.Münden vor. Dort verstärken Reste des dort stationierten Pi.Ers.u.Ausb.Btl. 29 der Div. z.b.V. 409 die Verteidigung. Der Hauptdruck liegt bei Landwehrhagen, wo die Verteidiger einen Brückenkopf zu halten versuchen. Bei den Kämpfen werden 21 Gebäude des Dorfes zerstört.[117] Zwei deutsche Panzer werden im Dorf abgeschossen.[118] Der Divisionsgefechtsstand verlegt nach Ziegenhagen. Bei der 26. VolksGrenDiv und 5. FschJgDiv bleibt die Front verhältnismäßig ruhig.

In der Zwischenzeit versammelt Maj. Lambert seine Pz.Abt. Doch mit den verbliebenen drei Jagdpanzern „Hetzer" der Kompanie Fussel, die im Raum Bad Sooden acht Panzern verloren hat, und den eingetroffenen „Hetzern" der Kompanie Günther verfügt Lampert nur über dreizehn Jagdpanzer. So wird ihm als Ersatz für die fehlende dritte Kompanie eine Panzereinheit der Panzerlehrtruppe der Pz.Tr.Schule I Bergen unterstellt. Diese Teile der Panzerlehrtruppe mit der Pz.Lehr.Abt. Bergen, der Pz.Jg.Lehr.Abt. Bergen, der Pz.Aufkl.Lehr.Kp. Bergen und der Pz.Aufkl.Schieß-Lehr.Kp. Putlos waren ursprünglich für den Pz.Ausb.Vbd. „Thüringen" vorgesehen, den der Kdr. der Pz.Tr.Schule I Bergen, Gen.Maj. Munzel, im Raum Schlüchtern/Hessen aufstellen soll.[119] Doch die Transporte hatten nach ihrer Verladung in Fallingbostel nicht ihren Bestimmungsort erreicht und waren Ende März auf Grund der Lageentwicklung mit Masse in Rotenburg/Fulda entladen worden. Während die Pz.Aufkl.Lehr.Kp. Bergen mit Teilen über Gerstungen, Friedewald und Eisenach nach Bad Berka gelangt und als Panzerjagdverband Jordan bis in den Raum Stuttgart verschlagen wird, ziehen sich andere Teile kämpfend über Frieda in den Raum Küllstedt zurück.[120] Hier werden sie unter Führung von Oblt. Dralle zur Einheit Dralle, auch als Pz.Abt. Fallingbostel bezeichnet, zusammengefasst und der Pz.Abt. Lambert als Ersatz für die fehlende 3. Kompanie unterstellt. Die Einheit verfügt am 5. April über acht Sturmgeschütze III mit Langrohrkanone, einen PzKpfw IV und einen PzKpfw V „Panther".[121]

Der Divisionsgefechtsstand der 26. VolksGrenDiv bleibt in Schwobfeld. Der Korpsgefechtsstand des LXVII. AK geht nach Reinhausen, südlich Göttingen. Am Abend erteilt Hitzfeld dem Gen.d.Art. Fretter-Pico den Befehl, mit dem LXVII. AK in einem Flankenstoß aus dem Raum Heiligenstadt heraus über Dingelstädt die rückwärtigen Linien der bei Mühlhausen stehenden 6th US AD von Maj.Gen. Robert W. Grow des XX. US Corps zu durchtrennen und die Verbindung mit dem, im Raum Eisenach stehenden, LXXXV. AK der 7. Armee herzustellen. Fretter-Pico schreibt: *„Am 5. April 1945 erhielt das Generalkommando den Befehl zur beschleunigten Zusammenziehung einer möglichst starken, gepanzerten und beweglichen Stoßgruppe im Raum Heiligenstadt mit dem Auftrag, durch Stoß über Dingelstädt Richtung Mühlhausen in die tiefe Flanke des nördlich Eisenach nach Mitteldeutschland vorgehenden Feindes ein weiteres Vordringen nach Osten zu verhindern bzw. zu verzögern und nach Möglichkeit die Verbindung mit dem Panzerkorps des Generals Frhr. v. Lüttwitz (7. Armee) wiederherzustellen. Der Kampf sei so zu führen, dass ein starker Angriff vorgetäuscht werde."*[122]

Die angestrebte Verbindung zwischen beiden Armeen wird jedoch, bis auf ein Telefongespräch zwischen dem Chef des Stabes der 7. Armee, Gen.Maj. Frhr. v. Gersdorff, und Gen.d.Inf. Hitzfeld, am 8. April nie zustande kommen. Noch während Hitzfeld den Befehl zum Angriff Richtung Süden erteilt, meldet der OB West über Funk, *„dass die Kräfte in der Thüringer Ebene zu schwach wären und ein Durchbruch in Richtung Halle nicht verhindert werden könnte"*.[123]

Im Raum Nordhausen laufen die letzten Maßnahmen zur Evakuierung der Raketenproduktion. Während die Peenemünder Akten bereits aus Bleicherode verlagert wurden und der Sonderzug mit den Wissenschaftlern Thüringen verlassen hat, werden die letzten Dokumente aus Mittelwerk auf dem Hof der ehemaligen N.P.E.A. im Kloster Ilfeld verbrannt. Die N.P.E.A. war bereits 1943 von Ilfeld nach Ballenstedt verlegt worden. In Niedersachswerfen werden die, auf den Abtransport wartenden, V-2 Raketen und Bauteile teilweise gesprengt bzw. unbrauchbar gemacht, während die letzten arbeitsfähigen KZ-Häftlinge in Züge verladen und abtransportiert werden. Der letzte Zug verlässt gegen 19.00 Uhr das Werk. Zurück bleiben zirka 600 bis 700 kranke KZ-Häftlinge, die man ihrem Schicksal überlässt.[124]

Gedenktafel zur Erinnerung an die Todesmärsche, hier in Buchholz bei Nordhausen Foto: Jürgen Möller, 2009

Auch in den anderen KZ-Außen- und Nebenlagern in der Umgebung von Nordhausen und im übrigen Harzraum laufen die Evakuierungen.[125] Tausende Häftlinge ziehen auf den Evakuierungsmärschen durch die Goldene Aue und den Harz. Die Gräber der Opfer dieser Todesmärsche kennzeichnen noch heute den Weg der Elendskolonnen.[126] Auch hier geht eine weitergehende Betrachtung über das Ziel des Buches hinaus.

Am **Freitag**, dem **6. April 1945**, startet am frühen Morgen im Bereich der 9th US Army das XIII. US Corps den Angriff gegen die Weser, setzt im Raum Minden über und gewinnt einen Brückenkopf im Rücken des Wesergebirges. Auch das XIX. US Corps geht mit Kräften über die Weser und greift in nordöstlicher Richtung an, während andere Teile des Corps die Bereinigung des „Ruhrkessels" fortsetzen. Das XVI. US Corps stößt in südlicher Richtung zur Ruhr vor. Die 2nd US AD des XIX. US Corps überquert die Leine, gefolgt von der 30th US InfDiv unter Maj.Gen. Leland S. Hobbs. An der rechten Flanke des Corps nimmt das RCT 329 der 83rd US InfDiv Bodenwerder.

Im Bereich der 1st US Army beginnt das XVIII. US Corps (Airborne) einen koordinierten Angriff gegen den „Ruhrkessel" und steuert in Richtung der Ruhr nach Norden und Nordwesten in die Umgebung der Rhein-Einmündung. Auch das III. US Corps setzt seine Bemühungen zur Zerschlagung des „Ruhrkessels" fort.

Beim VII. US Corps stößt die 3rd US AD mit dem unterstellten RCT 414 auf ihrer linken Seite auf entschlossenen Widerstand, als sie sich der Weser nähert. Schnell wird klar, dass man die Weser-Brücken nicht einfach intakt nehmen kann. Bereits am Vorabend hatte die Division ihre Einheiten um 19.45 Uhr (B) informiert: *„Ein desertierter deutscher Offizier hat berichtet, dass die Weser verteidigt werden soll. Die Verteidiger haben keine Artillerien und schwere Waffen. Sie wollen Minen verwenden. Die Brücken sind für die Zerstörung vorbereitet."* Die TF Boles trifft auf der Route 1 auf starken Widerstand westlich von Ottbergen, der überwunden wird und der Ort wird besetzt. Weiter geht es nach Amelunxen. Dort wird die Brücke über die Nethe durch die zurückgehenden deutschen Truppen gesprengt. Daraufhin überquert Infanterie den Fluss mit Behelfsmitteln und erobert nach schweren Haus-zu-Haus-Kämpfen den Ort, der von Waffen-SS verteidigt wird.[127] Nach dem Bau einer Behelfsbrücke geht der Angriff weiter und die TF Boles erreicht Wehrden, wo sie erneut durch verteidigte Sperren aufgehalten wird. Nachdem südlich von Ottbergen deutsche Truppen mit Panzern gemeldet werden, die sich dorthin zurückgezogen haben, entsendet die TF Boles am späten Abend eine Battle Group von Ottbergen in Richtung Drenke, die auf deutsche Stellungen trifft und in Kämpfe verwickelt wird.

Die TF Kane rückt auf der Route 2 über Rheder und Erkeln auf Tietelsen vor. Im Waldgebiet zwischen den beiden Orten treffen sie auf deutsche Truppen mit Panzern, die sie nach Tietelsen zurückdrängen. Unter Zurücklassung von Sicherungen wird der Ort im Süden umgangen und die Task Force erreicht die Kreuzung der R 241 bei Roggenthal. Beim CCB rückt die TF Welborn über Borgholtz bis Haarbrück vor und die TF Lovelady erreicht Manrode, wie sie durch starkes Panzerabwehr- und Artilleriefeuer aufgehalten wird. Das 83rd Armd Rcn Bn, das nach einem anstrengenden Nachtmarsch am Morgen in Borgentreich an der Südflanke des Corps angehalten hat, erhält den Befehl, im Rücken der TF Lovelady in die Nähe von Bühne zu gehen. Während das Bataillon in Borgentreich bleibt, entsendet Yeomans seine Co. D nach Bühne. Nach dem Erreichen des Ortes schickt die Kompanie eine starke Aufklärungspatrouille in Richtung Trendelburg, die östlich der Stadt auf starken Widerstand trifft und zurückbeordert wird.

Die 104th US InfDiv beendet ihre Versammlung, entlastet Elemente des V. US Corps innerhalb ihrer Zone, und bewegt sich ostwärts in Richtung der Weser. Das RCT 413 geht nach Bühne – Körbecke und das RCT 415 nach Rösebeck – Daseburg – Haueda – Liebenau. Der Divisionsgefechtsstand geht nach Warburg. Um 12.00 Uhr (B) geht die 4th CavGp aus der Unterstellung unter die 104th US InfDiv heraus. Die 1st US InfDiv entsendet ein RCT nach Osten in Vorbereitung des Angriffs, während die anderen Verbände in den bisherigen Abschnitten verbleiben und den Rand des „Ruhrkessels" sichern. Das V. US Corps erreicht die Weser und sichert Brückenköpfe bei Veckerhagen und am Zusammenfluss der Flüsse Werra, Weser und Fulda bei Hann.Münden.

Im Bereich des XX. US Corps der 3rd US Army beendet die 6th US AD im Zusammenwirken mit der 65th US InfDiv des VIII. US Corps die Einnahme von Langensalza. Die 80th US InfDiv beginnt mit der Verlegung aus dem Raum Kassel nach Gotha. Die 3rd CavGp versammelt sich südlich von Kassel und das V. US Corps übernimmt den Abschnitt. Somit haben alle Kräfte der 3rd US Army die Haltelinie Mühlhausen –Langensalza – Gotha – Oberhof, erreicht.

Trotz des Wissens, dass ihre Kräfte zu schwach für einen Angriff sind, beginnt die 11. Armee mit der Vorbereitung des Angriffs nach Süden. Bis zum Abend gelingt es Hitzfeld im Raum Heiligenstadt/Eichsfeld eine Kampfgruppe aus Teilen aller Korps zusammenzuziehen und sie dem LXVII. AK zu unterstellen. Unter dem Kommando von Oberst i.G. Hans-Heinrich Worgitzki[128] formiert sich die K.Gr. aus etwa *„30 Panzern, Sturmgeschützen und gepanzerten Fahrzeugen (...) sowie zwei Bataillone und einige Flakbatterien als Artillerie-Ersatz"*.[129]

Worgitzki werden die Pz.Abt. Lambert, ein Schtz.Rgt. unter Führung des Maj. Hans v. Hirschfeld, das SS-Rgt. Braunagel unter Führung von Walter Braunagel[130], die H.Pi.Brig 688, das Jg.Btl. Ohlmer und Teile der s.Flak.Abt. 635 unterstellt. Das Schtz.Rgt. war Ende März 1945 im Raum Kassel aus Versprengten und Ersatztruppen gebildet worden und besteht aus zwei Bataillonen. Das 1. Btl. steht unter Führung von Hptm. Rudolf Klepper. Das SS-Rgt. Braunagel war aus der K.Gr. II der SS-Führerschule des Wirtschafts- und Verwaltungsdienstes Arolsen unter Stubaf. Helmuth Thöle und Urlaubern sowie Versprengten aufgestellt worden, während die K.Gr. I unter Stubaf. Becker zur Aufstellung des SS-Frw.Gren.Rgt. 88 der 32. SS-FrwGrenDiv. „30. Januar" an der Ostfront herangezogen wird. Die K.Gr. II, die auch als SS-Btl. Thöle oder SS-K.Gr. Thöle bezeichnet wird, unterstand bisher der 326. VolksGrenDiv.[131] Die H.Pi.Brig. 688, die bei der Herauslösung aus der Front am Vortag eine Kompanie zurückgelassen hat, geht mit fünf Kompanien und einem Granatwerferzug zur K.Gr. Das Jg.Btl. Ohlmer unter Führung des Duderstädter Hptm. Walter Ohlmer hatte als Sicherungsbataillon einen Transport von Unterlagen und Gerätschaften der Raketenversuchsanstalt Peenemünde nach Bleicherode begleitet und war danach zum Schutz verschiedener Objekte der V-Waffen-Produktion in der Region eingesetzt worden. Jetzt wird es in Stärke von 200 Mann in die K.Gr. eingegliedert.[132] Die s.Flak.Abt. 635 (o) gehört zur Flak.Gr. Kassel zum Schutz des Industriezentrums Kassel. Während die Masse der Abteilung in den ortsfesten Stellungen bei den Kämpfen um Kassel untergeht, hatte man einige der 8,8cm Flakgeschütze mit Behelfslafetten beweglich gemacht und in die zurückweichende Front eingegliedert. Sie ersetzen jetzt die fehlenden Panzerabwehrgeschütze und Artillerie.

Während diese Vorbereitungen laufen, erreichen im Tagesverlauf die amerikanischen Truppen die gesamte Werra-Linie im Korpsabschnitt. Bei der 326. VolksGrenDiv stehen trotz des Einsatzes einiger Panzer der H.U.S. Eisenach amerikanische Truppen vor Hann.Münden, das am nächsten Tag verloren geht. Südlich davon gibt es Einbrüche im Kaufunger Wald. Am Abend fällt Witzenhausen. Der Divisionsgefechtsstand verlegt nach Berlepsch-Ellerode. Der rechte Flügel der 26. VolksGren-

Div wird auf den Werra-Abschnitt Werleshausen – Bad Sooden-Allendorf zurückgedrückt. Während Bad Sooden besetzt wird, gelingt es den Brückenkopf zu halten.[133] Die 5. FschJgDiv verliert bis zum Abend Eschwege. Der Korpsgefechtstand verbleibt in Reinhausen.

Am selben Tag tritt die Neuregelung der Befehlsverhältnisse im Westen durch das OKW in Kraft. Die H.Gr. H, die seit Tagen keine ständige Verbindung zum OB West hatte, scheidet aus der Unterstellung unter den OB West aus und wird unter Umbenennung in OB Nordwest dem OKW direkt unterstellt. Ihre Führung übernimmt GFM Ernst Busch. Holland wird durch Führerbefehl zur Festung erklärt. Der bisherige Oberbefehlshaber der H.Gr. H, Gen.Obst. Blaskowitz, wird zum Oberbefehlshaber Holland ernannt. Nördlich der 11. Armee erhält die Armeegruppe Student den Auftrag, *„eine Weser-Verteidigung zwischen Bremen und Hameln zu organisieren"*. Hierzu werden ihr die W.Kr. XI und VI sowie die 2. Marine-InfDiv. unterstellt. Am gleichen Tag *„treten die amerikanischen Kräfte auf breiter Front aus der Linie Minden – Hameln zum Vorstoß in Richtung Magdeburg an. Der Weser-Übergang gelang mühelos."*[134]

Das Stellv. Gen.Kdo. VI. AK, das bisher der H.Gr. H unterstand, wird jetzt der 11. Armee unterstellt. Damit verläuft die neue Grenze zwischen der 11. Armee und dem Abschnitt des OB Nordwest von Hameln über Braunschweig bis zur Elbe bei Magdeburg. Im Abschnitt des Stellv. VI. AK stoßen die amerikanischen Truppen mit Panzern und Infanterie von Norden und Nordosten in die schwach gesicherte Flanke bis zum Ostteil von Bodenwerder vor. Dort steht ihnen lediglich eine schwache Flankenabschirmung der K.Gr. Becher auf der Linie Hunzen – Halle – Bodenwerder gegenüber. Bodenwerder geht verloren, nachdem es noch gelungen war, die Brücke zu sprengen. Der Abschnitt der K.Gr. Becher löst sich auf. Becher schreibt: *„Der Verlust von Bodenwerder gefährdete die rechte Flanke der Weser-Verteidigung."* Der Gefechtsstand der K.Gr. Becher geht nach Breitenkamp, südöstlich von Bodenwerder.[135] Ein letzter Sperrriegel auf der Linie Der Ith – Spüligbach – Bodenwerder verhindert eine Umfassung der Kampfgruppe über Eschershausen.[136] Der Brückenkopf Polle wird bis zum Stadtrand eingedrückt. Hier kommt zur Unterstützung der Verteidiger ein PzKpfw VI „Königstiger" zum Einsatz.[137] Bei Holzminden und Höxter wird um die Brückenköpfe gekämpft. Auf dem Korpsgefechtsstand erteilt General Mattenklott den Befehl zum Rückzug aller Truppen auf das Ostufer der Weser.[138] Noch in der Nacht zum 7. April werden alle vorhandenen motorisierten und bespannten Teile und die wenigen schweren Waffen mit der einzigen Fähre in Polle über die Weser gebracht. Diese Kräfte fließen in die schwache Verteidigung des Offz.Nachw.Btl. W.Kr. XI unter Oblt. Helmut op de Hipt bei Reileifzen ein.[139]

Das LXVI. AK sieht sich im Tagesverlauf starkem Feinddruck ausgesetzt. Bei Tietelsen setzen sich die Gefechte zwischen dem SS-Rgt. Meyer, das von Panzern der 2./s.Pz.Abt. 507 unterstützt wird, und den amerikanischen Truppen fort. Bis 11.00

Uhr gelingt es den amerikanischen Truppen nach erbitterten Gefechten den Ort einzunehmen. Die deutschen Truppen ziehen sich zurück. Zurück bleiben neben den Toten beider Seiten ein zerstörtes amerikanisches Sturmgeschütz und ein ausgebranntes Halbkettenfahrzeug sowie ein „Jagdpanther" der s.Pz.Abt. 507, der nach einem Laufwerkschaden aufgegeben und gesprengt wurde.[140] Bei Trendelburg kommt es zu örtlichen Kämpfen. Von Grebenstein aus dringen am Mittag amerikanische Truppen in den Reinhardswald ein, durchbrechen den dünnen Sicherungsschleier des Sperrverbandes Bortscheller und überschreiten die ungesicherte Weser beiderseits Hemeln. Nur Resten des Sperrverbandes gelingt mit dem Stab die Flucht. Flörke befiehlt daraufhin auf seinem Gefechtsstand in Bodenfelde die sofortige Rücknahme der Truppen unter Belassung der Brückenköpfe Beverungen und Karlshafen[141] und das Versammeln des SS-Rgt. Holzer mit den Panzern und Sturmgeschützen. Sie sollen gemeinsam mit zwei, auf Befehl der Armee aus Göttingen zugeführten, Bataillonen einen Gegenangriff aus dem Raum Offensen führen, um den Brückenkopf einzudrücken.[142]

Inzwischen treffen versprengte Teile der 116. PzDiv im Westharz ein. Die 116. PzDiv, deren Kampfverbände letzte verzweifelte Angriffe im „Ruhrkessel" führen, hatte in der Nacht vom 31. März zum 1. April alle, nicht mehr zum Kampf benötigten, Einheiten unter Führung des Kdr.d.Div.Nachschub.Tr. Maj.d.R. Degenhard nach Osten geschickt und sie somit der Einkesselung entzogen. Zu ihnen stößt später auch die Pz.Jg.Abt 228 der Division, die zehn Jagdpanzer „Hetzer" in Warendorf übernommen und sich an den Kämpfen bei Sassenberg, Vesmold, am Südwestrand des Teutoburger Waldes und an der Weser bei Minden beteiligt hatte. Hinzu kommt das Genesenenlazarett der Division, Teile des Felders.Btl. und, dem Kessel entkommene, Spähtrupps der Pz.Aufkl.Abt. 116.[143] Außerdem schließen sich ihnen auf ihrem Rückzug diverse Teile versprengter Einheiten an. Unter ihnen auch Reste der Pz.Ausb.Abt. 11, die sich im Raum Hildesheim der Stabskompanie angeschlossen haben.[144] In Clausthal-Zellerfeld unterstellen sie sich dem Fü.Stab „Kommandant Harzgebiet". Dieser fordert von Maj. Degenhard die Aufstellung von fünf Kompanien zu je 100 Mann. Degenhard bilden daraufhin aus den eingetroffenen Teilen der Division eine K.Gr., die er unter Führung des ehemaligen Kommandeurs der II./Pz.Rgt. 16, Maj.d.R. Friedrich-August Graf von Brühl stellt. Nach verschiedenen Berichten bestand die K.Gr. zu diesem Zeitpunkt aus einigen Panzern, vier Panzerjägern unter Hptm.d.R. Geigenmüller, Grenadieren und einem Pionierzug auf einigen Schützenpanzerwagen, einem Erkundungszug und einigen Spähwagen.[145]

Bei einem Tieffliegerangriff auf einen Munitionszug auf der Strecke Halle - Nordhausen zwischen Heringen und Aumühle werden die Gleise so schwer beschädigt, dass die Strecke bis zum Kriegsende unterbrochen ist.[146]

Am **7. April 1945** beendet das XIII. US Corps der 9th US Army die Weser-Überquerung. Das XIX. US Corps erteilt seiner 2nd US AD den Befehl, nach Erreichen der Ziele an der allgemeinen Haltelinie entlang der Straße Sarstedt – Hildesheim anzuhalten. Bei der 83rd US InfDiv nimmt das RCT 329 Eschenhausen und rückt auf Delligsen und Alfeld vor. Das 3./329 erreicht die Leine bei Wispenstein. Das RCT 330 erreicht nach der Rückunterstellung unter die Division einen Sammelraum nördlich von Bodenwerder. Andere Teile des Corps führen die Operationen gegen den „Ruhrkessel" fort. Eine Task Force unter Führung von Maj.Gen. Harry L. Twaddle, CG der 95th US InfDiv, wird gebildet, um die Aktion gegen den „Ruhrkessel" in Zusammenarbeit mit dem XVI. US Corps abzuschließen.

Bei der 1st US Army geht das XVIII. US Corps (Airborne) in die Offensive und greift den „Ruhrkessel" von Westen her an, während das III. US Corps nach Westen vorrückt. Maj.Gen. Collins VII. US Corps erhält den Auftrag Brückenköpfe über die Weser zu bilden und bis zur Linie Duderstadt – Northeim – Einbeck vorzudringen. Um diesen Auftrag umzusetzen, plant Collins je einen Brückenkopf im rechten Abschnitt bei der 104th US InfDiv und im linken Abschnitt bei der 3rd US AD über die Weser zu bilden und diesen dann zu einem Brückenkopf zusammenzuschließen. Zur Bildung des Brückenkopfes in der Zone der 3rd US AD, soll die 1st US InfDiv durch die Linien der Panzer hindurch gehen und den Brückenkopf sichern, damit dann die Panzer hindurch gehen können. Außerdem bildet das VII. US Corps um 14.00 Uhr (B) die TF Taylor aus dem RCT 26 der 1st US InfDiv und der verstärkten 4th CavGp unter Führung des stellvertretenden Kommandeurs der 1st US InfDiv, Brig.Gen. George A. Taylor, um die Region östlich des „Ruhrkessels" zwischen dem XIX. und III. US Corps zu sichern.

Die 3rd US AD überquert die Weser über eine Treadway Bridge
Foto: National Archives

Die TF Welborn des CCB der 3rd US AD besetzt Herstelle und Karlshafen und die TF Lovelady nimmt mit Unterstützung des unterstellten RCT 414 Helmarshausen. Keiner Task Force gelingt es eine intakte Weser-Brücke zu nehmen. Die BG Miller, Lt.Col. Clifford L. Miller, der TF Boles des CCA besetzt Drenke und erreicht über Amelunxen gegen 14.30 Uhr B) Godelheim, wo am Morgen die Brücke über die Nethe gesprengt wurde.[147] Bis 16.00 Uhr (B) ist der Ort gegen Widerstand besetzt. Die BG Orr, Lt.Col. William R. Orr, der TF Boles besetzt Wehrden und findet die Brücke zerstört vor.[148] TF Kane besetzt Beverungen, wo die Brücke ebenfalls zerstört ist, und das nördlich davon liegende Blankenau. Polnische Kriegsgefangene melden deutsche Truppen in Altenheerse und das CCR entsendet Truppen der TF Richardson in die Stadt, die diese jedoch feindfrei vorfinden. Das 83rd Armd Rcn Bn, das weiterhin in Borgentreich verbleibt, sendet seine Co. A nach Drenke, um die Wälder in diesem Gebiet zu säubern. Um 23.00 Uhr (B) erhält Lt.Col. Yeomans den Befehl des G-3, dass die Co. D ab dem nächsten Morgen dem CCR unterstellt ist. Das CCR soll die Weser in der Zone der 2nd US InfDiv des V. US Corps überqueren und sich versammeln. Dann soll es am Morgen des 9. April zur Unterstützung der Infanterie Uslar von Süden angreifen. Außerdem soll das 54th AFA Bn unter Lt.Col. Mont Hubbard und das 83rd FA Bn das Combat Command unterstützen.

Im Tagesverlauf rückt die 1st US InfDiv im Zentrum der 3rd US AD vor, um die Ausgangsposition für den Angriff am nächsten Tag einzunehmen. Zur Bildung des Brückenkopfes im Abschnitt der 3rd US AD wird das RCT 18 zur Weser in Marsch gesetzt. Das 1./18 geht nach Haarbrück und Jakobsberg und das 3./18 nach Rothe und Natzungen. Das 1./16 erreicht Wehren und das 2nd und 3rd Bn Brakel. Die Co. C, 87th Cml Mort Bn wird dem RCT 16 und die Co. D, 87th Cml Mort Bn dem RCT 18 unterstellt.

Die 104th US InfDiv unter Maj.Gen. Terry „Terrible“ de la Mesa Allen führt auf der rechten Korpsflanke den Angriff zur Weser. Angeführt von den Aufklärern der TF Laundon, die in den beiden Regimentsabschnitten vorangehen, erreicht das RCT 413 mit der Co. A, 87th Cml Mort Bn gegen 15.00 Uhr (B) die Weser in der Nähe von Gieselwerder, wo es zwei Panzer ausschaltet. Vor den Augen der Aufklärer bricht die gesprengte Weser-Brücke zusammen. Es gelingt dem Regiment nicht, Brückenköpfe am anderen Ufer zu errichten. Der Regtl.CP geht nach Trendelburg. Das RCT 415 erreicht zwischen 14.00 und 17.00 Uhr (B) die Weser und das 1./415 überquert im Nordabschnitt die Weser mit Schlauchbooten. Das 2./415 hält mit der unterstellten Co. B, 87th Cml Mort Bn am Westufer während des 3./415 nach Süden schwenkt um auf Befehl die Weser in der Zone der 2nd US InfDiv über deren Brücke überquert.

Das V. US Corps von Maj.Gen. Clearance R. Huebner führt seine Bewegung über die Weser bei Veckerhagen und die Werra bei Hann.Münden fort und geht weiter Richtung Dransfeld und Witzenhausen. Seine 2nd US InfDiv unter Maj.Gen. Walter

M. Robertson erobert einen Brückenkopf über die Weser bei Dransfeld und die 69th US InfDiv unter Maj.Gen Emil F. Reinhardt stößt entlang der Werra von Hann.Münden nach Witzenhausen und erobert einen Brückenkopf über die Werra. Ein Tag später versammelt sich auch die 9th US AD unter Maj.Gen. John W. Leonard dieses Corps östlich der Weser, um als Spitze des V. US Corps in den Raum südlich von Nordhausen vorzustoßen.

Im Bereich des XX. US Corps der 3rd US Army verteidigt die 6th US AD ihre Positionen im Raum Mühlhausen. Die 76th US InfDiv setzt die Säuberung des Gebietes westlich der Werra fort. Teile des Corps wehren gemeinsam mit Kräften des VIII. US Corps den Gegenangriff der K.Gr. Worgitzki westlich von Mühlhausen, bei Struth, ab und gehen dann nach Nordwesten vor, um das Gebiet zu säubern.

In der Nacht zum 7. April 1945 hat die K.Gr. Worgitzki aus einer Bereitstellung bei Wachstedt und Küllstedt, südwestlich von Dingelstädt, den Angriff in die Flanke der amerikanischen Truppen bei Mühlhausen aufgenommen, der zunächst an Boden gewinnt. Er kommt jedoch nach der Einnahme der kleinen Ortschaft Struth, westlich Mühlhausen, infolge zu schwacher Kräfte und einsetzender Gegenangriffe zum Erliegen, nachdem der Angriff eine Einheit der 65th US InfDiv überrascht hat. Diesen Kampfhandlungen widmet sich ausführlich das Buch „Die letzten Kriegstage im Eichsfeld“ von Eduard Fritze, das beim Verlag Rockstuhl erschienen ist. Gegen Mittag setzen amerikanische Gegenangriffe mit Panzern über die Linie Anrode _ Dingelstädt in die linke Flanke der K.Gr. ein. Auf dem Gefechtsstand der K.Gr. in Küllstedt erhält im Verlauf des Nachmittags Oberst i.G. Worgitzki die Genehmigung von Gen.d.Art. Fretter-Pico, sich der drohenden Vernichtung durch Absetzen auf die Linie Heiligenstadt - Leinefelde im Anschluss an die dort stehende 5. FschJgDiv zu entziehen. Die Absetzbewegung gelingt. Die 26. VolksGrenDiv und die 5. FschJgDiv im Abschnitt des LXVII.AK setzen sich im Laufe des Tages im Zusammenhang mit dem gescheiterten Angriff der K.Gr. Worgitzki auf die Linie Reifenshausen – Marth – Steinheuterode – Heiligenstadt ab. Hier erringen sie den Anschluss nach Osten zur K.Gr. Worgitzki.[149] Bei der 326. VolksGrenDiv erreichen die amerikanischen Truppen bei Laubach den Werra-Abschnitt und rücken auf Hedemünde vor. Die deutschen Truppen im Kaufunger Wald werden umgangen. Gertenbach wird besetzt. Am Abend stehen die Truppen der 326. VolksGrenDiv auf der Linie Meensen – Witzenhausen mit Gefechtsstand in Elgershausen.[150]

Am Nordflügel der 11. Armee verschärft sich die Lage beim Stellv. Gen.Kdo. VI. AK weiter. In Polle, wo bis zum frühen Morgen die Reste der K.Gr. Görbig der K.Gr. Becher die Weser überquert haben, wird die einzige Fähre zu früh versenkt, so dass die letzten Nachzügler den Fluss mit Kähnen und schwimmend überqueren müssen.[151] Der PzKpfw VI „Königstiger“, der den Brückenkopf sichert, zerstört mit seinen letzten Granaten einen schweren amerikanischen Pershing-Panzer und wird von der Besatzung aufgegeben.[152] Kräfte der 2nd US AD „Hell on Wheels“ unter

Maj.Gen. Isaac D. White, die über die Linie Bodenwerder - Alfeld nach Süden eindrehen, stoßen südwestwärts Bodenwerder und über Eschershausen in Richtung der Weser nördlich von Holzminden vor. Schwache Kräfte der K.Gr. Becher können im letzten Moment auf die Sicherungslinie Scharfoldendorf – Holzen ausweichen, Stadtoldendorf und Negenborn gehen verloren. Bei Reileifzen erreichen ihre Spitzen die Weser. Die Masse der K.Gr. Becher ist vernichtet.[153] Zwischen Eschershausen und Einbeck verliert die K.Gr. Allwörden, die auch als Pz.Jg.Abt. oder St.Gesch.Brig. Allwörden, bezeichnet wird und Görbig untersteht, ihre *„vermutlich letzten vier Panzer"*.[154] Versuche, Kontakt zur Brigade herzustellen, scheitern.[155] Über den Aufstellungsort dieser Einheit, die unter Führung von SS-Hstuf. Klaus von Allwörden steht, ist nichts Näheres bekannt.[156] Nur einer kleinen Gruppe unter Gen.Maj. Görbig gelingt die Absetzbewegung. Hastig verlegt Maj. Görbig den kaum bezogenen Gefechtsstand von Lütgenade nach Dassensen, sieben Kilometer südöstlich von Dassel. Nur mühsam gelingt es, aus den Resten eine Sicherungslinie von Dassel über Schorborn bis zum Nordrand von Solling aufzubauen.[157] Inzwischen geht im Abschnitt der K.Gr. Karst Holzminden und Höxter verloren. Der Korpsgefechtsstand geht nach Sievershaussen bei Dassel.[158]

In der Nacht befiehlt das Stellv. VI. AK die Auflösung der K.Gr. Becher und Unterstellung der Reste unter das Kommando von Gen.Maj. Görbig. Die K.Gr. Görbig erhält den Auftrag, die Nordflanke des Korps entlang der Linie Einbeck – Markoldendorf – Dassel zu sichern. Sie soll den Rückzug der K.Gr. Karst hinter die Leine sichern.[159] Die Angehörigen des Stabes der K.Gr. Becher werden in das Stellv. Gen.Kdo. eingegliedert.[160]

Der Komm.Gen. des LXVI. AK, Gen.Lt. Flörke, besucht am Vormittag Gen.d.Inf. Hitzfeld auf dem Armeegefechtsstand in Adelebsen, wo es zu einer Aussprache zwischen beiden kommt. Am Mittag setzen die amerikanischen Truppen den Angriff über die Weser fort und stoßen aus dem Brückenkopf Hemeln nach Nordosten und Osten. Das dort befindliche Magenkranken-Btl. aus Göttingen hat sich bereits zuvor ohne Kampf aufgelöst. Das zweite Bataillon aus Ersatzeinheiten, das faktisch keinen Gefechtswert hat, wird überrannt. Das Korps befiehlt die Abriegelung des feindlichen Einbruchs auf der Linie Oedelsheim – Fürstenhagen und die endgültige Aufgabe der Weser-Brückenköpfe Beverungen und Karlshafen, die von Einheiten der SS-Pz.Brig. „Westfalen" und der Art.Abt. der 166. InfDiv gehalten werden. Östlich von Karlshafen kommt es zu örtlichen Gefechten. Dort stellen sich ein PzKpfw VI „Königstiger", ein PzKpfw V und ein PzKpfw III der SS-K.Gr. Holzer der amerikanischen Kolonne entgegen. Es gelingt ihnen sieben amerikanische Panzer abzuschießen. Der PzKpfw III fällt beim Rückzug durch Motorschaden aus und der „Königstiger" wird durch eine Phosphorgranate in Brand geschossen.[161] An der Nordflanke des Korps sichert ein PzKpfw VI „Königstiger" der 3./s.Pz.Abt. 507 den Rückzug der deutschen Truppen auf das rechte Weserufer bei Ottbergen. Er wird von der

Besatzung aufgegeben und gesprengt, nachdem ein Treffer den Motor beschädigt.[162] Der Gefechtsstand verlegt von Bodenfelde nach Delliehausen, nordwestlich von Hardegsen, der Stab der SS-Pz.Brig. geht nach Sohlingen bei Uslar.[163]

Oberst Estor schreibt in seiner Lagebeurteilung vom 7. April 1945: *„Feind hat die Weser an mehreren Stellen überschritten... Eigene Kräfte zu Gegenmaßnamen stehen nicht zur Verfügung. Die Weser-Linie muss somit als verloren angesehen werden... Der Versuch, durch Angriff die Verbindung mit dem großen südlichen Nachbarn (7. Armee) herzustellen, ist, wie auf Grund des Kräfteverhältnisses vorauszusehen, gescheitert... Die Armee ist sowohl isoliert als auch an mehreren Stellen in der Front durchbrochen. Um zu verhindern, dass ihre letzten schwachen Kräfte einzeln zerschlagen werden, muss sie sich absetzen und versuchen, in einer rückwärts liegenden Linie den Zusammenhang wiederherzustellen. Trotz gegenteiliger Weisung des OB West gibt AOK daher den Befehl zum schrittweißen Absetzen auf die Leine-Linie."*[164]

Am Abend trifft Gen. Lucht nach seiner Genesung auf dem Gefechtsstand des AOK 11 ein, der von Adelebsen nach Gillersheim, nordöstlich von Göttingen verlegt hat, und übernimmt das Kommando über die 11. Armee. Denn Auftrag, denn Lucht mit der Führung der 11. Armee übernimmt, formuliert der OB West in einer, vom englischen Abhördienst entschlüsselten, Meldung: *„Kesselring ordnete in Weiterführung seines Befehls zum Harzmassiv am 7. April an, dass es Aufgabe der 11. Armee wäre, an einer Front mit minimalen Kräften zu kämpfen, um dadurch Zeit zu gewinnen für die Entfaltung der Kräfte im Hinterland, besonders im Abschnitt Werra und Harz. Die, auf diese Weise eingesparten, Kräfte sollten als linker Flügel der Armee eingesetzt werden, um die allliierte Flanke in Richtung Gotha anzugreifen. Das Aufrollen der Front der 11. Armee sollte verhindert werden durch Abriegelungsmaßnahmen im Norden und durch Flankenangriffe im Süden. Das Gebiet Nordhausen sollte in einen starken Verteidigungsblock umgewandelt werden."*[165]

Am **Sonntag,** dem **8. April 1945**, erreicht im Bereich der 9th US Army der 12th AGr das XIII. US Corps nach Norden hin den Fluss Leine und erobert Brückenköpfe südlich von Hannover. Danach geht es mit Teilen nach Süden in die Zone des XIX. US Corps, um die Weser bei Hameln zu überqueren und anschließend in die eigene Zone zurückzukehren. Die 11th CavGp schirmt die Nordflanke des Corps an der Leine ab. Die TF Twaddle setzt im Zusammenwirken mit dem XVI. US Corps die Operationen gegen den „Ruhrkessel" fort.

Das XIX. US Corps erreicht das Gebiet südlich von Hildesheim. Das RCT 329 der 83rd US InfDiv überquert die Leine mit dem 2./329 in Alfeld und dem 3./329 in Freden. Das RCT 330, das nach Osten angreifen sollte, erhält den Auftrag, Holzminden zu nehmen, da das RCT 331 bei Höxter und Holzminden durch starken Widerstand aufgehalten wird. Den Auftrag erhält das 2./330, während das 1./330 an der Linken und das 3./330 an der Rechten angreifen soll. Das 2./330 trifft auf starken Widerstand bei Kloster Amelungsborn.

Infanteristen und Panzerjäger der 83rd US InfDiv auf dem Vormarsch
Fotos: National Archives

Erst am Nachmittag wird der nach dem Einsatz von Jagdbombern durch die Co. F beseitigt. Inzwischen hat das Bataillon Negenborn besetzt. Das 1./330 besetzt nach heftigen Kämpfen, bei dem zwei PzKpfw IV vernichtet werden, um 11.20 Uhr (B) Stadtoldendorf. Unterstellte Cavalry errichtet südöstlich der Stadt Sperren. Das 3./330, das besser vorankommt, sichert um 19.00 Uhr (B) eine Brücke über die Leine in Greene und erreicht mit Spitzen Dankelsheim. Beim RCT 331 steht das 1./331 in Polle seit dem Vortag im Kampf und besetzt am Morgen die Stadt, nachdem die Verteidiger ihren PzKpfw VI „Königstiger" zerstört haben. Dann überquert das RCT 331 am Abend die Weser über eine Pionierbrücke und geht über Lütgenade nach Golmbach. Die Co. E, 2./331 geht von Eschershausen nach Eyershausen, Gehrenrode und Ohlenrode. Die Co. F nimmt Wangelnstedt und Co. G geht nach Süden, nach Deensen. Das 3./331 überquert die Weser in Heinsen und klärt Bevern.

Bei der 1st US Army überquert das VII. US Corps mit zwei Infanteriedivisionen, ohne auf den erwarteten starken Widerstand zu treffen, die Weser mit Booten, Fähren, Fuß- und Schwimmbrücken im Abschnitt Fürstenberg - Wehrden - Beverungen - Gieselwerder. Am Abend hat die 104th US InfDiv mit ihren zwei RCT die Weser über eine 40 Tonnen Treadway Bridge[166] und eine Infanteriebrücke bei Gieselwerder und in der Zone der 2nd US InfDiv überquert, einen Brückenkopf gebildet und steht südlich von Uslar. Der Co. B, 750th Tk Bn unter Lt. Benson, die dem RCT 413 unterstellt ist, gelingt es in Begleitung der Co. L, 3./413 bei Vernawahlhausen einen Jagdpanzer VI „Jagdtiger" abzuschießen.[167]

Panzer der 3rd US AD auf dem Vormarsch
Foto: National Archives

Auf Grund des Vormarschs der Infanteriedivisionen wird das Ziel für das CCR der 3rd US AD geändert, das jetzt in Gieselwerder die Weser überquert und auf Hardegsen vorrücken soll. Das CCR beginnt um 10.20 Uhr (B) mit dem unterstellten 83rd Armd Rcn Bn ohne Co. D, das auf der Marschroute der TF Lovelady vorgeht, den Marsch in den Raum Güntersen – Imbsen - Löwenhagen. CCA und CCB halten in ihren Räumen. Das CCB entsendet Kräfte der TF Lovelady zur Säuberung der Wälder bei Karlshafen. TF Welborn sendet eine Fußpatrouille von Karlshafen nach Wahmbeck, die keinen Feindkontakt meldet.

Der Plan der 1st US InfDiv sieht vor, mit dem RCT 18 an der Rechten und dem RCT 16 an der Linken nach Borgholz – Beverungen und Brakel – Wehrden zu gehen, dort die Linien des 3rd US AD zu passieren und Brückenköpfe über die Weser zu sichern. Gegen leichten Widerstand erfolgt am Morgen der Übergang über die Weser bei Beverungen und Wehrden und die Orte Fürstenberg und Lauenförde werden besetzt. Deutsche Truppen, die sich in Meinbrexen verteidigen, werden zum Rückzug gezwungen. Auch Derental wird gesichert.

Am Abend erteilt das VII. US Corps seinen Divisionen die Befehle für den kommenden Tag. Die 3rd US AD soll ab 14.00 Uhr (B) durch die Reihen der Infanteriedivisionen gehen und den Angriff auf den befohlenen Routen nach Osten anführen. Die 104th US InfDiv erhält den Befehl, den Panzern zu folgen und den Anschluss mit dem RCT 413 an die 1st US InfDiv nach Norden und mit dem RCT 415 an die 2nd US InfDiv nach Süden zu halten. Die TF Laundon soll in der Div.Res. folgen. Die TF Taylor wird aufgelöst und die 4th CavRcnSq versammelt sich am Abend in Brilon und das 759th Light Tk Bn und die 24th CavRcnSq in Altenburg.

Im Bereich des V. US Corps beendet die 2nd US InfDiv ihre Weser-Überquerung und rückt zehn Meilen[168] nach Osten vor. Die „offene Stadt" Göttingen wird durch das RCT 23, 23rd InfRgt, unter Col. Jay B. Loveless besetzt und der Vormarsch nach Südosten fortgesetzt. Die 69th US InfDiv säubert mit dem RCT 273 den Raum Hann.Münden und das RCT 272 beendet den Werra-Übergang. Dann rückt sie zur Leine im Abschnitt Niedergandern – Hohengandern vor und errichtet einen Brückenkopf über den Fluss. Panzer erreichen Arenshausen, das am Vortag von Truppen der 26. VolksGrenDiv geräumt wurde. Inzwischen wird das RCT 271 zur Entlastung des RCT 273 nach vorne gezogen. Die 9th US AD folgt den Infanteriedivisionen aus ihrem Versammlungsraum östlich der Weser.

In Thüringen hält das XX. Corps der 3rd US Army weiter im Raum Mühlhausen und setzt die Räumung der Region nördlich und nordöstlich von Eschwege fort. Seine 80th US InfDiv beginnt aus dem Raum Gotha mit dem Vordrücken der Frontlinie nach Osten in Richtung Erfurt. Die 6th US AD hält ihre Front von Langensalza im Süden, über Schlotheim bis nach Keula, sowie im Westen einschließlich Dingelstädt. Die 76th und 80th US InfDiv, die entlang der Südflanke eintreffen, übernehmen am späten Nachmittag die Front bei Langensalza.

Das CCR der 6th US AD setzt die Zerschlagung deutscher Gruppierungen fort und erreicht Fürstenhagen und den Raum Volkerode – Wiesenfeld – Rüstungen – Schwobfeld. Bei Volkerode wird der Kontakt zur 76th US InfDiv hergestellt. Restverbände der 26. VolksGrenDiv und 5. FschJgDiv, die sich nach dem Angriff auf Struth hierher zurückgezogen hatten, setzen sich Richtung Heiligenstädter Stadtwald ab.[169] Nach dem Erreichen ihrer Ziele werden die Combat Teams des CCR durch Kräfte der 76th US InfDiv abgelöst. Das CCB der 6th US AD setzt vor seiner Front die Patrouillentätigkeit im Raum Schlotheim fort. Dabei treffen am Morgen Patrouille südöstlich von Schlotheim auf Teile des Panzerverbands Feller der Korps.Gr. v. Uckermann, die am 6. April im Raum Bad Tennstedt eingetroffen waren.[170] Fellers Kräfte stehen an diesem Tag auf der Linie Blankenburg – Bad Tennstedt – Henschleben – ostwärts Walschleben.[171]

Für die deutschen Truppen, die sich Richtung Nordthüringen und Harz zurückziehen, wird der 8. April 1945 zum Schicksalstag. Oberst Estor schreibt:

„Während der Nacht treffen mehrere Befehle des OB West beim AOK ein.

- *Harz ist als „Festung" durch Geländeverstärkungen aller Art auszubauen, da vorgesehen als Versammlungsraum und Operationsbasis für die, in der Neuaufstellung befindliche 12. Armee. Um hierzu Zeit zu gewinnen, ist der Leine-Abschnitt unter allen Umständen zu verteidigen.*
- *Im Harz ist ein Kampfkommandant einzusetzen, der einheitlichen Ausbau sicherstellt und die dort in Massen befindlichen Versprengten einheitlich zusammenfasst.*
- *Armee-Abschnitt wird ausgedehnt bis zu Linie Jena – Weimar – Erfurt. K.Kdt. Erfurt, Weimar und Jena werden der Armee unterstellt."*[172]

Das ist die Geburtsstunde des Mythos „Festung Harz". In seinem Buch „Soldat bis zum letzten Tag" schreibt GFM a.D. Kesselring nach dem Krieg: *„Am 8. April 1945 wurde der Harz vom OKW zur Festung erklärt und die 11. Armee mit der Verteidigung beauftragt."*[173] Bei Gen.d.Art. Fretter-Pico heißt es: *„Am 7.4.45 orientierte die 11. Armee mündlich voraus, dass es darauf ankomme, um Zeitgewinn zu kämpfen und möglichst starke Feindkräfte zu fesseln, da ostwärts des Harzes die 12. Armee (...) im Aufmarsch zu einem Entlastungsstoß gegen den nach Mitteldeutschland eingebrochenen Gegner sei. Der Harz wurde als ‚Festung Harz' bezeichnet."* Für den 10. April notiert Fretter-Pico: *„Am 10. April geht beim Korps von der 11. Armee schriftliche Weisung ein, dass der Harz als Aufmarsch- und Operationsgebiet für die im Aufmarsch befindliche 12. Armee zu gelten habe. Der Harz wird zur Festung erklärt und ist zu halten."*[174] Gleiches findet sich in seinem 1969 erschienenen Buch „...verlassen von den Sieges Göttern"[175]. Im, 1994 erschienenen, Buch „Das letzte Kriegsjahr im Westen – Die Geschichte der 116. Panzer-Division" schreibt Heinz Günther Guderian, dass der OB West General Lucht am 8. April auf Weisung des OKW befahl, den Harz als „Festung" zu halten.[176]

Interessant ist, dass weder vom OKW noch vom OB West schriftliche Befehle mit dem Begriff „Festung" erhalten sind. Auch in den Wehrmachtsberichten, Lagemeldungen und Kriegstagebüchern der Wehrmachtsführung taucht die Bezeichnung „Festung Harz" nicht auf. Selbst der Begriff „Fester Platz", der nach der Definition des Führerbefehls Nr. 11 für Kommandanten der festen Plätze und Kampfkommandanten vom 8. März 1944 der zutreffendere Begriff wäre, findet sich dort nicht. In dem Führerbefehl heißt es: *„Die ‚festen Plätze' sollen die gleiche Aufgabe wie die früheren Festungen erfüllen. Sie haben zu verhindern, dass der Feind diese operativ entscheidenden Plätze in Besitz nimmt. Sie haben sich einschließen zu lassen und dadurch* *möglichst starke Feindkräfte zu binden. Sie haben dadurch mit die Voraussetzung für erfolgreiche Gegenoperationen zu schaffen."* [177]

Dass es im Harz und seinem Umland „Feste Plätze" gab, ist jedoch erwiesen. So finden sich Unterlagen für die Festen Plätze „Eichsfelder Pforte" und „Nordhausen" sowie die „K.Gr. Harz" unter Görbig im Bestand des Bundesarchiv-Militärarchivs Freiburg i.Br. Auch ein „K.Kdt. Harz" lässt sich belegen. Saft nennt in seinem 1996 erschienenen Buch „Krieg in der Heimat... bis zum bitteren Ende im Harz", Oberst i.G. Lindemann als „K.Kdt. Harz". Guderian schreibt auf Seite 530 seines Buches, dass sich die Restkräfte der 116. PzDiv am 5. oder 6. April in Clausthal-Zellerfeld bei einem „General Harzgebiet" meldeten. Auf Seite 532 schreibt er, dass sich am 11. April hinter der Kampfgruppe Görbig ein „K.Kdt. Harz" befand, der *„wohl vom AOK 11"* eingesetzt war. Weiter heißt es auf Seite 533: *„Kampfkommandant Harz war nach verschiedenen Aussagen ein älterer Oberstleutnant Lindner"*. Anlage 23 des Buches von Guderian zeigt eine Abschrift des Kampfbefehls Nr. 1 des „Kampfkommandanten Harz" vom 11. April 1945 mit der Unterschrift eines Maj.i.G. Uhl vom Stellv. IX. AK. Ein Angehörigen der SS-Führerschule des Wirtschafts- und Verwaltungsdienstes Arolsen, berichtet von der Unterstellung unter das „Kampfkommando Oberharz" unter Führung des Trägers der Ehrenblattspange Oberst Lindemann mit Gefechtstand im Dorf Unterschulenburg.[178] Gen.d.Inf. Mattenklott schreibt in seinem Bericht für die Historical Division: *„Kdt. des Harzes war ein Obstlt. im Generalsstab."* Bornemann spricht in seinem Buch „Schicksalstage im Harz" von einem *„Oberquartiermeister der 15. Armee, Oberst Linemann"*. Wer letztendlich dieser „Kampfkommandant Harz" war und wer ihn eingesetzt hat ist leider nicht eindeutig belegbar. Die Quellenlage lässt vermuten, dass das Stellv. Gen.Kdo. IX, W.Kr. Kassel, das ab dem 4. April die Verantwortung über den rückwärtigen Raum der 11. Armee hatte, ähnlich dem „Befehlshaber Thüringen Ost" einen „General Harzgebiet" einsetzte. Er kann jedoch auch durch den W.Kr. XI Hannover, dem die nördlichen Teile des Harzes unterstanden, eingesetzt worden sein. Das hierfür der arbeitslose Stab des Quartiermeisters der 15. Armee herangezogen wurde, wäre nicht ungewöhnlich. Mit der Umsetzung des Befehls des OB West vom 8. April wurde dann aus dem „General Harzgebiet" der „K.Kdt. Harz", der am 11. April mit seinem ersten Kampfbefehl die Führung über die Verteidigung des Westharzes übernahm. Doch eine „Festung Harz" findet sich nicht. Erst nach Kriegsende findet sich in den Beiträgen deutscher Generäle über die Harzkämpfe die Bezeichnung „Festung Harz", die seitdem zu einem festen Begriff in der Kriegsgeschichtsschreibung geworden ist.

Nach dem Krieg wird neben der geografischen Bedeutung des Harzes als Aufmarschgebiet für die 12. Armee auch immer wieder die Bedeutung des Harzes als Rüstungszentrum und Auslagerungsort für diverse Reichsministerien und Ämter als Grund für das Entstehen der „Festung Harz" aufgeführt. In diesem „Schutzraum

Harz“ befindet sich im Frühjahr 1945 tatsächlich eine hohe Konzentration an derartigen Einrichtungen. Ich möchte hier nur einige der wichtigsten nennen, ohne näher darauf einzugehen, da dies sonst den Rahmen dieser Dokumentation sprengen würde.

Durch die alliierte Lufthoheit über Deutschland sah sich die deutsche Führung Mitte 1943 gezwungen, nach Möglichkeiten zu suchen, um wichtige Produktionsstätten den direkten Angriffen der alliierten Bomberverbände zu entziehen. Hierfür boten sich die natürlichen Gipshöhlen und die Kaliwerke Nordthüringens sowie diverse Bergbaustätten im Harz und dessen Umland geradezu an. Eine der bedeutendsten Einrichtungen der Rüstungsindustrie war das, nach dem britischen Bombenangriff in der Nacht vom 17. zum 18. August 1943 auf die Heeresversuchsanstalt Peenemünde in die Stollen des Kohnstein bei Niedersachswerfen verlagerte, Werk zur Produktion der A 4 (V-2)-Raketen und Strahltriebwerken. Die Stollen des Kohnstein, in denen sich bis 1943 eines der größten Kraftstofflager des Dritten Reiches befand, waren im Juli 1943 auf direkten Befehl Hitlers von der WIFO (Wirtschaftliche Forschungsgesellschaft) für die V-2-Produktion abgetreten worden und gingen mit der Gründung der Mittelwerk GmbH im September 1943 unter deren Führung.[179] Hier wurde im Januar 1944 begonnen, neben der unbemannten Flügelbombe V-1 die neue A-4-Rakete zu bauen, die ab September 1944 unter der Bezeichnung V-2 gegen England zum Einsatz kommt. Als sich die Front im Frühjahr 1945 immer weiter von Westen in das Herz Deutschlands schob, versuchte man die V-2 von mobilen Startrampen im mitteldeutschen Raum einzusetzen. Aber es kam nicht mehr dazu. In der Hainleite und im Harz fallen den Amerikanern mehrere fahrbare Abschussrampen und Spezialtransportfahrzeuge in die Hand.[180]

Auch andere kriegswichtige Produktionseinrichtungen fanden im Kohnstein und der unmittelbaren Umgebung Schutz. So entschied Hitler im Frühjahr 1944, dass neben der V-Waffen-Produktion auch Teile des Jägerprogrammes in die unterirdischen Anlagen des Kohnstein zu verbringen sind. Ab April 1944 begannen die Junkers-Werke mit der Verlagerung ihrer Motorenwerke aus Magdeburg, Köthen und Leipzig und kurz darauf liefen die ersten Strahltriebwerke für die neuen Düsenjäger vom Band.[181]

Mit dem Umzug der Heeresversuchsanstalt Peenemünde kam auch das Flakversuchskommando Nord aus Karlshagen bei Peenemünde in den Raum Nordhausen. Dort hatte man 1942 mit der Entwicklung von Flugabwehrraketen begonnen und 1944 die Flugabwehrrakete C 2 „Wasserfall“ entwickelt, zu deren serienmäßigen Produktion es jedoch nicht mehr kommen sollte. Die Elektromechanischen Werke GmbH (EW) Karlshagen bei Peenemünde, die die Flüssigkeitsraketentriebwerke für die „Wasserfall“ entwickelt hatten, erprobten am 30. März 1945 erstmals im Hegersbach unterhalb des Poppenberges bei Ilfeld-Wiegersdorf ihre neuentwickelte Klein-Flugabwehrrakete „Taifun“, die aus einem Mehrfachwerfer abgeschossen, die feindlichen Bomberverbände vom Himmel holen soll. Doch auch sie kommt über das Entwicklungsstadium nicht hinaus.[182]

Im März 1945 befanden sich gemäß Bornemann folgende Einrichtungen der Mittelwerk GmbH im Raum Ilfeld[183]:

- *Direktion und Verwaltung in der N.P.E.A. Ilfeld*
- *Werk I zur Produktion von V-2-Raketen im Kohnstein*
- *Werk II zur Produktion von v-1-Raketen und Flugabwehrraketen „Taifun" im Kohnstein*
- *Werk III zur Erzeugung von Flüssigsauerstoff und Treibstoff im Kohnstein*
- *Werk IV zum Bau des „Volksjägers" im Kohnstein und der Papierfabrik Ilfeld*

In der unmittelbaren Nähe des Kohnsteins, in Bad Sachsa, war ab Februar 1945 der Arbeitsstab Dornberger des Reichsministeriums für Rüstung und Kriegsproduktion unter Führung von Gen.Maj. Walter Dornberger mit 450 Mitarbeitern aus Peenemünde untergekommen. Dornberger untersteht neben dem Reichsrüstungsminister Speer dem, von Göring zum „Sonderbeauftragten für die Durchführung der Forderung bezüglich Entwicklung, Beschaffung und Industrieerprobung auf dem Gebiet der Kampfmittel mit Raketenantrieb" und Inspekteur über alle Raketeneinheiten der Luftwaffe ernannten, SS-Gruf. Dr. Hans Kammler.[184] Wernher von Braun, der deutsche Raketenpionier, residierte seit März 1945 in seinem Wohn- und Arbeitszug, dem sogenannten „Vergeltungsexpress", auf dem Gelände des Kaliwerks Bleicherode. In den unterirdischen Schächten lagern zwischen Unmengen an Bekleidung der Luftwaffe die Peenemünder Akten.[185] Auf dem Gelände der Schächte Neu-Bleicherode und Sollstedt fanden Laboratorien und Forschungsstätten Schutz.[186] In Osterode baute die Firma Curt Heber Maschinen-Apparate-Fabrik (HEMAF) die von ihnen im Auftrag des Reichsluftfahrtministeriums entwickelte Luft-Luft-Rakete R4/M „Orkan" zur Bekämpfung alliierter Bomber aus der Luft. Sie soll die Hauptwaffe der neu entwickelten Jäger Me-262 und Me-163 bilden.[187] In Rübeland war der Sonderausschuss z.b.V. des Reichsministeriums für Rüstung und Kriegsproduktion eingezogen, der nach der Gründung der Mittelwerk GmbH seinen ersten Sitz in der N.P.E.A. Ilfeld hatte. In der Aufbauschule für Lehrerbildungshochschulen in Blankenburg residierte von Februar bis März 1945 der Stellvertretende Reichsrüstungsminister und Geschäftsführende Leiter des März 1944 gegründeten Jägerstabes Dipl.-Ing. Karl Otto Saur, der im Februar 1945 von Berlin hierher umgezogen war. Am 5. März 1945 zog Saur in die Stollen des Kohnstein um.[188] Sein Stab ging in die nahegelegenen Stollen im Mühlberg, die bisher der Bevölkerung als Luftschutzbunker dienten.[189] In Clausthal-Zellerfeld befindet sich neben dem Oberbergamt, dem die Bergamtliche Sonderstelle Ilfeld für Verlagerungsbauvorhaben[190] untersteht, auch eine Dienststelle des Reichsluftfahrtministeriums und die drittgrößte Munitionsanstalt des Dritten Reiches, das Werk Tanne zur Herstellung von TNT Sprengstoff. In Blankenburg hatte das Ingenieur-Büro Glückauf der AG Weser seinen Sitz.[191] Hier entstehen die Baupläne für den neuen U-Boot-Typ XXI der Kriegsmarine. Boote dieser Klasse erreichten eine, für damalige Zeit, revolutionäre Tauchtiefe von bis zu 270 Metern und wurden auf Grund ihres neuartigen Elektroantriebs als Elektro-U-Boote bezeichnet.[192]

Beispiele für die Nutzung des „Schutzraumes Harz" zur Unterbringung von Archiven und Kulturgütern finden sich ebenfalls im gesamten Harzraum und dem angrenzenden Umland. So ließ der WFSt im März 1945 die Kriegstagebücher der Armeen, Generalkommandos, Divisionen und weiterer Heeresdienststellen von Berlin nach Blankenburg verbringen.[193] Bei Elend wurden Unterlagen der kulturpolitischen Abteilung des Reichspropagandaministeriums eingelagert und im Schacht des ehemaligen Kaliwerkes Bernterode/Krs. Worbis wurden Mitte März 1945 die Särge der Preußenkönige Friedrich Wilhelm I und Friedrich des Großen, des Reichskanzlers Paul von Hindenburg und dessen Frau sowie die Feldzeichen der preußischen Armee, Akten des Auswärtigen Amtes, des Katasteramtes Kassel, die Preußische Staatsgalerie, die Bibliothek von Sanssouci, der Hohenzollern-Kronschatz und weitere Kunstgüter vor den Bombenangriffen in Sicherheit gebracht.[194] Im Kaliwerk Bleicherode lagern die Sammlungen der Berliner Museen für Völker- und Pflanzenkunde.[195]

Doch Anfang April 1945 hat sich die Lage grundlegend verändert, denn zu diesem Zeitpunkt hat sich die Masse der Ämter und Stäbe bereits Richtung Süddeutschland abgesetzt. Die Produktion ist zum Erliegen gekommen. In Niedersachswerfen und Ilfeld wird am 2. April mit den Vorbereitungen für die Räumung begonnen.[196] Der Arbeitsstab Dornberger und die Wissenschaftler um Wernher von Braun erhalten vom Abwehrbeauftragten für die V-Waffen-Produktion, SS-Ostubaf. Helmut Bischoff am 4. April den Befehl, nach Oberammergau in Oberbayern abzurücken, und verlassen mit dem „Vergeltungsexpress" am Abend des 5. April 1945 Bleicherode.[197] Die anderen Stäbe und Teile der Verwaltung der Mittelwerk GmbH folgen, nachdem am 6. April ein Beauftragter des Rüstungsministeriums in Ilfeld erscheint und die Sicherstellung aller V-2-Unterlagen und die Evakuierung der leitenden Mitarbeiter fordert. Aber nicht alle Mitarbeiter folgen diesem Befehl und harren vor Ort in Erwartung der Amerikaner aus. Auch nicht alle Unterlagen werden abtransportiert oder vernichtet und fallen später in die Hände der Amerikaner und Briten. 25 Kisten werden aus der Verwaltung der Mittelwerk GmbH in der N.P.E.A. Ilfeld in einen Seitenstollen des Alabasterstollens verbracht und der Zugang anschließend zugesprengt.[198] Auch an anderer Stelle wird ähnlich verfahren Während das Ingenieur-Büro Glückauf nach seiner Schließung am 12. April 1945 einen Großteil der technischen Zeichnungen auf dem Schulhof der Blankenburger Mädchen-Oberschule[199] verbrennt, bleiben die Akten des WFSt in der Blankenburger Schlosskaserne unberührt und werden nach der Übernahme der Besatzungsverantwortung durch die Briten von diesen nach London gebracht.[200]

Die Evakuierung der Stäbe und wesentlicher Teile der Rüstungsindustrie aus dem Harzraum Anfang April und die annähernd gleichzeitige Ernennung von SS-Gruf. Kammler als Verantwortlichen für die Verteidigung des Raumes Nordhausen zur Sicherung der dortigen Rüstungsproduktion zeigt deutlich die Diskrepanz zwischen den verschiedenen, konkurrierenden Führungsebenen und Einrichtungen des Dritten Reiches. Während die einen nachwievor die unbedingte Verteidigung des Harzes fordern, um die Rüstungsproduktion als Garant der Weiterführung des Krieges zu sichern, denken andere längst an die Zeit nach der erwarteten Niederlage und versuchen sich und ihre Unterlagen in Sicherheit zu bringen bzw. die Spuren ihrer Verbrechen zu beseitigen. Besonders deutlich wird das beim „Rüstungskonvent zur militärischen Sicherung der Rüstungsbetriebe und Forschungseinrichtungen im Mittelraum“, der am 4. April 1945 beim Sonderausschuss z.b.V. in Rübeland unter Leitung des Chefs des Rüstungsstabs, Dipl.-Ing. Karl Otto Saur stattfindet. Saur, der nach Minister Speer der zweitmächtigste Mann im Rüstungsministerium ist, fordert unmissverständlich von den Vertretern der Mittelwerk GmbH die unbedingte Fortsetzung der Produktion und droht ihnen bei Nichtdurchführung mit drastischen Konsequenzen. Doch dort läuft bereits die, vom Reichsführer SS Himmler angeordnete, Evakuierung der KZ-Häftlinge aus den Außen- und Nebenlagern des KZ Buchenwald, was eine Produktion unmöglich macht. *„Vom 4. Bis 7. April 1945 wurden alle Lager geräumt; die Häftlinge von ‚Dora‘, Ellrich, Woffleben und die Kranken aus Harzungen wurden per Eisenbahn in Richtung Norddeutschland verschickt (Bergen-Belsen, Sachsenhausen, Ravensbrück), die Häftlinge aus Harzungen, Rottleberode, Ilfeld und aus den Lagern BB3 und BB4 zu Fuß nach Norden und Osten. Dabei starben viele, teils vor Erschöpfung, teils wurden sie von SS-Aufsehern erschossen.“*[201] Die letzten Wissenschaftler sitzen längst auf den gepackten Koffern. Somit verhallen Saurs Drohungen ohne Wirkung.[202]

Doch betrachten wir weiter die Geschehnisse an jenem 8. April 1945. Nach dem Erhalt der neuen Aufgaben verlegt Gen. Lucht seinen Gefechtsstand in das Forsthaus Riefensbeek, nordöstlich von Osterode. Dorthin hat sich auch der Gauleiter von Südhannover-Braunschweig, Hartmann Lauterbacher, zurückgezogen. Der ist in seiner Funktion als Reichsverteidigungskommissar des Gaues Oberster Befehlshaber des Volkssturms und für die örtliche Verteidigung zuständig. Er und die Gauleiter der Nachbargaue Halle-Merseburg, Eggeling, und Sauckel für Thüringen hatten sich um den 5. April herum im Haus des Gauleiters von Magdeburg-Anhalt, Rudolf Jordan, in Schierke getroffen, um über die Verteidigung des Harzes zu beraten. Anwesend war auch der Hauptbereichsleiter Helmut Friedrichs von der Parteikanzlei in Berlin sowie Offiziere aus dem Stab des OB West. Dabei waren die Versammelten zu der Erkenntnis gekommen, dass eine Verteidigung wegen der zu erwartenden Auswirkungen auf die Bevölkerung keinen Sinn macht. Der Harz kann und darf nicht verteidigt werden. Diese Entschließung übermitteln sie dem OB West, der sie annimmt, obwohl er fest von der Notwendigkeit des Haltens des Harzes überzeugt ist. Da sich jedoch die Entschließung der Gauleiter bis zum Ende der Kämpfe im Harz nicht in der Befehlsgebung des OB West wiederspiegelt, hatte Kesselring sie wohl nur deshalb angenommen, wie Bornemann schreibt, *„um sich in dieser schwierigen Lage nicht auch noch mit den Reichsverteidigungskommissaren auseinandersetzen zu müssen.“*[203]

Kesselring hatte ohnehin nicht auf die Unterstützung durch die Gauleiter und den Volkssturm gehofft, den er als *„totgeborenes Kind“*[204] betrachtet. In seinen Memoiren schreibt er: *„Als ‚Reichsverteidigungskommissare‘ hatten die Gauleiter auch militärische Aufgaben. In dieser Richtung arbeiteten sie mit den Wehrkreiskommandos zusammen; sie hatten das Recht, in die Verwaltung und Wirtschaft einzugreifen. Die Gegensätzlichkeit und Reibungen überwogen das Gute.“*[205]

Beim Stellv. VI. AK setzen die amerikanischen Verbände den Angriff aus Richtung Stadtoldendorf auf Dassel fort. Dabei komme es bei Mackensen zu Gefechten. Der Feinddruck auf Dassel, Markoldendorf und südlich von Salzderhelden hält an.[206] Daraufhin befiehlt das Korps das Absetzen von Westen beginnend. Die K.Gr. Görbig dreht auf der Achse Salzderhelden – Markoldendorf – Dassel schrittweise hinter die Leine ein, um so den deutschen Truppen im Solling das Absetzen auf die Linie Salzderhelden – Northeim zu ermöglichen.[207] Es gelingt nur mühsam ohne Nachrichtenverbindungen aus den zerstreuten Resten der deutschen Truppen eine lose Sicherungslinie von Salzderhelden über Vogelbeck und Hohnstedt bis Edesheim aufzubauen. Der Gefechtsstand der K.Gr. Görbig verlegt nach Hohnstedt.[208] Die Absetzbewegung des Südflügels des Korps mit der Div. Nr. 466 verläuft ebenfalls planmäßig.[209] Der Korpsgefechtsstand verlegt nach Blankenhagen, nördlich Hardegsen.

Südlich der Linie Beverungen – Northeim kommt es beim LXVI. AK zu leichten Kämpfen im Waldgebiet des Solling. Im Abschnitt Karlshafen – Hemeln setzen amerikanische Truppen den Übergang über die Weser fort. Zum Verlangsamen des amerikanischen Angriffs aus diesem Brückenkopf in Richtung Uslar und Göttingen plant das Gen.Kdo. das schrittweise Zurückweichen auf die Linie Uslar - Adelebsen und dann Fredelsloh – Hardegsen – Lenglern. Der Gefechtsstand verbleibt in Delliehausen.[210] Die SS-Pz.Brig. „Westfalen“ steht mit dem SS-Rgt. Meyer bei Schönhagen und dem SS-Rgt. Holzer mit fünf Panzern der s.Pz.Abt. 507 bei Uslar und Adelebsen.[211] Teile der SS-Pz.Brig. überqueren im Abschnitt der K.Gr. Görbig des Stellv. VI. AK die Leine.[212]

General Hitzfeld übernimmt nach der Abgabe des Befehls über die 11. Armee am Mittag in Bad Lauterberg wieder das Kommando über das LXVII.AK, dessen Gefechtsstand sich noch immer in Reinhausen befindet, und verlegt ihn nach Osterode. Am Nordflügel seines Abschnittes besetzt der Feind die offene Stadt Göttingen und fühlt Richtung Norden und Osten gegen die Linien der 326. VolksGrenDiv vor.

Besonders starker Druck richtet sich gegen die 26. VolksGrenDiv, die auf der Linie ostwärts Reinhausen – ostwärts Großschneen – Reifenhausen steht. Deren schwache Kräfte ziehen sich Richtung Harz zurück.[213]

Nach der Abgabe des Kommandos über das LXVII. AK fährt Fretter-Pico nach Stolberg im Harz zum Stab des W.Kr. IX, wo er um 24.00 Uhr den Befehl des AOK 11 erhält, erneut einen Führungsstab Stellv. Gen.Kdo. IX. AK zu bilden und das Kommando über die, bisher dem LXVII.AK unterstellten, Truppen an der Südwestfront des Harzes zu übernehmen. Parallel hierzu behält Fretter-Pico das Kommando über den W.Kr. IX mit dem Stab in Stolberg. Der Fü.Stab Stellv. Gen.Kdo. IX. AK geht nach Bad Lauterberg [214] Die letzten deutschen Truppen verlassen mit dem K.Kdt. Oberst Zugehör und den Standortältesten Oberst von der Decken die Stadt Göttingen, die auf Grund ihrer geografischen Lage nur schwer zu verteidigen ist und aus Rücksicht auf die, in der Stadt befindlichen, Kranken und Verwundeten mit Armeebefehl am 6. April zur „freien Stadt" erklärt wurde.[215]

Schloss Stolberg im Harz, bis 1945 Sitz der Fürstenfamilie zu Stolberg-Stolberg
Ansichtskarte vor 1945

In der Nähe von Nordhausen wird in Schate, einem Ortsteil von Großwerther, ein Truppentransport mit einer motorisierten Einheit auf der Bahnstrecke Nordhausen – Kassel angegriffen und zusammengeschossen. Funk- und Lastwagen werden von den Waggons geworfen. Explodierende Munition verhindert die Bergung der Toten. Sie liegen noch zweit Tage danach am Bahndamm, als die amerikanischen Truppen an ihnen vorbei Richtung Nordhausen marschieren.[216]

* * *

1 KTB des OKW 1944-1945, Teilband 2, S. 1216

2 Gem. Bornemann „Die letzten Tage der Festung Harz“ fuhr der Zug nach Blankenburg im Harz und wurde wahrscheinlich zwischen Elbingerode und Drei-Annen-Hohne im Wald abgestellt.

3 NARA, B-414, Oberst i.G. Geyer.

4 Gem. NARA, B-217, Gen.d.Inf. Franz Mattenklott, heißt das Stellv. VI. AK ab dem 01.04.45 auf Befehl von Kesselring nur noch VI. AK. Dennoch wird die alte Bezeichnung bis zum Schluss weiter verwendet.

5 NARA, B-312, Gen.Maj. Görbig. Angaben zum K.Kdt. aus „Die Besetzung Lippes im Frühjahr 1945“ v. Waldemar Becker.

6 Das Pz.Gren.Ers.Btl. 64 aus Wuppertal war für den Pz.Ausb.Vbd. „Westfalen“ bestimmt.

7 „Die Besetzung Lippes im Frühjahr 1945“ v. Waldemar Becker.

8 NARA, B-312, Gen.Maj. Görbig.

9 NARA, B-217, Gen.d.Inf. Franz Mattenklott.

10 NARA, B-312, Gen.Maj. Görbig.

11 „Aufstellung, Einsatz und Untergang der SS-Panzerbrigade ‚Westfalen‘ März–April 1945“ v. W. Tieke, in „DF“.

12 NARA, B-329, Gen.Lt. Flörke.

13 „Aufstellung, Einsatz und Untergang der SS-Panzerbrigade ‚Westfalen‘ März–April 1945“ v. W. Tieke, in „DF“.

14 BA-MA, ZA 1/660, B-309, Gen.d.Inf. Hitzfeld.

15 Otto Maximilian Hitzfeld „Ein Infanterist in zwei Weltkriegen“, Biblio Verlag, Osnabrück 1983. S. 152.

16 Ebenda. S. 147.

17 Das Stellv. VI. AK wird erst am 04.04.45 endgültig der 11. Armee unterstellt.

18 BA-MA, ZA 1/920, B-568, Gen.d.Art. Fretter-Pico.

19 „Wehrmacht und Niederlage“ v. Andreas Kunz, Schriftenreihe des MGFA, 2005.

20 Gem. Tessin „Verbände und Truppen der Deutschen Wehrmacht und Waffen-SS“, Ausgabe 1979.

21 BA-MA, ZA 1/920, B-568, Gen.d.Art. Fretter-Pico.

22 Gem. Tessin.

23 „Die letzten Kriegstage im Eichsfeld“ v. Eduard Fritze, Verlag Rockstuhl, 2002.

24 Ebenda.

25 Das Res.Pz.Gren.Btl. 3 gehörte zur 233. ResPzDiv in Dänemark. Die Division wurde für die Aufstellung der PzDiv „Holstein“ herangezogen.

26 Das Gren.Ers.Btl. 593 war das Ers.Btl. des Gren.Rgt. 593 der 328. InfDiv „Seeland“. Das Regiment war im Raum Fritzlar in die 166. InfDiv „Jütland“ eingegliedert worden.

27 Gem. Tessin.

28 Saft verwechselt in seinem Buch „Krieg in der Heimat“ die 3./510 mit der 3./501.

29 Gem. einer Notiz des Gen.Insp.d.Pz.Tr. Oberst Freytag vom 2. April 1945 wurden beide Kompanien mit insgesamt 13 Panzern ausgestattet und standen im Einsatz mit der H.U.S. f. Pz.Gren. Eisenach bei der 326. VolksGrenDiv im Raum Kassel. 3 Panzer sollen ausgebombt sein. Gen. Flörke nennt bei der H.U.S. Eisenach am 13. April 20 PzKpfw V und 12 PzKpfw VI aus den Henschel-Werken. Saft spricht von der H.U.S. f. Pz.Schtz. Eisenach

unter Führung eines Obstlt. Kübler in Stärke von 400 Mann mit 13 PzKpfw III und IV. Es finden sich später keine Hinweise auf Obstlt. Kübler im Harz. Dort wird aber eine K.Gr. Bölter der Pz.Ers.u.Ausb.Abt. 500 Eisenach genannt. Diese Abteilung lag jedoch nicht in Eisenach. Hptm. Hans Bölter war KpFhr und Lehrer an der H.U.S. d. Pz.Tr. Eisenach und war mit dieser bei der 326. VolksGrenDiv. Fest steht, dass Teile der H.U.S. mit den Teilen der zwei s.Pz.Abt. aus dem Raum Kassel heraus bis in den Harz gemeinsam im Einsatz waren. Maj. Oxenius vom WFSt spricht von der Pz.Uffz.Schule Eisenach bei der 326. VolksGrenDiv und Oberst Freytag ebenfalls.

30 Gem. Saft soll Berneike Kommandeur eines der beiden Bataillone gewesen sein. Das Regiment soll aus dem Fsch.Jg.Btl. Berneike und Brandl bestanden haben. Berneike war aber Kdr des Fsch.Jg.Rgt. 15. Einige Quellen nennen im April 1945 jedoch Gröschke als Regimentskommandeur, obwohl er Divisionskommandeur war. Wahrscheinlich ist, das Berneike als Kdr das Fsch.Jg.Rgt 15 in den Harz führte, während Gröschke die Gesamtführung aller Restteile der 5. FschJgDiv hatte. Gröschke übernimmt später neben der Führung der Division die direkte Führung des Regiments, nachdem Berneike K.Kdt. von Bad Lauterberg wird. Interessant ist auch, dass gem. Fritze bei der Schlacht bei Struth, in der Nähe von Mühlhausen, Obst. Winzer, der Kdr. des Fsch.Art.Rgt. 5, als Kommandeur der Fallschirmjäger genannt wird, obwohl es keine Erkenntnisse gibt, dass artilleristische Teile der Division zum Einsatz kamen.

31 BA-MA, ZA 1/660, B-309, Gen.d.Inf. Hitzfeld. Vgl. auch BA-MA, ZA 1/920, B-568, Gen.d.Art. Fretter-Pico.

32 Die V./SS-Gren.Rgt. wurde aus der II./SS-Pz.Rgt. 26 unter Hstuf. Grams gebildet.

33 „Aufstellung, Einsatz und Untergang der SS-Panzerbrigade ‚Westfalen' März–April 1945" v. W. Tieke, in „DF".

34 NARA, B-329, Gen.Lt. Flörke. Vgl. NARA, B-217, Gen.d.Inf. Franz Mattenklott.

35 NARA, B-329, Gen.Lt. Flörke. Vgl. BA-MA, ZA 1/660, B-309, Gen.d.Inf. Hitzfeld.

36 NARA, B-312, Gen.Maj. Görbig. Görbig verwendet die Bezeichnung „K.Gr." ab dem 01.04.45.

37 Ebenda.

38 NARA, B-217, Gen.d.Inf. Franz Mattenklott.

39 NARA, B-581, Oberst Estor.

40 Ebenda.

41 BA-MA RW 4/495 (III W129 W01-6/205 OKW 183), Handakte Maj. Oxenius (OKW/WFSt/Org F) 1944-1945. Die Bezeichnung „Nachrichtenregiment" hat nichts mit dem heutigen Nachrichtendienst, also Informationsbeschaffung, zu tun. Die heutige Bezeichnung würde Fernmelderegiment bedeuten. Nachrichteneinheiten der Wehrmacht waren für das Fernmeldewesen, also Kommunikation, zuständig.

42 NARA, B-581, Oberst Estor. Gem. Hitzfeld, BA-MA, ZA 1/660, B-309, wurde der Angriffsbefehl erarbeitet und an den OB West übermittelt, allerdings mit dem Wissen, dass er nie zur Ausführung kommen würde.

43 Wikipedia-Eintrag.

44 NARA, B-217, Gen.d.Inf. Mattenklott.

45 NARA, B-329, Gen.Lt. Flörke.

46 BA-MA, ZA 1/920, B-568, Gen.d.Art. Fretter-Pico.

[47] Die SS-K.Gr. Thöle gehörte zum SS-Rgt. Braunagel.
[48] Heft „DF" 4/85, S. 10ff.
[49] Gem. Saft „Krieg in der Heimat".
[50] „Die Ritterkreuzträger 1939–1945".
[51] BA-MA, ZA 1/660, B-309, Gen.d.Inf. Hitzfeld.
[52] „Nordhausen unter dem Sternenbanner" v. Dr. Peter Kuhlbrodt, Schriftenreihe heimatgeschichtlicher Forschungen des Stadtarchivs Nordhausen, Nr. 7, 1995, S. 5.
[53] „Fliegerhorst und Luft-Nachrichten-Schule 1...", S. 37.
[54] „Die Zerstörung Nordhausens...", S. 6. Vgl. auch „Fliegerhorst und Luft-Nachrichten-Schule 1...", S. 37ff zur LNS 1 und S. 73ff zu KG 4.
[55] „Fliegerhorst und Luft-Nachrichten-Schule 1...", S. 43.
[56] Ebenda, S. 118.
[57] Ebenda, S. 140.
[58] Ebenda, S. 165.
[59] Ebenda, S. 218. Vgl. auch „Die Zerstörung Nordhausens...", S. 9.
[60] „Fliegerhorst und Luft-Nachrichten-Schule 1...", S. 145.
[61] „Die Zerstörung Nordhausens...", S. 8 und „Fliegerhorst und Luft-Nachrichten-Schule 1...", S. 135-137.
[62] „Fliegerhorst und Luft-Nachrichten-Schule 1...", S. 208.
[63] „Die Zerstörung Nordhausens...", S. 7.
[64] Ebenda, S. 6.
[65] Ebenda, S. 13.
[66] „Die Zerstörung Nordhausens...", S. 6.
[67] Dr. Schröter schreibt vom Marinestab West und Dr. Kuhlbrodt spricht vom Marine-Verwaltungsamt West. Da dem Marineoberkommando West verschiedene Dienststellen unterstanden, ist davon auszugehen, dass nur Teile nach Nordhausen verlegt haben. Es gibt keine Hinweise, dass Admiral Krancke in Nordhausen war.
[68] Unter dem Begriff Ordnungspolizei waren ab 1942 die Schutzpolizei, die Gemeindepolizei (Gendarmerie), die Wasserschutzpolizei, die Feuerschutzpolizei, die Luftschutzpolizei, die Technische Nothilfe und die Freiwilligen Feuerwehren zusammengefasst.
[69] „Nordhausen unter dem Sternenbanner", S. 5. und 40-41.
[70] Ebenda. S. 5.
[71] „Auf Spurensuche", S. 18.
[72] „Die Zerstörung Nordhausens und das Kriegsende im Kreis Grafschaft Hohenstein 1945" v. Dr. Manfred Schröter, Beiträge zur Heimatkunde, Sonderausgabe 1988, S. 10. Siehe auch „Auf Spurensuche", S. 21.
[73] Brief des Bürgermeisters von Berga a. Kyffhäuser an den Landrat des Kreises Sangerhausen. Kopie des Briefes aus Sammlung Ziegler, Sangerhausen. Vgl. „Auf Spurensuche", S. 21.
[74] „Die Zerstörung Nordhausens und das Kriegsende im Kreis Grafschaft Hohenstein 1945" v. Dr. Manfred Schröter, Beiträge zur Heimatkunde, Sonderausgabe 1988, S. 10-12. Vier weitere Opfer, darunter ein Ostarbeiter, wurden extra bestattet.
[75] „Die Zerstörung Nordhausens...", S. 16-17.
[76] „Nordhausen unter dem Sternenbanner", S. 5.

[77] Ebenda, S. 18.
[78] „Auf Spurensuche", S. 30-32.
[79] "US Army in World War II – The E.T.O. - The last offensive", Kapitel XVII „Sweep to the Elbe" v. Charles B. Mac Donald, 1993, S. 379.
[80] KTB des OKW 1944-1945, Teilband 2, S. 1225.
[81] „Auf Spurensuche 1939-1945" v. Thilo Ziegler, S. 57.
[82] NARA, B-414, Oberst i.G. Geyer.
[83] „Damals - Der Zweite Weltkrieg zwischen Teutoburger Wald, Weser und Leine", Heinz Meyer, Schütz-Verlag, 1980.
[84] „Die Besetzung Lippes im Frühjahr 1945" v. Waldemar Becker. Vgl. Wikipedia.
[85] „Die Besetzung Lippes im Frühjahr 1945" v. Waldemar Becker.
[86] Sowohl Becher, als auch Mattenklott hatten die Besetzung von Herford, Bielefeld und Detmold in den Berichten der Historical Division bereits Tage zuvor gemeldet. Gem. den Chroniken und Internetchroniken dieser Städte erfolgt die Besetzung aber erst am 4. April 1945. Vgl. www.herford.de, www.bi-info.de und Wikipedia.
[87] Wikipedia-Eintrag.
[88] „Die Besetzung Lippes im Frühjahr 1945" v. Waldemar Becker.
[89] Wikipedia–Eintrag Augustdorf.
[90] NARA, B-312, Gen.Maj. Görbig.
[91] Ebenda.
[92] NARA, B-217, Gen.d.Inf. Franz Mattenklott.
[93] NARA, B-329, Gen.Lt. Flörke.
[94] BA-MA, ZA 1/920, B-568, Gen.d.Art. Fretter-Pico.
[95] „Eisenbahnviadukt Oberrieden" v. Wolfgang Koch, Verlag Vogt GmbH, 1989.
[96] Ebenda. Vgl. „Die Zerstörung Nordhausens...", S. 16.
[97] „Die letzten Kriegstage im Eichsfeld" v. Eduard Fritze. Gem. Koch sollte der Transport ursprünglich in Großalmerode entladen worden sein.
[98] NARA, B-581, Oberst Estor.
[99] Ebenda.
[100] BA-MA, ZA 1/660, B-309, Gen.d.Inf. Hitzfeld.
[101] Vgl. „Die Zerstörung Nordhausens...", S. 57.
[102] Ebenda, S. 27.
[103] Dr. med. Weidemann berichtet von einem Oberst, der Kommandeur der dortigen Wehrmachtseinheit war. So schreibt es auch Dr. Schröter. Hier liegt aber wahrscheinlich eine Verwechselung vor, denn Groß war Major. In verschiedenen Quellen wird der Name „Gros" oder „Gross" verwendet. Fretter-Pico schreibt „Maj. Gros".
[104] „Nordhausen unter dem Sternenbanner", S. 6-7. Vgl. „Die Zerstörung Nordhausens...", S. 30/31.
[105] Bornemann schreibt „Hirt" und Dr. Schröter „Hirl".
[106] „Die Zerstörung Nordhausens...", S. 22/23 und 30.
[107] Ebenda. S. 27/28.
[108] Ebenda. S. 26/27.
[109] Dr. Kuhlbrodt auf der Webseite der Stadt Nordhausen, www.nordhausen.de, Stand Februar 2011. Vgl. Dr. Schröter S. 59/60 und Bornemann „Schicksalstage im Harz".

[110] „Die letzten Kriegstage in und um Hameln“ auf www.gelderblom-hameln.de.

[111] Langensalza wurde erst am 28. Juni 1956 der Titel „Bad“ verliehen.

[112] NARA, B-205, Gen.Maj. Becher

[113] NARA, B-217, Gen.d.Inf. Franz Mattenklott.

[114] NARA, B-329, Gen.Lt. Flörke.

[115] „Vor 50 Jahren: Tietelsen am 6. April 1945“ v. Prof. Clemens Menze, Tietelsen, im „DF“ Heft 6/95. Menze nennt nur vier Königstiger. Die Ereignisse des nächsten Tages deuten aber daraufhin, dass sich bei den vier Königstigern, die zur s.Pz.Abt. 507 gehörten, mindestens ein weiterer „Jagdpanther“ im Ort befand. Das deutet auf die 2./507 hin, da nur die 2./507 über „Jagdpanther“ verfügte.

[116] Ebenda.

[117] Festschrift „650 Jahre Landwehrhagen“.

[118] „Von der Kapitulation zur Invasion“ v. Heinz Meyer.

[119] NARA, B-360, Gen.Maj. Munzel.

[120] Gem. Zeitzeugenbericht kamen Teile bis Stuttgart. Der genannte Panzerjagdverband Jordan steht jedoch im Zusammenhang mit Gen.Maj. Jordan, dessen K.Gr. im Harz zum Einsatz kam. Jordan geriet dort in amerikanische Gefangenschaft.

[121] „Die letzten Kriegstage im Eichsfeld“ v. Fritze. Dirks spricht davon, dass es sich bei der Einheit Dralle um die Pz.Jg.Lehr.Abt. 130 der PzLehrDiv. gehandelt haben soll, was aber unwahrscheinlich ist.

[122] Maximilian Fretter-Pico „... verlassen von des Sieges Göttern“, Kyffhäuser-Verlag Wiesbaden, 1969. S. 174.

[123] Zitat aus dem Funkspruch, entnommen dem Buch „Nordhausen im Bombervisier“ v. Dr. Geiger, S. 195.

[124] „Schicksalstage im Harz“ v. M. Bornemann.

[125] Es wird von 40000 KZ-Häftlingen gesprochen, die unter Verantwortung des stellv. Lagerkommandanten von „Dora“, SS-Hstuf. Franz Hössler, aus „Dora“ und den Nebenlagern evakuiert werden. Siehe „Damals und heute – Nordhausen“, S. 34.

[126] Auf Grund der Konzeption des Buches als militärgeschichtliche Dokumentation wird im Weiteren nur auf einige exemplarische Beispiele dieser Evakuierungen eingegangen. Ausführliche Schilderungen finden sich u.a. in den Büchern zum KZ Mittelbau-Dora, Unterlagen der Gedenkstätte Mittelbau-Dora und im Buch „Auf Spurensuche“ v. Thilo Ziegler.

[127] „Chronik von Godelheim/Höxter“ auf www.godelheim.de.

[128] Worgitzki war nach dem Krieg 1957–1967 Vizepräsident des BND. Es wird auch immer wieder in offiziellen Unterlagen die Schreibweise Worgitzky verwendet.

[129] „... verlassen von des Sieges Göttern“ v. Maximilian Fretter-Pico, S. 174.

[130] Braunagel, SS-Nr. 99469, 1937/38 Lehrgang an der SS-Junkerschule Bad Tölz, 1940 Ostuf. und Zahlmeister des II./SS-Rgt. Deutschland der SS-Verfügungstruppe, 1941 Angehöriger der SS-Division „Wiking“. Weitere Daten sind nicht bekannt. In dem Bericht „Aufstellung, Einsatz und Untergang der SS-Panzerbrigade ‚Westfalen‘ März – April 1945“ v. Wilhelm Tieke in „DF“ Heft 10/89 wird er „Braunnagel“ geschrieben.

[131] Heft „DF“ 4/85.

[132] Die Informationen beziehen sich auf das Buch „Krieg in der Heimat“ v. Saft und das Tonbandprotokoll der Tagung der Heimatforscher des Eichsfeldes am 19. Mai 2002, hier Vortrag von Herrn Wagner. Ohlmer war nach 1945 der Zeichenlehrer von Herrn Wagner.

[133] „Eisenbahnviadukt Oberrieden“ v. W. Koch.

[134] NARA, B-414, Oberst i.G. Geyer.

[135] NARA, B-205, Gen.Maj. Becher.

[136] NARA, B-312, Gen.Maj. Görbig.

[137] Es soll sich um einen PzKpfw VI der s.Pz.Abt. 507 mit einer Besatzung der s.Pz.Abt. 508 gehandelt haben. Die s.Pz.Abt. 508 kam bei der K.Gr. Becher infanteristisch zum Einsatz. Lediglich die 1. Kp. soll anfangs über einen PzKpfw VI und sechs PzKpfw V verfügt haben. Vermutlich handelt es sich daher bei dem Panzer, der ein PzKpfw VI „Königstiger“ mit Porsche-Turm der s.Pz.Abt. 507 aus dem Sennelager gewesen sein soll, um den PzKpfw VI der 1./508. Andere Quellen nennen einen Fahrschulpanzer. Vgl. „Die letzten Trümpfe des Reiches“ v. Jean Restayn, Steelmaster Nr. 20.

[138] NARA, B-581„ Oberst Estor.

[139] NARA, B-312, Gen.Maj. Görbig. Görbig schreibt vom Holzmindener Offz.Bew.Btl. In Holzminden war offiziell kein solches Bataillon stationiert. Im Raum Bodenweder - Holzminden befand sich aber gem. dem Bericht „Kriegsende in Göttingen“ v. Helmut op de Hipt am 8. April 1945 das Offz.Nachw.Btl. W.Kr. XI, Hannover, dass kurz zuvor aufgestellt wurde und unter Führung von Oblt. op de Hipt vom Ers.Btl. 82 Göttingen stand. Das Offz.Nachw.Btl. war der Div. Nr. 471 unterstellt.

[140] „Vor 50 Jahren: Tietelsen am 6. April 1945“ v. Prof. Clemens Menze, Tietelsen, im Heft „DF“ Nr. 6/95. Menze spricht nur von einem gesprengten deutschen Panzer wegen Getriebeschaden. In dem Artikel „Die letzten Trümpfe des Reiches“ im Heft Steelmaster Nr. 20 heißt es auf S. 20, dass vier „Königstiger“ der 507 am 6. April mit einer K.Gr. der Waffen-SS bei Erkeln im Einsatz waren und ein „Jagdpanther“ der 2./507 durch Laufwerkschaden ausfiel.

[141] Bis 1935 Carlshafen, dann Karlshafen. Seit 1977 Bad Karlshafen.

[142] NARA, B-329, Gen.Lt. Flörke. Vgl. NARA, B-312, Gen.Maj. Görbig.

[143] „Das letzte Kriegsjahr im Westen“ von Heinz Günther Guderian, 1. Auflage 1994, S. 528ff.

[144] „... bis zum bitteren Ende im Harz“ v. Dr. Erich Kalckbrenner.

[145] „Das letzte Kriegsjahr im Westen“ von Heinz Günther Guderian, 1. Auflage 1994, S. 528ff.

[146] „Die Zerstörung Nordhausens...“, S. 30.

[147] „Spearhead to the west“, Chronik der 3rd US AD.

[148] „Chronik von Godelheim“ auf www.godelheim.de.

[149] BA-MA, ZA 1/920, B-568, Gen.d.Art. Fretter-Pico.

[150] Ebenda.

[151] NARA, B-312, Gen.Maj. Görbig.

[152] „Die letzten Trümpfe des Reiches“ v. Jean Restayn, Steelmaster Nr. 20.

[153] NARA, B-205, Gen.Maj. Becher.

[154] Zitat aus „Krieg in der Heimat“ v. U. Saft, S. 180. Betreffs der Einheitsbezeichnung siehe auch „Zeitzeugen – Der Harz im April 1945“ v. Schirmer/ Zeitfuchs, S. 236.

[155] Selected Intelligence Reports 1st US InfDiv.

[156] Letzte nachgewiesene Funktion von Allwörden, dessen Familie aus Osterode stammt, war Kdr. der Pz.Jg.Abt. der 9. SS-PzDiv „Hohenstaufen". Vermutlich wurde die Einheit auf dem TrÜbPl Sennelager aufgestellt.

[157] NARA, B-205, Gen.Maj. Becher.

[158] NARA, B-581, Oberst Estor.

[159] NARA, B-312, Gen.Maj. Görbig. Vgl. NARA, B-205, Gen.Maj. Becher.

[160] NARA, B-205, Gen.Maj. Becher.

[161] Gem. „Krieg in der Heimat" v. Saft und „Die letzten Trümpfe des Reiches", Heft Steelmaster Nr. 20 sollen die Abschüsse durch den „Königstiger" der s.Pz.Abt. 507 erfolgt sein. Es gibt auch einen Bericht, wonach der „Königstiger" von der H.U.S. Eisenach gewesen sein soll und über Northeim an die Weser gekommen ist. Gem. „Karlshafen im Zweiten Weltkrieg" v. Horst Wagner, 1999, handelte es sich aber um drei deutsche Panzer. Alleine der PzKpfw III soll nach diesem Bericht zwei Sherman-Panzer abgeschossen haben.

[162] Ebenda.

[163] NARA, B-329, Gen.Lt. Flörke. Vgl. NARA, B-581, Oberst Estor.

[164] NARA, B-581, Oberst Estor.

[165] „Nordhausen im Bombervisier", S. 197.

[166] Floßsack-Brücke der amerikanischen Pioniere.

[167] Bisher wurde der Abschuss eines „Jagdtigers" durch die 104th US InfDiv dem Raum Kassel bzw. Nörten-Hartenberg zugeordnet. Der AAR des 750th Tk Bn nennt im Zeitraum 05.-08.04.45 die Zerstörung einer 128mm SFL, die eine Straßensperre verteidigte, durch die Co. B von Lt. Benson. Das S-3 Journal 750th Tk Bn nennt diese Zerstörung durch die Co. B am 08.04.45. „In direkter Unterstützung der Co. L, 3./413 setzte sich der Platoon um 13.00 Uhr (B) in Bewegung zum Angriff auf Vernawahlhausen. Der Platoon zerstörte einen VW Kübel, eine 128mm SFL und nahm einen Offizier und neun Soldaten gefangen." Im AAR 104th US InfDiv heißt es am 08.04.45 beim RCT 413: "A self prolpelled gun ‚with bore 5 ¼" in diameter and 10" of frontal armor was knocked out by a tank destroyer (Irrtum – Panzer d.A.) shell entering an open hatch and exploding in the breech block of the gun." Dieser „Jagdtiger" ist der einzige „Jagdtiger", der von der 104th US InfDiv während des Monats April 1945 als zerstört gemeldet wurde.

[168] 1 Meile = 1,609 Kilometer.

[169] „Die letzten Kriegstage im Eichsfeld" v. Fritze, S. 95.

[170] In einigen Berichten wird davon gesprochen, dass es sich um Teile einer SS-Einheit gehandelt hat, die im Raum Bad Tennstedt – Blankenburg, in Stellung lag. Die Gefangenenaussagen und der Zeitzeuge Karl-Heinz Diedrich aus Marolterode, damals 15 Jahre alt, bestätigen, dass es keine SS war. Siehe auch den Bericht zu Marolterode am 10. April.

[171] Gem. Gen.d.Inf. Petersen befanden sich Feller's Truppen beim Eintreffen des Vorauskommandos des Stabes des XC. AK in Süßenborn am 09.04.45 zur Übernahme des Abschnittes bereits auf dieser Linie.

[172] NARA, B-581, Oberst Estor.

[173] „Soldat bis zum letzten Tag", Verlag S. Bublies, 2000, Erstauflage 1953, S. 391.

[174] BA-MA ZA 1/921, B-569 Fretter-Pico.

[175] Kyffhäuser-Verlag Wiesbaden, S. 172.

[176] „Das letzte Kriegsjahr im Westen – Die Geschichte der 116. Panzer-Division“, Heinz Günther Guderian S. 531

[177] „Hitlers Weisungen für die Kriegsführung 1939-1945“, S. 243-250.

[178] „DF“ Heft 4/85, S. 10-12.

[179] „Damals und heute – Nordhausen“, aus der Reihe „After the Battle“, Heft 101, 1998, S. 4ff.

[180] „Die Zerstörung Nordhausens...“, S. 5.

[181] „Damals und heute – Nordhausen“, S. 21-26.

[182] www.luftwaffen-projekte.de. Vgl. „Die Zerstörung Nordhausens...“„ S. 5, Angaben zur Erprobung der „Taifun“ und Bornemann „Zwanzig Tage im April…“.

[183] „Zwanzig Tage im April…“ v. M. Bornemann.

[184] „Die Illusion der Wunderwaffen“ v. Ralf Schabel, Verlag Oldenbourg, Ausgabe Februar 1994, S. 279.

[185] Entwicklungs- und Produktionsunterlagen. Aus dem Buch „Raketenschmieden und KZ-Außenkommandos im Eichsfeld und Südharz 1944–1945“ v. Joachim Bornschein, Wartburg Verlag Weimar, 1. Auflage 2003. Vgl. „Nordhausen unter dem Sternenbanner“, S. 3.

[186] „Damals und heute – Nordhausen“, S. 33.

[187] Wikipedia-Eintrag „R4M“ Januar 2011.

[188] „Damals und heute – Nordhausen“, S. 20/21 und 33.

[189] Ebenda, S. 34.

[190] BA-MA, R 3101/31172.

[191] „Die letzten Tage in der Festung Harz“ v. M. Bornemann, S. 8/9. Vgl. auch www.Die-Feldpost-2-Weltkrieg.org.

[192] „Ingenieurbüro konstruiert 1944 neue U-Boot-Generation“ v. Gerhard Simon auf www.arge-deutsche-geschichte.de.

[193] Aus dem KTB des OKW, Teilband 2, S. 1825 – 1826.

[194] „Der Kampf um Nordthüringen im April 1945“ v. Jürgen Möller, 2. Auflage 2010, S. 74. Die Schätze wurden am 27. April 1945 in einer Geheimkammer gefunden.

[195] „Nordhausen unter dem Sternenbanner“, S. 3.

[196] „Zwanzig Tage im April…“

[197] „Die Zerstörung Nordhausens...“, S. 29. Vgl. „Damals und heute – Nordhausen“, S. 34.

[198] „Zwanzig Tage im April…“

[199] „Ingenieurbüro konstruiert 1944 neue U-Boot-Generation“ v. Gerhard Simon auf www.arge-deutsche-geschichte.de.

[200] Gem. dem KTB des OKW, Teilband 2, S. 1825–1826 wurde das „Blankenburger Depot“ von den Briten unversehrt in Blankenburg erbeutet und nach London abtransportiert.

[201] „Damals und heute – Nordhausen“, S. 34/35.

[202] „Die letzten Tage in der Festung Harz“ v. Manfred Bornemann, Piepersche Druckerei Clausthal-Zellerfeld. 5. Auflage 1990, S. 9/10.

[203] Ebenda, S. 10/11 und 21-23.

[204] „Soldat bis zum letzten Tag“ v. Albert Kesselring, S. 384.

[205] Ebenda.

[206] NARA, B-312, Gen.Maj. Görbig.

[207] Ebenda.

208 Ebenda.

209 NARA, B-581, Oberst Estor. Vgl. NARA, B-217, Gen.d.Inf. Mattenklott. Estor spricht von Div. Nr. 476, bei Mattenklott befindet sich aber die K.Gr. Karst der Div. Nr. 466. Fehler wahrscheinlich bei Estor.

210 NARA, B-581, Oberst Estor. Vgl. NARA, B-329, Gen.Lt. Flörke.

211 „DF", Heft 10/89, S. 16.

212 NARA, B-312, Gen.Maj. Görbig.

213 BA-MA ZA 1/921, B-569, Fretter-Pico.

214 BA-MA ZA 1/921, B-569, Fretter-Pico.

215 Ebenda. Vgl. auch BA-MA, ZA 1/660, B-309, Gen.d.Inf. Hitzfeld. Siehe auch Chronik der Stadt Göttingen auf www.stadtarchiv.goettingen.de.

216 „Die Zerstörung Nordhausens...", S. 40. Siehe auch „Schicksalstage 1945 in Großwerther – Das Tagebuch der Ursula Schönemann" in Beiträge zur Heimatkunde aus Stadt und Kreis Nordhausen, Heft 16, 1991, S. 64.

III. Die Einnahme von Nordhausen

Mit dem Erreichen der Flüsse Weser und Werra haben die, von der Zerschlagung des „Ruhrkessels" entbundenen, Corps der 1st US Army am 7. April 1945 das letzte größere natürliche Hindernis vor dem entscheidenden Stoß ins Herz Deutschlands erreicht. Damit nähert sich der, von General Patton sehnsüchtig erwartete, Moment, seine, in Thüringen haltende, 3rd US Army wieder in Bewegung zu setzen. Doch noch hat die Front der 1st US Army nicht aufgeschlossen. Die deutschen Truppen zwischen Harz und Thüringer Wald erhalten nach dem fehlgeschlagenen Angriff bei Struth eine letzte Gnadenfrist.

Kriegstagebuch des OKW/WFSt vom 9. April 1945: *H.Gr. B - AOK 11[1]: ... aus dem Kopf Veckerhagen stieß er (der Feind d.A.) über Göttingen nach Landolfshausen vor, ferner von Witzenhausen nach Hohengandern (Hessisch-thüringische Grenze).*

Geheime Tagesberichte der Wehrmachtsführung vom 9. April 1945:

OB West, 11. Armee, LXVI. AK: *Vier Kilometer südlich Northeim drang der Gegner nach Osten über die Leine vor und nahm Sudheim. Aus dem Raum Göttingen griff der Feind nach Osten an.* ***LXVII. AK:*** *Feindkräfte stießen im Raum Heiligenstadt nach Osten auf Duderstadt vor. Die Lage ist dort unklar. Aus Mühlhausen drang der Gegner bis hart südlich Worbis vor.*

[Anmerkung des Autors: Die geheimen Tagesberichte des WFSt sind die tägliche Zusammenfassung aller, beim OKW eintreffenden, Meldungen zur Frontlage, die jedoch insbesondere in den letzten Kriegstagen kaum noch ein objektives Bild der Ereignisse darstellen. Trotz eines immer noch funktionierenden Meldesystems auf höherer Führungsebene der Wehrmacht beruhten die Meldungen, insbesondere von den Frontabschnitten, in denen keine geschlossene militärische Führung existierte, häufig auf Hörensagen oder waren längst zeitlich überholt. In einigen Fällen erfolgte die Informationsgewinnung durch direkte Telefonate mit Parteidienststellen und Privatpersonen in den bedrohten Gebieten. Dadurch kam es immer wieder zu Falschmeldungen. Da die Geheimen Tagesberichte jedoch zum einen die Lageeinschätzung der Obersten Wehrmachtsführung dokumentieren und zum anderen als Grundlage für militärische Entscheidungen verwendet wurden, sollen sie im Weiterem zitiert werden. Gleiches gilt für das Kriegstagebuch. Die auszugsweise Widergabe der offiziellen Meldungen des OKW in Presse und Rundfunk soll einen Einblick in die Wahrnehmung der Geschehnisse durch die Bevölkerung geben, deren einzige Informationsquelle Zeitungen und Rundfunk waren Bei diesen Meldungen kommt neben der zeitlich versetzten Wiedergabe von Informationen noch die propagandistische Note hinzu, die das Bild verzerren. Sie dürfen daher nicht als Grundlage für objektive Betrachtungen herangezogen werden.]

Am **Montag**, dem **9. April 1945**, bezieht das XIII. US Corps der 9th US Army Ausgangsstellungen für den Angriff auf Hannover. Das XIX. US Corps wird von seiner Verantwortung bei der Zerschlagung des „Ruhrkessels“ durch das XVI. US Corps entbunden und bereitet sich darauf vor, den Angriff nach Osten wieder aufzunehmen. Das XVI. US Corps kommandiert jetzt alle Kräfte der 9th US Army, die im Einsatz gegen den „Ruhrkessel“ stehen.

Die 83rd US InfDiv des XIX. US Corps unter Maj.Gen. Robert C. Magon erhält als neues Angriffsziel Halberstadt. Beim RCT 330, das seine Positionen ausbaut, wird das 2./330 vom RCT 331 unter Col. Robert H. York abgelöst und verlegt nach Greene und löst das 3./330 bei der Bewachung der Brücke ab. Um 20.00 Uhr (B) besetzt die Co. A, 1./330 gemeinsam mit einem Troop der unterstellten 113th CavGp kampflos Seesen. Das 1./331 sendet von Golmbach Patrouillen in alle Richtungen Das 2./331 versammelt sich in Stadtoldendorf. Die Co. G geht zusammen mit dem unterstellten Tp. B, 113th CavRcnSq nach Einbeck, wo es die Co. F bei der Besetzung der Stadt unterstützt. Einbeck wird kampflos übergeben. Gen.Lt. Walter Behschnitt, der K.Kdt. von Einbeck geht in Kriegsgefangenschaft. Bereits am Vormittag hatte er seinen Männern verkündet, dass er die Stadt nicht verteidigen wird.[2] In der Nacht bekämpft die 113th CavRcnSq unter dem Kommando von Lt.Col. Allen D. Hulse in Einbeck eine deutsche Kolonne mit Panzern und Pferdefuhrwerken, die versucht, nach Osten durchzubrechen. Das 3./331 greift von Norden Holzminden mit zwei Kompanien an, nachdem die Panzer und Panzerjäger die Weser über eine Pionierbrücke überquert und sich in Allersheim mit der Infanterie vereinigt haben. Die Stadt wird gegen leichten Widerstand bis 08.00 Uhr (B) besetzt. Am Nachmittag löst das 801st TD Bn das 3./331 in Holzminden ab, das nach Bevern zurückgeht. Um 23.00 Uhr (B) erhält das RCT 331 auf dem Regtl.CP in Negenborn den Befehl, am nächsten Tag in die Reserve des XIX. US Corps zu gehen.

Im Abschnitt der 1st US Army beginnen die Corps auf Grundlage der Direktiven vom Vortag mit dem entscheidenden Angriff zur Elbe und Mulde. In der Zone des VII. US Corps geht die 3rd US AD durch den Infanterie-Brückenkopf über die Weser. Der Plan sieht vor, dass ihr CCR an der Spitze der Division in der Nacht die Weser im Abschnitt der 2nd US InfDiv überquert und mit zwei Kolonnen nach Norden auf Hardegsen und Northeim stößt. Das CCB, dass durch die 1st US InfDiv abgelöst wird, überquert die Weser bei Gieselwerder und versammelt sich bei Offensen. Wenn das CCR erfolgreich nach Norden vorankommt, stößt das CCB durch den eroberten Raum, überquert die Leine nördlich von Göttingen mit zwei Kolonnen und greift nach Osten auf Duderstadt an. Dem CCB folgt die TF Yeomans, 83rd Armd Rcn Bn. Das CCA, das die Weser in Beverungen überquert, folgt den beiden Combat Commands auf der Route 2 und 3.

In der Nacht überquert das CCR die Weser zwischen Veckerhagen und Hemeln und versammelt sich bis 03.30 Uhr (B) im Raum Löwenhagen – Imbsen. Von hier aus startet das CCR um 06.00 Uhr (B) den Angriff in zwei Kolonnen nach Norden. Die linke Kolonne mit der TF Hogan rückt mit dem unterstellten 3./414 gegen leichten Widerstand vor und besetzt über Adelebsen und Hettensen vorgehend gegen 09.00 Uhr Hardegsen.[3] Die Stadt wird am Abend durch das nachfolgende 1./414 gesichert. Dann rückt die TF Hogan nordwärts auf Moringen vor. Aufklärer der Co. D, 83rd Armd Rcn Bn an der Spitze der Kolonne dringen um 11.55 Uhr (B) in Moringen ein, wo im gleichen Moment die Luftwarnsirenen „Panzeralarm“ heulen. Weiter geht es ostwärts nach Northeim. Der Vorstoß zerreißt die Front der SS-Pz.Brig. und das SS-Rgt. Meyer wird zersprengt und nach Norden abgedrängt. Damit wird Northeim und das südlich liegende Sudheim preisgegeben. [4]

Panzer der 3rd US AD in Lödingsen bei Adelebsen am 9. April 1945
Foto: National Archives

Panzer der 3rd US AD und Infanteristen der 104th US InfDiv am 9. April 1945 in Adelebsen Fotos: National Archives

Die rechte Kolonne mit der TF Richardson trifft gegen 06.00 Uhr (B) bei Harste – Parensen auf eine Konzentration von zwölf und mehr deutschen Panzern des SS-Rgt. Holzer. Fünf Sherman-Panzer werden durch deutsche PzKpfw V „Panther" und VI „Königstiger" zerstört.[5] Sofort angeforderte Luftunterstützung bleibt aus. Bis Mittag gelingt es, sich zu lösen. Um wieder mit der TF Hogan gleichzuziehen, zieht sich die Task Force nach Westen zurück und macht einen Schwenk nach Nordosten. Bei Wolbrechtshausen treffen die vorausgehenden Aufklärer gegen 13.39 Uhr (B) erneut auf Widerstand durch Panzer und Infanterie. Luftaufklärung meldet um 16.05 Uhr (B) drei deutsche Panzer bei Lütgenrode. Fast gleichzeitig greifen diesmal amerikanische Jagdbomber in das Geschehen ein. Dann geht es weiter nordwärts nach Hillerse, wo die Kolonne den Fluss Leine überquert und erneut nach Norden schwenkt. Jetzt nähern sich beide Task Forces Northeim, wo die Bevölkerung in den Kellern auf das kommende Unheil wartet.

Die Stadt war am Vortag Ziel eines Tieffliegerangriffs geworden, der schwere Zerstörungen im Bereich der Bahnhofsanlagen verursachte und Opfer gefordert hatte.[6]

Das zerstörte Bahnhofsgelände von Northeim, aufgenommen von Tec 3 Jack Kitzerow, 165th Signal Photo Co. am 11. April 1945 Foto: National Archives

Jetzt bildet ein kleines Häufchen von Verteidigern eine ernste Gefahr für die Stadt. Zwar befinden sich kaum noch einsatzfähige Soldaten in der Garnisonsstadt und die Rhume- und Scharnhorst-Kaserne sind bis auf einige Genesende und nicht frontverwendungsfähiges Stammpersonal leer, nachdem das Gren.Ers.Btl. 396 im März 1945 mit dem Gren.Ers.Rgt. 571 der Div. Nr. 471 mobil gemacht wurde, dennoch soll die Stadt verteidigt werden. Kurz vor Eintreffen der amerikanischen Truppen werden die Verteidiger durch zurückweichende Truppen verstärkt, unter denen sich zwei Panzerjäger „Hetzer“ befinden. Sie gehören wahrscheinlich zu der Gruppe der Pz.Jg.Abt. 228, die sich unter Führung von Hptm. Geigenmüller mit einer K.Gr. aus, dem Ruhrkessel entkommenen, Teilen der 116. PzDiv Richtung Harz zurückzieht.[7] Da die Brücke über die Leine bei Höckelheim zerstört ist, rückt Infanterie von Westen in die Stadt ein, während eine Panzergruppe der TF Richardson von Süden in die Stadt eindringt. Es kommt zu einem kurzen Gefecht, bei dem ein Panzerjäger verloren geht, einem Zweiten gelingt der Rückzug. Nur vier der ursprünglich zehn Hetzer der Pz.Jg.Abt. 228 erreichen später Clausthal-Zellerfeld.[8] Northeim und das südlich davon liegende Sudheim werden bis gegen 17.00 Uhr besetzt. In der Nacht ist die Stadt gesäubert. Die letzten deutschen Truppen ziehen sich aus Northeim zurück. Die TF Richardson erhält um 20.00 Uhr (B) den Befehl, Stellungen bei Elvershausen zu beziehen. Aufklärung fühlt bis Berka und Suterode vor.[9] Um 21.45 Uhr (B) meldet das CCR an die Division, dass sie eine große Anzahl Gefangene gemacht und einen PzKpfw VI, zwei PzKpfw IV und zwei Flakgeschütze zerstört hat.

Das CCB fährt nach der Ablösung um 08.00 Uhr (B) nach Offensen, versammelt sich und überquert um 08.30 Uhr (B) die Weser in Gieselwerder. Dann rückt es mit der TF Welborn auf der Linken und der TF Lovelady auf der Rechten ostwärts vor. TF Welborn trifft entlang der Straße bei Asche – Fehrlingsen auf eingegrabene deutsche Infanterie und am Nachmittag wird sie bei Harste aufgehalten, wo noch immer Teile der TF Richardson des CCR im Kampf mit den deutschen Truppen im Abschnitt Parensen - Harste stehen.

Bei Parensen kommt es zu einem Gegenangriff des SS-Rgt. Holzer, der mit Unterstützung von vier PzKpfw VI „Königtiger“ der s.Pz.Abt. 507 und drei Jagdpanzern „Jagdtiger“ der s.Pz.Jg.Abt. 512 geführt wird. Dabei sollen alle „Königstiger“ und ein „Jagdtiger“ in Brand geschossen worden sein. Nur einer der „Königstiger“ kann geborgen werden. Die s.Pz.Abt. 507 zieht sich mit ihren letzten zwei PzKpfw VI „Königstiger“ und zwei „Jagdtigern“ der s.Pz.Jg.Abt. 512 zurück. Alle anderen Panzer sind bis zum 9. April bereits verloren gegangen. Alleine die Kämpfe im Raum Harste – Parensen – Nörten-Hardenberg – Bovenden haben der s.Pz.Abt. 507 vermutlich dreizehn ihrer PzKpfw VI „Königstiger“ gekostet.[10] Nach Abschluss der Kämpfe bei Parensen - Harste meldet die 3rd US AD, dass die, von der TF Richardson angeforderten, Jagdbomber zwei deutsche Panzer zerstört haben. Drei deutsche Panzer werden durch die TF Welborn als zerstört gemeldet. Einer von ihnen, ein

PzKpfw V, wird das Opfer eines M-36 „Jackson" Panzerjägers des unterstellten 703rd TD Bn, das unter dem Kommando von Lt.Col. Wilbur E. Showalter steht.

Amerikanische Panzer und Infanterie im Gefecht mit der Waffen-SS bei Lenglern am 9. April 1945 Foto: National Archives

Durch den anhaltenden Druck der TF Welborn von Westen her und auf Grund des inzwischen erfolgten Stoßes der TF Lovelady südlich an Harste vorbei nach Osten, ziehen sich die Reste der deutschen Truppen zurück. Als Panzerinfanteristen der TF Welborn in Nörten-Hardenberg die Brücke über die Leine erreichen, die durch Panzersperren blockiert ist, treffen sie auf heftigen Widerstand und werden zum Halten gezwungen. Die TF Lovelady errichtet in der Nacht einen Brückenkopf über die Leine bei Bovenden, nachdem deutsche Truppen die Brücke kurz vor den amerikanischen Truppen gesprengt haben.[11] Das 23rd Armd Engr Bn unter Lt.Col. Lawrence G. Forester beginnt mit dem Bau einer Treadway Brücke. Das 83rd Armd Rcn Bn sichert hinter der TF Lovelady Adelebsen und erreicht um 15.00 Uhr (B) Lodingsen, wo es über die Nacht bleibt und nach Süden sichert. In der Zwischenzeit überquert das CCA, das jetzt in der Div.Res. ist, bei Beverungen und Gieselwerder die Weser und die TF Boles erreicht Verliehausen und die TF Kane Hardegsen. Die Co. A, 83rd Armd Rcn Bn übernimmt die Sicherung des Div.CP. Maj.Gen. Hickey erhält den Befehl vom CG VII. US Corps, den Schwerpunkt des Angriffs auf das Blockieren der Südausgänge des Harzes zu richten und auf keinem Fall über Nordhausen hinaus anzugreifen, bis die Infanteriedivisionen nicht aufgeschlossen haben.

Die 1st US InfDiv unter dem Kommando von Maj.Gen. Clift Andrus beendet den Weser-Übergang und weitet ihren Brückenkopf ostwärts aus. Das RCT 18 erreicht an der rechten Flanke mit dem 1./18 Uslar, das von Teilen des SS-Rgt. Holzer und vier PzKpfw VI verteidigt wird. Nach dem Ausfall von zwei „Tiger“-Panzern ziehen sich die Reste der Verteidiger mit den letzten beiden „Tiger“ am Nachmittag aus der Stadt zurück.[12] Das 2./18 dringt in die Wälder des Solling, nördlich von Uslar, ein und das 3./18 besetzt Kammerborn und Schönhagen. Das RCT 16 an der Linken rückt hinter den Panzern vor und geht mit dem 2./16 nach Meinbrexen und Derental, das 1./16 säubert Boffzen und Bruckfeld und das 3./16 Fohlenplacken und Neuhaus. Hinter der Weser geht das RCT 26 durch das RCT 16 und greift entlang der linken Flanke an. Das 2./26 errichtet im Solling eine Straßensperre am Abzweig der Straße Torfhaus – Dassel nach Sievershausen. Das 1./26 und 3./26 hält in Lauenförde. Die 4th CavGp unter Col. John C. McDonald, die um 14.00 Uhr (B) zur Verstärkung der 1st US InfDiv beigefügt wird, steht im Raum Dringenburg, Schmechten und Herbram.

Die 104th US InfDiv folgt unmittelbar hinter der 3rd US AD und erreicht mit dem 1./413 Hettensen. Südlich von Uslar, bei Wiensen, stellt das RCT 413 den Kontakt zum RCT 18 der 1st US InfDiv her. An der rechten Korpsflanke nimmt das 2./415 Barterode ein und das 1./415 rückt in Richtung Bovenden vor. Zwei Kilometer vor Bovenden wird das 1./415 zum Halten gezwungen, da vor ihnen die Panzer des CCB die Straßen blockieren. Das 3./415 hält zwischen Erbsen und Emmenhausen.

Beim V. US Corps bereitet sich die 9th US AD von Maj.Gen. John W. Leonard im Versammlungsraum Dransfeld – Hann.Münden auf den Angriff nach Osten vor. Der Angriff der Panzer soll mit allen drei Combat Commands nebeneinander erfolgen, dem CCB im Norden, dem CCA im Zentrum und dem CCR im Süden, und hat das Endziel, unter Umgehung von Leipzig, Brückenköpfe über die Mulde zu sichern. In der Zwischenzeit rücken die 2nd und 69th US InfDiv gegen leichten Widerstand nach Osten vor.

Im Abschnitt der 2nd US InfDiv setzt das RCT 23 um 07.30 Uhr (B) ohne sein 3./23, das dem RCT 38 unterstellt wird, aber mit dem beigefügten 2./38, den Angriff an der Nordflanke der Division fort. Das 1./23 greift mit Unterstützung von Panzern und der Panzerjägern gegen 08.00 Uhr (B) nach Osten an und sichert auf der Nordroute bis 11.37 Uhr (B) Sattenhausen, Werxhausen und Westerode gegen leichten Widerstand. Flankensicherung, die nach Desingerode vorfühlt, wird von zurückweichenden Angehörigen einer Einheit der Waffen-SS aus Richtung Werxhausen beschossen.[13] Daraufhin wird Desingerode unter Beschuss genommen. Die weiße Fahne, die auf dem Kirchturm in Richtung Seulingen gehisst wurde, weil man von dort die amerikanischen Truppen erwartete, sehen sie nicht. 44 Granaten schlagen im Ort und der Umgebung ein. Erst als der Bürgermeister und der Schmiedemeister die weiße Fahne auf der Pumpstation hissen, hört der Beschuss auf. Aber die Infanteristen besetzen den Ort, der in der Zone des VII. US Corps liegt, nicht. Erst am Nachmittag erscheinen gegen 16.00 Uhr zwei Jeeps im Ort und eine Stunde später wird der Ort durch Kräfte der 3rd US AD des VII. US Corps besetzt.[14]

Um 12.30 Uhr (B) erreicht das 1./23 von Westerode her die niedersächsische Stadt Duderstadt an der Landesgrenze zu Thüringen. Dort wartet der K.Kdt. Maj. Roman Link, der Standortälteste und Leiter des Reservelazaretts, Oberstabsarzt August Otto, sowie einige Stabsoffiziere bereits auf die amerikanischen Truppen, um die Stadt zu übergeben. Link, der sich Anfang April auf der Durchreise durch die Stadt beim Standortältesten gemeldet hatte, hatte durch diesen den Befehl erhalten, den bisherigen Kampfkommandant, einen Kapitänleutnant der Marine, der sich mit einem Lehrgang von 35 Marineoffizieren in der Stadt aufhielt, abzulösen. Sein Auftrag lautet, die Bevölkerung der Stadt zu evakuieren und die Stadt zu verteidigen. Doch Link ist sich ebenso wie Oberstabsarzt Otto der Sinnlosigkeit einer Verteidigung bewusst und hatte in Absprache mit Vertretern der Stadt Vorsorge für eine kampflose Übergabe getroffen.[15] Der Volkssturm hatte sich aufgelöst oder die Stadt verlassen und die Panzersperren waren auf Drängen der Bevölkerung abgebaut worden. Auch die 8,8cm Flak, die zur Panzerabwehr in Stellung gegangen war, hatte nach Breitenberg verlegt. Nichts scheint der kampflosen Übergabe im Wege zu stehen. Doch nach einigen schlechten Erfahrungen und dem vorhergehenden Beschuss durch die Waffen-SS erwarten die Infanteristen des 1./23 nichts Gutes und die begleitenden Panzer feuern einige Warnschüsse auf die Stadt ab. Dabei trifft ein Splitter den Kampfkommandanten. Verängstigt fliehen die Offiziere und der Rest der deutschen Soldaten aus der Stadt. Überall sind weiße Fahnen zu sehen. Als dann die Infanterie im Schutz der Panzer langsam vorrückt, übergibt der Bürgermeister die Stadt.[16] In der Stadt werden 600 alliierte Kriegsgefangene befreit.[17]

Befreite Briten, Kanadier, Neuseeländer und Amerikaner in Duderstadt, aufgenommen am 10. April 1945 Foto: National Archives

Ein Platoon Panzerjäger hält um 13.00 Uhr (B) in Westerode und sichert die Nordflanke gegen mögliche deutsche Panzerangriffe. Eine Kompanie des 1./23 bewegt sich mit Unterstützung der Panzer nach Süden, nach Gerblingerode, und sicherte den Ort bis 15.30 Uhr (B). Aufklärer erreichen mit einigen Spähwagen Ecklingerode, wo sie der Bürgermeister mit der weißen Fahne empfängt und den Ort übergibt. Dann ziehen sie sich wieder nach Duderstadt zurück.[18]

Das 2./23 startet um 07.55 Uhr (B) mit Panzern und Panzerjägern und sichert auf der Südroute des Regimentes Benniehausen, Wöllmarshausen, Rittmarshausen und Beienrode. Etzenborn wird nach hartnäckigem Widerstand genommen. Dann wird der Angriff nach Nordosten über Nesselröden fortgesetzt. Weiter geht es über Böseckendorf, Berlingerode nach Teistungen. Eine Kompanie geht mit den Panzerjägern weiter nach Gerblingerode, um dort die Kompanie des 1./23 abzulösen, damit sich diese in Duderstadt mit dem Bataillon vereinigen kann. Die Panzer verbringen die Nacht in Glasehausen. Das, für diesen Tag unterstellte, 2./38 folgt dem 1./23 und erreicht von Geismar kommend Desingerode, Westerode und Werxhausen. Der Regtl.CP 23 geht von Göttingen nach Nesselröden.

Das RCT 38 setzt ohne sein 2nd und 3rd Bn, aber verstärkt durch das 3./23, die Verteidigung der Nordflanke der Division fort. Ab 12.00 Uhr (B) rückt das 1./38 mit einem Plat. Panzerjäger über Groß Lengden, Mackenrode zur Straßenkreuzung, 1,5 Kilometer östlich des Ortes, vor. Das unterstellte 3./23 übernimmt die Sicherung der Universitätsstadt Göttingen. Dort wird es am Abend der 9th US AD unterstellt und versammelt sich in der Umgebung von Össenfeld. Der Regtl.CP des 38th InfRgt eröffnet in Göttingen im Hotel „Krone". Das RCT 9 rückt an der Südflanke der Division gegen vereinzelten Widerstand nach Osten vor. Das 3./9 führt den Angriff des Regiments an und rückt über Bremke, Bischhausen, Weißenborn, Siemerode und Günterode nach Reinholterode vor. Das 1./9 geht über Gelliehausen nach Günterode. Eine Kompanie geht nach Weißenborn und bezieht Verteidigungsstellungen nach Süden. Dem 2./9 folgt von Ballenhausen über Bischhausen nach Neuendorf. Die DivArty der 2nd US InfDiv nimmt zwischen 19.00 Uhr und Mitternacht die Orte Tastungen, Wehnde, Wintzingerode, Ferna, Bodenstein, Kleinohmfeld und Worbis unter Beschuss, wo deutsche Truppen vermutet werden.[19] Der Div.CP der 2nd US InfDiv geht nach Wöllmarshausen bei Duderstadt.

Bei der 69th US InfDiv greift das RCT 271, welches den Abschnitt des RCT 273 übernommen hat, an der Nordflanke der Division nach Osten an. Das 1./271 bewegt sich zur Linie Göttingen – Friedland – Witzenhausen, wo es am frühen Morgen in Friedland durch die Linien des 2./271 geht. Zwischen Groß und Klein Schneen überquert das Bataillon den Fluss Leine und startet den Vormarsch Richtung Reckershausen. Über Reiffenhausen, Ludolfshausen, Lichtenhagen, Ischenrode, Bremke, Rohrberg und Freienhagen erreicht es das, vom RCT 272 besetzte, Heiligenstadt. Eine Kompanie geht nach Westhausen und eine nach Bodenrode. Das

2./271 erreicht an der Südflanke des Regiments über Rustenfelde und Rengelrode, die zuvor vom 3./272 passiert wurden, einen Versammlungsraum am Abzweig der Straße Siemerode – Heiligenstadt nach Günterode. Das 3./271 geht über Friedland zur Leine zwischen Groß und Klein Schneen, die sie hinter dem 1./271 überquert, und dann über Ischenrode und Freienhagen in den Sammelraum Siemerode. Aufklärungskräfte des RCT 271 besetzen Streitholz. An der Südflanke der Division entwickelt das RCT 272 den Angriff mit dem 3./272 auf der Linken und dem 1./272 auf der Rechten nach Osten. Das 1./272 geht in Arenshausen durch den Brückenkopf des 2./272 und fährt Richtung Heiligenstadt. Das 3./272 greift von Niedergandern aus an und erreicht Rengelrode. Noch während des Angriffs erhält das RCT 272 den Befehl, die Stadt Heiligenstadt zu besetzen. Als erstes erreicht das 1./272 die Stadt, die ohne Widerstand kapituliert. Kurz darauf trifft das 3./272 in Heiligenstadt ein und löst das 1./272 ab. Das 1./272 geht nach Geisleden und Heuthen, wo es sich versammelt. Das 2./272, das dem 1./272 gefolgt ist, erreicht Kalteneber, wo es den Kontakt zu Kräften der 6th US AD der 3rd US Army herstellt, die zur Zerschlagung deutscher Truppen in diesem Abschnitt operieren. Dann geht es nach Flinsberg. Der Regtl.CP 272 erreicht am Abend Heiligenstadt. Das RCT 273, das bei Albshausen Kriegsgefangene bewacht, erhält den Befehl des Corps, zwei Bataillone zu motorisieren und der 9th US AD zu unterstellen. In der Zwischenzeit wird im Sammelraum Geisleden, südöstlich von Heiligenstadt, die TF Zweibel als mobile Div.Res. aufgestellt. Der Div.CP der 69th US InfDiv entfaltet in Witzenhausen.

Südlich des V. US Corps nehmen im Bereich des XX. US Corps der 3rd US Army die Divisionen ihre Ausgangstellungen für den Großangriff zur alliierten Haltelinie ein. Die 3rd CavGp entlastet Elemente der 76th US InfDiv und 6th US AD an der Nordflanke. Die 6th US AD wird im Raum Mühlhausen entlastet und versammelt sich unter Belassung eines Sicherungsschleiers entlang der Linie Toba – Ebeleben - Abtsbessingen.

Durch den Vorstoß der amerikanischen Verbände wird die lückenhafte deutsche Front weiter zurückgedrückt. Die schwachen Sicherungslinien des LXVI. AK der 11. Armee werden im Abschnitt Hardegsen zerrissen.[20] Damit ist die Südflanke des Stellv. VI. AK bedroht, dass während der Nacht und am Morgen weiter versucht, seine Kräfte aus dem Solling auf die Leine-Linie zurückzuziehen. Beim Stellv. VI. AK gelingt es Teilen der SS-Pz.Brig. nur mit Mühe, einige Stützpunkte am Ostufer der Leine im Abschnitt Salzderhelden – Vogelbeck – Hohnstedt – Edesheim zu halten. Während die Eisenbahnbrücke bei Salzderhelden vormittags noch gehalten wird, stoßen amerikanische Truppen in einer Flankenbewegung auf Kalefeld und Oldenrode und werfen die deutschen Sicherungen.[21] Einbeck wird kampflos übergeben. Die K.Gr. Görbig zieht sich auf Befehl des Stellv. VI. AK auf die Linie Seesen – Ildehausen – Oldenrode – Willershausen – Westerhof zurück. Ihr Gefechtsstand geht nach Willershausen.[22] In Blankenhagen gerät inzwischen der Gefechtsstand des

Gen.Kdo. Stellv. VI. AK unter Panzerbeschuss und setzt sich fluchtartig ab.[23] Im Nordabschnitt des Korps geht Seesen verloren.

Beim LXVI. AK stößt die amerikanische Panzerkolonne nach der Besetzung von Hardegsen weiter auf Northeim vor und zertrennt die Front der SS-Pz.Brig. Dabei wird das SS-Rgt. Meyer zersprengt und nach Norden abgedrängt. Northeim wird besetzt. Das SS-Rgt. Holzer zieht sich kämpfend auf Nörten – Bovenden zurück und entblößt damit weiter die linke Flanke der Truppen des Stellv. VI. AK im Solling. Bei Harste und Bovenden kommt es zu schweren Kämpfen. Der Korpsgefechtsstand weicht dem Angriff über Elvershausen und Suterode aus.[24] Im Tagesverlauf ist die Masse der beiden Korps zersprengt. Das LXVII. AK, dessen nördlicher Flügel sich auf Bad Lauterberg zu bewegt, verlegt mit dem Korpsgefechtsstand nach Osterode. Damit wird die Lücke zwischen 11. und 7. Armee immer größer.[25]

Nachdem dem AOK 11 bereits am Vormittag klar wird, dass die Leine-Verteidigung zusammengebrochen ist, ohne richtig zur Geltung gekommen zu sein, befiehlt Lucht auf Befehl Kesselrings die Neugliederung der Verteidigungsabschnitte und das Absetzen aller Truppen auf das Harz-Vorland. Das Stellv. VI. AK übernimmt am rechten Flügel den Abschnitt mit der linken Grenze zum LXVI. AK auf der Linie Bad Grund – Northeim. Der Korpsgefechtsstand geht nach Denkershausen, fünf Kilometer nordöstlich von Northeim. Das LXVI. AK übernimmt den Abschnitt bis zur Linie Hörden – Nörten und erhält den Auftrag, die Linie Willershausen – Elvershausen – Wulften zu verteidigen. Der Gefechtsstand erreicht in der Nacht Osterode-Freiheit.[26]

Das LXVII. AK übergibt am 9. April, 12.00 Uhr, seinen Abschnitt an das Gen.Kdo. Stellv. IX. AK und übernimmt nach Klärung der Missverständnisse betreffs der linken Abschnittsgrenze den linken Flügel der 11. Armee im Harz bis Ilfeld, links bis zur Linie Mühlhausen - Heldrungen - Querfurt[27] als Trennungslinie zur 7. Armee und bis zum Saale-Abschnitt im Rücken. Der Korpsgefechtsstand des LXVII. AK verlegt nach Steinthaleben[28] bei Sondershausen. Bei einer ersten Inspektionsreise durch den neuen, weitläufigen Abschnitt findet Gen.d.Inf. Hitzfeld jedoch nur schwache Kräfte vor. Dem LXVII. AK stehen die K.Gr. Obstlt. Friedrich Großkreutz im Raum Nordhausen, die K.Gr. Gen.Maj. Dipl.-Ing. Bernhard Heydenreich[29] im Raum Sondershausen - Bad Frankenhausen und die K.Gr. Oberst Ettner mit dem Na.Lehr.Rgt. der H.Na.S. I im Raum zwischen Sömmerda und Artern zur Verfügung.

Der K.Gr. Großkreutz kommt bei der Verteidigung des Harzes eine wesentliche Aufgabe zu. Sie soll den Abschnitt Ellrich bis Stolberg und damit die gebirgsüberquerende Reichstraße 81 verteidigen und nach dem Heranrücken der amerikanischen Truppen zurückweichende Resttruppen und Versprengte eingliedern, um die Südflanke des Harzes zu decken. Obstlt. Großkreutz hatte seit dem Spätherbst 1944 das

Kommando über das in Ilfeld stationierte Sicherungsbataillon „Sperrkreis Mittelbau", welches den Kohnstein gegen luftgelandeten Feind schützen sollte.[30] Dem Bataillon, dass mit einigen leichten Panzern, Flakgeschützen, Flammenwerfern und schweren Maschinengewehren ausgerüstet ist, untersteht außerdem als „Eingreifreserve der SS" das „Sicherungskommando Groß" unter Maj. Groß. [31]

Gen. Fretter-Pico begibt sich von Stolberg auf den bisherigen Korpsgefechtsstand des LXVII. AK in der Oberförsterei östlich Bad Lauterberg und übernimmt ab 12.00 Uhr mit dem neuaufgestellten Fü.Stab Stellv. IX. AK das Kommando über die Südwestfront des Harzes. Die rechte Grenze seines Korps zum LXVI. AK bildet die Linie Hörden – Nörten und die linke Grenze zum LXVII. AK die Linie Bad Lauterberg – Duderstadt. Dem Stellv. IX. AK werden die 326. VolksGrenDiv, die Reste der 26. VolksGrenDiv, Teile der 5. FschJgDiv und die K.Gr. Worgitzki unterstellt. Die 326. VolksGrenDiv steht mit den Teilen der H.U.S. Eisenach und Teilen der 166. Division „Jütland" an der rechten Flanke des Korps im Abschnitt beiderseits Gieboldehausen mit vorgeschobenen Kräften auf der Linie Bilshausen – Bodensee – Wollbrandshausen – Landolfshausen. Zwei PzKpfw VI „Tiger" sichern in Wollbrandshausen in Richtung Ebergötzen und Seeburg.[32] Gen.Maj. Kaschner hat seinen Gefechtstand in Elbingerode eingerichtet. In seinem Rücken sichern einige Flakgeschütze der 12. Flak.Div.[33] den Oderabschnitt bei Hattorf. Links der Linie Gieboldehausen – Wollbrandshausen – Landolfshausen schließt sich die 26. VolksGrenDiv an, die auf ihrem Rückzug Linie Rollshausen – Obernfeld – Mingerode erreicht hat. Die linke Divisionsgrenze bildet die Linie Duderstadt – Etzenborn. Im Verlauf des Tages nimmt die zurückweichende K.Gr. Worgitzki südlich Duderstadt, beiderseits Teistungen, die Reste der 5. FschJgDiv auf und gewinnt nördlich Duderstadt Anschluss an die 26. VolksGrenDiv. Am Abend erhält das Stellv. IX. AK den Befehl, das Kommando über den Südharz von Herzberg bis Ilfeld zu übernehmen. [34]

Der Armeegefechtstand bleibt in Riefensbeek, nordöstlich Osterode. Nach dem Scheitern des Flankenstoßes der 11. Armee nach Süden verlässt der OB West mit seinem Sonderzug den Harz und richtet seinen Gefechtsstand hinter dem Zentrum der Verteidigungslinie seiner unterstellten Armeen im Raum Jena ein.

Kriegstagebuch des OKW/WFSt vom 10. April 1945: *Bei der 11. Armee Kämpfe bei Seesen und Duderstadt. Ostwärts Göttingen kam er schnell voran und stieß von Heiligenstadt nach Dingelstädt vor. ... Die Division „Potsdam" wird im Tempo 24 nach Halberstadt gefahren. Das AOK 12 kommt nach Blankenburg.*

Geheime Tagesberichte der Wehrmachtsführung vom 10. April 1945:

OB West, 11. Armee, Stellv. IX. AK: *Im Vorstoß entlang des Nordrandes Harz nach Südosten drang der Gegner über Seesen, Goslar, Bad Harzburg bis Wernigerode vor und nahm die Stadt. Im Angriff nach Süden erreichte er den Raum hart nördlich Lautenthal (10 km südwestlich Goslar).*

LXVII. AK: *Südöstlich Nordhausen drang der Gegner bis hart südwestlich Heringen vor.*

Am **Dienstag**, dem **10. April 1945**, greift das XIII. US Corps der 9th US Army Hannover an und besetzt die Stadt. Die 5th US AD fährt an der Spitze des Corps in Richtung und erreicht den Fluss Meine nördlich von Braunschweig. Das XVI. US Corps setzt im Rücken der Armee die Vernichtung des „Ruhrkessels" fort.

Das XIX. US Corps stößt in den Raum Braunschweig und besetzt mehrere Städte nördlich des Harzes. Die 83rd US InfDiv an der rechten Flanke des Corps greift mit dem RCT 329 unter Col. Edwin B. Crabill durch das Nördliche Harzvorland an. Das 1./329 rückt von Heimscherode über Rhüden auf Langelsheim vor, dass gegen Widerstand eingenommen wird. Dort geht das 3./329 durch die Reihen des 1./329 und erreicht Vienenburg, wo sich die Kämpfe über die Nacht hinziehen.

Vor diesem Angriff ziehen sich die Teile des Lw.Btl. Oesau, die bei Dörnten, Bredelem und Jerstedt Stellung bezogen hatten und überflügelt wurden, in den Harz zurück. Das Bataillon, das nach dem, 1944 tödlich verunglückten, hochdekorierten Oberst der Luftwaffe und Kommodore des Jagdgeschwaders 2 „Richthofen", Walter Oesau, benannt ist, war im Februar 1945 im Fliegerhorst Goslar als Flugschülerkompanie Oesau für die Ausbildung von Piloten für den neuentwickelten strahlgetriebenen Jäger Heinkel He 162 aufgestellt worden. Doch zu diesem Einsatz war es nicht mehr gekommen, die jungen Luftwaffensoldaten werden jetzt als „Fallschirmjäger" infanteristisch eingesetzt. Daher wird das Bataillon auch häufig als Fallschirmjäger-K.Gr. Oesau bezeichnet. Auf Befehl des K.Kdt. hatten sie mit Angehörigen der Fliegerhorst-Kdtr. Goslar im ausreichenden Abstand zur Stadt Stellung bezogen.

Das 1./329 unter Lt.Col. Tim O. Cook nimmt den Vormarsch wieder auf und nähert sich Goslar. Zum Glück für die Einwohner sind die militärischen Einrichtungen der Stadt verlassen. Der K.Kdt. von Goslar, Oberst Poppe, hatte die Stadt entgegen dem Befehl des „K.Kdt. Harz" zur Lazarettstadt erklärt. Außer einigen Angehörigen des Wehrkreiskommando XI und des Wehrmeldeamtes Goslar befinden zum diesem Zeitpunkt keine weiteren deutschen Truppen mehr in der Stadt. Die zahlreichen Kasernen in der Stadt stehen leer. Bereits Ende März 1945 hatte das Gren.Ers.Btl. 398 der Div. z.b.V. 471 im Rahmen der „Westgoten"-Bewegung an die Front verlegt. Die Reste der SS-Na.Ausb.u.Ers.Abt. 3 und der SS-Offz.Schule Goslar waren in die Harz-Verteidigung eingegliedert worden.[35] Als letzte hatten die Angehörigen des Lw.Btl. Oesau die Stadt verlassen. Ohne auf Widerstand zu treffen, besetzen die Infanteristen des 1./329 die Stadt und den naheliegenden Fliegerhorst.[36] Erst bei Oker kommt es zu Kämpfen mit jungen Luftwaffensoldaten, die fanatisch Widerstand leisten.

Infanteristen und Panzer der 83rd US InfDiv auf dem Vormarsch im Raum Goslar, Langelsheim Fotos: National Archives

Das Bataillon verliert einen Panzer, einen Panzerjäger und einige Infanteristen. Dann erreichen die Spitzen Schlewecke zwischen Goslar und Bad Harzburg. Aufklärungskräfte an der äußersten linken Flanke melden, dass alle Zugänge zum Gebirge durch deutsche Truppen verteidigt werden. Das 2./329, das in der Regtl.Res. folgt, erreicht Harlingerode.

Das RCT 330 beginnt an diesem Tag den Angriff ins Harzgebirge. Dafür werden dem Regiment das 801st TD ohne Co. C, der Tp. C, 113th CavRcnSq, die Co. C, 643rd TD Bn und Co. B und ein Plat. Co. D, 736th Tk Bn sowie die Co. B, 308th Engr C Bn unterstellt. Während das 2./330 zur Sicherung der Brücken in Greene und Kreiensen verbleibt, löst das 3./330 die Co. B des 1./330 in Seesen ab und sichert die Stadt. Die Co. B beginnt um 13.00 Uhr (B) mit einem Plat. Tp. C, 113th CavRcnSq den Vormarsch durch die Wälder südöstlich von Seesen auf Lautenthal und wird durch anhaltenden Widerstand und eine Straßensperre unterhalb des Neckelnberges um 17.00 Uhr (B) aufgehalten. Nach der Beseitigung der Sperre geht es in der Nacht weiter nach Lautenthal. Co. A und C rücken hinter der Cavalry nach Münchehof vor, das bis 16.00 Uhr (B) gegen starken Widerstand genommen wird. Das 2./330, dass die Co. F an den Brücken zurücklässt, erreicht Seesen und bezieht Reservestellung bei Herrhausen – Ildehausen. Später folgt auch die Co. F und übernimmt die Bewachung wichtiger Objekte in Seesen. Das 3./330 geht nach Langelsheim und beginnt um 20.00 Uhr (B) von dort den Angriff nach Süden. Um 21.30 Uhr (B) ist Wolfshagen besetzt und Patrouillen haben den Kontakt zur Co. B hergestellt. Lautenthal wird ab 23.00 Uhr unter Artilleriebeschuss genommen.[37]

Das RCT 331 in der Reserve des Corps geht in einen Versammlungsraum nach Alfeld. Um 20.30 Uhr (B) erhält das Regiment den Befehl, ein Bataillon, das 3./331, am nächsten Tag nach Goslar zu entsenden, wo es der TF Biddle, 113th CavGp unter Col. William S. Biddle unterstellt wird. Die Co. F und G sollen von Einbeck zurückkehren und sich mit dem 2./331 in Stadtoldendorf vereinigen. Das 1./331 geht von Golmbach nach Grafelde, das 2./331 geht mit der Co. E nach Sibbesse. In der Zwischenzeit empfängt Lt. Henage von der Co. F eine Delegation der Stadt Einbeck, die die Kapitulation der Stadt und der Garnison erklärt. 200 Soldaten und Offiziere ergeben sich. Dann geht auch die Co. F nach Sibbesse.

Für die 1st US Army beginnt die entscheidende Phase im Kampf um Nordthüringen. Im Bereich des VII. US Corps der 1st US Army setzt die 3rd US AD bei ungewöhnlich sonnigem und warmen Wetter ihren Vormarsch in vier Stoßkeilen Richtung Nordhausen fort. An der linken Flanke marschiert das CCR und an der Rechten das CCB. Das CCA folgt und drückt mit seinen zwei Task Forces auf den Südharz. Das 414th InfRgt „Mountaineers" („Die Bergsteiger") der 104th US InfDiv bleibt der 3rd US AD unterstellt. Unterstützt wird der Angriff durch die DivArty unter Col. Frederic G. Brown, der das 391st AFA Bn unter Lt.Col. Georg G. Garton dem CCB und das 67th AFA Bn unter Edward S. Berry dem CCA unterstellt.

Colonel Hogan
Foto: NARA

Das CCR startet um 07.52 Uhr (B) seinen Vormarsch mit der TF Hogan auf der Route 1 an der Linken und um 08.00 Uhr (B) mit der TF Richardson auf der Route 2 an der Rechten. Die TF Hogan, CCR, die am Morgen Northeim säubert, verlässt mit dem unterstellten 3./414 die Stadt und wird um 08.25 Uhr (B) durch eine ungesicherte Straßensperre hart östlich von Northeim an der R 241 kurz aufgehalten. Über Katlenburg und Lindau erreicht die Kolonne um 10.50 Uhr (B) den Strohkrug an der R 247 nördlich von Bilshausen, wo sie in ein Feuergefecht verwickelt wird. Dabei werden zwei Gebäude zerstört. Dann fahren die Panzer weiter Richtung Gieboldehausen.

Der kleine niedersächsische Flecken Gieboldehausen an der Kreuzung der R 247 und der R 27 ist in diesen Tagen eine der Drehscheiben der Rückzugsbewegungen der deutschen Truppen in den Harz. Hier treffen sich bereits seit einigen Tagen die Truppen aus dem Ober- und Untereichsfeld, dem Raum Mühlhausen und aus dem Raum Göttingen. Und so ist nicht verwunderlich, dass die Brücken erst kurz vor dem Feind gesprengt werden sollen, um möglichst vielen deutschen Truppen den Rückzug in den Harz zu ermöglichen. Ein Pioniertrupp hatte hierfür am 6. April trotz heftigen Protestes der Bevölkerung im Beisein eines deutschen Generals, bei dem es sich wahrscheinlich um Gen.d.Art. Fretter-Pico handelte, an der Hahle- und Rhumebrücke Donarit-Sprengladungen angebracht. Als sich am Morgen des 10. April die amerikanischen Truppen im Schutz des Morgennebels Gieboldehausen nähern, zünden die Pioniere die Sprengladungen. Doch nur die Hahlebrücke wird zerstört. Von der Rhumebrücke hatten am 8. April der Gieboldehäuser Heinrich Bode, der als Pionier in Russland verwundet und als „arbeitsverwendungsfähig" nach Hause geschickt worden war, und Johannes Gödecke in einem unbeobachteten Augenblick das Donarit entfernt und in den Fluss geworfen, wodurch es unbrauchbar wurde. Für eine neue Ladung hatte der Sprengstoff gefehlt.[38]

Während die TF Hogan auf Gieboldehausen zurollt, hat die TF Richardson bereits den Ort von Südwesten her erreicht. Die Task Force war, gefolgt vom CP CCR, ohne großen Widerstand von Sudheim aus südostwärts gefahren und hatte von Bodensee kommend Wollbrandshausen erreicht, von wo sich die zwei „Tiger"-Panzer und die Männer der 326. VolksGrenDiv nordwärts zurückgezogen haben. Um 11.15 Uhr (B) stößt die Vorhut der Kolonne im Südwestteil von Gieboldehausen auf die zerstörte Hahlebrücke und kommt zum Stehen. Unmittelbar neben der Brücke stoßen sie auf einen gesprengten älteren deutschen Panzer, der sich in der steilen Uferböschung des kleinen Flüsschens Suhle festgefahren hat. Die Brücke war vor den Augen der Besatzung in die Luft geflogen, woraufhin diese vergeblich versuchte hatten, die Suhle zu durchfahren. So hatten sie ihren Panzer hastig gesprengt und waren zu Fuß geflüchtet. Weitere deutsche Panzer werden von der Aufklärung nördlich des Ortes erkannt und um 11.30 Uhr (B) an das CCR gemeldet. Zivilisten berichten, dass fünf Panzer eine halbe Stunde zuvor den Ort verlassen haben. Doch die Männer der TF Richardson treffen auf keinen Widerstand. Die deutschen Truppen haben sich nach Norden abgesetzt. Unbehelligt beginnen die Aufklärer mit der Erkundung einer Umgehungsstrecke und kurz darauf rollen die Panzer entlang der Hahle zur Eisenbahnbrücke, wo sie den Fluss überqueren. Dann schwenken sie nach Osten und erreichen über die Wiesen die Straße. Kampflos wird der Ort besetzt. Nachfolgende Jeeps und Lastwagen nutzen später den Fabrikweg über die Suhle und über die kleine Hahlebrücke bei der Fassfabrik.[39] Im Ort nehmen die GI's den deutschen Soldaten gefangen, der kurz zuvor die Sprengladung an der Hahlebrücke gezündet hatte. Er war bei dem Versuch, mit seinem Motorrad zu fliehen, im Ort in eine Sackgasse geraten und hatte sich ergeben.[40]

In der Zwischenzeit trifft auch die TF Hogan in Gieboldehausen ein, wo sich der Verkehr durch die Fahrzeuge der TF Richardson staut. Um 12.40 Uhr (B) werden Aufklärungskräfte der TF Richardson nördlich des Ortes durch deutsche Panzer unter Feuer genommen. Zur gleichen Zeit meldet die TF Hogan drei deutsche Panzer bei Auekrug. Deutsche Quellen sprechen davon, *„dass eine VolksGrenDiv [die 326. d.A.] am Nordufer der Oder von Hattorf bis Auekrug Verteidigungsstellungen mit vier „Tiger"-Panzern und einigen Geschützen bezogen hat"*.[41] Durch das CCR herbeigerufene Luftunterstützung meldet um 13.15 Uhr (B) etwa zehn Panzer.[42] P-47 „Thunderbolt" Jagdbomber der 365th Fighter Group des IX. TAC und Artillerie nehmen die erkannten Ziele unter Beschuss. Die Jagdbomber unterstützen an diesem Tag immer wieder die Bodentruppen mit 30minütigen Einsätzen von bis zu vier Flugzeugen.

Um 14.00 Uhr (B) meldet Col. Robert L. Howze J. Gieboldehausen als gesäubert. Dann geht der Vormarsch der beiden Task Forces weiter. Die TF Hogan fährt auf der R 27 nach Nordosten. An der südwestlichen Waldkante des Rothenbergs[43] trifft die Kolonne um 14.25 Uhr (B) auf Widerstand. Im Bereich der heutigen „Pappschachtel", dem Parkplatz der B 27 zwischen Gieboldehausen und Herzberg, sind deutsche Panzer und Pak in Stellung gegangen und feuern auf die Angriffsspitze. Unterstützt werden sie durch deutsche Artillerie, die gleich hinter der Kuppe der R 27 im Rothenberg in Stellung gegangen ist.[44] Daraufhin wird der Vormarsch abgebrochen und die Panzer der TF Hogan fahren im Bereich der Ohlenroder Straße und in ElbingenUl[45] in Feuerposition um die deutschen Stellungen

Colonel Howze
Foto: NARA

unter indirekten Beschuss zu nehmen.[46] Erneut wird Luftunterstützung angefordert. Um 15.30 Uhr (B) melden die Vorauskräfte im Rothenberg zirka 50 Mann deutsche Infanterie. Gleichzeitig melden Luftbeobachter drei Halbkettenfahrzeuge und einige Panzer, die sich nach Norden über die Oder absetzten. Dann sprengen die zurückweichenden deutschen Truppen die Oderbrücke vor dem Auekrug.[47]

In Anbetracht der gesprengten Brücke befiehlt Col. Hogan das Verlassen der geplante Marschroute durch die Aue und lässt seine Panzer vor der Oder nach Osten einschwenken. Um 17.20 Uhr (B) meldet die TF Hogan einen PzKpfw VI, der durch die Jagdbomber angegriffen und von der Besatzung aufgegeben wurde. Der „Königstiger" steckt mit abgeworfener Kette schräg in der drei Meter hohen Straßenböschung vor der „Pappschachtel" fest.[48] Entlang des Südrandes des Rothenbergs erreichen sie den Ort Pöhlde, wo es zu Kämpfen mit deutscher Infanterie und Panzern kommt. Bis 17.55 Uhr (B) ist der Ort genommen. Zwei deutsche Panzer werden zerstört, fünf deutsche Soldaten getötet und eine Anzahl Kriegsgefangener gemacht.[49] Auf Grund eines Missverständnisses schwenkt Hogan an dieser Stelle nicht wieder nach Norden auf Herzberg sondern lässt seine Truppen weiter nach Osten marschieren. Als das CCR den Fehler bemerkt, ist es bereits zu spät. Daraufhin erhält Hogan den Befehl, weiterzufahren und die Orte Silkerode und Bockelnhagen zu sichern. Um 18.55 Uhr (B) durchquert die TF Hogan ein Gebiet mit starken Zerstörungen südlich von Scharzfeld. Bei Silkerode und Bockelnhagen treffen sie gegen 20.35 Uhr (B) auf deutsche Infanterie und Minen. Dann werden die Orte bis 22.00 Uhr (B) besetzt. In Silkerode werden zirka 120 Gefangene gemacht. Auch Weilrode wird besetzt.

Die Kolonne der TF Richardson fährt nach der Säuberung von Gieboldehausen weiter nach Rhumspringe. Um 18.00 Uhr (B) stoppt eine gesprengte Brücke über die Eller westlich von Zwinge, zwischen Brochthausen und Silkerode, den Vormarsch. Es gelingt Elementen der TF Richardson von Süden her in Zwinge einzudringen. Bis 22.20 Uhr (B) errichten die begleitenden Pioniere eine Brücke über die Geroder Eller und die Task Force versammelt sich für die Nacht in Zwinge. Der CP des CCR entfaltet in Brochthausen. Hier erhält das CCR den Befehl, in Abänderung der bisherigen Befehle am nächsten Tag mit zwei Task Forces das Straßennetz Bartolfelde – Osterhagen – Punkt südöstlich von Bad Lauterberg und Bad Sachsa – Tettenborn – Branderode – Punkt südlich von Walkenried – Waldrand nördlich der Kranichteiche zu besetzen und zu sichern. Nach der Einnahme der Abschnitte soll sich die Co. D, 83rd Armd Rcn Bn in Branderode versammeln.

Das CCB der 3rd US AD unter Führung von Brig.Gen. Truman Everett Boudinot rückt auch an diesem Tag in zwei Kolonnen vor. Die Nordkolonne bildet die TF Welborn unter Col. John C. Welborn und die Südkolonne die TF Lovelady unter Col. William B. Lovelady. Dem CCB folgen weiter die Aufklärer von Lt.Col. Prentice E. Yeomans 83rd Armd Rcn Bn. Die TF Welborn überquert nach der Beseitigung der beiden Sperren auf der Brücke in Nörten-Hardenberg um 07.30 Uhr (B) die Leine und rückt über Ebergötzen, Obernfeld und Breitenberg vor und erreicht mit den Hauptkräften um 12.30 Uhr (B) das bereits besetzte Duderstadt. Nach einem kurzen Halt rollt die Task Force durch die Straßen der Stadt nach Osten und fährt über Ecklingerode nach Brehme, das zuvor von der TF Lovelady passiert wurde. Dann geht es über Holungen, wo sich die Vormarschstrecke der beiden Task Force wieder trennt, auf der alten Heerstraße über Weißenborn-Lüderode weiter nach Werningerode. Am Abzweig der Straße Lüderode – Bischofferode nach Werningerode, westlich der alten Dorfstelle Boppenrode, trifft die Vorhut der TF Welborn um 15.05 Uhr (B) auf Widerstand deutscher Truppen mit Selbstfahrlafetten, der schnell eliminiert wird. Werningerode wird nach nur einem Warnschuss kampflos besetzt.[50] Zügig geht es nach Epschenrode[51], westlich von Trebra.[52]

Als sich die Panzer der Vorausabteilung über den Hühner-Berg Epschenrode nähern, wo keine weißen Fahnen zu sehen sind, erkennen sie deutsche Truppen im Dorf. In der Nacht vom 09./10. April war eine Kompanie Soldaten unter Führung eines Hauptmanns im Dorf eingetroffen.[53] Die Soldaten, meist mittleren Alters, verfügen außer über Gewehre und Panzerfäuste, über keine schweren Waffen und haben keine Verteidigungsvorbereitungen getroffen. Eigentlich wollten sie um diese Zeit weiter Richtung Harz marschieren, doch gegen Mittag war ein SS-Sturmbannführer erschienen und hatte dem Hauptmann unmissverständlich befohlen, das Dorf zu verteidigen.[54] Dabei vergaß er nicht, den Hauptmann ausdrücklich darauf hinzuweisen, dass hinter ihm, westlich von Trebra, eine kleine Einheit der Waffen-SS- Stellung bezogen hatte. Absetzen bedeutet, als Feigling vor ein Kriegsgericht gestellt zu werden.[55]

So beginnt eine jener Geschichten, die zeigt, wie aus unbedeutenden Ereignissen dank der glorifizierenden Geschichtsschreibung der Sieger und der ungeprüften Übernahme dieser Darstellungen durch nachfolgende Generationen sich Mythen bilden. In diesem Fall der Mythos vom „Kampf um Epschenrode". In der Chronik der 3rd US AD „Spearhead in the West" heißtes: *„Nach dem Eindringen in den Ort hielt starkes Gewehrfeuer und Panzerfaustangriffe unsere führenden Kräfte auf. Es entwickelte sich ein schlimmer Haus-zu-Haus-Kampf mit der führenden Co. F des 36th AIB... Thunderbolt's stürzten sich herab und feuerten und bombten.... Im Ort, der jetzt von Panzern und Infanterie angegriffen, tobte ein heftiger Feuerkampf, der über drei Stunden dauerte.... Die gesamten Kräfte im Ort Epschenrode wurden getötet, verwundet oder gefangengenommen. Sie bestanden aus sechs Kompanien erstklassiger Truppen, geführt von SS-Offizieren und unterstützt von einigen Panzern und Artillerie."*[56] Aus der schwachen Kompanie wurde auf diese Weise eine starke deutsche Kampfgruppe, die sich westlich und südlich des Dorfes eingegraben und in den Gehöften verschanzt haben soll und über Panzer und Artillerie verfügte.[57] Doch so hat sich der „Kampf um Epschenrode" nicht abgespielt.

Oben: Panzerinfanteristen der 3rd US AD durchkämmen eine Ortschaft
Unter: Pioniere beim Räumen einer Panzersperre westlich von Trebra
Fotos: National Archives

Nachdem die ersten Panzer einige Granaten auf das Dorf abgefeuert haben, rollen sie von Süden über die Felder auf das Dorf zu, wo die deutschen Soldaten in den Gehöften hastig Deckung suchen. Auf Dachböden, in Kellern und hinter Hofmauern erwarten sie die Amerikaner. Als die ersten Panzer in den Ort eindringen, feuert einer der Soldaten eine Panzerfaust ab, die einen Panzer trifft und beschädigt. Dann wird der Kommandant im Turm durch einsetzendes Gewehrfeuer von einer Kugel getroffen. Jetzt eröffnen die anderen Panzer mit ihren Bord-MG's ein ungezieltes Abwehrfeuer. Unter dessen Schutz gelingt es einem der Panzer den Havaristen anzuhängen und ihn aus der Gefahrenzone zu schleppen. In Anbetracht der unklaren Lage ziehen sich alle Panzer aus dem Dorf zurück.[58] Dann fordern sie über Funk Artillerieunterstützung an und kurz darauf kreist ein Artilleriebeobachtungsflugzeug des Typs Piper L-4 „Grasshopper" über den Dörfern. Dann nimmt Artillerie vom Bauer-Berg her Epschenrode und Trebra unter Beschuss.[59] Ein Wehrmachtstross mit Pferdegespannen, der sich auf der Flucht vor dem Angriff in diesem Moment auf der Straße zwischen den beiden Dörfern bewegt, wird von dem Artilleriefeuer erfasst und zusammengeschossen.[60]

In der Zwischenzeit macht die Vorhut der TF Welborn einen Schwenk südlich am Dorf vorbei und rollt weiter nach Trebra. Mittlerweile hat die Hauptkolonne der Task Force Werningerode erreicht, wo sie nur kurz stoppt. Während der CO CCB, Brig.Gen. Boudinot, vom Hühner-Berg aus persönlich die Beseitigung des Widerstandes in Epschenrode leitet, folgt die Hauptkolonne der Vorhut südlich an Epschenrode vorbei nach Trebra. Boudinot erteilt den Panzerinfanteristen der Co. F, 2nd Bn, 36th AIR den Befehl zum Angriff. Mit Unterstützung einiger Panzer rücken sie vor und dringen gegen vereinzelten Widerstand, bei dem acht deutsche Soldaten fallen und der Epschenrodaer Ortsbauernführer Wedler im Keller seines Hauses durch eine Kugel getötet wird, gegen 17.00 Uhr Epschenrode.[61] Die Reste der deutschen Kompanie ergeben sich mit ihrem KpChef. Der „Kampf von Epschenrode" endet so unspektakulär, wie er begonnen hat.

Zu diesem Zeitpunkt ist Trebra, das erhebliche Schäden durch den Artilleriebeschuss erlitten hat, bei dem auch einige italienische Militärinternierte und eine Flüchtlingsfrau getötet wurden, schon lange besetzt. *„In Trebra fasste sich der Bauer Riedel ein Herz und lief mit einem großen weißen Laken auf die Straße. Tatsächlich drehten die Maschinen daraufhin ab. Es brannten aber schon 32 Gehöfte! Die SS-Leute zogen sich zurück. Mit Erbitterung schauten ihnen die Trebraer nach."* Bürgermeister Wolf, einer der Initiatoren der Verteidigungsmaßnahmen bei Trebra und Epschenrode, wird verhaftet.[62] Noch während die beiden Dörfer gesäubert werden, rollt die Hauptkolonne über Gratzungen, auf das sie einige Granaten abfeuern, weiter nach Kehmstedt und Großwechsungen und erreicht in der Nacht Kleinwerther, westlich von Nordhausen, das von Vorauskräften bereits gegen 18.00 Uhr besetzt wurde.[63]

Sammelstelle für Kriegsgefangene der 3rd US AD an der Teichmühle bei Großbodungen
Fotos: National Archives

Kriegsgefangene werden auf dem Sammelplatz durch die Militärpolizei gefilzt und warten auf den Abtransport Fotos: National Archives

Die TF Lovelady startet um 07.00 Uhr (B) und wird durch den schlammigen Boden an der Leine-Übergangsstelle bei Bovenden aufgehalten. Um 08.30 Uhr (B) beginnt die Task Force endlich mit dem Vormarsch und erreicht mit dem unterstellten 2./414 über Waake, Landolfshausen, Seulingen und Westerode den Westrand von Duderstadt. Ohne Halt fährt sie durch die Stadt. Südlich der Stadt schwenkt sie in einem Bogen nach Nordosten zur Straße Duderstadt - Bleicherode. Über Brehme, Holungen und Bischofferode geht es weiter Richtung Großbodungen. Gegen 14.40 Uhr (B) trifft die Vorhut der Kolonne westlich der alten Dorfstelle Reichsdorf am Südwesthang der Schwarzburger Warte auf deutsche Infanterie und Sturmgeschütze. Nach einem kurzen Feuergefecht ziehen sich die deutschen Truppen zurück und die Kolonne fährt weiter nach Großbodungen, wo sie Panzerfaustbeschuss erhält. Auch hier kommt es zu einem kurzen Feuergefecht. Eine, nach der Besetzung von Großbodungen, an die Stelle der Kämpfe eilende Krankenschwester, findet nur noch die Leichen von drei jungen SS-Männern vor. Sie werden auf dem Ortsfriedhof beigesetzt.[64]

Grabstein in Großbodungen
Foto: K.H. Engelhardt, Duderstadt

Weiter geht es über Kleinbodungen, Lipprechterode und Oberdorf/Mitteldorf nach Pustleben[65], wo die Kolonne um 18.15 Uhr (B) gemeldet wird. In Wollersleben vermischt sie sich mit Teilen der 9th US AD und erreicht mit den Vorauskräften gegen 19.00 Uhr (B) Großwerther. Dort war es dem Ortsgendarm Moye nur mit Mühe gelungen, eine zurückgehende deutsche Nachhut davon abzubringen, die Straßenbrücke über die Bahnstrecke zu sprengen.[66] Die 17jährige Einwohnerin Ursula Schönemann schreibt am nächsten Tag in ihr Tagebuch: *„Gestern Abend 18.00 Uhr (10. April) kamen die ersten feindlichen Panzerspitzen durch unser Dorf gerollt. Es sind mächtige Kolosse – Wir haben alle geweint – Wenn man sich so etwas vorstellt, dass der Feind in unsere Heimat eingerückt ist.“*[67] Zwei Fußpatrouillen des 2./414 klären Richtung Nordhausen auf.[68]

Während sich die TF Welborn bei Hesserode aufstellt, um von Westen in Nordhausen einzurücken und nach Salza vorzustoßen, erhält die TF Lovelady den Auftrag, sich für einen Schwenk über Steinbrücken – Sundhausen, von Süden hinein in die Stadt, aufzustellen. Die Masse des CCB versammelt sich auf der Höhe von Kleinwerther, um entlang der R 80 zum Zentrum vorzudringen.

Beim CCA, das den Kolonnen im Nordabschnitt zum Schutz der Nordflanke des Corps folgt, zerstören gegen 12.00 Uhr (B) Einheiten der TF Kane nördlich von Northeim eine Selbstfahrlafette[69] und sichern den Ort bis zur Ablösung durch die nachfolgende Infanterie der 104th US InfDiv. Die TF Kane, die auch als TFX bezeichnet wird, besteht zu diesem Zeitpunkt aus der Cmd Grp des 32nd Armd Rgt, dem 2./32, dem 1./36, dem 3rd Plat. Co. A, 23rd Armd Eng Bn und dem 3rd Plat. Co. A, 703rd TD Bn. In der Zwischenzeit rücken die Hauptkräfte der TF Kane auf der Route 1 hinter dem CCR nach Osten vor. Gegen Mittag erreicht die TF Kane Katlenburg, wo die Brücke der R 241 über den Fluss Rhume beschädigt ist. Daraufhin schwenkt eine Kompanie Panzer nach Nordwesten und trifft gegen 14.15 Uhr (B) hinter Elvershausen, bei Marke, auf Widerstand von Teilen des SS-Rgt. Holzer. Während des Gefechtes vernichtet die TF Kane einen PzKpfw IV und zerstört zwei in diesem Bereich notgelandete deutsche Flugzeuge. Aber der Vormarsch stoppt. Um 18.40 Uhr (B) vereinigt sich der, bei Northeim zurückgelassene, Teil der TF Kane mit der Hauptkolonne, die inzwischen mit der Umgehung der zerstörten Brücke in Katlenburg südlich über Lindau begonnen hat und auf Wulften vorrückt. Die TF Boles, auch TFY, bestehend aus dem 1./32, dem 1./414, dem 1st Plat. Co. A, 23rd Armd Eng Bn und dem 1st Plat. Co. A, 703rd TD Bn folgt seit dem Vormittag dem CCR auf der Route 2. Um 19.00 Uhr (B) erhält Col. Doan den Befehl, die Städte Osterode und Herzberg zu nehmen. Hierfür geht das 83rd FA Bn aus der Unterstellung unter das CCR heraus und wird dem CCA zur Unterstützung zugeteilt.

Als sich die TF Boles Gieboldehausen nähert, wird sie aufgehalten, denn die rückwärtigen Teile des CCR blockieren die Straßen. Eine Anfrage des CCA, was mit Gieboldehausen ist, wird um 20.30 Uhr (B) vom CCR mit dem Hinweis beantwortet, dass *„man die Stadt so schnell wie möglich verlassen werde"*. Um 20.45 Uhr (B) fragt das CCA erneut an: *„Könnt ihr das Ende eurer Kolonne wegbringen, ihr haltet uns auf."* Als wiederum nichts passiert, befiehlt der Divisionsstab um 22.00 Uhr (B) dem CCR: *„Bringen sie ihre rückwärtige Kolonne nach Osten aus Gieboldehausen, damit das CCA freie Bahn hat."* Gegen 24.00 Uhr (B) steht die TF Boles endlich mit ihren Vorauskräften auf der R 27 im Bereich Rothenberg. Als Aufklärung zur zerstörten Oderbrücke vorfühlt, zieht sich die Masse der deutschen Truppen hinter der Oder im Schutz der Nacht in Richtung Elbingerode - Hörden zurück.

Lt.Col. Kane
Foto: NARA

Die Hauptkolonne der TF Kane ist in der Zwischenzeit gegen 19.00 Uhr in Wulften durch den Fluss Oder gefurtet, da die deutschen Truppen die zwei Straßen- und die Eisenbahnbrücke im Ort gesprengt haben. Gegen 21.00 Uhr dringen ihre Vorauskräfte in Schwiegershausen ein und besetzen neugierig beobachtet von einigen Jugendlichen den Ort.[70] Als die Panzer weiter Richtung Beierfelde fahren, werden sie 500 Meter hinter dem Ortschild von einem deutschen „Jagdtiger" unter Beschuss genommen. Der „Jagdtiger" ist einer von zwei „Jagdtigern" der

3./512, die sich nach den Kämpfen im Raum Nörten-Hardenberg im Bestand der 3./s.Pz.Abt. 507 Richtung Harz zurückgezogen haben. Während ein „Jagdtiger" an der R 243 Richtung Herzberg sichert, war der zweite „Jagdtiger" in einem kleinen Tal zwischen Schwiegershausen und Beierfelde, im sogenannten „Hirmelk", untergezogen. Hier wird nach dem Einmarsch der Amerikaner die Besatzung durch den Friseur-Lehrling Gerhard Niehus aus Schwiegershausen gewarnt, die daraufhin ihren Jagdpanzer in Feuerstellung bringt. Nach einem kurzen Schusswechsel, bei dem der „Jagdtiger" an der Kanone beschädigt wird, ziehen sich die amerikanischen Panzer nach Schwiegershausen zurück und beziehen Verteidigungsstellung für die Nacht. Der „Jagdtiger" setzt sich nach Beierfelde ab, wohin er noch in der Nacht den zweiten „Jagdtiger" befiehlt.[71] Damit endet der Vormarsch der TF Kane für diese Nacht.

Die amerikanischen Truppen *„bedrohen die gerade bezogene Verteidigung im Harz-Vorfeld"* wird später General Flörke schreiben.[72] Die Chronik der 3rd US AD „Spearhead in the West" wird einen Monat später über diesen Tage schreiben, dass die TF Kane *„zwei PzKpfw IV und ein paar defekte Flugzeuge"* zerstört hat.

Diese Tagesmeldung soll kurz dazu dienen, um einige Anmerkungen zu den Verlusten der deutschen Panzertruppe bei den Rückzugskämpfen in den Harz zu machen. Immer wieder wurde und wird versucht, anhand vorliegender Zeitzeugenberichte und amerikanischer Chroniken nachzurechnen, wo die deutschen Panzer bei diesen Rückzugskämpfen verblieben sind. Bereits bei der Darstellung der Panzerverbände im Raum Sennelager wurden einige Anmerkungen zum Thema der unklaren Bestandszahlen der deutschen Panzerverbände gemacht, die an dieser Stelle ergänzt werden sollen. Nach den vorliegenden Meldungen zerstörte die TF Kane an diesem Tag bei Northeim eine „Selbstfahrlafette" und bei Marke einen „PzKpfw IV", gemeldet werden aber zum Tagesabschluss zwei „PzKpfw IV". War diese „Selbstfahrlafette" nun ein Sturmgeschütz IV, ein Jagdpanzer IV, eine Panzerhaubitze IV, ein PzKpfw IV oder aber vielleicht ein „Hetzer"? Wer kann das heute noch feststellen? Dies ist kein Einzelfall, sondern zieht sich durch alle Meldungen, Chroniken und spätere Zeitzeugenberichte. Nur wenige Meldungen sind eindeutig einem genauen Fahrzeugtyp zuzuordnen oder durch mehrere Aussagen klar belegbar. Doch selbst dann, kann es zu Verwirrungen kommen, da abgeschossene oder auch liegengebliebene Panzerfahrzeuge oftmals durch nachfolgende Einheiten erneut als „zerstört" oder „erbeutet" gemeldet wurden. Noch schwieriger wird die Zuordnung dieser Panzerfahrzeuge zu einer bestimmten deutschen Einheit. Auch hier gibt es nur wenige eindeutig belegte Angaben. Das genaue Aufrechnen ist also so gut wie unmöglich. Dennoch soll auch im Weiteren versucht werden, hierzu Aussagen zu treffen.

Die Aufklärer des 83rd Armd Rcn Bn erreichen über Kleinbodungen, wo ein Platoon unter Führung von Lt. Duane Doherty in einem Kalischacht ein Montagewerk für V-2-Raketen der Mittelwerk GmbH entdeckt, den Ort Lipprechterode.[73] Dann endet auch hier der Tagesvormarsch der Division. Auf dem Div.CP registriert die G-1 Abteilung an diesem Tag 16 Gefallene.

Hinter der 3rd US AD folgen die Infanteristen der 104th US InfDiv. Wie in den Tagen zuvor rückt das RCT 413 mit der Co. B, 750th Tk Bn, der Co. A, 87th Cml Mort Bn, dem 1st Plat. Co. A, 329th Engr C Bn und der Co. A (-) und zwei Plat. Co. B, 817th TD Bn an der Linken und das RCT 415 mit der Co. A, 750th Tk Bn, der Co. B, 87th Cml Mort Bn, der Cn Co. 414th InfRgt, dem 1st Plat. Co. C, 329th Engr C Bn, einem Plat. Co. D, 750th TK Bn und der Co. C(-) und einem Plat. Co. B, 817th Tk Bn an der Rechten vor. Die TF Laundon, 104th Rcn Tp, folgt mit einem Plat. Co. B, 329th Engr C Bn und der Co. C 750th Tk Bn ohne einem Platoon in der Div.Res. und soll die hintere linke Flanke sichern und den Kontakt zur 1st US InfDiv halten. Das RCT 413, 413th InfRgt, „Seagulls" („Die Möwen") erreicht mit dem 1./413 Gillersheim, das 2./413 Bilshausen und das 3./413 Gieboldehausen, wohin auch der Regtl.CP geht. Das RCT 415, 415th InfRgt, „Old Faithful" („Der alte Getreue"[74]) erreicht, den Panzern folgend, mit dem 1./415 Bischofferode, dem 2./415 Germershausen und dem 3./415 Duderstadt, wo der Regtl.CP eingerichtet wird. Die TF Laundon erreicht in der Div.Res. Nörten-Hardenberg. Eine Patrouille des I&R Plat. 415 trifft am Abend in der Umgebung von Weißenborn auf Granatwerfer- und Handwaffenfeuer. Das 385th FA Bn, das das RCT 413 direkt unterstützt, geht nach Ebergötzen und das 386th FA Bn nach Brehme. Das 387th FA Bn, 929th FA Bn, 802nd FA Bn und der CP 817th TD Bn geht in den Raum hart nördlich Duderstadt. Der Bn.CP 750th Tk Bn geht nach Duderstadt. Später am Tag eröffnet auch der Div.CP der 104th US InfDiv in Duderstadt. Die Division verzeichnet 29 Gefallene.

In der Nacht zum 11. April erhält die 104th US InfDiv den Befehl, am nächsten Tag hinter den Panzern bis hart östlich Nordhausen vorzurücken. Außerdem soll sie bis zum Eintreffen der 9th US InfDiv, die zwischen der 1st US InfDiv und der 104th US InfDiv für die Räumung des Harzes eingeführt werden soll, die linke Flanke des Corps entlang des Südharzes sichern und die Südharztäler blockieren. Noch in der Nacht wird das RCT 413 angewiesen, zehn Straßensperren an den Verbindungsstraßen zwischen dem Divisionsabschnitt und dem Harz zu errichten und durch je eine verstärkte Infanteriekompanie zu sichern. Hierfür werden dem RCT 413 ab 07.00 Uhr (B) das 817th TD Bn ohne die Co. C und ein Plat. leichter Panzer Stuart M5A1 der Co. D, 750th Tk Bn unterstellt.

Die 1st US InfDiv folgt, verstärkt durch die 4th CavGp, den Panzern im nördlichen Angriffsstreifen des VII. US Corps. Beim RCT 18 erreicht das 1./18 Sudheim und Hillerse, das 2./18 Northeim und das 3./18 Fredelsloh, Wiebrechtshausen, Langenholtensen, Denkerhausen und Lagershausen und die verstärkte Co. G, 2./18 nähert sich Katlenburg-Duhn.[75] In Denkershausen überrascht um 13.00 Uhr (B) Infanterie des 3./18 aufgesessen auf Panzern des 3rd Plat. Co. B, 745th Tk Bn die Ia-Staffel des Stellv. VI. AK.[76] Dabei werden drei leichte deutsche Fahrzeuge zerstört und eine

Anzahl an Offizieren gerät in amerikanische Gefangenschaft. In Northeim kommt es gegen 22.00 Uhr (B) zu einem Vorfall, als eine Gruppe von 15 deutschen Soldaten mit Unterstützung eines PzKpfw V die Stellungen der Co. E, 2./18 am nördlichen Stadtrand angreift. Der Angriff wird abgewehrt und der Panzer mit einer Bazooka[77] abgeschossen. Dreizehn Deutsche werden gefangengenommen.

Das RCT 26 unter Col. Francis J. Murdoch Jr., der das Kommando am Vortag von Col. John F. R. Seitz übernommen hat, erreicht um 15.00 Uhr (B) seine Ziele mit dem 1./26 und 2./26 bei Einbeck und dem 3./26 in Markoldendorf und Dassel. Das RCT 16 verbleibt ohne das 3./16 in der Div.Res. Der Div.CP geht nach Uslar. Der 4th CavGp wird ab 06.00 Uhr (B) das 3./16 unter Lt.Col. Charles T. Horner Jr. unterstellt. Die Co. L, 3./16, die der 4th CavRcnSq unterstellt wird, wird durch einen Plat. Panzerjäger der Co. C, 634th TD Bn und schwere MG und 81mm Granatwerfer der Co. M, 3./16 verstärkt. Die Co. I, 3./16 geht mit einem Plat. Panzerjäger der Co. B, 634th TD Bn und schwere MG und 81mm Granatwerfer der Co. M, 3./16 zur 24th CavRcnSq. Der Rest des Bataillons geht zum HQ der 4th CavGp.

Infanteristen der 1st US InfDiv liegen am 10. April erschöpft nach dem Marsch an einer Straße bei Neuhaus Foto: 1st Infantry Division Museum

Der Plan sieht vor, dass die 4th CavGp durch die Linien des RCT 26 hindurchzugehen und mit der 4th CavRcnSq Clausthal-Zellerfeld und Osterode nehmen soll. Dann soll die 24th CavRcnSq der 4th CavGp aus dem Raum Einbeck durch diesen Durchbruch hindurch gehen und den Angriff fortsetzen. Auf Grund von Missverständnissen wird dieser Plan jedoch nicht umgesetzt und die 4th CavRcnSq wird zur Säuberung der Wälder an der linken Flanke eingesetzt. Aus dem Versammlungsraum Bad Driburg beginnt die 4th CavRcnSq am frühen Morgen den Marsch, überquert die Weser bei Wehrden und nimmt um 07.30 Uhr (B) in Neuhaus die zugeteilten Infanteristen der Co. L und die Panzerjäger auf. Über Nebenstraßen geht es an Silberborn vorbei nach Einbeck. Östlich der Stadt kommt es um 16.05 Uhr (B) zu Feindkontakt mit deutschen Truppen und zwei „Tiger"-Panzern und um 19.00 Uhr (B) wird Salzderhelden vom Tp. C genommen. Nachdem kein Übergang über die Leine gefunden wird, wird der Tp. C zurückgerufen und die 4th CavRcnSq schwenkt nach Norden, fährt durch Greene und überquert den Fluss bei Haieshausen. Am Abend wird die Vorhut durch eingegrabene Infanterie an einer Kreuzung nördlich von Echte aufgehalten. Nördlich davon wird eine Brücke zerstört vorgefunden. Patrouillen werden ausgesandt, um eine alternative Vormarschstrecke zu erkunden. Die 24th CavRcnSq folgt der 4th CavRcnSq in die Umgebung von Neuhaus, wo ihr die Co. I unterstellt werden. Dann beginnt der Tp. A, 24th CavRcnSq von Einbeck aus mit dem Angriff und trifft bei Edemissen auf Panzerabwehrfeuer. Der Rest der Squadron geht über Markoldendorf und Fredesloh nach Northeim. Das 759th Light Tk Bn der 4th CavGp erreicht mit den aufgesessenen Infanteristen der Co. K, 3./16 um 16.30 Uhr (B) Einbeck und versammelt sich.

Die Corps-Grenze zwischen dem VII. US Corps und dem V. US Corps verläuft von nördlich Göttingen, südlich an Duderstadt vorbei, durch Bleicherode nach Sundhausen, südlich von Nordhausen, und weiter entlang der Helme nach Osten. Die Ortschaften Sundhausen, Heringen und der Bereich nördlich Auleben gehören zum Abschnitt des VII. US Corps. Der CP des VII. US Corps erreicht von Niedermarsberg kommend Trendelburg. Dort werden an diesem Tag 1326 deutsche Kriegsgefangene im Corps-Bereich registriert.

Südlich der Corps-Trennungslinie hat im Angriffsstreifen des V. US Corps die 9th US AD aus ihrer Bereitstellung heraus den Angriff durch die Linien der 2nd und 69th US InfDiv begonnen. Im Abschnitt des CCB, an der Linken der 9th US AD, verlassen um 06.15 Uhr (B) die Aufklärer Elliehausen, westlich von Göttingen, und beginnen mit der Erkundung der Marschroute des CCB aus dessen Versammlungsraum östlich von Hann.Münden über Göttingen, Geismar, Benniehausen, Wöllmarshausen, Rittmarshausen, Beienrode, Etzenborn, Neuendorf, Berlingerode nach Teistungen, wo sich die Ablauflinie für den Angriff des CCB befindet. Eine Patrouille sichert die linke Flanke. Der Tp. A, 89th CavRcnSq passiert um 08.00 Uhr (B) die Ablauflinie und geht in Teistungen durch die vorderen Elemente der 2nd US InfDiv. Ab hier führen die Aufklärer die Kolonne des CCB an. Über Ferna erreichen sie um 09.00 Uhr Wintzingerode.[78] Dann geht es weiter durch die Wälder nach Worbis.

Um 09.50 Uhr (B) erreichen die Aufklärer des Tp. A, 89th CavRcnSq das unverteidigte Worbis. Dann trifft die nachfolgende Kolonne der TF Prince, 52nd AIB, in der Stadt ein. Die Kolonne war den Aufklärern über Teistungen, Ferna und Wintzingerode nach Worbis gefolgt. Während die Panzerinfanteristen die Stadt durchsuchen, rücken die Aufklärer nach Kirchworbis vor. Kurz vor 09.30 Uhr fährt die Kolonne durch Kirchworbis und erreicht wenig später Breitenworbis, wo die überraschten Bewohner nicht einmal weiße Fahnen gehisst haben. Ungehindert rollen die Fahrzeuge durch den Ort Richtung Wülfingerode. Hinter Breitenworbis kommt die Kolonne zum Halten, denn die Aufklärer des Tp. A haben die, an der R 80 liegende, Heeresmunitionsanstalt Bernterode/Krs. Worbis auf dem Gelände des ehemaligen Kaliwerks entdeckt. Gemeinsam mit zwei Platoon der Infanterie besetzen sie das Werk und befreien etwa 600 italienische Militärinternierte, französische, russische und ukrainische Zwangsarbeiter. In den Schächten stoßen sie auf Unmengen an Munition. Erst Wochen später entdeckt Anfang Mai ein Kunstschutzteam der US Army die Geheimkammer mit den Kunstschätzen.

Dann geht es über Bernterode, Wülfingerode, Sollstedt, Obergebra, Niedergebra, Friedrichslohra, Münchenlohra nach Nohra. Da eine teilweise zerstörte Brücke die Kolonne behindert, schwenkt sie über Wollersleben zum Bahnhof Wolkramshausen. Von dort erfolgt der Vormarsch über Feldwege. Gegen 16.30 Uhr erreicht die Kolonne den Raum um Hain, südlich von Nordhausen. Gegen 17.30 Uhr rücken die ersten Panzer in Steinbrücken ein. Damit hat die Front den westlichen Rand des Landkreises Sangerhausen erreicht. Eine Gruppe von zirka acht Panzern überquert die R 4 Richtung Osten und erreicht um 18.30 Uhr Uthleben. Ein deutscher Lastwagen, der versucht, den Panzern zu entkommen, wird am Ortsausgang beschossen. Dann fühlen die Panzer weiter Richtung Heringen vor, ziehen sich jedoch auf Grund der zunehmenden Dunkelheit wieder zurück.[79] Während des Vormarschs schießen Panzer, nichtsahnend der Nutzung der Kaserne als Außenlager des KZ Mittelbau-Dora, in die Trümmer der Nordhäuser Boelcke-Kaserne.[80] Auch Sundhausen wird mit Panzergranaten beschossen, aber die Panzer dringen nicht weiter nach Norden in den Angriffsstreifen des VII. US Corps vor.

Der Co. B, 52nd AIB, die gegen 15.30 Uhr querfeldein von Hünstein nach Rüxleben gefahren ist, gelingt es erst mit Panzerunterstützung den feindlichen Widerstand in Rüxleben und Kleinfurra zu brechen. Die Gruppe überquert die R 4 und rückt durch die Wälder der Windleite auf Hamma vor, das von Süden besetzt wird.[81] Dann fahren sie weiter Richtung Auleben. Dort tauchen am Abend von Hamma kommend die ersten amerikanischen Panzer der Co. C, 19th Tk Bn an der Abzweigung Auleben/Hamma auf. Aber sie dringen nicht in den Ort ein, wo die weiße Fahne am

Kirchturm weht. Die Co. C, 19th Tk Bn fährt mit den Panzerinfanteristen zurück und sichert in der Nacht Hain.

Der Tp. A, 89th CavRcnSq erreicht einen Gebäudekomplex eineinhalb Meilen nordöstlich von Großfurra. Nördlich vor Neuheide stoßen die Aufklärer auf eine verteidigte Straßensperre auf der R 4. Nachdem der Widerstand niedergekämpft ist, räumen sie die Pioniere beiseite. Um Mitternacht erreichen die Kräfte des Tp. A den Versammlungsraum Großfurra. Die TF Karsteter, 19th Tk Bn, folgt an diesem Tag dem 52nd AIB und trifft erst bei Wollersleben auf Probleme, weil sich die Kolonne mit der Kolonne der TF Lovelady der 3rd US AD des VII. US Corps vermischt. Im Versammlungsraum, in der Nähe von Hain, erhält das Bataillon Granatwerferbeschuss, aber es kommt zu keinen Schäden. Das 3./38 von Maj. Robert L. Utley folgt als mobile Reserve dem CCB und erreicht am Abend den Versammlungsraum bei Hain.

Der 3rd Plat. Tp. A, 89th CavRcnSq, der mit der Co. A, 52nd AIB und einem Plat. Co. C, 19th Tk Bn, an diesem Tag die linke Flanke des CCB der 9th US AD schützt, fährt über Kirchohmfeld das Ohmgebirge hinauf nach Kaltohmfeld und weiter über Haynrode und Buhla nach Kraja. Weiter geht es über Lipprechterode nach Bleicherode, das friedlich vor den amerikanischen Soldaten liegt. Dem dortigen Standortältesten und Kdr. des Lds.Schtz.Btl. 613 der Div. z.b.V. 469, Maj.d.R. Friedrich Hahn, und der Bevölkerung, die gegen eine Verteidigung ist, war es gelungen, versprengte deutsche Truppen, die sich in der Stadt befanden, zum Abzug Richtung Norden zu bewegen. Seine, in Wolkramshausen, Kleinbodungen, Bernterode und Obergebra stationierten Landesschützen hatte er mit Marschbefehlen in Richtung Hasselfelde in Marsch gesetzt. Eine kleine Gruppe Waffen-SS mit einem Panzerspähwagen und einem Halbkettenfahrzeug mit 2cm-Flak, die zur Aufklärung in Bleicherode eingetroffen war, hatte sich Richtung Epschenrode – Trebra zurückgezogen.[82] Der Volkssturm war durch Hahn aufgelöst worden und nach Hause gegangen. So wird die Stadt, die Hahn wegen der zwei Reservelazarette zur *„offenen Stadt erklärt hat“* ohne einen Schuss besetzt.[83] Maj. Hahn wird zwei Tage später tot aufgefunden.[84] Das Archiv der H.V.A. Peenemünde, das sich in Bleicherode befand, war bereits am 3. April mit Lastwagen über Bad Sachsa – Herzberg – Osterode nach Lerbach und von dort am 5. April über Goslar zur Eisenerzgrube „Georg-Friedrich“ in Dörnten abtransportiert worden.[85] In der verlassenen Grube werden die zehn Tonnen Archivmaterial erst Mitte Mai 1945 von Maj. Robert Staver von der US-Forschungs- und Entwicklungsbehörde entdeckt. Staver hatte bereits unmittelbar nach der Besetzung von Mittelwerk mit der Sicherstellung von Ausrüstung und Informationsmaterial begonnen und *„zwischen dem 11. April und 6. Mai zahlreiche komplette V-2-Raketen, alle vollständigen Exemplare von Typ Taifun (P), HS 117, HS 298, X 4 und X 7, zusammen mit allen (schriftlichen) Dokumenten und Blaupausen“* abtransportiert.[86]

Über Wipperdorf und Pustleben, wo gegen 15.00 Uhr die Wipperbrücke südwestlich des Ortes sinnlos durch deutsche Truppen gesprengt wurde, und weiter über Großwerther, wird Steinbrücken erreicht.[87] Patrouillen fühlen über den Entenberg Richtung Uthleben vor. Später vereinigen sich die Aufklärer in Großfurra mit dem Tp. A. während die Panzer in der Nacht Steinbrücken sichern.

Das CCA unter dem Kommando von Col. Thomas L. Harrold rückt am Morgen im Zentrum der 9th US AD in einer Kolonne vor, um durch die 2nd US InfDiv hindurchzugehen und dann auf zwei Vormarschrouten anzugreifen. Die TF Engeman, 14th Tk Bn, verlässt am frühen Morgen Meensen und rückt über Jühnde, Mariengarten, Klein Schneen, Groß Schneen, Ludolfshausen, Ischenrode, Bremke, Bischhagen, Siemerode, Günterode, Reinholterorde, Steinbach, Bodenrode, Beuren nach Leinefelde vor, das kampflos besetzt wird. Die Panzerkolonne rollt weiter durch Birkungen nach Ebeleben. Hier treffen sie erstmals auf Widerstand, der erst nach über dreieinhalb Stunden gebrochen wird. Bei Hohenebra kommt es erneut zu einem Feuergefecht mit der äußeren Sondershäuser Verteidigung. Aber die Kolonne kommt nur kurz zum Stehen. Dann fahren die amerikanischen Panzer weiter nach Oberspier. Die TF Collins, 60th AIB, folgt der TF Engeman nach Reinholterode. Hier nimmt sie die Route über Steinbach und Breitenbach nach Leinefelde und weiter nach Birkungen, wo die Kolonne nach Norden umgeleitet wird. Über Breitenholz geht es nach Hüpstedt, wo die TF Collins auf die Hauptroute des CCA zurückkehrt. Da alle Brücken über das Flüsschen Helbe zerstört sind, befiehlt das CCA in Toba erneut einen Schwenk nach Norden. Über Himmelsberg und Schernberg soll die Kolonne nach Thalebra fahren und dort zur Hauptstrecke zurückkehren.

Bei Schernberg treffen sie auf Widerstand. Lt.Col. Collins lässt die Kolonne halten und fordert Luft- und Artillerieunterstützung an. Inzwischen erreicht die Meldung des angetroffenen Widerstands über Funk das CCA. Sofort befiehlt Col. Harrold, das die TF Collins das Gebiet unter Zurücklassung der führenden Elemente zur Beseitigung des Widerstands umgehen soll. Er hat bereits zu viel Zeit verloren. Während die Kämpfe an der Graßecke bei Schernberg andauern, fahren die Hauptkräfte der TF Collins, 60th AIB, nach Hohenebra, wo sie sich der TF Engeman, welche Ebeleben umgangen hat, anschließen. Das 2./273, das dem CCA unterstellt wird, marschiert als Reserve des CCA hinter der TF Engeman und erreicht um 24.00 Uhr (B) Schernberg, wo sich das Bataillon versammelt und Verteidigungsstellungen bezieht. Damit haben sich alle Teile des CCA für die Nacht im Raum Thalebra – Hohenebra – Oberspier versammelt und Stellungen bezogen.

Auf der Rechten der 9th US AD beginnt das CCR unter Lt.Col. Charlie Wesner aus dem Raum östlich Hann.Münden heraus den Angriff mit der TF Deevers, 27th AIB, auf der Nordroute und der TF Schantz, 2nd Tk Bn, gefolgt von der TF Shaughnessy, 3./273, auf der Südroute. Die TF Deevers, 27th AIB, deren Route sich als fast unpassierbar erweist, wird bis hinter Heiligenstadt auf die Route der TF Schantz, 2nd Tk

Bn, umgeleitet. Dann fährt die Kolonne parallel zur Vormarschstrecke der TF Schantz nach Marolterode, wo es zu einem kurzen Gefecht kommt. In Freienbessingen errichtet die TF Deevers Verteidigungsstellungen für die Nacht. Auf der Südroute des CCR rückt die TF Schantz, 2nd Tk Bn, nach Kalteneber vor. Dabei treffen die vorausgehenden Aufklärer auf Einheiten des CCR der 6th US AD, die sich auf der gleichen Route bewegen und die Kolonne der TF Schantz aufhalten. Nachdem die Route frei ist, geht es nach Blankenburg/Thür., wo sie auf Widerstand trifft und der Vormarsch eingestellt wird. Das unterstellte 3./273, TF Shaughnessy, folgt der TF Schantz nach Issersheiligen. Der CP des CCR geht nach Allmenhausen und der Div.CP der 9th US AD verlegt nach Großbrüchter.

Nachdem die Panzerkolonnen der 9th US AD durch die Linien der Infanteriedivisionen gegangen sind, folgen die 2nd und 69th US InfDiv und säubern das Gebiet hinter den Panzern von umgangenen Feindkräften. Einheiten der 6th US AD und der 76th US InfDiv, die die Nordflanke der 3rd US Army bis zum Eintreffen des V. US Corps gesichert haben, werden dabei im Tagesverlauf durch die Einheiten der 9th US AD und der 69th US InfDiv abgelöst und verlassen die Zone.

Im nördlichen Corps-Abschnitt, an der Nordflanke der 2nd US InfDiv folgt das RCT 23 am Nachmittag an der Spitze der Divisionskolonnen geschlossen den Panzern des CCA. Das 1./23 startet an der Spitze des RCT 23 gegen 13.00 Uhr (B) in Duderstadt und rückt über Worbis, das Elemente der RCT 9 kurz vor ihnen passiert haben, nach Niedergebra vor. Zwischen Niedergebra und Elende, in Obergebra und westlich des Ortes versammelt sich das Bataillon. Das 2./23 fährt um 18.30 Uhr (B) in Teistungen los und folgt dem 1./23 über Worbis nach Sollstedt, das 21.00 Uhr (B) erreicht wird. Das unterstellte 2./38 kehrt unter die Kontrolle des 38th InfRgt zurück. Im Gegenzug kehrt das 3./23 von der Unterstellung zum RCT 38 unter die Kontrolle des RCT 23 zurück. In der Nacht erreicht es Bernterode. Der Regtl.CP eröffnet in Obergebra. Rechts an das RCT 23 anschließend gehen im Abschnitt des RCT 9 am Morgen die Panzer des CCB und CCA durch die Front des Regiments. Dann beginnt das RCT mit dem Marsch. Um 14.30 Uhr (B) führt das 3./9 das Regiment an, und folgt der Route der Panzerkolonne. Über Worbis, Kirchworbis, Gernrode, Gerterode, Rehungen erreicht die Kolonne den Ort Kleinberndten, wo das Bataillon Biwak für die Nacht bezieht. Das 2./9 folgt erst spät am Tag über Reinholterode dem 3./9 nach Rehungen, wo es die Nacht verbringt. Als Letztes fährt das 1./9 von Günterode los, um Verteidigungsstellungen in Deuna zu errichten. Deuna und Vollenborn werden ohne Widerstand besetzt. Das RCT 38 verbleibt in der Nähe von Göttingen. Das zeitweilig unterstellte 3./23 geht zum 23rd InfRgt zurück und das 2./38 kehrt unter die Kontrolle des RCT 38 zurück, wo es in Desingerode, Westerode und Werxleben Verteidigungsstellungen nach Norden bezieht. Der Div.CP der 2nd US InfDiv verlegt nach Obergebra.

Im rechten Corps-Abschnitt folgt die 69th US InfDiv den Panzerkolonnen der 9th US AD mit dem RCT 271 im Norden, dem RCT 272 im Süden und dem RCT 273 in der DivRes. Am Morgen passiert das CCA die Linien des RCT 271 im Norden des Divisionsabschnittes und das CCR die Linien des RCT 272 im Südabschnitt. Dann beginnen auch hier die Bataillone mit der Marschaufstellung. Doch, wie bei der 2nd US InfDiv, kommt es aus hier zu Verzögerungen des Marschbeginns. Hauptursache ist neben der Länge der gepanzerten Kolonnen die Tatsache, dass die, nach Osten vorstoßenden, Panzerkolonnen auf Widerstand stoßen. Dieser ist zwar nicht stark, zwingt aber die Panzer immer wieder zum Halten. Erst am Abend beginnen die Infanteristen mit dem Vormarsch. Trotz der Verzögerungen haben auch die Verbände der 1st US Army am Ende des Tages die Ausgangslinie für den letzten großen Stoß nach Osten erreicht.

Das XX. US Corps der 3rd US Army schließt die Vorbereitungen für die Aufnahme des Großangriffs am kommenden Tag ab. Die Infanteriedivisionen des XX. US Corps starten am Morgen mit ihrem Angriff nach Osten und bereiten sich auf das Passieren ihrer Linien durch die Panzer am kommenden Tag vor. Die 80th US InfDiv beginnt mit der Einschließung von Erfurt. Die letzten Einheiten der 6th US AD, die sich noch innerhalb des Streifens der 1st US Army befinden, werden im Tagesverlauf von den Truppen des V. US Corps entlastet und schließen sich der Versammlung der 6th US AD an.

Im Bereich des OB Nordwest wird bei der A.Gr. Student der H.Gr. H nördlich des Harzes Gen.Obst. Kurt Student von Gen.d.Inf. Blumentritt abgelöst. Die Armeegruppe wird in A.Gr. Blumentritt umbenannt. Gen.Obst. Student übernimmt auf eigenen Wunsch die bisher von Blumentritt geführte 1. FschA.[88]

Im Harz trifft an diesem Tag auf dem Gefechtstand des AOK 11 der Befehl des OB West ein, dass sich die 12. Armee auf dem Transport in den Harz befindet, um von dort aus den Feind nach Westen zurückzuwerfen. Oberst Estor schreibt: *„11. Armee hält ‚Festung Harz' als Aufmarschgebiet und Operationsbasis für 12. Armee."*[89] Im Einsatzraum der 11. Armee, im Harz, befinden sich zu diesem Zeitpunkt nach unterschiedlichen Schätzungen zirka 100 000 Angehörige der Wehrmacht, Waffen-SS, des RAD, der Polizei, des Volkssturms und die Insassen der unzähligen Lazarette. Das amerikanische Oberkommando, das bei seinen Operationsplanungen von einer Verteidigungsstärke von 15 000 Mann ausgegangen war, erfährt erst nach der Gefangennahme von Gen.Maj. Görbig in Bad Grund von der wahren Stärke der deutschen Verbände im Harz und beginnt mit der Zuführung von zusätzlichen Kräften für den Harzkampf.

Trotz der Tatsache, dass das AOK keine Verbindung zu den Nachbararmeen hat, der Harz bereits im Norden umgangen ist, die Lücke zur 7. Armee immer größer wird, keinerlei Vorbereitungen für die Verteidigung des Harzes getroffen sind, Vorräte vollständig fehlen und die Truppe nur noch über geringe Gefechtskraft verfügt, beginnt die 11. Armee mit der Umsetzung des Befehls. Die Truppen sollen *„hinhaltend kämpfend von Widerstandslinie zu Widerstandslinie bis zum schwer zugänglichen Mittelharz ausweichen"* und dabei *„Truppe und Bewohner"* schonen. Glück im Unglück, dass sie sich dabei entschließt, weder Straßen noch Talsperren zu sprengen.[90]

Beim Stellv. VI. AK hält der starke Feinddruck von Norden und Westen weiter an. Amerikanische Truppen fühlen mit Panzern und Spähtrupps von der Linie Seesen – Gandersheim aus vor. Bei Echte und Willershausen werden die schwachen Sicherungen der K.Gr. Görbig des Stellv. VI. AK, der es nicht gelungen war, die befohlene Sicherungslinie einzunehmen, geworfen. Sie ziehen sich fluchtartig in den Raum Bad Grund zurück. Es gelingt ihnen, auf ihrem Rückzug, lediglich einige Straßensperren zu besetzen. Doch die amerikanischen Truppen umgehen diese über Nebenstraßen und Waldwege. Der Gefechtsstand des Stellv. VI. AK verlegt nach Wildemann, nachdem die Ia-Staffel bei Denkershausen durch amerikanische Panzer und Infanterie überrascht wurde.[91]

Das LXVI. AK, dem es im Tagesverlauf mühsam gelungen ist, seine Kräfte wieder zu sammeln, zieht sich gegen leicht anhaltenden Feinddruck auf eine Linie vorwärts Osterode mit dem linken Flügel am Oderbach zurück. Dabei erreicht der Stab der SS-Pz.Brig. Badenhausen, das SS-Rgt. Meyer Gittelde und die Brigadereserve und die Panzer Nienstedt im Abschnitt des Stellv. VI. AK. Die Abt. Frühauf und Schaarschmidt des SS-Rgt. Meyer erreichen auf dem Rückzug Bad Grund. Das SS-Rgt. Holzer erreicht Marke.

Im Tagesverlauf kehren Teile des SS-Rgt. Meyer mit der verloren geglaubten Artillerie von Norden in den Korpsabschnitt zurück. Der Artillerieführer des Korps verfügt nun wieder über zwei Abteilungen mit etwa 12 leichten und einigen schweren Geschützen. Unterstützt werden sie durch zwei leichte und zwei schwere Heimat-Flakabteilungen der Luftwaffe im Abschnitt, die jedoch, trotz des Antrages von Gen.Lt. Flörke an GFM Kesselring, dem Korps nicht unterstellt werden. Die Chronik der 3rd US AD „Spearhead in the West" schreibt: *„Acht oder zehn schwere Panzer oder Selbstfahrlafetten und ein Bataillon mittlerer Artillerie bei Lonau unterstützte die SS-Truppen bei der Verteidigung von Osterode und Herzberg."*[92] Der Korpsgefechtsstand des LXVI. AK befindet sich in Osterode-Freiheit.

Die Stadt Osterode, durch die sich ein buntes Gemisch zurückgehender Einheiten von Wehrmacht und Waffen-SS bewegt, liegt unter amerikanischem Artilleriebeschuss. Die Stadt, die von 1936 bis 1939 das Ers.Btl. des InfRgt 82 beheimatet hatte und wo sich von 1939 bis 1941 des Oflag XI A befand, hat schon lange nicht mehr so viele Soldaten gesehen. Lediglich das Wehrmeldeamt für die Landkreise Duderstadt und Osterode und die Heeres-Bauleitung des Bauamtes Göttingen befanden sich noch in der Stadt. Doch jetzt ist die Stadt voll von Soldaten. Nicht allzu lange bevor diese Marschkolonnen Osterode erreichen, hatten andere Marschkolonnen den Raum Osterode verlassen. Im Rahmen der Evakuierung der Außenlager des KZ Buchenwald waren die Außenkommandos des KZ „Mittelbau-Dora“ aus Osterode mit Bahntransporten und zu Fuß abgerückt. Gräber und Gedenksteine erinnern heute an die Opfer dieser Evakuierungsmärsche. Einige der Eisenbahntransporte werden Opfer amerikanischer Tiefflieger, die die Züge für Truppen- und Materialtransporte halten. Dabei kommt es zu Toten und Verletzten unter den Häftlingen. Andere, denen bei den Angriffen die Flucht gelingt, werden von den Wachmannschaften eingefangen und erschossen. Die Tieffliegerangriffe fordern auch in der Stadt und den Orten in der Umgebung ihre Opfer. So werden bei dem Angriff auf den Bahnhof von Osterode am späten Nachmittag des 7. April zwei Beamte der Reichsbahn getötet. In der Petershütter Allee sterben elf Personen.[93] Trotzdem ist Osterode bisher glimpflich davongekommen.

Doch jetzt ist Osterode ernsthaft bedroht, denn die Stadt ist Teil der Harzverteidigung und soll um jeden Preis gehalten werden, um die Zugänge zum Harz zu sperren. Alle Bemühungen, die Verteidigung der Stadt zu verhindern, sind bereits am Vortag gescheitert. Der erste K.Kdt. war nach einer Besprechung mit dem Vertretern der Stadt und dem Landrat v. Schönfeldt vom Stab der 11. Armee in Riefensbeek abgelöst worden, weil er eine Verteidigung der Stadt für sinnlos hielt. Auch der zweite K.Kdt. war aus dem gleichen Grund noch am selben Tag abgelöst worden. Erst der dritte, der um 22.00 Uhr in Osterode eintrifft, setzt unter Androhung des Standgerichtes durch, dass die Vertreter der Stadt die Bevölkerung für den nächsten Morgen zum Verlassen der Stadt auffordern. Die Bevölkerung soll Schutz in den umliegenden Wäldern und den Stollen des geräumten KZ-Außenkommandos „Dachs IV“ im Kalkberg suchen. [94] Um 04.00 Uhr des 11. April ergeht durch Boten der Aufruf an die Bevölkerung, die Stadt zu verlassen.[95]

Inzwischen sind in einer Baracke am Jahnplatz die Planungen zur Verteidigung der Stadt abgeschlossen. Trotz der Vielzahl der durchziehenden Truppen stehen dem K.Kdt. hierfür nur wenige Soldaten zur Verfügung. Die große Anzahl verschiedenster Kommandoebenen der Harz-Verteidigung verhindern eine einheitliche Führung der Truppen. So bezieht lediglich ein kleines Häufchen des K.Kdt. Osterode Verteidigungsstellungen. Eine Gruppe von 20 Mann unter Führung eines Leutnants und eines Unteroffiziers bezieht Sicherung am Waldrand zwischen der R 241 nach Dorste und dem Sedanturm und eine Gruppe von 25 Mann unter Führung eines Feldwebels geht an der Herzberger Straße in Stellung. In der Stadt hat man die drei Sösebrücken zur Sprengung vorbereitet. Auch die Sprengung der Sösetalsperre[96] haben die Verteidiger in Erwägung gezogen. Außerdem hat der örtliche Volkssturm, dessen Kampfkraft gleich Null ist, an verschiedenen Punkten der Stadt Posten bezogen.[97] Erst kurz vor Eintreffen der Amerikaner werden die Verteidiger durch die Nachhuten der, in den Harz zurückweichenden, Kräfte der 11. Armee an einigen Punkten unterstützt. Ab 14.20 Uhr schlagen die ersten amerikanischen Artilleriegranaten in Osterode ein. Der Beschuss setzt sich im Tagesverlauf fort, wobei zwölf Gebäude zerstört werden.[98]

Bis zum Abend haben sich die Truppen des Stellv. IX. AK auf der Linie Herzberg - Bad Lauterberg - Bad Sachsa - Ellrich – Ilfeld zurückgezogen.[99] Letzte Wehrmachtssoldaten verlassen Nordhausen. Die Reste des Schtz.Rgt. v. Hirschfeld der K.Gr. Worgitzki, dem sich eine Gruppe Luftwaffensoldaten aus Nordhausen angeschlossen hat und einige Flakgeschütze gehen in Zorge in Stellung. Die Reste der H.Pi.Brig. 688 gehen bis auf zwei Kompanien, die bei der K.Gr. bleiben, aus der Unterstellung unter die K.Gr. Worgitzki heraus und werde der 326. VolksGrenDiv unterstellt.[100] Die Pz.Abt. 44, die nachwievor der K.Gr. Worgitzki unterstellt ist und nur noch über etwa zehn Sturmgeschütze verfügt, zieht sich in den Oberharz zurück.[101] Eine Gruppe SS-Angehöriger, die vermutlich zum SS-Rgt. Braunagel gehören, besetzt die Harzer Werke.[102] Im Raum Scharzfeld – Bad Lauterberg versammeln sich die Reste der 5. FschJgDiv in Stärke von etwa drei Kompanien. Die Kompanien werden unter Führung des Kommandeurs des Fsch.Jg.Rgt. 15, Ritterkreuzträger Maj. Rudolf Berneike gestellt, der gleichzeitig zum K.Kdt. von Bad Lauterberg ernannt wird. Während sie sich zur Verteidigung einrichten, sprengen Pioniere des Fsch.Pi.Btl. 5 nördlich von Bad Lauterberg einige Brücken, um den Vormarsch der Amerikaner aufzuhalten.[103]

Beim LXVII. AK versucht Gen. Hitzfeld im Tagesverlauf seine verstreuten Truppen zu ordnen und eine schwerpunktmäßige Verteidigung aufzubauen. Dafür gliedert er den Korpsabschnitt in den Abschnitt „A“, Südrand des Oberharzes ausschließlich Herzberg bis ausschließlich Nordhausen; den Abschnitt „B“, Nordhausen – Sondershausen, und den Abschnitt „C“ entlang des Höhenzuges der Schmücke. Der Raum südlich des Waldgürtels der Hainleite und Schmücke soll lediglich überwacht werden.[104]

Jetzt stehen die amerikanischen Truppen vor den Toren Nordhausens, oder besser gesagt, vor den Ruinen der Stadt. In der völlig zerstörten Stadt, in der noch Tage nach dem Ende der verheerenden Bombenangriffe die Explosionen von Zeitzünderbomben zu hören sind und Brände flackern, ist das Leben fast vollständig zum Erliegen kommen. Nur wenige versuchen in der Trümmerwüste ihr Hab und Gut und die Toten zu bergen. Zu groß ist die Bedrohung durch Tiefflieger. Die Masse der Verwaltungseinrichtungen und Parteidienststellen hat sich abgesetzt und auch die Polizei und die Angehörigen des Marineoberkommandos West sind abgerückt. Und mit ihnen der Oberbürgermeister und sein Polizeichef. Als letztes Überbleibsel ihrer Herrschaft bleibt nur ein Aufruf zum unbedingten Durchhalten, der an diesem Tag in der letzten Notausgabe des „Südharz Kurier“ erscheint und von Kreisleiter Hans Nentwig, Landrat Wolffersdorff und Dr. Meyer unterschrieben ist. Gemeinsam setzen sie sich mit dem Stab des Kreisleiters unter dem Schutz der, von Dettmann geführten, Nordhäuser Polizei, der sich auch die Nordhäuser Feuerschutzpolizei anschließen muss, erst nach Ilfeld ab, wo sie im ehemaligen Prämonstratenserkloster, der späteren N.P.E.A., Quartier beziehen.[105] In Ilfeld hatte Kreisleiter Nentwig bereits am 5. April die Villa Guillaume bezogen, um von hier aus die Verteidigung des Kreises Nordhausen-Südharz zu organisieren.[106] Von Ilfeld aus, geht es am nächsten Tag nach Benneckenstein und weiter nach Stiege. Bereits unterwegs beginnt die Auflösung. Als einer der ersten setzt sich Dettmann ab, so dass Polizei-Hauptwachmeister Hugo Kieser die Führung der Polizei übernehmen muss. In Stiege löst sich die Gruppe endgültig auf. Während Nentwig untertaucht, werden Teile der Polizei in die dort liegenden Kampfverbände eingegliedert, andere schlagen sich durch den Harz nach Hause durch.[107] Über den Verbleib des Marinestabes, der unmittelbar nach seiner Flucht aus Nordhausen in einer Tierzuchtfarm am Großen Rappenberg untergekommen war, gibt es keine Angaben. Bis zum Ende der Harzkämpfe gehen an verschiedenen Stellen im Harz Marineangehörige in amerikanische Gefangenschaft.[108]

Inzwischen wartet die Bevölkerung, die mittlerweile zu Tausenden in den Stollen des Kohnstein Schutz und Unterkunft gefunden hat, auf das Einrücken der Amerikaner.[109] Doch diese dringen in der Nacht nicht in die Stadt ein.

Auf dem Gefechtstand in Riefensbeek stimmt der Stab des AOK 11 den Verteidigungsplänen von Hitzfeld zu. Auch der OB West, der in der Nacht auf dem Gefechtstand des AOK 11 erscheint, billig Hitzfelds Vorhaben. Den Hinweisen des Stabes, dass die Armee auf keinen Fall den Auftrag zur Harz-Verteidigung erfüllen kann und die 12. Armee zu spät kommen würde, widerspricht Kesselring jedoch energisch und verspricht die Zuführung neuer Kräfte. Als Sofortmaßnahme befiehlt er die Unterstellung von einigen 100 Angehörigen der 9. und 116. PzDiv, die im Raum Altenau zur Auffrischung stehen, unter die 11. Armee.[110] Dafür soll das LXVI. AK die s.Pz.Abt. 507 an die 12. Armee abgeben.[111]

Bei der 9. PzDiv handelt es sich um die Reste der Division, die dem Ruhrkessel entkommen waren, und aus denen Hptm. Hagmüller nahe Göttingen eine K.Gr. gebildet hatte. Im Harz hatte sich Hagmüller dem „K.Kdt. Harzgebiet“ unterstellt. Dort übernimmt Maj. Gerd von Born-Fallois. Fallois, der eigentlich der Pz.Aufkl.Lehr.Abt. 130 der PzLehrDiv. angehört und sich im Reservelazarett Clausthal-Zellerfeld befindet, kurz darauf die Führung dieses, als K.Gr. Fallois bezeichneten, Verbandes. Ihnen schließt sich eine kleine K.Gr. unter August Graf Kageneck der Pz.Aufkl.Lehr.Abt. 130 an, der mit zwei 8-Rad-Panzerspähwagen und einigen Lastwagen dem „Ruhrkessel“ im Raum Paderborn entkommen war.[112] Hinzu kommt in den folgenden Tagen die I./Pz.Rgt. 33. 20 Kommandanten und 20 Fahrer der I./Pz.Rgt. 33 hatten Anfang April 1945 in Burg bei Altengrabow eine unbekannte Anzahl von PzKpfw IV übernommen und sollten zur Neuaufstellung der Division in den Raum Erfurt verlegen. Auf Grund der Lageentwicklung wurden sie aber im Landmarsch in den Harz geschickt, wo sie am 8. April im Raum Wernigerode eintrafen. Diese Panzer gehen bei Drei-Annen-Hohne, Schierke und Elend in Stellung. Die II./Pz.Rgt. 33, die nach Chemnitz in Marsch gesetzt worden war, um dort Panzer zu empfangen, wurde noch vorher umgeleitet und kommt ohne Panzer im Raum Berlin zum Einsatz.[113] Bei der 116. PzDiv handelt es sich um die bereits beschriebene K.Gr. unter Führung des Maj.d.R. Graf von Brühl, deren vorgeschobene Sicherungen bei Osterode-Freiheit stehen.[114]

In der Nacht zum 11. April trifft mit dem Vorkommando des Stabes des AOK 12 und Teilen der InfDiv „Potsdam" der erste Teil der, am Anfang der Aufstellung befindlichen, 12. Armee in Blankenburg im Harz ein.[115] Die InfDiv „Potsdam" war unter dem Kommando des Kommandeurs der Infanterieschule Döberitz, Oberst d.R. Erich Lorenz[116], als 85. InfDiv aus dem Divisionsstab, der Na.Abt. und dem Vers.Rgt. der 85. InfDiv, Teilen des Volks.Art.Korps 412, der Pz.Jg.Kp. 1185, der 3. (Fla)Kp. 185, den Resten der InfRgt'er 1053, 1054 und 1064 und Angehörigen von Offiziersnachwuchslehrgängen verschiedener Schulen aufgestellt worden, und wurde daher auch als „Fahnenjunker-Division" bezeichnet. Lorenz hatte aus ihnen die GrenRgt'er 1053, 1054 und 1064 mit je zwei Bataillonen, ein Art.Rgt., eine Pz.Jg.Abt., ein Füs.Btl., ein Pi.Btl., eine Na.Abt., ein Vers.Rgt. und ein Felders.Btl. gebildet, die ebenso wie die Division in „Potsdam" umbenannt wurden, die GrenRgt'er erhielten die Bezeichnung Gren.Rgt. „Potsdam 1", „Potsdam 2" und „Potsdam 3".

Als erste aufgestellte Division der 12. Armee war sie ursprünglich dafür vorgesehen, den Raum zwischen Harz und Saale zu sichern, doch aus Mangel an verfügbaren Kräften erhielt sie den Auftrag, das zukünftige Aufmarschgebiet der 12. Armee im Raum Blankenburg zu sichern. Aber nicht alle Verbände erreichen den Harz. Über den genauen Verbleib der Verbände und Einheiten der Division liegen leider nur wenige bestätigte Informationen vor. So wurde das I. Bataillon des Gren.Rgt. „Potsdam 3", das am 8. April mit Eisenbahntransport in Richtung Harz in Marsch gesetzt wurde, gemeinsam mit Teilen des Regimentsstabes unter dem Kdr. Gren.Rgt. „Potsdam 3", Maj. Schwieger, bei Barby ausgeladen und in die Elbe-Verteidigung der InfDiv „Scharnhorst" eingegliedert.[117] Nur das II. Bataillon des Gren.Rgt. „Potsdam 3" erreicht den Harz. Ähnlich geht es Teilen des Gren.Rgt. „Potsdam 2" und dem Pi.Btl. „Potsdam". Sie werden noch auf dem Transport in die InfDiv „Hutten" eingegliedert.[118] Nur der Regimentsstab unter Oberst Fritz Grassau und mindestens eines seiner Bataillone trifft am 12. April im Harz ein. Auch das Gren.Rgt. „Potsdam 1" scheint sein Ziel nur mit Teilen erreicht zu haben.[119] Außerdem trifft zwischen dem 9. und 12. April das Füs.Btl. „Potsdam", Teile des Art.Rgt. „Potsdam" und des Vers.Rgt. sowie die Divisions-Kampfschule ein. Die Division bezieht Stellungen im Raum Wernigerode – Blankenburg – Thale – Quedlinburg. [120]

Die 7. Armee wechselt von der Unterstellung unter die H.Gr. G unter die direkte Befehlsgewalt des OB West, GFM Kesselring, dem bereits die 11. Armee für den Kampf in Mitteldeutschland unterstellt ist. Trotz der aussichtslosen Lage hat die Führung des Dritten Reiches noch immer die Hoffnung auf eine Wende nicht aufgeben. Joseph Goebbels schreibt an diesem Tag in sein Tagebuch: *„Der Führer muss jetzt so schnell wie möglich unsere Offensive im thüringischen Raum einleiten, damit wir überhaupt wieder Atem schöpfen können.“*[121]

Kriegstagebuch des OKW/WFSt vom 11. April 1945: *Es gelang dem Gegner, bis in den Harzraum vorzudringen... Von der 11. Armee wegen Stellungswechsel keine vollständigen Meldungen. Von Mühlhausen kam der Feind bis in den Raum Nordhausen voran... Abklingen der Kämpfe im Eichsfeld.*

Geheime Tagesberichte der Wehrmachtsführung vom 11. April 1945:

AOK 11, LXVI. AK: *Im Vorstoß nach Osten durchfuhr der Feind mit Panzerkräften Halberstadt und ist im weiteren Vorstoß auf Quedlinburg. Am Nordrand des Harzes drang der Gegner über Goslar, Bad Harzburg bis Wernigerode vor und befindet sich unbestätigt in Blankenburg. Mit Infanterie griff der Feind über Lautenthal ... an.*

AOK 11, Stellv. IX. AK: *Starker Feinddruck bei Bad Lauterberg.*

AOK 11, LXVII. AK: *Im Raum Nordhausen ist die Lage ungeklärt.*

Am **Mittwoch**, dem **11. April 1945** beginnt auf breiter Front der Großangriff der 12th AGr in das industrielle Herz Mitteldeutschlands und zur alliierten Haltelinie entlang der Elbe und Mulde. Im Bereich der 9th US Army bewegt sich beim XIII. US Corps die 5th US AD in Richtung Elbe. Beim XIX. US Corps fährt das CCB der 2nd US AD unter Brig.Gen. Sidney R. Hinds im Eilmarsch zur Elbe südlich von Magdeburg. Als Teile des CCB bei Schönebeck die Elbebrücke erreichen, wird diese gesprengt. Aufklärungskräfte dringen am späten Nachmittag in den westlichen Randbezirk von Magdeburg ein. Andere Verbände des Corps beginnen den Angriff westlich von Braunschweig und besetzen den Flugplatz und den Westteil der Stadt.

Beim RCT 329 der 83rd US InfDiv erreicht das 1./329 um 08.00 Uhr im Abschnitt des Stellv. VI. AK Bad Harzburg. Dort kommt ihnen der Standortkommandant, Oberstarzt Dr. Hanns Attwenger, mit der weißen Fahne entgegen und übergibt die Stadt kampflos, die am Morgen mit dem Reservelazarett I und II zur Lazarettstadt erklärt worden war.[122] Die, in der Nähe von Bad Harzburg befindliche, Luftmunitionsanstalt 4/IV Stapelburg im Schimmerwald war in der Nacht zuvor durch deutsche Pioniere gesprengt worden, wobei es zu schweren Schäden in den umliegenden Ortschaften gekommen war.[123] Das 2./329 rückt von Harlingerode nach Osten über Langeln vor und befreit gegen 14.00 Uhr (B) bei Derenburg eine Kolonne von 700 britischen und amerikanischen Kriegsgefangenen. Dann erreicht das 3./329 unter Lt.Col. John C. Speedie von Vienenburg aus den Nordteil von Halberstadt und das 2./329 unter Lt.Col. Granville A. Sharp dringt um 16.30 Uhr (B) von Südwesten in die Stadt ein.

Die alte Domstadt Halberstadt, das „Tor zum Harz“, ist seit 1623 ununterbrochen Garnisonsstadt. Doch als die amerikanischen Truppen die Stadt erreichen, sind die letzten deutschen Truppenteile der Garnison abgerückt oder haben längst aufgehört zu bestehen. Nachdem die Fronttruppenteile mit Kriegsbeginn 1939 abgerückt waren, beherbergten die Kasernen hauptsächlich Ersatztruppenteile. Aber auch diese haben die Stadt verlassen. Das Inf.Ers.Rgt. 561 der Div. z.b.V. 471 wurde im Frühjahr 1945 nach Magdeburg verlegt und das Gren.Ers.Btl. 12 war Ende März 1945 als Gren.Ausb.Btl. 12 mobilgemacht und im Rahmen der „Ostgoten“-Bewegung an die Ostfront verlegt worden. Das Fsch.Jg.Ers.u.Ausb.Rgt. 1 der Fsch.Jg.Ausb.u.Ers.Div., das mit den Stab und den Fsch.Jg.Btl. 2 bis 4, dem Btl. 1 in Quedlinburg und dem Fsch.Jg.Genes.Btl. 1 in Aschersleben im Januar 1945 in Halberstadt wiederaufgestellt wurde, hatte Anfang April 1945 den Standort verlassen. Das Regiment kommt ab dem 14. April 1945 mit 4500 Mann im Raum zwischen Berlin und der Oder bei der Verteidigung der Reichshauptstadt zum Einsatz.[124] Das Fsch.Jg.Genes.Btl., das man Anfang April 1945 mit der Bahn über Stendal nach Halberstadt verlegt hatte, hatte sich mit Masse bereits auf dem Marsch aufgelöst. Die Reste, die am 8. April 1945 Halberstadt erreicht hatten, waren in die Verteidigung außerhalb der Stadt eingegliedert worden und kommen später zersprengt im Harz zum Einsatz.[125] Über den Verbleib des Lds.Schtz.Btl. 718, des Bau.Ers.Btl. 11 und des Bau.Pi.Ers.Btl. 11gibt es keine Informationen, aber sie sind wahrscheinlich in der Harz-Verteidigung aufgegangen oder haben sich beim Heranrücken der Amerikaner aufgelöst oder ergeben. Gleiches dürfte für die Angehörigen des Wehrbezirkskommandos und des Wehrmeldeamtes Halberstadt sowie der Versorgungseinrichtungen der Wehrmacht in der Stadt gelten. So bleibt Halberstadt weiteres Leid erspart, denn ein alliierter Bombenangriff hatte am 8. April 1945 bereits die gesamte historische Innenstadt ausgelöscht.[126] Bei dem Angriff von 218 B-17 Bombern der 8th USAAF waren etwa 3000 Menschen ums Leben gekommen, 8000 Wohnungen wurden zerstört und 1500 schwer beschädigt.[127]

Südlich der Stadt stoßen die amerikanischen Truppen auf das KZ Außenlager Langenstein-Zwieberge, in dem sie zirka 2000 kranke und tote Häftlinge vorfinden. Es ist eines von zwei Arbeitskommandos des KZ Buchenwald im Raum Halberstadt, deren marschfähige Insassen die SS zuvor evakuiert hatte. Das Arbeitskommando Halberstadt der Junkers Flugzeug- und Motorenwerke AG hatte man Anfang April Richtung Buchenwald in Marsch gesetzt und die Häftlinge des Arbeitskommandos Langenstein-Zwieberge, die bei der Malachit AG im Straßen- und Stollenbau, im Arbeits- und Erziehungslager der SS „Molkengrund Ost II“ für die Junkers Flugzeug- und Motorenwerke AG und beim „Sonderkommando Dax“ des SS-Führungsstab B 2 zum Einsatz kamen, wurden am 5. April 1945 in sechs Marschblöcken zu je 500 Mann über Quedlinburg Richtung Osten in Bewegung gesetzt. Die Überlebenden dieser Todesmärsche werden später von amerikanischen und russischen Truppen befreit.[128]

Oben: Abtransport von kranken Häftlingen aus dem KZ Langenstein-Zwieberge
Unten: Ein Angehöriger des XIX. US Corps besichtigt am 18. April 1945 die Leichen getöteter Häftlinge Fotos: National Archives

In Langenstein-Zweiberge beginnen die amerikanischen Truppen sofort damit, sich um die kranken und halb verhungerten KZ-Häftlingen zu kümmern. Da jedoch in der Zwischenzeit der Befehl eintritt, den Angriff zur Elbe fortzusetzen, wir die Betreuung den zur Hilfe gerufenen Sanitätseinheiten der 9th US Army und des Corps überlassen.

Dann setzt das RCT 329 den Vormarsch fort. Bis 20.15 Uhr (B) erreicht das 3./329 Gröningen, wo es durch starken Widerstand aufgehalten wird und das 2./329 hält in Wegeleben. Das 1./329 erreicht nach der Säuberung von Bad Harzburg Halberstadt und säubert die Umgebung der Stadt.

Das 2./330 erhält vom Regtl.CP in Seesen den Befehl, sich im Raum Oker zu versammeln, um den Angriff von Oker und Bad Harzburg nach Süden aufzunehmen. Nur langsam rücken die Co. G von Oker und die Co. E von Bad Harzburg entlang der Gebirgsstraßen nach Süden vor. Vor diesem Angriff ziehen sich die dort sichernden Teile des Lw.Btl. Oesau zurück.[129] Trotz Unterstützung mit einem Plat. der Co. F, die als Reserve in Oker bleibt, und Panzerjägern, kommt der Vormarsch nicht voran. Die Co. B, 1./330 setzt den Angriff auf Lautenthal fort und besetzt nach Beschuss gegen 08.00 Uhr den Ort. Bei den Kämpfen verlieren mindestens 12 deutsche Soldaten ihr Leben.[130] Die Co. A und C, 1./330 nehmen um 14.00 Uhr (B) Wildemann und die Co. B sichert im 19.00 Uhr (B) Hahnenklee. In der Abenddämmerung führt die K.Gr. Graf v. Brühl, die ihre Sicherungen am Morgen von Osterode-Freiheit nach Clausthal-Zellerfeld zurückgenommen und tagsüber die Straße Goslar - Clausthal-Zellerfeld gesichert hat, einen Gegenangriff, unterstützt von zwei PzKpfw V „Panther", in Richtung Bockswiese-Lautenthal. Nach einem kurzen, aber heftigem Gefecht ziehen sie sich wieder nach Clausthal-Zellerfeld zurück.[131] Der „Panther" von Oblt. Schmidt wird abgeschossen, wobei Schmidt und sein Ladeschütze verwundet werden. Dafür wird ein erbeuteter amerikanischer Panzer M-24 mitgenommen.[132] Das RCT 330 meldet *„einen PzKpfw IV und zwei Halbkettenfahrzeuge"* als zerstört und eine große Anzahl an Gefangenen, unter denen sich *„Angehörige der 116. PzDiv"* befinden.

Die Co. I, 3./330 geht nach Goslar, wohin auch der Regtl.CP verlegt, und die Co. K löst die TF Biddle, 113th CavGp, in Ilsenburg ab. Am Abend geht der Tp. C, 113th CavRcnSq und die Co. C, 643rd TD Bn aus der Unterstellung.

Das RCT 331 kehrt um 12.00 Uhr (B) unter die Kontrolle der Division zurück. Zur gleichen Zeit wird das 1./331 alarmiert und fährt in die Umgebung von Goslar, wo es sich gegen Mitternacht versammelt. Das 2./331 verbleibt in Sibbesse, wo es um 18.00 Uhr (B) mit Lastwagen nach Langenstein, südlich von Halberstadt fährt. Dort startet es in den frühen Morgenstunden des 12. April den Vormarsch bis Nienburg an der Saale, nördlich von Bernburg.

Panzer der 83rd US InfDiv im Raum Goslar, Bad Harzburg, Ilsenburg
Fotos: National Archives

Oben: Die Kolonne der 83rd US InfDiv wird von befreiten Zwangsarbeitern begrüßt
Unten: Erbeutete russische 152mm Kanonenhaubitze 1937 der Wehrmacht bei Oker
Fotos: National Archives

Das 3./331 unter Maj. Seller geht um 07.30 Uhr (B) nach Goslar zur Unterstellung unter die TF Biddle, 113th CavGp. Die Task Force, ohne die 125th CavRcnSq, den Tp. C, 113th CavRcnSq in der CorpsRes und den Tp. C, 113th CavRcnSq beim RCT 330, soll mit Unterstützung des 25th FA Bn die rechte Flanke der 2nd US AD sichern und Ilsenburg, Drübeck, Darlingerode und Wernigerode einnehmen. Um 12.30 Uhr (B) beginnt die TF Biddle mit dem Vormarsch und besetzt ohne Widerstand Ilsenburg und Drübeck. In Ilsenburg kommt ihnen der Chefarzt des Lazaretts, Dr. Blick, entgegen und übergibt die Stadt, bevor der erste Schuss fällt.[133] In Drübeck hatten sich die Verteidiger kurz vor den Amerikanern aus dem Ort zurückgezogen. Um 16.00 Uhr (B) geht es weiter nach Wernigerode. In Darlingerode kommt es zu kurzen Kampfhandlungen, bei denen einige deutsche Soldaten getötet werden.[134] Dann erreichen die Männer mit dem roten Pferd auf dem Ärmelabzeichen ohne weitere Probleme Wernigerode.

Hier war am Abend des 9. April Oberst Gustav Petri, Kommandant des rückwärtigen Armeegebietes 517 der 15. Armee[135], mit Resten von Versorgungseinheiten eingetroffen und hatte mit seinem Stab im Haus „Sonneck“ und im Hotel „Stadtgarten“ Quartier bezogen. Der erste Auftrag von Petri bestand darin, zurückgehende und versprengte deutsche Soldaten aufzufangen um sie der „Harz-Verteidigung“ zuzuführen. Als er sich 10. April telefonisch beim K.Kdt. Harz in St. Andreasberg gemeldet hatte, hatte ihn dieser kurzerhand als ranghöchsten Offizier in Wernigerode zum K.Kdt. der Stadt ernannt und ihn mit der Verteidigung der Stadt beauftragt. Doch Petri, der bereits vorher von Bürgermeister v. Fresenius aufgefordert worden war, die Stadt um keinen Preis zu verteidigen, hatte in Anbetracht der Aussichtslosigkeit einer Verteidigung und der großen Anzahl von Verwundeten und Kranken in den 28 Einrichtungen des Reservelazaretts der Stadt, den Befehl verweigert. Dafür wird er am Morgen des 11. April verhaftet und zum Gefechtsstand des AOK 11 in Riefensbeek gebracht. Bei dem Ort Elend wird er und zwei seiner Begleiter noch am gleichen Tag durch den Sicherungszug des AOK 11 als Vaterlandsverräter standrechtlich erschossen. Als neuer K.Kdt. wird Maj. Achilles eingesetzt. Damit droht der Stadt ernsthafte Gefahr. Doch zum Glück haben die meisten deutschen Truppen die Stadt verlassen. Auch die Fallschirmjäger des Fsch.Jg.Genes.Btl. aus Halberstadt, die einige Tage zuvor in der Stadt angekommen und in die Verteidigung eingegliedert worden waren, sind aus der Stadt abgerückt. Der Volkssturm, zu dem auch das 3. HJ-Panzerjagdkommando des Wernigeröder HJ-Bann 165 Harz-Bode gehört, hat sich aufgelöst

Gedenktafel am Marktbrunnen von Wernigerode
Foto: J, Möller, 2011

und war nach Hause gegangen. Dennoch werden einige der Jugendlichen später in der Stadt aufgegriffen und gefangengenommen.[136] Nach einem kurzen Feuerwechsel und zwei Warnschüssen der amerikanischen Panzer, die drei Einwohner töten, wird die Stadt ohne Kampfhandlungen besetzt. In der Stadt kommen ihnen Parlamentäre mit der weißen Fahne entgegen und übergeben die Stadt. Wernigerode ist gerettet.[137] Um 20.00 Uhr (B) wird die Stadt als gesäubert gemeldet. Dabei finden die Amerikaner verschiedene Einrichtungen von Interesse. So unter anderem das 1937 eröffnete Heim Lebensborn e.V. „Harz" des Sippenamtes des Rasse- und Siedlungsamtes (RuSHA) der SS, das vor dem Eintreffen der Amerikaner geräumt wurde. Die Kinder, die den „rassischen und erbbiologischen" Nachwuchs der Herrenrasse bilden sollten, sind evakuiert.[138] In einem Gefangenenlager in der Stadt befreien die Infanteristen des 3./331 etwa 200 bis 300 britische Kriegsgefangene.

Für die Häftlinge des KZ Außenkommandos Rautal-Werke GmbH Wernigerode, Werke Hasserode, des KZ Buchenwald südlich der Stadt kommen sie jedoch zu spät. Noch während die amerikanischen Truppen Wernigerode erreichen, erfolgt deren Evakuierung. Die Häftlinge gehen auf einen zweiwöchigen Marsch nach Leitmeritz, wo die Überlebenden am 9. Mai 1945 von russischen Truppen befreit werden.[139]

Einer Katastrophe entgeht Wernigerode möglicherweise nur knapp. Die nahegelegene, 1936 erbaute, Zillierbachtalsperre, die dank einer guten Tarnung bisher von gefährlichen Bombentreffern verschont worden war, sollte nach mehrere Berichten im letzten Moment durch eine, auf der Schachtanlage Büchenberg befindliche, SS-Einheit gesprengt werden, wozu es jedoch nicht kam. Nach dem Bericht des ehemaligen Staumeisters Wilhelm Hofmeister soll der Angestellte der Wasserwerke Becker, der mit dem Staumeister Rudolf und dessen Familie in einem Haus vor der Sperrmauer wohnte, die Gefahr erkannt und die amerikanischen Truppen in Ilsenburg über den Lagerort des Sprengstoffes in einem Kilometer Abstand von der Staumauer informiert haben. Daraufhin soll es der amerikanischen Artillerie gelungen sein, das Sprengstofflager durch gezielte Schüsse zur Explosion zu bringen.[140] Diese Tat soll die Sprengung verhindert haben. Das Sprengstofflager war jedoch wahrscheinlich ein Munitionslager der SS, welches diese selbst sprengte.[141]

Das XVI. US Corps setzt im Zusammenwirken mit dem XVIII. US Corps (Airborne) und dem III. US Corps der 1st US Army die Zerschlagung des „Ruhrkessels" fort. Die freiwerdende 9th US InfDiv wird dem VII. US Corps für den Kampf um den Harz unterstellt.

Südlich der Trennungslinie zwischen der 9th und 1st US Army für den Harz-Kampf, die von nördlich Clausthal-Zellerfeld über den Brocken und Quedlinburg bis Dessau verläuft, nimmt im Abschnitt der 1st US Army am Morgen das V. und VII. US Corps den, für nur wenige Stunden unterbrochenen, Angriff wieder auf. Während der

Brig.Gen. Hickey
Foto: NARA

Großteil der Verbände von Brig.Gen. Doyle O. Hickey's 3rd US AD des VII. US Corps Nordhausen angreifen, führen andere Teile der Division und die RCT der 104th US InfDiv die Säuberung des Südharzes fort.

Die 3rd US AD beginnt um 04.30 Uhr (B) den Angriff auf Nordhausen mit der TF Lovelady des CCB. Um 05.00 Uhr (B) setzen sich auf den Werther'schen Höhen die Panzer in zwei Gruppen in Bewegung. Eine Gruppe rollt über Feldwege Richtung Steinbrücken. Auf der R 4 formieren sie sich zum Angriff und rollen Richtung Stadt. Mit den Panzern rücken die Infanteristen des 2./414 mit der Co. F auf der Linken und der Co. G auf der Rechten vor. Nur wenige weiße Fahnen wehen an den Häusern, als sich die Kolonne langsam der Stadt nähert.[142] In dem Moment biegt ein Omnibus von links kommend auf die Straße zur Stadt ein. Sofort eröffnet der Spitzenpanzer mit dem Turm-MG das Feuer und der Omnibus kippt getroffen in den Graben. Schwer verletzt überlebt der Fahrer, der kurz darauf von amerikanischen Sanitätern behandelt wird.[143]

Noch wissen die Männer nicht, dass die Stadt unverteidigt vor ihnen liegt. Zum Glück für die stark mitgenommene Stadt haben sich auch die letzten „Verteidiger" rechtzeitig abgesetzt. Kurz nach dem Abmarsch der Ordnungspolizei und der NSDAP-Kreis- und Stadtleitung Richtung Harz hatte sich der Nordhäuser Volkssturm, der durch die Bombenangriffe ohnehin dezimiert ist, aufgelöst. Dieser bestand ursprünglich aus zehn Bataillonen unter Führung des Kreisschulrates Dr. phil. Paul Koch und dessen Stellvertreter, Oberstudienrat Hptm d.R. Rudloff, und war am 12. November 1944 unter großer Anteilnahme der Bevölkerung auf dem Neumarkt in Nordhausen vereidigt worden. Doch jetzt sind ihre Stellungen *„im Stürzetal, am Alten Friedhof, bei Wildes Hölzchen, in der Gampe, auf dem Holungshügel und an den Stadteingängen"* sowie *„an der Promenade, im Gehege und an der Zorge"*, soweit sie nicht schon bei den Bombenangriffen zerstört wurden, verlassen und leer.[144] Lediglich der 55jährige Oberstudienrat Sigurd Rudloffs stellt sich den Panzern entgegen, doch nicht, um zu kämpfen, sondern um die Stadt zu übergeben. Mit einer kleinen weißen Fahne und den Worten *„Ich bin im Augenblick der Kommandant der Stadt. Als Stellvertreter des Kommandeurs des Nordhäuser Volkssturms übergebe ich ihnen den Ort und erkläre, dass kein organisierter Widerstand geleistet wird. Meines Wissens befindet sich kein Offizier mehr in Nordhausen."* tritt er den Panzern der TF Lovelady an der Bahnunterführung der R 4 Richtung Sondershausen entgegen. Aufgefordert, auf dem ersten Panzer aufzusitzen, führt er die Panzer dieser Gruppe am Bahnhof vorbei über die Bahnhofstraße in die Stadt.[145]

Abgesessene Panzerinfanteristen und Infanteristen des unterstellten 414th InfRgt bewegen sich auf der, von Bombenkratern zerfurchten, Straße zur L.Na.S. in der Boelcke-Kaserne und den angrenzenden Flugplatz, den sie verlassen vorfinden. Eine Gruppe von Panzern rollt quer über das Rollfeld auf die Hangar zu.[146] Dort ergeben sich ihnen die letzten Angehörigen des Flugplatzkommandos A 35/IV unter Oblt. Horst Pechstein. Mit ihm ergeben sich *„138 Luftwaffenangehörige, 21 Luftwaffenhelferinnen und 28 Zivilbeschäftigte. Jene waren ältere Herren, die als Volkssturmmänner die Wachsoldaten für den Fronteinsatz ablösen mussten. Ein Großteil der Offiziere und Fliegersoldaten hatte sich am 11. April mit unbekanntem Ziel bereits abgesetzt."*[147]

Gegen 11.00 Uhr stoßen die Infanteristen in der schwer zerstörten Boelcke-Kaserne auf die Überlebenden des KZ „Mittelbau-Dora". Das Außenlager, das erst am 10. Januar 1945 als Krankenlager für das KZ „Mittelbau-Dora" eingerichtet worden war, liegt unbewacht vor den vorsichtig vorrückenden Infanteristen. Die Wachmannschaften aus älteren zwangsverpflichteten SS-Männern waren bereits bei den Luftangriffen geflohen und hatten die entkräfteten Häftlinge ihrem Schicksal überlassen.[148] Der Anblick, der sich den Infanteristen beim Betreten des Geländes bietet, übertrifft ihre schlimmsten Vorstellungen, zumal es für die Männer das erste Mal ist, dass sie auf ein solches Lager stoßen.

Die geborgenen Leichen der Häftlinge in der Boelcke-Kaserne vor dem Abtransport zur Beisetzung Foto: National Archives

Über das Vorgefundene findet sich in den Chroniken der beteiligten amerikanischen Verbände und den Augenzeugenberichten eine Vielzahl von teils widersprüchlichen Berichten. Eines haben sie jedoch alle gemeinsam, der Anblick der mehr als 1000 Leichen und der dazwischen befindlichen Überlebenden, die ebenfalls dem Tode näher sind als dem Leben, erschüttert die Männer zutiefst. Cpl. Seymour Zipper vom 329th Med Det. beschreibt das Gesehene so: *„Die 104th Timberwolf Division hatte viel gesehen bis wir Nordhauen erreichten, aber niemand wusste etwas von der Existenz von Konzentrationslagern. Als wir durch das Tor gingen, konnten wir sehen, dass die Gebäude zerbombt waren, Dächer waren eingestürzt und Schutt lag überall auf dem Platz. Aber was uns erschreckte und uns denken ließ, wir wären in der Hölle, waren die Stapel von Leichen. Manche Stapel waren drei bis vier Menschen hoch, einige nackt und andere in zerlumpten Kleidungsstücken. Selbst hartgesottene Soldaten schauten verwirrt auf diese furchtbare Szene.“*[149] Dieses Grauen wird sich für immer in die Erinnerungen aller Beteiligten einbrennen und wird nach einem ersten Moment tiefer Betroffenheit und Fassungslosigkeit in Wut umschlagen, die in den nächsten Tagen viele deutsche Kriegsgefangene, insbesondere Männer der Waffen-SS zu spüren bekommen. Als eine der ersten Reaktionen auf das Vorgefundene befiehlt Brig.Gen. Boudinot als Strafmaßnahme, dass die Stadt Nordhausen eine Woche lang von *„Angehörigen der Nationen, die mit Deutschland im Krieg stehen oder von Deutschland versklavt wurden“* geplündert werden darf.[150] Und davon werden die Tausende von befreiten Zwangsarbeitern ausgiebig Gebrauch machen.

Ein Plat. Infanterie der Co. E, 2./414 bewegt sich inzwischen aufgesessen auf einigen Panzern ostwärts nach Sundhausen und um 14.30 Uhr (B) ist der Ort gesichert. Eine zweite Gruppe der TF Lovelady rückt gegen 06.00 Uhr von Kleinwerther aus auf der R 80 in Richtung Stadt vor. Während Panzerinfanterie die angrenzende Siedlung und Gehöfte sichert, erreichen die Panzer gegen 07.40 Uhr (B) die Stadt. *„Am Eisenbahnübergang bellte das MG des ersten Wagens kurz auf. Ein deutscher Feldwebel krümmte sich unter dem blühenden Birnbaum in einem der kleinen Vorgärten über seiner Panzerfaust zusammen. Er kam nicht mehr dazu, die Waffe abzufeuern.“*[151] An der Siechenbrücke gibt es einen kurzen Halt, während Panzerinfanteristen die Straßen durchkämmen. Dann geht es stadteinwärts weiter.[152]

Col. Welborn
Foto: NARA

Parallel zur TF Lovelady startet um 05.30 Uhr (B) die TF Welborn den Angriff auf die nördlichen Stadtteile von Nordhausen. Als erstes nähern sich sechs Panzer der Hesseröder Gruppe querfeldein Salza. Andere fahren den Holungsbügel hinunter in den Ort, wo sie sich mit den anderen vereinigen. Weitere Fahrzeuge und Infanterie folgen. Gleichzeitig mit der Hesseröder Gruppe setzen sich auch die gepanzerten Fahrzeuge bei Hochstedt und Herreden in Bewegung. Die wenigen verbliebenen Volkssturmleute am Westrand von Salza verlassen fluchtartig ihre Schützenlöcher. Nur ein Hitlerjunge schießt am Herreder Berg mit einer Panzerfaust auf die Panzer und beschädigt einen Sherman. Dann dringen die Panzer und Infanterie unbehelligt in Salza ein und bewegen sich in Richtung des Flüsschens Zorge.[153] Um 06.00 Uhr (B) meldet Welborn, das seine Kräfte den Nordwestrand von Nordhauen erreicht haben. Bis 07.30 Uhr (B) ist das Stadtgebiet Nordhausen südlich und westlich der Zorge ohne Widerstand besetzt. Um 08.00 Uhr (B) stehen die Panzer an allen Brücken über die Zorge.[154] Die Panzer rollen in die Altstadt und besetzen den östlichen Teil der Mittelstadt und den Stadtausgang nach Leimbach. Selbst durch das enge Altentor rollen die Panzer Richtung Stadtzentrum. Dabei ergeben sich ihnen immer wieder vereinzelte Gruppen deutscher Soldaten. Eine Gruppe von drei Marinesoldaten, die an der Altendorfer Stiege versucht, Richtung Gehege zu fliehen, wird entdeckt und bei der Verfolgung wird einer der Matrosen im Keller des ersten Hauses am Kreuzen durch Handgranaten und MG-Feuer getötet. Die beiden anderen entkommen.[155] Um 12.00 Uhr (B) ist der Südteil von Nordhausen gesäubert. An der Stolberger Straße treffen die Männer der TF Lovelady mit den Truppen der TF Welborn zusammen, die bis 11.35 Uhr (B) den Norden des Stadtgebietes vom Gehege her ebenfalls ohne Widerstand gesichert hat. Etwa 200 deutschen Soldaten und verdächtige Personen, die der Stadt in Gefangenschaft geraten, werden im Sammellager Rotleinmühle zusammengeführt und später mit Lastwagen abtransportiert.[156]

Der Angriff kommt für diesen Tag zum Halten, denn erst muss Kraftstoff und vor allem die Infanterie zur Sicherung des besetzten Gebietes nachgeführt werden. Von befreiten ausländischen Fremdarbeitern erfahren die GI von einem nahegelegenen unterirdischen Objekt der SS. Gegen 11.00 Uhr fahren die Panzer von Salza auf den Kohnstein zu. *„Der Salzaer Bürgermeister kam ihnen am Sportplatz mit einem weißen Tuch entgegen. Er hatte sich kurz vorher mit einigen fanatischen SS-Leuten und dem Kommandeur, Oberst Gross, fast handgreiflich wegen deren Vorhaben auseinandergesetzt, die Stolleneingänge ohne Rücksicht auf die Tausende Flüchtlinge zuzusprengen. Hirl bot den Panzersoldaten die Übergabe der Stollenanlagen an.“*[157]

Jetzt liegt das Objekt unverteidigt vor den amerikanischen Soldaten. Die letzten Reste des „Sicherungskommando Groß“ haben sich Richtung Niedersachswerfen abgesetzt. Das Sich.Btl. unter Obstlt. Großkreutz war bereits am 7. April mit der SS in die Wälder bei Ilfeld abgerückt. Lediglich eine Gruppe von 25 Soldaten und Luftwaffenhelfern, die zu den Fla-MG-Besatzungen der östlichen Luftverteidigung des Kohnsteins gehören, ergeben sich den eintreffenden Amerikanern am Eingang der Stollen.[158] Ansonsten befinden sich nur noch Zivilisten in der Anlage. Die Häftlinge hatte man Anfang April in Todesmärschen über den Harz evakuiert. Die Arbeit in den Untertageanlagen ruht seit dem 2. April.[159]

Kampflos fällt den amerikanischen Truppen die gewaltige, unzerstörte, unterirdische Produktionsanlage der geheimen Raketenfabrik in die Hände. *„Von den ungeheuren*

Ausmaßen der unterirdischen Anlage können sich bis heute nur wenige Nordhäuser eine richtige Vorstellung machen. Die Deutsche Reichsbahn fuhr zweispurig in den 2,4 Kilometer langen Hauptstollen A... An einigen Stollen waren Kammern von der Größe eines Domes in den Berg gesprengt worden... zwischen den beiden Hauptstollen waren 46 Verbindungsstollen leitersprossenähnlich angeordnet... Jeder dieser hallenartigen Räume hatte eine Breite von 12, eine Höhe von 9 und eine Länge von 200 Metern."[160] Das die Produktionsanlagen unzerstört bleiben, ist unter anderem dem Leiter des Serienproduktionsausschusses der Mittelwerk GmbH. Albin Sawatzki zu verdanken, der ebenso wie weitere leitende Mitarbeiter der Mittelwerk GmbH den Evakuierungsbefehl für das Schlüsselpersonal und den Befehl zur Sprengung der Anlagen missachtet hatte, um diese intakt an die Amerikaner zu übergeben.[161] Sie werden am kommenden Tag in Niedersachswerfen von den Amerikanern verhaftet.[162]

Als zwei Tage später Angehörige der G-5 Abteilung der 104th US InfDiv das Werk inspizieren vermeldet der After Action Report: *„Bei einer Inspektion des Gebietes zwischen Nordhausen und Ellrich ergab sich, dass sich dort eine Anzahl großer Untergrundmunitionsfabriken mit Eingängen von beiden Seiten des Berges befanden. Zwischen den dort hergestellten Dingen befanden sich V-1 und V-2 Bomben und Flugzeugmotoren. Die Fabriken beinhalteten beste Ausrüstung, Maschinen, tausende von V-Flugkörpern und Teile der Flugkörper im Wert von Millionen Dollar. Die Fabriken waren nicht zerstört und die Elektrik, Ventilation und Telefonsysteme waren funktionsfähig."*

Soldaten besichtigen die V-1 Produktion in einem der unterirdischen Querstollen Foto: National Archives

Neben den Produktionsstätten für die V-1 und V-2 fallen den Amerikanern auch Produktionsanlagen des Geheimprogramms „Schildkröte“ in die Hände. Im Rahmen dieses Programms hatte man im Kohnstein mit dem Bau des Volksjägers Heinkel He 162 „Salamander“ begonnen. Zum geplanten Einsatz der Jäger vom Flugplatz Nordhausen war es jedoch nicht mehr gekommen. Die Amerikaner finden bei ihrem Eintreffen verschiedene Bauteile des Jägers vor dem Haupteingang des „C 1“-Stollens. Eine Produktionsstätte für die Strahltriebwerke im „Alten Stolberg“ bei Stempeda ist zu diesem Zeitpunkt noch im Bau.[163]

In der Umgebung des Kohnsteins kommt es zu einigen kleineren Zwischenfällen mit deutschen Nachhuten. So sprengt eine Nachhut des Sonderkommandos Groß vor den Augen der Amerikaner eine kleine Brücke über die Zorge am Fuß des Kohnsteins, als diese mit ihren Panzern auf Naglers Mühle zurollen. Bei Crimderode[164] sprengt eine Nachhut aus Wehrmacht und Waffen-SS und einigen Angehörigen des Volkssturms unter Führung des Ortsgruppenleiters der NSDAP die Felsenböschung gegenüber dem Zorge-Wehr der Jericho-Mühle und blockiert damit die Harzstraße. Zur geplanten Sprengung der Zorgebrücke kommt es nicht mehr. Nach der Sprengung zieht sich die Nachhut auf die Liethe zurück, wo sie erneut Stellungen bezieht. In der Zwischenzeit durchkämmt die amerikanische Infanterie die Siedlung in der Nähe der Mühle und eine Artilleriebatterie geht am Sportplatz in Stellung. Die Bewohner werden unter Drohungen aufgefordert, sich nach Rüdigsdorf zu begeben. Dann rückt Infanterie von Salza aus über die Brücke in der Ortsmitte vor und gerät unter starken Beschuss von der Liethe her. Dabei wird mindestens ein GI getötet. Auch unter den Bewohnern kommt es zu Opfern. Beim Durchkämmen der Häuser wird ein Bewohner durch die geschlossene Tür erschossen. Nachdem am späten Nachmittag ein Jagdbomber die deutschen Stellungen an der Liethe mit Bomben angreift, fliehen die Überlebenden Richtung Harz. Der Widerstand in diesem Abschnitt endet und am nächsten Tag räumt ein Räumpanzer das Geröll und Erdreich von der Straße.[165]

In Nordhausen erfolgt am Nachmittag die offizielle Übergabe der Stadt durch Stadtrat Franz Sturm, Revierhauptmann der Schutzpolizei Wilhelm Werrbach und Polizeimeister Karl Großmann im Gasthaus „Forsthaus“ im Gehege. Nach den Verhandlungen werden sie verhaftet und scharfen Verhören zur Boelcke-Kaserne unterzogen. Weitere Festnahmen folgen.[166]

Das CCR setzt um 06.00 Uhr (B) den Vormarsch fort. Die Spitze der TF Hogan trifft um 07.13 Uhr (B) auf eine Straßensperre an der Südkante des Waldes nördlich Bockelnhagen, die innerhalb von zehn Minuten beseitigt wird. In dem Waldgebiet gerät die Kolonne unter MG-Beschuss. Um 08.15 Uhr (B) nähert sich die Kolonne Bartolfelde, wo sich am Dorfrand Fallschirmjäger und SS mit Pak eingegraben haben. Nachdem der erste Panzer durch die Pak vernichtet wird, ziehen sie sich zurück. Um 09.15 Uhr (B) wird Luftunterstützung angefordert, auch die Artillerie nimmt den Ort unter Beschuss. Um 09.43 Uhr (B) greifen Jagdbomber der 365th Fighter Bomber Group „Hell Hawks“ des IX. TAC die deutschen Stellungen an. Die Verteidiger ziehen sich nach Bad Lauterberg zurück.[167] Bartolfelde wird durch die Infanteristen des 3./414 bis 10.10 Uhr (B) besetzt. Nach der Einnahme von Bartolfelde besetzt die TF Hogan bis 12.35 Uhr (B) Osterhagen und hält an. Um 14.00 Uhr (B) stellen Patrouillen den Kontakt zur TF Richardson an der Rechten her. Hogan erhält um 18.20 Uhr (B) den Befehl, dass das 3./414 aus der Unterstellung unter die 3rd US AD herausgeht und dafür das 3./47 der 9th US InfDiv nach Mackenrode herangeführt wird. Um 19.15 Uhr (B) verlegt die Task Force in einen Sammelraum bei Günzerode.

Die Kolonne der TF Richardson rollt über Stöckey, wo sie um 07.55 Uhr (B) auf Panzerabwehrfeuer trifft, und Limlingerode nach Tettenborn. Als die Vorhut Richtung Neuhof weiterfährt, gerät sie unter Beschuss durch zwei deutsche Panzer bei Neudorf, die sich anschließend sofort Richtung Walkenried zurückziehen. Um 12.08 Uhr (B) fordert Richardson Luftunterstützung an und bis 13.00 Uhr (B) ist Neuhof gesichert. Dort erfahren sie, dass sich eine Anzahl deutscher Soldaten am Bahndamm der Südharzbahn nordwestlich von Neuhof eingegraben haben. Daraufhin rollen die ersten Panzer der TF Richardson über Branderode, Obersachswerfen und Gudersleben nach Woffleben. In der Zorgeaue zwischen Woffleben und Niedersachswerfen treffen sie auf die kleine Panzergruppe der Sicherung des Kohnsteins, die hier in Stellung gegangen ist. Doch sie haben gegen die Sherman-Panzer keine Chance. Nach einem kurzen Gefecht sind die veralteten italienischen Beutepanzer ausgeschaltet. Aber auch die amerikanischen Truppen erleiden Verluste. Doch kaum hat sich die Kolonne wieder in Bewegung gesetzt, kommt sie erneut zum Stehen. Jetzt eröffnet eine Vierlingsflak auf dem Mühlberg das Feuer auf die Kolonne. Herangeführte 105mm Selbstfahrlafetten M 7 schalten die Flak mit einigen gezielten Schüssen aus. Dabei wird der 16jährige Flakhelfer Willibald Renner getötet. Um 12.43 Uhr (B) ergeben sich die letzten deutschen Soldaten des Verteidigungsbereiches „Kohnstein Nordseite“ unter Führung von Lt. Aut.[168] Am Abend fährt die Task Force in den Sammelraum des CCR, wo sie sich bis 22.30 Uhr (B) versammelt.

Das 83rd Armd Rcn Bn fährt nach der Einnahme von Nordhausen durch die Stadt nach Nordosten und besetzt Woffleben, Gudersleben und Obersachswerfen. Gegen 14.00 Uhr wird auch Ellrich erreicht. Um 15.35 Uhr (B) versammelt sich die Co. D, 83rd Armd Rcn Bn in Branderode. Am späten Abend hat sich das CCR im Raum nordwestlich von Nordhausen versammelt. Der CP entfaltet um 20.10 Uhr (B) in Günzerode. Nachfolgende Einheiten der 104th US InfDiv sichern die besetzten Orte. Die Co. D, die dem CCR unterstellt war, kehrt zum Bataillon zurück, dafür wird die Co. A, 83rd Armd Rcn Bn von Capt. McPike dem CCR unterstellt.

Angehörige der 3rd US AD vor dem „Kassler Hof“ in Nordhausen
Foto: National Archives, Licence CriticalPast 65675029077

Leichter M5 A1 Stuart Panzer der 3rd US AD in Nordhausen
Foto: National Archives, Licence CriticalPast 65675029077

Panzerinfanteristen der 3rd US AD vor dem Gehege in Nordhausen
Foto: National Archives

Soldaten der 3rd US AD im Gespräch mit befreiten Zwangsarbeitern
Foto: National Archives

Ein Melder der rückwärtigen Divisionseinheiten der 3rd US AD, der sich in Sundhausen in der Straße irrt und statt nach Nordhausen in Richtung Bielen fährt, findet den Ort feindfrei und mit weißen Fahnen gekennzeichnet vor. Er wendet seinen Jeep auf der R 80 und rast sofort zurück. Seine Meldung veranlasst Lt.Col. Lovelady mit Vorauskräften über die Hallesche Straße bis nach Bielen vorzustoßen und den Ort gegen Mittag zu besetzen.[169] Auf der R 80 klären sie weiter bis Görsbach und nördlich Auleben auf und errichten dort Vorposten für die Nacht. In den Wäldern der Windleite kommt es zu vereinzelten Gefechten. Am späten Abend ist der Raum Nordhausen vollständig von amerikanischen Truppen besetzt. Die Frontlinie der 3rd US AD verläuft *„von Woffleben über Niedersachswerfen, Crimderode, den nördlichen und östlichen Stadtrand nach Bielen, von dort nach Sundhausen und an der Helme entlang bis nach Auleben."*[170]

Beim CCA beginnt die TF Kane im ersten Tageslicht mit zwei Kolonnen den Angriff auf Osterode. Ein Angriff, dessen genauer Verlauf Fragen aufwirft, denn Osterode wird an diesem Tag von mehreren amerikanischen Verbänden parallel angegriffen. Der S-3 Offizier des 18th InfRgt, Maj. Edward W. McGregor beschreibt später in einem Gefechtsinterview für den After Action Report die Situation wie folgt: *„Die Kämpfe um den Harz begannen am 11.April unter schlechten Voraussetzungen, als gleich drei unterschiedliche Truppenteile die Aufgabe zugewiesen bekamen Osterode einzunehmen, ohne voneinander zu wissen. Dem 3rd Bataillon des 18th Regiments wurde die Aufgabe zugeteilt von Osten her zu kommen, während eine Squadron der Kavallerie und eine Kampfgruppe der 3rd US Armored Division von Süden und von Südosten kamen."*

In Wirklichkeit ist die Situation noch verwirrender. Im Abschnitt Osterode operieren am Morgen des 11. April 1945 auf engstem Raum die TF Kane der 3rd US AD aus dem Raum Elvershausen – Marke und Wulften – Schwiegershausen, das 2./18 aus dem Raum Katlenburg, das 3./18 der 1st US InfDiv aus dem Raum Lagershausen – Denkershausen, das 2./26 aus dem Raum Willershausen und die, der 1st US InfDiv unterstellte, 24th CavRcnSq der 4th CavGp aus dem Raum Katlenburg. Später erreicht das 1./414 der 104th US InfDiv, dass der 3rd US AD unterstellt ist, von Hardegsen über Northeim kommend, den Raum südlich von Osterode und folgt der TF Kane. Außerdem trifft am Morgen das 1./18 unter Lt.Col. Henry G. Learnard Jr. in Wulften ein, wo es um 12.40 Uhr (B) dem CCA unterstellt wird, aber nicht am Angriff auf Osterode teilnimmt.

Der Plan der TF Kane des CCA, 3rd US AD, der im After Action Report des VII. US Corps belegt ist, sieht für den Angriff vor, dass eine Kolonne Osterode von Süden aus dem Raum Schwiegershausen, und eine von Südwesten, von Elvershausen, angreifen soll. Diese Aufspaltung der Task Force in zwei Kolonnen war erforderlich geworden, da die Straßenbrücke der R 241 und die Eisenbahnbrücke über die Rhume in Katlenburg, die am Morgen des 10. April um 05.00 Uhr gesprengt worden waren, nachwievor unpassierbar sind und die Umgehungstrecke über Lindau durch rückwärtige Teile der 3rd US AD und nachfolgende Infanterie blockiert ist, so dass eine Vereinigung der Task Force für den Angriff unmöglich ist.

Die linke Kolonne der TF Kane verlässt mit den Aufklärern voraus Elvershausen und trifft wie am Vortag bei Marke auf Widerstand. Es gelingt den deutschen Verteidigern einen amerikanischen Spähpanzer mit der Panzerfaust abzuschießen. Weitere Fahrzeuge werden bei den Kämpfen zerstört. Der Vormarsch kommt zum Stocken. Jagdbomber der 365th Fighter Group der IX. TAC, die wieder in Vierergruppen die Bodentruppen unterstützen, kommen zum Einsatz. Erst dann wird der Widerstand überwunden. Bei den Kämpfen um Marke fallen sechs deutsche Soldaten.[171] Dann fährt die Kolonne weiter und meldet an der linken Flanke deutsche Panzer. Unwissend, dass dort die Truppen das RCT 18 der 1st US InfDiv angreifen, wird Luftunterstützung angefordert. Gerade noch rechtzeitig wird erkannt, dass es sich um eigene Panzer handelt. Dann schwenkt die Kolonne nach Osten zur Straße Dorste – Förste und fährt nach Dorste.

Die zweite Kolonne der TF Kane, die in der Nacht bei Schwiegershausen gehalten hat, beginnt am Morgen mit dem Angriff. Während Panzerinfanterie die nähere Umgebung von Schwiegershausen nach Widerstandsnestern absucht, rücken die Panzer unter Vermeidung der Straße Schwiegershausen - Osterode auf Osterode vor. Dabei entdecken sie bei Beierfelde einen Jagdpanzer „Jagdtiger" der s.Pz.Jg.Abt. 512 und es gelingt einem Panzer M4 Sherman „Firefly" ihn mit seiner 76,2mm-Kanone abzuschießen.[172] Es ist der „Jagdtiger", der in der Nacht von der R 243 nach Beierfelde befohlen wurde. Der zweite „Jagdtiger" war am Morgen wegen des Schadens an der Kanone nach Osterode gefahren und hatte dort den Befehl erhalten, sich nach der Reparatur in die Harzverteidigung einzugliedern.[173]

In der Zwischenzeit erreicht die Co. F, 2./18, die um 07.00 Uhr (B) Katlenburg verlassen hat, um ihr Ziel Schwiegershausen zu erreichen, aufgesessen auf den Panzern des 2nd Plat. Co. B, 745th Tk Bn und zwei Panzerjägern des 2nd Plat. Co. B, 634th TD Bn, über Lindau den Ort Wulften. Da die direkte Straße nach Schwiegershausen von den Panzern der TF Kane blockiert ist, fahren sie nach Dorste. Dort schwenkt die Kolonne nach Osten und trifft in der Nähe der südlichen Waldkante auf eine kleine Gruppe deutscher Infanterie, die sich fluchtartig in die Wälder absetzt. 12 Soldaten werden gefangen und vier bis fünf getötet.[174]

Gegen 10.00 Uhr gerät die Kolonne zwischen dem Wald und Schwiegershausen in das Visier eines getarnten deutschen PzKpfw VI „Königstiger" südlich von Ührde. Vier Sherman-Panzer und zwei M-10 „Wolverine" Panzerjäger werden von seinen Granaten getroffen. Zwei Sherman und zwei M-10 werden zerstört, ein weiterer Sherman beschädigt. Der einzige, nicht getroffene, Sherman-Panzer erwidert das Feuer, aber *„man konnte beobachten, dass die Granaten abprallten, was dem feindlichen Panzer erlaubte, sich zurückzuziehen"*.[175] Der S-3 Report des 745th Tk Bn schreibt:

„Platoon geriet in einen Hinterhalt eines versteckten deutschen Panzers. 3 Panzer brennen, einer wurde zerstört, einer wurde beschädigt. Einem verbliebenen Panzer gelang es mit Beschuss den feindlichen Panzer zum Rückzug zu zwingen, obwohl die Geschosse abprallten. Der verbliebene Panzer schleppte den beschädigten Panzer nach Schwiegershausen ab und fuhr dann mit Infanterie in die Nähe von Schwiegershausen".[176] In der Regimentschronik des 2./18 heißt es: *„Bei der Fortsetzung des Vormarschs eröffnete ein einzelner Panzer VI das Feuer und zerstörte vier gepanzerte Fahrzeuge des Bataillons. Obwohl mehrere direkte Treffer beobachtet wurden, gelang es ihm zu entkommen."*

Jetzt nimmt amerikanische Artillerie die Wälder nördlich von Dorste, wo am Vortag Angehörige des SS-Rgt. Holzer in Stellung gegangen sind, und die erkannte Stellung des „Königstigers" bei Ührde unter schweren Beschuss.[177] Als die ersten Granaten in den Baumwipfeln explodieren, ziehen sich die Verteidiger fluchtartig Richtung Osterode zurück.[178] Ein PzKpfw VI „Königstiger" der Waffen-SS, der am Vortag die Oder in Wulften durchwatet und anschließend in das Waldgebiet nördlich von Dorste gefahren war, wird „hinter der Straßenkurve" der Straße Dorste – Osterode *„qualmend und schmorend, Munition verschossen, Treibstoff verbraucht"* aufgegeben.[179] Der „Königstiger" südlich von Ührde zieht sich in das Dorf zurück, wo junge 16jährige Rekruten der Waffen-SS in Stellung gegangen sind. Von dort feuert er mehrere Granaten auf die amerikanischen Truppen in Schwiegershausen ab, von denen eine im Ort explodiert, einen Dachgiebel trifft und zwei Frauen leicht verletzt.[180] Dorfbewohnern gelingt es, die Besatzung zur Feuereinstellung zu bewegen. Weitere Versuche, die Verteidiger zum Abzug aus Ührde zu bewegen, werden mit der Androhung der Erschießung abgelehnt. Erst als ein amerikanisches Artilleriebeobachtungsflugzeug den Panzer entdeckt und Artillerie das Feuer auf den Panzer und die deutschen Stellungen im Ort eröffnet, setzt sich der „Königstiger" Richtung Osterode ab.[181]

Noch während die Co. F, 2./18 bei Dorste steht, erreichen die letzten Teile des 2./18 unter dem Kommando von Maj. Henry V. Middleworth von Northeim kommend Katlenburg, wo die Co. G, 2./18 bereits um kurz nach Mitternacht eingetroffen ist. Hier stauen sich noch immer die Truppen an der beschädigten Brücke. Also marschieren sie weiter auf der verstopften Straße über Lindau nach Wulften. Auf der gleichen Route bewegt sich auch der Tp. C, 24th CavRcnSq nach Wulften. Die 24th CavRcnSq, die von der 1st US InfDiv das Tagesziel Osterode hat, war ebenfalls bei ihrem Vormarsch an der beschädigten Brücke in Katlenburg aufgehalten worden. Während die Hauptkräfte auf die Reparatur der Pfeiler warten, um von dort über Dorste auf Osterode vorzurücken, macht der Tp. C einen Schwenk südwärts und überquert die Rhume in Lindau. Dann fährt er nach Wulften, durchwatet die Oder und erreicht so Dorste, wo die Co. F, 2./18 nordöstlich des Ortes im Kampf steht. Nördlich des Ortes trifft die Kolonne auf eine, am Vortag errichtete, Straßensperre an der R 241 und starken Widerstand und zieht sich nach Dorste zurück.

Hier trifft kurz darauf die linke Kolonne der TF Kane ein und rollt ohne Aufenthalt auf der R 241 nach Osterode. Jetzt fliehen auch die letzten deutschen Verteidiger. Dann treffen die Hauptkräfte der 24th CavRcnSq in Dorste ein, die nach der Fertigstellung der Brücke in Katlenburg den Vormarsch wieder aufgenommen haben. Geschlossen folgt die 24th CavRcnSq der TF Kane nach Osterode. Bei diesem Vormarsch meldet der unterstellte 2nd Plat. Co. C, 634th TD Bn einen zerstörten PzKpfw V.[182]

Erbeuteter deutscher PzKpfw V „Panther" auf der Straße von Marke ins Sösetal
Foto: National Archives

Westlich von Osterode nehmen um 06.00 Uhr (B) die Infanteristen des 3./18 der 1st US InfDiv von Lagershausen – Denkershausen aufgesessen auf den Panzern und Panzerjägern des 3rd Plat. Co. B, 745th Tk Bn und des 3rd Plat. Co. B, 634th TD Bn den Angriff wieder auf. Doch das schwierige Gelände hält die Panzer auf und zwingt die Infanteristen zum Absitzen. Durch die Wälder erreichen die Infanteristen der Co. K als erste Nienstedt, das ebenso wie das benachbarte Förste seit 08.00 Uhr unter Beschuss mit Phosphorgranaten aus Richtung Ölberg liegt. Als sich die Infanteristen gegen 09.00 Uhr den unzerstörten Sösebrücken zwischen den beiden Orten nähern, eröffnen deutsche Truppen vom jenseitigen Ufer das Feuer. Am Westrand von Förste ist am Vorabend eine Gruppe von 48 Infanteristen der SS-Abt. Kloskowski des

SS-Rgt. Holzer mit einem PzKpfw IV, einem StGesch IV und einem PzKpfw VI „Königstiger" in der Nähe der Nienstedter Brücke in Stellung gegangen. Unterstützt werden sie durch eine Batterie leichter Feldhaubitzen im Raum Lasfelde.[183] Den ursprünglichen Plan, die zwei Brücken zu sprengen, hatten sie dank der Bemühungen des Förster Bürgermeisters August Lange aufgegeben, nachdem dieser am Vortag einem Sprengtrupp des Pz.Pi.Ers.Btl. 19 Holzminden klar gemacht hatte, dass die amerikanischen Panzer den Fluss unterhalb der Nienstedter Sösebrücke durch eine breite Furt einfach durchqueren können.[184]

Dann erreicht auch die parallel vorrückende Co. L und die nachfolgende Co. I Nienstedt. Mit Hilfe der nachfolgenden Panzer und Panzerjäger und der Geschütze des 32nd FA Bn, die um 10. 00 Uhr (B) in Elvershausen Feuerstellung beziehen, beginnt die Co. K und I mit dem Angriff. Gegen Mittag unternehmen die deutschen Verteidiger mit dem PzKpfw IV und dem StGesch IV einen verzweifelten Gegenangriff, während der „Königstiger" vom Bahnhofsgelände her Flankenschutz gibt. *„Es gelang auch, die Amerikaner nochmals zurückzudrängen, wobei jedoch der Panzer IV auf der Sösebrücke einen Paktreffer durch das Laufwerk erhielt. Die Besatzung musste aussteigen. Ein Besatzungsmitglied erlitt tödliche Verbrennungen und verstarb unversorgt am nächsten Morgen nach einer qualvollen Nacht unter freiem Himmel. Das Sturmgeschütz ereilte das gleiche Schicksal in der Allee, unmittelbar vor dem damals dort stehenden Gefallenendenkmal."*[185] Um 14.00 Uhr setzen sich die letzten Verteidiger Richtung Osterode ab. Auch dem PzKpfw VI „Königstiger", gelingt das Absetzen nach Osterode.[186] Obwohl die Artilleristen des 32nd FA Bn den Erfolg für sich verbuchen, schreibt die 3rd US AD später, dass es *„mit direkter Unterstützung von Jagdbombern gelang, mehrere deutsche Panzer an der linken Flanke der Stadt (Osterode) auszuschalten."* Aber auch die Panzerjäger verbuchen den Abschuss eines PzKpfw IV für sich. Auch hier handelt es sich um eine Mehrfachverbuchung der Erfolge durch verschiedene Einheiten. Drei tote deutsche Soldaten und der Förster Einwohner Heinrich Brand, der durch den Artilleriebeschuss getötet wurde, bleiben neben einer Anzahl von beschädigten Gebäuden zurück. Im Juli 1945 findet man im Westerhöfer Wald, im Forstort Große Geeren, die Leiche eines deutschen Soldaten, der sich verwundet hierhergeschleppt hatte und verstorben war.[187]

In Osterode bereiten sich in der Zwischenzeit die Verteidiger auf den letzten Kampf vor. Der Volkssturm mit Gefechtsstand im Gasthof „Zur Erholung" hat sich endgültig aufgelöst, der Osteroder Kreisleiter hat die Stadt fluchtartig verlassen.[188] Nur noch wenige zurückweichende Truppen, die sich der K.Kdt. unterstellt hat, harren in ihren Stellungen im Hövestal und bei Aschehütte aus. Dafür treffen gegen Mittag immer mehr Verwundete der Kämpfe bei Förste und Dorste in der Stadt ein. Sie finden Schutz in den Kalkbergstollen, wo auch die Bevölkerung auf das Ende der Kämpfe wartet.[189] Die Stadt liegt unter ständigem Beschuss der amerikanischen Artillerie.

Gegen 14.00 Uhr erreichen die ersten Panzer der TF Kane über Hövestal Osterode und dringen vorsichtig in die Stadt ein.[190] Um 15.30 Uhr stehen sie am Kaiserplatz. Begleitende Infanterie durchsucht, immer auf Sprengfallen und Hinterhalte gefasst, die Häuser.[191] In der Nähe des Hotels „Kaiserhof" stoßen sie auf einen, mit technischen Problemen liegengebliebenen, PzKpfw VI „Königstiger".[192] Als sich die ersten amerikanischen Infanteristen, gefolgt von den Panzern, den Sösebrücken in der Stadt nähern, fliegen diese in die Luft. Deutsche Pioniere haben die Johannistorbrücke, die Brücke „Am Ütschenloch" und die Bahnhofsbrücke, mit aufgelegten Donarit-Sprengladungen[193] gesprengt. Bei den Explosionen kommt es zu schweren Beschädigungen an den Häusern und Gebäuden in mehreren hundert Meter Entfernung.[194] In der Zwischenzeit erreichen auch die anderen amerikanischen Verbände die Stadt.

Infanteristen der 104th US InfDiv in den zerstörten Straßen von Osterode
Foto: National Archives, Bestand des Stadtarchivs Osterode

Beim 3./18, das Förste gesäubert hat, erhält Lt.Col. Elisha O. Peckham um 18.00 Uhr (B) den Befehl, mit den Panzern und Panzerjägern nach Osterode zu fahren, um sich an der Besetzung der Stadt zu beteiligen. Als die Infanteristen in den Nordwestteil der Stadt eindringen, werden sie über Funk angehalten, da sich zu diesem Zeitpunkt bereits die Truppen der TF Kane mit den Infanteristen des 1./414 in der Stadt befinden. Das 1./414, das um 07.00 Uhr (B) Hardegsen verlassen hatte, war inzwischen über Northeim fahrend in Osterode eingetroffen und unterstützt die Panzer und Panzerinfanteristen in der Stadt. Dann trifft auch noch die 24th CavRcnSq ein.

Gemeinsam gelingt es den amerikanischen Truppen nach anhaltenden Kämpfen, bis 23.00 Uhr (B) einen Großteil der Stadt zu sichern. Die deutschen Verteidiger ziehen sich in den nördlichen Ortsteil Freiheit zurück, wohin sich die motorisierten Teile der s.Pz.Abt. 507 unter Maj. Fritz Schöck zurückgezogen haben und die Instandsetzungskompanie der s.Pz.Abt. 507 einen Sammelplatz für ausgefallene Technik eingerichtet hat.[195] Dies führt dazu, dass die Chronik der 1st US InfDiv „Danger Forward", Osterode als *„Ort der Werkstatt der s.Pz.Abt. 507"* bezeichnet. An der Alten Försterei neben der Straße am Ortausgang nach Lerbach werden die zurückgehenden Kräfte gesammelt und beziehen Sicherungsstellung. Ein PzKpfw VI „Königstiger" der s.Pz.Abt. 507 sichert Richtung Stadtmitte.[196] Hier trifft auch der „Königstiger" der 507 aus Förste ein.[197] Die beiden „Königstiger" werden noch am gleichen Tag auf Befehl des AOK 11 an die SS-Pz.Brig. übergeben und Maj. Schöck rückt mit den Restteilen der s.Pz.Abt. 507 Richtung Magdeburg ab. Von dort führt deren Weg über Zossen nach Milowicz bei Prag, wo sie als Pz.Abt. 507 neu aufgestellt und mit dem Panzerjäger „Hetzer" ausgerüstet wird. Bei Tabor geht sie in russische Kriegsgefangenschaft.[198] Auch östlich von Osterode bezieht deutsche Infanterie an den Schneiderteichen Stellung.[199] Zum Ende des Tages werden in Osterode zehn deutsche Soldaten, drei Frauen, zwei Kinder und ein Mann sowie eine unbekannte Anzahl amerikanischer Soldaten als gefallen registriert.[200]

In der Herzberger Straße finden die amerikanischen Soldaten unmittelbar bei der damaligen Textilfabrik „Spinnhütte" einen Jagdpanzer „Jagdtiger" mit defektem Kanonenrohr. In der gleichen Straße verzeichnet an diesem Tag die Aufstellung gefallener Soldaten des Stadtarchivs Osterode den Tod des Soldaten Andreas Stuber, geb. 25.03.23 der Pz.Ers.Abt. 35.[201]

Am späten Abend erhält das 3./18, dass nach dem Haltebefehl Verteidigungsstellungen bezogen hat, den Befehl, in der Nacht Vorbereitungen für die Übernahme der Stadt am nächsten Morgen, 07.00 Uhr (B), zu treffen.

Beim 2./18 versammelt sich die Co. F nach dem schwerem Beschuss bei Dorste in Schwiegershausen. Hier wird mit dem verbliebenen Panzer des 2nd Plat. Co. B, 745th Tk Bn und einem zweiten Panzer ein Platoon aus zwei Panzern gebildet. Hier treffen auch die Hauptkräfte des Bataillons und die Werfer der Co. D, 87th Cml Mort Bn ein, die den Gefahrenbereich umgangen haben. Um 17.30 Uhr erreichen Teile des 2./18 über den Moosberg die Ortschaft Ührde, ohne auf größeren Widerstand zu treffen. In den verlassenen Stellungen finden sie nur noch gefallene deutsche Soldaten, die nach dem Rückzug des PzKpfw VI „Königstigers" Opfer des einsetzenden Artilleriebeschusses wurden.

Von der Besatzung verlassener PzKpfw VI „Königstiger“ in der Dörgestraße vor dem Hotel „Kaiserhof“ mit einem Granattreffer am Turm Foto: National Archives

Erbeuteter Jagdpanzer „Jagdtiger“ an der Herzberger Straße vor der Spinnfabrik
Foto: Vernon E. Miller, 130th Ordn Maint Bn, 8th AD, Aufnahme vom Mai 1945

Schnell werden Fliegersichttücher im Dorf ausgelegt, denn immer wieder überfliegen amerikanische Jagdbomber das Gebiet und nehmen erkannte Bewegungen unter Beschuss. Dann wird das Dorf durchkämmt, wobei es für viele Einwohner von Ührde zur ersten Begegnung mit Afroamerikanern kommt. Einigen versteckten deutschen Soldaten gelingt es, sich als polnische Zwangsarbeiter auszugeben und so der Gefangennahme zu entgehen. Als die Dorfbewohner endlich die Keller verlassen dürfen, hat man die gefallenen Deutschen aus der Umgebung bereits neben dem Dorfkrug zusammengetragen. Neben einigen blutjungen Waffen-SS-Rekruten finden sich unter den Toten auch zwei deutsche Soldaten, die einige Tage zuvor mit einem Wagen voll Marketenderwaren im Dorf eingetroffen waren und sich mit Hilfe eines Bauern in einer Scheune vor der Feldgendarmerie versteckt hatten. Sie hatten kurz vor dem Eintreffen der Amerikaner versucht, zu fliehen und waren durch eine Artilleriegranate getötet worden.[202] Eine russische Zwangsarbeiterin kam unter ungeklärten Umständen durch die Explosion einer Handgranate ums Leben.[203] Die Bitte einiger Einwohner, die Gefallenen beerdigen zu dürfen, wird mit dem Hinweis abgelehnt, dass man die Toten abtransportieren und selber beerdigen werde. Lediglich zwei deutsche Soldaten finden so ihre letzte Ruhestätte in Ührde.[204]

Um 20.15 Uhr (B) erhält die Co. E den Befehl, von Schwiegershausen nach Hörden am Harz vorzurücken, den Ort zu besetzen und Verteidigungsstellungen zu beziehen. Um 21.00 Uhr (B) beginnen sie in tiefster Dunkelheit mit den unterstellten Panzern des 2nd Plat. Co. B, 745th Tk Bn und den Panzerjägern des 2nd Plat. Co. B, 634th TD Bn den Marsch und kommen nur langsam voran. Erst um 04.00 Uhr (B) wird Hörden erreicht und ohne Widerstand besetzt.

Die TF Boles des CCA beginnt am Morgen mit Artillerieunterstützung den Angriff auf die alte Stadt Herzberg am Harz mit dem weithin sichtbaren Welfen-Schloss. Dort erwartet die Bevölkerung, wie im benachbarten Osterode, in den Kellern und umliegenden Wäldern das Eintreffen der Amerikaner. Schon am 9. April hatten die Sirenen um 17.00 Uhr das Anrücken des Feindes gemeldet, woraufhin ein Pioniertrupp unter Führung eines Leutnants die Sieberbrücke gesprengt hatte. Der Trupp hatte zuvor bereits die Eisenbahnbrücken bei Rehhagen und Pöhlde zur Sprengung vorbereitet. Eine deutsche Artilleriebatterie, die in der Nacht zum 10. April im Bereich Friedrich-Ebert-Straße/Heinrich-Heine-Straße in Feuerstellung gegangen war, hatte glücklicherweise nur eine Salve auf die amerikanischen Truppen nördlich von Gieboldehausen abgefeuert und war sofort ins Siebertal abgerückt, wo sie kurz darauf Opfer amerikanischer Jagdbomber wurde.[205] Hätte sich die amerikanische Artillerie auf ihre Feuerstellung eingeschossen, wäre es zu schweren Schäden in der Stadt gekommen.

Und davon hat die Stadt genug. Am 4. April 1945 war im Werk der Dynamit Aktiengesellschaft DAG ein Feuer ausgebrochen, das auf ein Lager mit 8000 Tellerminen überschlug. Bei der Explosion von 40 Tonnen Sprengstoff verloren mehrere Einwohner, Arbeiter und Feuerwehrleute ihr Leben und fast alle Häuser der Stadt wurden beschädigt.[206]

Nachdem es am Vortag nicht zum erwarteten Einmarsch gekommen war, befinden sich am Morgen des 11. April nur noch Nachhuten deutscher Soldaten in der Stadt und der näheren Umgebung, die den Rückzug ihrer Einheiten in den Harz decken sollen. Zu ihnen gehören auch sechs Panzer, die sich am Vortag aus Richtung Rothenberg und Auekrug zurückgezogen hatten. Die Masse der deutschen Soldaten hat die Nacht genutzt, um sich aus der Stadt abzusetzen. Von den ursprünglich vier Kompanien Volkssturm waren nur wenige dem Aufruf zur Verteidigung der Stadt nachgekommen. Die Aufforderung zum Bau von Straßensperren durch den bereits erwähnten Pionierleutnant hatte der Kompanieführer des Volkssturms Karl Hillemann, ein ehemaliger Berufsoffizier, mit dem Verweis auf die Sinnlosigkeit abgelehnt. Weitere Versuche, Panzersperren zu errichten, so in der Unterführung der Siebertalbahn, scheitern.[207] Doch im Vorfeld der Stadt befinden sich noch immer deutsche Truppen.

Als die Kolonne der TF Boles im Schutz des morgendlichen Nebels vorsichtig auf der R 27 weiter vorrückt, gerät sie nach dem Verlassen der Wälder des Rothenbergs vor der zerstörten Oderbrücke unter Beschuss und zieht sich zurück. Jetzt entwickelt sich ein Artillerieduell zwischen deutschen und amerikanischen Batterien. Eine deutsche Granate schlägt im Bereich Ohlenrode ein und trifft einen amerikanischen Jeep. Ein Offizier und ein Soldat werden bei dem Volltreffer getötet.[208] Die amerikanische Artillerie, die nördlich von Gieboldehausen am Rothenberg und in Gieboldehausen bei der Molkerei steht, nimmt die deutschen Stellungen nördlich der Oder und die Orte westlich von Herzberg unter Beschuss.[209] Amerikanische Patrouillen, die in der Zwischenzeit das Waldgebiet des Rothenbergs durchsuchen, treffen in den Elbinger Schluchten auf versteckte Bauern aus Elbingen und halten sie für deutsche Soldaten. Dabei wird Karl-Heinz Fröhlich erschossen. Er bleibt der einzige gefallene Einwohner der Besetzung von Gieboldehausen.[210]

Einige Panzer mit aufgesessener Infanterie durchfahren die Oder und sichern Auekrug. Nach der behelfsmäßigen Reparatur der Oderbrücke folgt die restliche Kolonne und mittags wird Hattorf besetzt, das von den deutschen Truppen geräumt wurde. Dann beginnt am späten Nachmittag der eigentliche Angriff auf Herzberg. Nach dem Einsatz von Jagdbombern nähern sich die Panzer unter Vermeidung der R 27 über den Ochsenberg der Stadt, aus der sich noch immer die Bevölkerung in die umliegenden Wälder in Schutz bringt. Bei ihrem Vormarsch melden die Kräfte an der linken Flanke des Angriffs zwischen 18.13 und 18.36 Uhr (B) im Bereich Elbingerode drei deutsche Panzer, die unter Artilleriebeschuss nach Norden ausweichen. Dabei gerät auch Düna und Aschehütte unter Artilleriefeuer.[211] Dann dringen die amerikanischen Panzer ohne großen Widerstand in Herzberg ein. Nur vereinzelt kommt es zu kurzen Feuergefechten mit kleinen Gruppen deutscher Soldaten, die hastig in die Wälder fliehen.[212] Eine zweite Gruppe deutscher Panzer hat sich zuvor Richtung Harz abgesetzt. Bis 23.00 Uhr (B) besetzt die TF Boles Herzberg und bereitet sich auf die Ablösung durch die 104th US InfDiv am nächsten Morgen vor. In Herzberg werden nach der Besetzung fünf gefallenen Deutsche begraben.[213]

In der Nacht zum 12. April, 01.00 Uhr (B) geht das 414th InfRgt ohne das 2./414 aus der Unterstellung unter die 3rd US AD zur 104th US InfDiv zurück. Das 2./414 bleibt bei der TF Lovelady. Dafür werden der 3rd US AD das 1./18 der 1st US InfDiv und das 3./47 der 9th US InfDiv unterstellt, die dem CCA und CCR zugeordnet werden. Das RCT 414 übernimmt die Verantwortung für die Stadt Nordhausen. Die CCA verlegt nach der Einnahme von Osterode und Herzberg in den Raum Günzerode, westlich von Nordhausen. Am Abend meldet die 3rd US AD, dass ihre Truppen während des Tages sechs deutsche Panzer und drei Selbstfahrlafetten zerstört und südwestlich von Herzberg an der Einmündung der Straße von Hattorf in die R 24 sechs 2cm Flakgeschütze erbeutet haben. 32 amerikanische Soldaten der Division verlieren an diesem Tag ihr Leben.

Krankenwagen der US Army transportieren kranke KZ-Häftlinge aus der Boelcke-Kaserne ab Foto: National Archives

Während die 3rd US AD nach der Besetzung von Nordhausen zum Stehen kommt, läuft seit dem Mittag in der Boelcke-Kaserne der Kampf um die Rettung der Überlebenden des KZ-Außenlagers. Unmittelbar nach der Entdeckung des Lagers hatte die Meldung Lt.Col. Lovelady erreicht, der sofort Brig.Gen. Boudinot informiert. Dieser erscheint kurz darauf persönlich im Lager, um sich ein Bild zu machen und erste Maßnahmen einzuleiten.[214] Sofort beginnen seine Männer mit Unterstützung der Sanitäter mit der Erstversorgung der Überlebenden. Inzwischen hat die Meldung auch den Divisionsstab und das VII. US Corps erreicht. Anbetracht der Tatsache, dass die 3rd US AD als Speerspitze des VII. US Corps für die Fortsetzung der Angriffsoperationen benötigt wird, wird der 104th US InfDiv die Verantwortung für das Lager bis zum Eintreffen von Korpstruppen übertragen.

Für die 1st US InfDiv beginnt an diesem Tag der eigentliche Kampf um den Harz. Ein Kampf, der sich insbesondere durch das vorgefundene bergige Gelände tief in das Gedächtnis der Beteiligten einprägen wird. Capt. Felder L. Fair wird später in seinen persönlichen Erinnerungen als Chef einer Infanteriekompanie schreiben:

„Das Gelände im Harz konnte nicht ungeeigneter sein für einen Angreifer. Das Wegenetz war begrenzter als in den Ardennen und jede Art von starkem Verkehr konnte sehr leicht blockiert werden. Die Anzahl der Bäume, welche an gefährdeten Punkten gefällt werden konnten, war lediglich durch die Anzahl der Männer begrenzt, die mit einer Axt umgehen konnten. Das Gebiet war rauer als im Hürtgenwald, da die Bäume dicker und das Gelände mehr von Schluchten, Hügeln und Gräben durchzogen war. Die gewundenen Straßen konnten von einem Moment auf den anderen blockiert werden."[215]

Gemeinsam mit der unterstellten 4th CavGp startet die 1st US InfDiv den Angriff zur Einnahme von Clausthal-Zellerfeld und Osterode und zum Erreichen der äußersten Linie Timmenrode – Allrode im Harz. Das RCT 18 und 26 erhalten den Auftrag, den Vormarsch der Cavalry nach Osten zu unterstützen und den Kontakt zur 104th US InfDiv an der Rechten und der 83rd US InfDiv an der Linken zu halten und nicht weiter als bis zur Linie Clausthal-Zellerfeld – Osterode – Schwiegershausen vorzurücken.

An der Nordflanke wird die 4th CavRcnSq, die vom 3rd Plat. Co. C, 634th TD Bn unterstützt wird, noch immer an der Straßenkreuzung nördlich von Echte aufgehalten. Patrouillen treffen auf der Suche nach einer Ausweichroute auf Minen und Straßensperren. Um 05.30 Uhr (B) überwindet der Tp. A, 4th CavRcnSq den Widerstand und rückt über Willershausen und Windhausen auf die Bergstadt Bad Grund vor. In Windhausen haben am Vorabend Angehörige der SS-Pz.Brig. die Brücken im Ort gesprengt. Doch zum Glück für das Dorf ziehen sie sich beim Heranrücken der Amerikaner Richtung Harz zurück. Ohne das Dorf zu besetzen, fahren die Kavalleristen gegen Mittag am Dorf vorbei nach Bad Grund. Lediglich eine Granate explodiert im Ort und setzt ein Haus in Brand. Erst am Abend besetzen die nachfolgenden Infanteristen der 1st US InfDiv das Dorf.[216]

In der Zwischenzeit haben die anderen Teile der 4th CavRcnSq einen Schwenk gemacht und erreichen über Bad Gandersheim und Münchehof Bad Grund. Als erstes dringt der Rcn Plat. des Tp. C, 4th CavRcnSq unter Lt. McKeand mit Unterstützung eines Platoons Panzer um 14.00 Uhr von Westen durch das Kelchttal in die Stadt ein.[217] Ohne sich aufhalten zu lassen, fahren sie, mit den schweren Bord-MG's um sich feuernd, quer durch die Stadt und blockieren den Ostausgang. Dann lässt McKeand kehrt machen und beginnt mit der Säuberung der Stadt von Osten her, während die anderen Kräfte die Stadt von Westen durchkämmen.[218] Mit diesen, für die deutschen Truppen in Bad Grund, überraschenden Vorstoß besetzen die Kavalleristen bis gegen Mittag die Stadt. Der Stab der K.Gr. Görbig wird überrascht und nach einem kurzen Gefecht, bei dem fünf deutsche Soldaten fallen, ergeben sich Oberst Görbig, Maj.i.G. Niemann und weitere Soldaten seines Stabes. Görbig war erst kurz zuvor vom Befehlsempfang beim Stellv. VI. AK in Wildemann zurückgekommen.[219] Ostubaf. Meyer, der Kommandeur des SS-Rgt. Meyer, der sich zu diesem Zeitpunkt auf dem Gefechtsstand der K.Gr. Görbig befindet, gelingt im letzten

Moment die Flucht.[220] Im Krankenhaus der Stadt wird Gen.d.Art. Johann Sinnhuber gefangengenommen.[221] Insgesamt werden in Bad Grund 239 Gefangene gemacht. Neun Soldaten und zwei Einwohner werden getötet.[222] Das Offz.Nachw.Btl. des Gren.Rgt. 517, das im Fußmarsch am Vormittag Bad Grund erreicht hatte und dort in K.Gr. op de Hipt umbenannt wurde, setzt sich im letzten Moment vor den amerikanischen Truppen Richtung Altenau – Braunlage ab.[223] Der Tp. C fühlt bis zur Harzhochstraße östlich von Bad Grund vor, wo er Granatwerferbeschuss erhält und anhält.

Das 759th Light Tk Bn der 4th CavGp patrouilliert entlang von Nebenstraßen von Einbeck bis Northeim und verlegt in die Umgebung von Düderode. Das HQ 4th CavGp verlässt gegen 15.00 Uhr (B) Einbeck und erreicht um 16.40 Uhr (B) Oldershausen.

Das RCT 26 folgt an diesem Tag hinter der 4th CavRcnSq. Die Co. B, 1./26 rückt mit dem 1st Plat. Co. C, 745th Tk Bn und dem 1st Plat. Co. A, 634th TD Bn um 00.45 Uhr (B) auf Salzderhelden vor und besetzt nach starkem Widerstand um 03.50 Uhr (B) den Ort. Ohne großen Aufenthalt wird der Vormarsch um 04.30 Uhr (B) fortgesetzt und die anderen Kompanien des 1./26 folgen um 06.30 Uhr (B) auf der Route Vogelbeck, Hohnstedt, Eboldshausen, Kalefeld, Willershausen, Badenhausen und Windhausen. Das 2nd und 3rd Bn, 26th InfRgt folgt um 08.10 Uhr (B). In Windhausen übernimmt die Co. C, 1./26 400 Deutsche, die sich der 4th CavRcnSq ergeben haben. Westlich von Eisdorf kommt es zu Kämpfen mit deutscher Infanterie, die von Artillerie unterstützt wird. Die Infanteristen des 3./26, die um 10.00 Uhr (B) mit der Co. K und L aufgesessen auf den Panzern des 3rd Plat. Co. C, 745th Tk Bn und Panzerjägern des 3rd Plat. Co. C, 634th TD Bn Ahlshausen verlassen, rücken über die, vom 3./18 eroberte, Sösebrücke zwischen Nienstedt und Förste in Richtung Eisdorf und Badenhausen vor. Dabei verliert ein deutscher Soldat am Pagenberg bei Eisdorf sein Leben.[224] Am frühen Nachmittag erreichen sie über die Eisdorfer Straße Badenhausen. Die Sperren, die von der SS angelegt wurden, haben die Bürger erst kurz zuvor entfernt.[225] Am Abend steht das 2./26 mit dem 2nd Plat. Co. A, 634th TD Bn in Nienstedt, das 3./26 mit dem 3rd Plat. Co. A, 634th TD Bn in Badenhausen und das 1./26 ist mit dem 1st Plat. Co. A, 634th TD Bn auf dem Weg nach Bad Grund. Beim 3./26 kommt es zu einem Vorfall, als bei der Gefangennahme deutscher Soldaten, die sich in der Umgebung versteckt hatten, einer von ihnen mit einer kleinkalibrigen Pistole auf den CO der Co. I schießt. Zum Glück trifft die Kugel das Koppelschloss und prallt ab.[226] Die Rcn Co. 634th TD Bn, die dem RCT 26 unterstellt wird, erhält den Auftrag, den Weg des 2./26 zu erkunden und sichert im Tagesverlauf eine Bahnbrücke in Osterode.[227] Bei der Erkundung einer zerstörten Brücke in Osterode geraten die Aufklärer unter Beschuss. Am Abend werden sie zurückbefohlen und versammeln sich in Windhausen.

Beim RCT 16 erreicht das 2./16 mit dem unterstützenden 5th FA Bn gegen 16.00 Uhr (B) Imbshausen, das 3./16 versammelt sich in Lagershausen und die unterstellte Co. C, 87th Cml Mort Bn geht nach Denkershausen. Dort kommt es bei der Gefangennahme deutscher Soldaten zu einem schweren Zwischenfall. Ein deutscher Soldat zündet eine Handgranate und verwundet drei amerikanische Soldaten. Er wird sofort erschossen.[228] Die Co. A, 745th Tk Bn geht nach Denkershausen – Imbshausen. Das 1./16 fährt am Nachmittag mit dem 1st Plat. Co. C, 634th TD Bn nach Herzberg, wo die Panzerjäger deutsche Widerstandsnester nördlich der Stadt unter Beschuss nehmen. Der Div.CP erreicht Northeim.

Die 104th US InfDiv, die erhebliche Mühe hat, mit ihren Regimentern dem schnellen Vorstoß der Panzerspitzen zu folgen und hierfür jeden nur möglichen Transportraum nutzt, greift auch an diesem Tag auf Wehrmachtsfahrzeuge und requirierte Privatfahrzeuge zurück, die zu Dutzenden wegen Spritmangel herumstehen. Das RCT 413, das auf Befehl des Corps mit Teilen in seinem Abschnitt die Zugänge zum Harz blockiert, steht am Abend mit dem 1./413 unter Lt.Col. Charles Fernald in der Umgebung von Neuhof, dem 2./413 unter Lt.Col. Sam Koster in Hattorf, dem 3./413 unter Lt.Col. George O'Connor in Bartolfelde und dem Regtl.CP in Pöhlde. Das RCT 415, das hinter den Panzern gesäubert hat, geht mit dem 1./415 unter Lt.Col. Fred E. Needham nach Epschenrode, dem 2./415 unter Lt.Col. John R. Deane Jr. nach Großwechsungen und dem 3./415 unter Lt.Col. Caspar Clough Jr. und dem Regtl.CP nach Nordhausen. Die TF Laundon hält den Kontakt zur 1st US InfDiv und folgt geschlossen bis zur westlichen Ecke von Herzberg, wo sie einen Sperrriegel nach Norden errichtet. Die unterstellte Co. D, 750th Tk Bn hält in Hattorf. Die DivArty unter Brig.Gen. William R. Woodward geht mit dem 385th FA Bn unter Lt.Col. Edward C. Shinkle nach Rhumspringe, dem 802nd FA Bn nach Werxhausen, dem 957th FA Bn nach Silkerode, dem 981st FA Bn nach Obernfeld und dem 387th FA Bn unter Lt.Col. Joseph H. Stangle nach Limlingerode. Das 386th FA Bn unter Lt.Col. Urey W. Alexander und das 929th FA Bn unter Lt.Col. Vernon G. Gilbert folgt später nach.

Die 104th HQ Co. unter Capt. Robert D. Haphey sendet einen Quartiermeistertrupp unter Lt. Weber und Lt. Kaufman von der PR Abteilung der Division zur Erkundung des neuen Div.CP nach Nordhausen, wo diese in einen, noch unbesetzten, Teil der Stadt geraten und unvermutet auf deutsche Soldaten stoßen. Doch diese ergeben sich trotz zahlenmäßiger Überlegenheit widerstandslos dem kleinen Trupp, zu dem nur eine Handvoll Soldaten des Sicherungszuges des Gefechtsstandes gehören. 66 Mann gehen in Gefangenschaft. Trotz aller Erfolge registriert die Division im Tagesverlauf 21 Gefallene. Die Division erhält um 02.00 Uhr (B) den Auftrag, sich umzugruppieren, um die stark gefährdete linke Flanke zu sichern. Hierfür soll die TF Laundon ab 09.00 Uhr (B) verstärkt durch je einen Plat. Panzer, Panzerjäger und Pioniere rückwärtige Straßensperren errichten. Das RCT 413 soll dann abhängig von der Situation in die Div.Res. gehen und sich vorbereiten, entlang der Flanke nach Osten vorzurücken. Im Hinblick auf die Übernahme des Abschnitts nördlich der 104th US InfDiv durch die 9th US InfDiv sollen sich die Bataillone des RCT 414 bis 12.00 Uhr (B) in Nordhausen versammeln, wo sie durch je zwei Plat. Panzer und einen Plat. Panzerjäger verstärkt werden sollen. Dann sollen sie bereit sein, der 3rd US AD, die bis zur Linie Sangerhausen vorrücken soll, ab 11.00 Uhr (B) mit dem RCT 415 und ab 14.00 Uhr (B) mit dem RCT 414 zu folgen. Dabei sollen die Infanteristen an der Nordflanke Straßensperren errichten und diese bis zum Eintreffen der 9th US InfDiv sichern.

An diesem Tag wird dem VII. US Corps das RCT 47 der 9th US InfDiv unter Führung von Col. Peter A. Ward unterstellt, welches sich in Schiedungen, westlich von Nordhausen, versammelt und um 17.00 Uhr (B) zeitweise der 3rd US AD zugeteilt wird. Sein 3./47 geht zum CCR. Am Abend verzeichnet der CP des VII. US Corps 3056 Kriegsgefangene, unter ihnen zwei Generäle, elf zerstörte deutsche Panzer und fünf Selbstfahrlafetten, drei 10,5cm Haubitzen, sechs 2cm Flak, einen Zug beladen mit Ju-88 Flugzeugbauteilen und eine Vielzahl an Fahrzeugen als Beute.

Im Abschnitt des V. US Corps setzen an diesem Tag die Panzerkolonnen der 9th US AD zum Stoß zur Saale zwischen Merseburg und Weißenfels an. Hinter den Panzern folgen die 2nd US InfDiv auf der Linken und die 69th US InfDiv auf der Rechten. Das CCB der 9th US AD beginnt an der linken Flanke der Division am frühen Morgen den Angriff und rückt mit der TF Prince, 52nd AIB, in zwei Kolonnen aus dem Raum Hain - Kleinfurra auf Sondershausen vor. Die TF Karsteter, 19th Tk Bn, des CCB, welches den Auftrag hat, den Hauptkräften des CCB als nördliche Flankensicherung der Division zu folgen, unterstützt dabei mit Teilen den Angriff der Panzerinfanteristen des 52nd AIB. Das unterstellte 3./38 der 2nd US InfDiv folgt dem Angriff aus dem Raum Hain. Nach kurzem Widerstand wird Sondershausen besetzt und durch die nachfolgenden Infanteristen des unterstellten 3./38 gesichert. Nördlich der Windleite beginnen am späten Vormittag die Panzer der TF Karsteter, 19th Tk Bn, aus ihrem Versammlungsraum bei Hain heraus den Vormarsch nach Osten. Äußerste Vorsicht ist geboten, denn die linke Flanke der Division steht durch das Zurückhängen der Front des VII. US Corps im Raum Nordhausen offen.

Auleben wird von Hamma aus durch die TF Karsteter, 19th Tk Bn, ohne Widerstand besetzt. Dann setzten die Panzer ihre Fahrt Richtung Badra fort.[229] In Badra vereinigen sie sich wieder mit der Hauptkolonne, und rücken auf Steinthaleben vor. Dann schwenkt die TF Karsteter zur Umgehung des Kyffhäusergebirges nach Süden. Bei Bendeleben schließt sie sich der Südkolonne des CCB an. Nach der Einnahme von Sondershausen stößt die Spitze des CCB zügig durch das Wippertal nach Bad Frankenhausen. Auch hier wird die Stadt nach kurzem Widerstand besetzt. Dann rollt die Vorhut weiter Richtung Esperstedt. Hinter ihnen erreicht die Hauptkolonne der TF Prince die Stadt. Nachdem das Stadtgebiet von Bad Frankenhausen gesichert ist, folgt die Kolonne der Vorhut Richtung Esperstedt. Dahinter rollt die TF Karsteter, 19th Tk Bn, gefolgt vom 3./38 durch die Stadt. In der Stadt bleiben Sicherungen zurück, bis im Verlauf des nächsten Tages das nachrückende RCT 23 der 2nd US InfDiv die Stadt und die Umgebung besetzt. Bad Frankenhausen hinter sich lassend, geht der Vormarsch des CCB weiter bis zur Linie Ringleben – Ichstedt, wo für die Nacht angehalten wird. Die TF Karsteter, 19th Tk Bn, die der TF Prince durch Bad Frankenhausen gefolgt ist, bewegt sich nach Udersleben und versammelt sich unter starker Sicherung um den Ort. Die, dem 19th Tk Bn direkt unterstellte, Co. K, 3./38 erreicht als Flankenschutz für das CCB von Hain vorrückend Udersleben. Das unterstellte 3./38 folgt den Panzern bis nach Esperstedt, wo es sich versammelt. Das CCB hat sein Tagesziel erreicht.

Südlich von Sondershausen setzen auch die Kräfte des CCA und CCR der 9th US AD am Morgen den Angriff fort. Die 9th US AD steht am Abend mit seinen Combat Commands auf der Linie Ringleben – Sachsenburg – Rothenberg – Hardisleben. Der Div.CP 9th US AD verlegt von Großbrüchter nach Westerengel.

Die 2nd und 69th US InfDiv, die das Gebiet hinter den Panzern säubern, schließen langsam auf. Bei der 2nd US InfDiv setzte das RCT 23 am Morgen den Vormarsch geschlossen hinter dem CCB, 9th US AD fort. An der Spitze der Regimentskolonne fährt das 1./23 über Großfurra nach Sondershausen, gefolgt vom 2./23. Dort trifft auch der Regtl.CP ein. Um 18.34 (B) übernimmt die Co. A, 1./23 die Bewachung der Heeresmunitionsanstalt Wolkramshausen/Kleinfurra. In den ehemaligen Kalistollen befinden sich neben großen Mengen Munition die *„in Pergament gebundenen Folianten der Bibliothek des Klosters Himmelgarten"*.[230] Das RCT 9 erreicht mit dem 3./9 Seega, das 2./9 folgt dem 3./9 und erreicht Göllingen. Das 1./9 hält in Hachelbich für die Nacht. Das RCT 38 bewegt sich als Div.Res. in einen Sammelraum. Das 1./38 geht nach Lipprechterode und das 2./38 in die Umgebung von Bleicherode. Der Regtl.CP erreicht am Nachmittag Bleicherode. Der Div.CP geht von Gelliehausen nach Obergebra, südlich Bleicherode. An der Südflanke des V. US Corps macht auch die 69th US InfDiv hinter den Panzerkolonnen erhebliche Fortschritte und rückt gegen nachlassenden Widerstand nach Osten vor. Die 102nd CavRcnSq der 102nd CavGp unter Col. Cyrus A. Dolph III, die der 69th US InfDiv folgt, erreicht von Hann.Münden kommend Heiligenstadt. Die 38th CavRcnSq trifft hinter der 2nd US InfDiv in Kirchworbis ein und hält den Kontakt zur 104th US InfDiv an der Nordflanke des V. US Corps.

Südlich der Trennungslinie der 1st US Army zur 3rd US Army beginnt das XX. US Corps am Morgen mit dem Angriff. Die Panzer ihrer 6th US AD stoßen, ohne auf großen Widerstand zu treffen, durch den Raum nördlich von Erfurt – Weimar und erreichen noch am gleichen Tag die Saale zwischen Bad Kösen und Camburg. Als erste amerikanische Division beginnt sie mit der Errichtung von Brückenköpfen am Ostufer der Saale.

Für die 7. und 11. deutsche Armee verschlechtert sich die Lage weiter. Die, im Raum zwischen Erfurt – Weimar und Weißensee – Rastenberg stehenden, Kräfte des Pz.Vbd. Feller der 7. Armee werden beim Vorstoß der Panzer zersprengt und Teile weichen nach Norden in den Bereich der 11. Armee aus. Am nächsten Tag fällt General Feller bei dem Versuch, den Harz zu erreichen.[231] Im Tagesverlauf wird sowohl für die 7. Armee als auch für die 11. deutsche Armee, deutlich, dass es nicht möglich ist, eine geschlossene Frontlinie aufzubauen. Selbst der Versuch des 4. Generalstabsoffiziers der 7. Armee, persönlich Kontakt mit dem Stab der 11. Armee aufzunehmen, scheitert. Über sein weiteres Schicksal ist nichts bekannt. Die 11. Armee, für die der Zeitpunkt der Einschließung immer absehbarer wird, befiehlt neue Abschnitte für ihre Korps. Für das Stellv. VI. AK den Nordrand des Harzes bis zur Linie Südrand Brocken – Pkt. 540, drei Kilometer südwestlich Altenau – nördlich Badenhausen, für das angrenzende LXVI. AK bis zur Linie Elbingerode – ausschließlich Herzberg, dann das Stellv. IX. AK bis zur Linie einschließlich Hasselfelde – Bleicherode. Das LXVII. AK soll den angrenzenden Abschnitt bis zur linken Armeegrenze halten.[232]

Im Tagesverlauf wird die Front der 11. Armee weiter eingedrückt. Beim Stellv. VI. AK dringen die amerikanischen Truppen weiter vor. Nach der Gefangennahme von General Görbig übernimmt der Kdr. des Gren.Ers.Rgt. 571, Obstlt. Veith, die K.Gr. Görbig. Über die Leine zurückgehende Truppen werden von Süden angegriffen und erreichen unter Verlust der Masse der schweren Waffen den Westharz. Am Abend dringen amerikanische Truppen in Wildemann ein, von wo aus sich der Korpsgefechtsstand nach Altenau zurückgezogen hat.[233]

Das LXVI. AK, das sich im Harz-Vorgelände nicht mehr halten kann, zieht sich in den Harz zurück. Dem Korps gelingt es dabei, die Artillerie und Flak, die zum Schutz des Sösetalsperre eingesetzt waren, mitzunehmen. Hierzu gehört auch die 2./lei.Flak.Abt. 772 (o) des Flak.Rgt. 65, Flak.Gr. Braunschweig, die mit sechs Zügen 2cm-Flak an der Talsperre und in der Umgebung eingesetzt war.[234] Die, im Raum Altenau befindlichen K.Gr. Fallois der 9. und Graf v. Brühl der 116. PzDiv werden auf Befehl des OB West der 11. Armee unterstellt und durch Lucht dem LXVI. AK zugeteilt. Dafür gibt das Korps, wie befohlen, die s.Pz.Abt. 507 ab, die zur Auffrischung herausgezogene werden soll, um dann der 12. Armee unterstellt zu werden.

Die SS-Pz.Brig. erreicht in breiter Front den Harz. Teile der I./SS-Rgt. Holzer sammeln sich in Osterode, wo sie verpflegt und sofort in den Raum Sösetalsperre weitergeleitet werden. Dort sichern bereits zwei Panzer am Ende der Talsperre. Später erreichen auch die Reste der IV./SS-Rgt. Holzer unter Hstuf. Kloskowski, die beim Absetzen aus dem Raum Förste bei Kämpfen mit der 1st US InfDiv bei Lasfelde völlig zerschlagen wurde, Osterode.[235] Zu diesem Zeitpunkt ist die Straße Osterode - Badenhausen bereits fest in den Händen der amerikanischen Infanteristen. Bei Freiheit werden sie am Abend in die Sicherungslinie gegen Osterode eingegliedert.[236] Am

Abend steht das SS-Rgt. Meyer bei Badenhausen bis ausschließlich Osterode, das SS-Rgt. Holzer bei Freiheit und den Eingängen zum Sösetal bis ausschließlich Herzberg. Der Stab der SS-Pz.Brig. geht nach Kamschlacken. Der Korpsgefechtsstand des LXVI. AK erreicht von Osterode kommend am Abend nach Riefensbeek.[237] An der rechten Grenze des Korps zum Stellv. VI. AK zieht sich die K.Gr. Hagmüller der 9. PzDiv mit ihren Sicherungen an der Straße Bad Grund – Clausthal-Zellerfeld, zu denen auch die zwei Panzerspähwagen der Pz.Aufkl.Lehr.Abt. 130 gehören, auf Clausthal-Zellerfeld zurück.[238] Auch die SS-K.Gr. Thöle, die ihre Sicherungen bei Wildemann nach dem Fall von Bad Grund aufgegeben hat, erreicht Clausthal-Zellerfeld.[239] Die K.Gr. Graf von Brühl versammelt sich nach dem Gegenangriff bei Bockswiese in Clausthal-Zellerfeld.[240]

Im Abschnitt des Stellv. IX. AK dringen amerikanische Truppen in den westlichen Harzrand ein und besetzen Herzberg.[241] Der Korpsgefechtsstand befindet sich in der Barbara-Hütte bei Sonnenberg.[242]

Im Raum südlich von Sangerhausen bis Kölleda weichen die K.Gr. Heydenreich und Ettner des LXVII. AK der 11. Armee vor dem Angriff nach Osten zurück. Im Südharz zieht sich die, nördlich von Nordhausen stehende, K.Gr. Großkreutz kampflos auf Ilfeld zurück und übernimmt die Verteidigung des Abschnitts Ellrich - Stolberg. Das unterstellte „Sonderkommando Groß“, das seinen Gefechtsstand im Kohnstein zwischen den Hallen 38 und 39 hatte, war bereits am 8. April mit etwa 100 Mann aus Mittelwerk abrückt und hatte Quartier im Braunsteinhaus bezogen. Auf Grund des Befehls, die verbliebenen Direktoren der Mittelwerk GmbH dem „Zugriff des Feindes zu entziehen“ und der Tatsache, dass die Kräfte nicht für eine wirksame Verteidigung ausreichen, hatte er die Genehmigung zum Rückzug erhalten. Gemeinsam mit der 15 bis 20 Mann starken Flak-K.Gr. „Wacker“, die unter Führung eines Oberleutnant der Flak steht und im Hotel Netzkater der Familie Walter Liesegang untergekommen war, hatte das Sonderkommando, nunmehr als „Rgt.Gr. Groß“ bezeichnet, am 10. April Stellung bei Ilfeld - Netzkater bezogen.[243] Die vier 10,5cm Geschütze der Einheit „Wacker“ hatte man direkt in Netzkater in Stellung gebracht, nachdem sie ihre vorherige Stellung am Südrand von Ilfeld aufgeben mussten. Zur Sicherung gegen Tiefflieger ist eine 2cm-Vierlingsflak östlich vom Hotel an der Schuppenbachbrücke in Stellung gegangen. Infanterie sichert die unmittelbare Umgebung. Am Braunsteinhaus lässt Groß Granatwerfer in Stellung gehen. An der Straßenkreuzung Appenrode – Braunsteinhaus sichert ein Sturmgeschütz.[244] Kurzzeitige Verstärkung erhalten die Verteidiger von Netzkater durch den jungen Leutnant der Luftwaffe Ralph Mählmann, der mit einer 15 Mann starken Aufklärungspatrouille von Hasselfelde kommend in Netzkater eintrifft und im Hotel Quartier bezieht. Die Gruppe besteht aus ehemaligen Angehörigen des Flugplatzes Quedlinburg, den sie am 9. April 1945 verlassen hatten.[245] Amerikanische G-2 Unterlagen nennen außerdem eine K.Gr. Bührig als Teil der K.Gr. Großkreutz. Später soll die

K.Gr. Großkreutz aus drei Gruppen bestanden haben, von denen eine als K.Gr. Stettgas und eine als K.Gr. Schwertfeger bezeichnet wird.[246] Der Korpsgefechtsstand des LXVII.AK verlegt hastig von Steintaleben nach Wippra in den Harz. Bei der Verlegung verliert General Hitzfeld zeitweise die Verbindung zu seinem Stab und wird vom Chef des Stabes Obstlt.i.G. Warning für gefangen oder tot gehalten.

Am Nachmittag verlegt der Gefechtsstand des AOK 11 nach Braunlage. Dort erhält Lucht den Befehl des OB West, neben der Harz-Verteidigung den Abschnitt an der Elbe von Burg bis Riesa zu übernehmen. Nach fernmündlichem Protest wird der Befehl kurz darauf aber wieder zurückgenommen.[247]

In Süßenborn bei Weimar übernimmt das frisch eingetroffene Gen.Kdo. XC. AK unter Gen.d.Inf. Erich Petersen das Kommando über die Reste der Korps.Gr. Uckermann der 7. Armee. Die im Raum Erfurt – Weimar kämpfenden Kräfte erhalten gegen Mittag den Rückzugsbefehl und weichen mit der Besatzung des K.Kdt. Weimar hinter die Saale aus. Das Herausziehen der Besatzung aus Erfurt ist zu dieser Zeit nicht mehr möglich, da die Stadt bereits eingeschlossen ist. Nach der Eingliederung der im Abschnitt befindlichen Truppen der Saale-Verteidigung unter dem „Befehlshaber Thüringen Ost", Gen.Obst. a.D. Hoth, übernimmt das XC. AK die Verantwortung für den Abschnitt Weißenfels – Naumburg – Camburg – Jena. Dem Generalkommando gelingt es jedoch in den folgenden Tagen nicht, Einfluss auf die Lageentwicklung zu gewinnen. Eine wirkliche Führung über die deutschen Truppen, welche am Abend des 11. April an der Saale stehen, gibt es außer im Abschnitt der Flak nicht.

* * *

---

[1] Die 11. Armee ist seit dem 3. April 1945 dem OB West direkt unterstellt.

[2] Behschnitt, der Leiter der Wehrersatzinspektion XI Hannover in Einbeck war, war als höchster Offizier am 1. April zum K.Kdt. ernannt worden. Angaben entnommen aus der „Dokumentation zur Geschichte der Stadt Einbeck 1918–1945".

[3] Tagebuch des Lehrers Karl Lechte, Sammlung des Stadtheimatpflegers von Hardegsen, Herbert Heere.

[4] NARA, B-329, Gen.Lt. Flörke. Vgl. auch NARA, B-312, Gen.Maj. Görbig.

[5] „US Army in World War II - The last offensive - Sweep to the Elbe" v. Charles B. Mac Donald, S. 391. Siehe auch AAR VII. US Corps.

[6] Wikipedia-Eintrag zu Northeim.

[7] Vgl. „Das letzte Kriegsjahr im Westen – Geschichte der 116. PzDiv" v. Guderian.

[8] Ebenda.

[9] NARA, B-329, Gen.Lt. Flörke. Vgl. auch NARA, B-312, Gen.Maj. Görbig.

[10] Die 3./507 soll in Harste 6 PzKpfw VI „Königstiger" und 3 bei Bovenden verloren haben. Der abgeschossene „Jagdtiger" taucht in den amerikanischen Meldungen nicht auf. Vermut-

lich handelt es sich bei der deutschen Angabe um den „Jagdtiger" von Vernawahlshausen vom Vortag. Zu den Verlusten gibt es in der Literatur verschiedene Angaben, daher wurde auf die detaillierte Aufschlüsselung der Einzelverluste weitestgehend verzichtet. Die Angaben, die in der Literatur eine identische Mehrfachnennung finden, wurden aufgenommen.

11 NARA, B-329, Gen.Lt. Flörke. Vgl. auch NARA, B-312, Gen.Maj. Görbig.

12 „DF", Heft 11/89, S. 17.

13 Möglicherweise handelt es sich um die SS-Einheit, die am 7. April Leinefelde verlassen hat.

14 Tonbandprotokoll der Tagung der Heimatforscher des Eichsfeldes am 19. Mai 2002, hier Vortrag „Das Kriegsende im Untereichsfeld" von Dieter Wagner. Allerdings ging Wagner davon aus, dass es sich um die 104th US InfDiv gehandelt hat, die den Ort besetzt hat. Dabei liegt eine Verwechselung vor. Die 3rd US AD und die 104th US InfDiv erreichen erst am 10. April die Stadt.

15 „Schicksalstage im Harz" v. M. Bornemann.

16 Ebenda.

17 "US Army in World War II - The last offensive - Sweep to the Elbe" v. Charles B. Mac Donald, S. 391.

18 „Kriegsende und Neubeginn im Landkreis Eichsfeld 1945/1946", S. 155.

19 Ebenda, S. 323.

20 Tagebuchaufzeichnung eines Hardegser Lehrers, Sammlung H. Heere, Hardegsen.

21 NARA, B-581, Oberst Estor.

22 NARA, B-312, Gen.Maj. Görbig.

23 Vgl. NARA, B-217, Gen.d.Inf. Mattenklott.

24 NARA, B-329, Gen.Lt. Flörke.

25 BA-MA, ZA 1/660, B-309, Gen.d.Inf. Hitzfeld.

26 NARA, B-329, Gen.Lt. Flörke.

27 Oberst Estor nennt als Trennungslinie Laucha – Kölleda – Weißensee – Langensalza.

28 Steinthaleben wird auf alten Karten aus den 1930/40-iger Jahren teilweise Steinthalleben geschrieben.

29 Heydenreich war Abt.Chef i. OKH, Wa I Rü/Mun 2 (A) und Sonderbeauftragter für die Zünderproduktion und soll gem. Keilig eine Kampfgruppe im Harz geleitet haben. Saft nennt Obstlt. Hans Heidenreich, der Mai 1943 bis März 1944 Ia Offizier der 57. InfDiv war. Die Gefangenenmeldung der 1st US InfDiv nennt eindeutig die Gefangennahme von Gen.Maj. Heydenreich, den sie aber als Angehörigen des Reichsernährungsamtes bezeichnen. Dieses Amt gab es jedoch nur in den Jahren 1916–1919. Ab 1919 wurde das Amt Reichsministerium für Ernährung und Landwirtschaft.

30 „Die Zerstörung Nordhausens...", S. 45.

31 „Das Konzentrationslager Mittelbau in der Endphase der nationalsozialistischen Diktatur" v. Joachim Neander, Clausthal-Zellerfeld, 1997. Fretter-Pico spricht von „Regimentsgruppe Gros".

32 Chronik von Wollbrandhausen. Es handelt sich wahrscheinlich um zwei „Königstiger" der s.Pz.Abt. 510 unter Oblt. Helpup. Die 510 soll 7 „Königstiger" gehabt haben, von denen einer bei Heiligenrode abgeschossen und einer bei Dahlenrode aufgegeben wurde. Drei „Königstiger" sollten unter Führung von Fw. Staub über Gieboldehausen nach Bad Lauterberg fahren und zwei mit Oblt. Helpup.

[33] Die Division lag Mitte März 1945 in Danzig. Der Stab wurde im April 1945 herausgelöst und sollte über Wismar und Swinemünde in den Raum Pilsen transportiert werden. Ob er dort ankam, ist unklar. Möglicherweise handelt es sich bei den Flakkräften um Einheiten, die ursprünglich ebenfalls für den Einsatz im Raum Pilsen vorgesehen waren.

[34] BA-MA ZA 1/921, B-569, Fretter-Pico

[35] Stationierung gem. Tessin.

[36] „Schicksalstage im Harz" v. Manfred Bornemann, 8. Auflage 1989, S. 37/38.

[37] „Zeitzeugen „ v. Zeitfuchs/Schirmer, S. 15.

[38] „Kriegsende in Gieboldehausen" aufgeschrieben von Gerhard Rexhausen, Geschichtswerkstatt Gieboldehausen. Bericht von Heinrich Bode.

[39] Ebenda.

[40] Gem. Interview Heinrich Bode v. 06.09.11.

[41] „Geschichts- und Erinnerungstafel Herzberg" des Volksbund Deutsche Kriegsgräberfürsorge e.V.

[42] 3 Panzer sprechen für die Gruppe unter Fw. Staub der s.Pz.Abt. 510 und zwei für die Panzer unter Oblt. Helpup. Die weiteren Panzer können von der H.U.S. Eisenach und der s.Pz.Abt. 511 stammen, über deren Anzahl es keine Hinweise gibt. Ein „Königstiger" der 511 soll gem. Schneider nach Elend gekommen sein, was auf einen Zusammenhang mit Hptm. Bölter von der H.U.S. Eisenach hindeutet.

[43] Heute Rotenberg.

[44] „Kriegsende in Gieboldehausen" v. Gerhard Rexhausen, Bericht von Heinrich Bode.

[45] Elbingen gehört zu Wollershausen, liegt aber direkt nördlich von Gieboldehausen, was oftmals zu Verwechslungen führt.

[46] „Kriegsende in Gieboldehausen" v. Gerhard Rexhausen, Bericht von Heinrich Bode.

[47] „Geschichts- und Erinnerungstafel Herzberg".

[48] „Kriegsende in Gieboldehausen" v. Rexhausen, Bericht von Heinrich Bode. Bode schildert in einem Interview am 06.09.11, dass der Panzer gegen die Fahrtrichtung schräg in der Böschung steckte. Er hatte wahrscheinlich versucht, in Deckung zu fahren. Er hatte außer der Kette keine erkennbaren Schäden.

[49] Ebenda. Außerdem S-3 Journal 36th AIR und Geschichts- und Erinnerungstafel Herzberg. Unklar ist, ob der liegengebliebene „Tiger"-Panzer einer der zwei Panzer war.

[50] In „Die Zerstörung Nordhausens...", S. 39, schreibt Dr. Schröter, dass der Ort bereits um 10.30 Uhr besetzt wurde. Hierfür finden sich jedoch keine amerikanischen Unterlagen. Das sich um diese Zeit dort bereits Aufklärungspatrouillen befanden, ist unwahrscheinlich, da sich deutsche Truppen in der Umgebung befanden.

[51] Werningerode und Epschenrode wurden in den 50iger Jahren im Rahmen der Gemeindereform unter der Ortsbezeichnung Steinrode zusammengefasst.

[52] Angaben zu Werningerode aus „Die Zerstörung Nordhausens...", S. 39.

[53] Bei dieser Kompanie kann es sich um die Landesschützen handeln, die auf Befehl des K.Kdt. von Bleicherode die Stadt Richtung Harz verlassen hatten.

[54] Aussage des Zeitzeugen W. (Name ist dem Autor bekannt) vom 18.03.11. W. war zum Zeitpunkt des Geschehens zehn Jahre alt und wohnte in Epschenrode. W. gibt als Zeitpunkt des Eintreffens der Amerikaner „gegen 13.00 Uhr" an.

[55] Vgl. die Angaben zur Besetzung von Bleicherode.

56 "Spearhead in the West", S. 147.

57 Bornemann und Dr. Schröter haben diese Angaben übernommen. Saft spricht von einem Zug SS. Schröter schreibt, dass „die deutschen Geschütze und Panzer ihre letzte Munition verfeuerten".

58 Bornemann spricht von neun Panzern. Woher diese Angaben kommen, ist unklar.

59 Gem. der Chronik der 3rd US AD und „Die Zerstörung Nordhausens...", S. 39, sollen Jagdbomber die Dörfer angegriffen haben. Gem. dem Zeitzeugen W. aus Epschenrode erfolgte kein Jagdbomberangriff.

60 Zeitzeuge W. sagt aus, dass der Tross nichts mit den deutschen Truppen im Dorf zu tun hatte.

61 Richtig ist, dass die Zeit zwischen dem Eintreffen der Amerikaner vor Epschenrode bis zur Besetzung des Dorfes drei Stunden betragen hat.

62 „Die Zerstörung Nordhausens...", S. 39.

63 Ebenda, S. 39.

64 Gem. K.-H. Engelhardt, Großbodungen, Sohn der Krankenschwester.

65 Oberdorf/Mitteldorf und Pustleben sind Ortsteile von Wipperdorf.

66 „Die Zerstörung Nordhausens...", S. 40.

67 „Schicksalstage 1945 in Großwerther – das Tagebuch der Ursula Schönemann" in Beiträge zur Heimatkunde aus Stadt und Kreis Nordhausen, Heft 16, 1991, S. 64.

68 Gem. dem AAR 104th US InfDiv sollen die Patrouillen auf deutsche Truppen und Panzer gestoßen sein, was aber nicht zutrifft.

69 Möglicherweise handelt sich um den zweiten „Hetzer", der am Vortag Northeim verteidigt hatte.

70 Der damals 15jährige Friedel Rusteberg aus Schwiegershausen beobachtete den Einmarsch der Amerikaner.

71 Gerhard Niehus, der inzwischen verstorbene Schulfreund von Friedel Rusteberg, hat gem. dem Zeitungsartikel im Harz-Kurier v. 12.04.96, die Besatzung des „Jagdtigers" unter Fw. Arnold vor den Amerikanern gewarnt. Arnold schildert in dem Buch von Saft das Zusammentreffen mit den amerikanischen Panzern und spricht von drei abgeschossenen Panzern. Doch dafür gibt es keinerlei Hinweise in den amerikanischen Unterlagen. Auch Rusteberg spricht nur von zwei Schüssen, die nördlich des Ortes gefallen sind, bevor sich die Amerikaner wieder nach Schwiegershausen zurückzogen. Außerdem stand dort nicht ein einziges Panzerwrack, während die amerikanischen Panzer, die westlich von Schwiegershausen am kommenden Tag von einem „Königstiger" bei Ührde abgeschossen wurden, noch lange nach Kriegsende dort standen. Auch die Chronik von Schwiegershausen „Schwiegershausen am Harz – Ein Heimatbuch" v. Walter-Gerd Bauer, Duderstadt 1954, S. 222/223, nennt lediglich das kurze Gefecht in der Nacht vom 10. April 500 Meter hinter dem Ort ohne einen einzigen zerstörten amerikanischen Panzer.

72 NARA, B-329, Gen.Lt. Flörke. Angaben zu Wulften gem. Dietrich Witte, „Das Kriegsende 1945 im Raum Wulften – Hattorf" im Harzkurier vom 12.04.1995.

73 „Schicksalstage im Harz" v. M. Bornemann.

74 Einer der bekanntesten Geysire im Yellowstone Nationalpark.

[75] Der AAR des VII. Corps spricht lediglich von einer verstärkten Kompanie. Da nach dem AAR des 2./18 am Morgen des nächsten Tages die Co. F mit Panzern und Panzerjägern zum Einsatz kommt, kann es sich nur um die Co. F gehandelt haben.

[76] NARA, B-217, Gen.d.Inf. Mattenklott.

[77] Raketenangetriebene Panzerabwehrwaffe der amerikanischen Infanterie, die Hohlladungsgranaten verschießt. Sie ist ähnlich der deutschen Panzerfaust.

[78] „Kriegsende und Neubeginn im Landkreis Eichsfeld 1945/1946", S. 352ff.

[79] „Auf Spurensuche", S. 67.

[80] „Die Zerstörung Nordhausens...", S. 37.

[81] „Auf Spurensuche", S. 67. Ziegler gibt als Zeitpunkt der Besetzung von Hamma „gegen 14.00 Uhr" an.

[82] Vgl. mit den Angaben bei Epschenrode und Trebra.

[83] Gem. Brief v. W. Sperling, Ludwigshafen, 2010.

[84] „Die Zerstörung Nordhausens...", und „Raketenschmieden und KZ-Außenkommandos im Eichsfeld und Südharz 1944–1945" v. Joachim Bornschein. Schröter spricht von Selbstmord, während Bornschein die Vermutung äußert, dass Hahn von SS-Leuten ermordet wurde, die sich in den Wäldern versteckt hatten. Vgl. auch „Schicksalstage im Harz" v. M. Bornemann. Sperling geht ebenfalls von einem Mord aus.

[85] „Schicksalstage im Harz" v. M. Bornemann. Vgl. auch Schröter, S. 29/30.

[86] Zitiert aus „Damals und heute – Nordhausen", S. 39. Bei den genannten Waffen handelt es sich um Neuentwicklungen von Flugzeugabwehrgeschossen. Siehe auch S. 40.

[87] Ebenda. Angaben zur Sprengung der Wipper-Brücke.

[88] NARA, B-414, Oberst i.G. Geyer.

[89] NARA, B-581, Oberst Estor. Siehe Anmerkungen zur „Festung Harz".

[90] Ebenda. Dennoch waren die Talsperren zur Zerstörung vorgesehen und vereinzelt kam es zu Trichtersprengungen, um Straßen unpassierbar zu machen.

[91] NARA, B-217, Gen.d.Inf. Mattenklott.

[92] "Spearhead in the west", S. 250.

[93] „Vor 50 Jahren – April 1945: Die Alliierten kommen nach Osterode", Klaus Schlincke Heimatblätter für den süd-westlichen Harzrand, Heft 51. Heimat- und Geschichtsverein Osterode/Harz und Umgebung e.V.

[94] „Schicksalstage im Harz" und „Die letzten Tage der Festung Harz" v. Bornemann.

[95] Ebenda.

[96] Die Talsperre wurde in den Jahren 1928–1931 erbaut.

[97] „Schicksalstage im Harz" und „Die letzten Tage der Festung Harz" v. Bornemann.

[98] Ebenda. Als Zeitpunkt der 1. Granate wird 02.20 Uhr angegeben. Zu diesem Zeitpunkt waren noch keine amerikanischen Truppen im Raum südlich von Osterode. Hier liegt wahrscheinlich eine Verwechselung mit 14.20 Uhr vor.

[99] BA-MA, ZA 1/921, B-569, Fretter-Pico.

[100] „Schicksalstage im Harz" v. M. Bornemann.

[101] Über den Rückzugsweg gibt es keine näheren Angaben. Die amerikanischen Meldungen über eine größere Anzahl von Panzern im Raum südlich von Herzberg und die Berichte von Lt. Dirks deuten daraufhin, dass sich die Masse über Herzberg nach Braunlage zurückgezogen hat.

102 „Schicksalstage im Harz“ v. M. Bornemann. Die Harzer Werke waren in Blankenburg/Harz. Ob diese gemeint sind, ist jedoch unklar.

103 „Fallschirmpionierbataillon 5 – Endkampf im Harz 1945“ auf www.geocities.com/ fschpibtl5/html/Berichte3.html.

104 NARA, B-581, Oberst Estor.

105 „Nordhausen unter dem Sternenbanner“, S. 6–10. Vgl. „Die Zerstörung Nordhausens...“, S. 33/34.

106 „Zwanzig Tage im April…“.

107 „Nordhausen unter dem Sternenbanner“, S. 6–10. Vgl. „Die Zerstörung Nordhausens...“, S. 33/34. In „Zeitzeugen“ v. Zeitfuchs/Schirmer, S. 139 bestätigt ein Zeitzeuge die Anwesenheit einer „Kompanie in Polizeiuniform“ in Stiege, die kurz darauf verschwunden war.

108 Ebenda. S. 9.

109 „Damals und heute – Nordhausen“, S. 35. Es wird von 15 000 Zivilisten gesprochen.

110 NARA, B-581, Oberst Estor.

111 Estor nennt die s.Pz.Abt. 508. Gemeint dürfte aber die 507 gewesen sein, denn die befand sich mit der SS-Pz.Brig. beim LXVI. AK.

112 „68 Kriegsmonate – 9. PzDiv“ v. Carl Hans Hermann, Wien, September 1975.

113 Ebenda.

114 Ebenda. Erich Kalckbrenner befand sich mit einem von zwei Vierlings-Flakgeschützen der 116. PzDiv an diesem Tag bei Osterode-Freiheit. Vgl. auch Saft.

115 NARA, B-581, Oberst Estor.

116 Gellermann nennt Lorenz. Andere Quellen nennen Oberst Scholz, Gen.Lt. Dittmann bzw. SS-Brigadeführer Gustav Adolf v. Wulffen. Lorenz war aber nachweislich der Kommandeur der Division im Harz. Auch der Intelligence Activities Report der 1st US InfDiv vom 1. Mai 1945 nennt Lorenz als Kommandeur.

117 „Elbe-Operationen – Die Kämpfe um die amerikanischen Brückenköpfe im April 1945“ v. Peter Wittig. Wittig vermutet, dass Schwieger bei dem Transport war und als K.Kdt. in Barby fungierte.

118 Saft nennt in seinem Buch „Krieg in der Heimat“ das Gren.Rgt. 2 unter Oberst Grassau als Teil des LXVII. AK im Raum Hasselfelde – Allrode. Gellermann schreibt, dass das Regiment der InfDiv „Hutten“ unterstellt wurde. Vermutlich wurden aber nur Teile des Gren.Rgt. 2 der Div. „Hutten“ unterstellt

119 Unter den Gefallenen auf dem Friedhof Hüttenrode befinden sich Angehörige des Gren.Rgt. 1053, dem späteren Gren.Rgt. „Potsdam 1“.

120 „Die Armee Wenck...“ v. Günther Gellermann, 3. Auflage 1997, S. 40/41.

121 „Goebbels Tagebücher“, S. 444ff.

122 „Geschichts- und Erinnerungstafel Bad Harzburg“ des Volksbund Deutsche Kriegsgräberfürsorge e.V.

123 „Zeitzeugen – Der Harz im April 1945“ v. Zeitfuchs/Schirmer, 1. Auflage S. 15.

124 Gem. Tessin.

125 „Zeitzeugen – Der Harz im April 1945“ v. Zeitfuchs/Schirmer. Aus dem Bericht „Gelobt sei, was hart macht“ S. 162ff.

126 „Die Zerstörung Nordhausens...“, S. 35/36.

[127] „Schicksalstage im Harz", Ausgabe 2002, S. 64ff. Vgl. auch „Thale zur Zeit des Nationalsozialismus", S. 58. Angaben zu den eingesetzten Bombern entnommen der Chronologie der USAAF.

[128] „Evakuierungstransporte des KZ Buchenwald und seiner Außenkommandos", Buchenwaldheft 16, 1983.

[129] Chronik der Garnison Goslar. Nach den Unterlagen der Stadt Harzburg hatten zwei Züge des Bataillons Oesau in der Nähe des Radauwasserfalls Stellung bezogen.

[130] „Zeitzeugen – der Harz im April 1945", S. 16.

[131] „... bis zum bitteren Ende im Harz" v. Dr. Erich Kalckbrenner.

[132] „Das letzte Kriegsjahr im Westen – Geschichte der 116. PzDiv" v. Guderian.

[133] Ebenda, S. 123/124.

[134] Ebenda, S. 199.

[135] Die Feld.Kdtr. 517 war dem Stab des Militärbefehlshabers Frankreich unterstellt und wurde als Korück im Dezember 1944 dem AOK 15 unterstellt.

[136] Ebenda, S. 200/201.

[137] „Schicksalstage im Harz" v. Bornemann, S. 38. Siehe auch „Zeitzeugen" v. Zeitfuchs/Schirmer, S. 18., „Chronik der Stadt Wernigerode" auf www.frank-goetze-online und „Bericht über die letzten Kriegstage im Mühlental bei Wernigerode" v. Werner Weber im Forum „Kollektives Gedächtnis" auf www.dhm.de. Bornemann schreibt, dass der Ort der Erschießung nicht bekannt war und Petri nach Riefensbeek gebracht wurde. Weber nennt Elend als Ort der Erschießung. Zeitfuchs/Schirmer nennen Drei-Annen-Hohne. Unterschiedliche Angaben gibt es auch zu den Unterhändlern. Die Chronik nennt den Leiter des Lazaretts Oberfeldarzt Dr. Kolde, den Lazarettpfarrer Schnabel und den Fahrer Klemm. Weber spricht von einem Gerücht, wonach Rudolf Kindermann und der Chefarzt des Krankenhauses, Dr. Moldenschardt, zu Fuß mit einer Fahne den Amerikanern entgegengingen.

[138] Mit dem Thema beschäftigen sich die Bücher „Dem Führer ein Kind schenken. Die SS-Organisation Lebensborn e.V." v. Volker Koop, Köln 2007 und „Der Lebensborn e.V. Ein Instrument nationalsozialistischer Rassenpolitik" v. Georg Lilienthal, Frankfurt a.M. 2003.

[139] „Evakuierungstransporte des KZ Buchenwald und seiner Außenkommandos", Buchenwaldheft 16, 1983.

[140] „Rettung der Zillierbachtalsperre" v. Wolfgang Wiezorrek auf www.talsperren-lsa.de.

[141] Gem. Lehmann wurden keinerlei Hinweise auf eine vorbereitete Sprengung gefunden.

[142] „Nordhausen unter dem Sternenbanner" v. Dr. Kuhlbrodt, S. 13. Gem. Augenzeugenberichten hingen am Vortag an vielen Stellen der Stadt weiße Fahnen, die dann am Vorabend von SS-Patrouillen wieder entfernt wurden. Vgl. „Die Zerstörung Nordhausens...", S. 41.

[143] „Die Zerstörung Nordhausens...", S. 40.

[144] „Ebenda, S. 35.

[145] „Nordhausen unter dem Sternenbanner", S. 12/13. Vgl. „Die Zerstörung Nordhausens...", S. 41.

[146] „Die Zerstörung Nordhausens...", S. 40.

[147] „Fliegerhorst und Luft-Nachrichten-Schule 1...", S. 145/146.

[148] „Nordhausen unter dem Sternenbanner", S. 14/15. Dr. Kuhlbrodt schreibt, dass die Bewacher nach dem ersten Angriff flohen, Dr. Schröter schreibt in seinem 1988 veröffentlich-

ten Beitrag auf S. 23, dass in der Nacht vom 3./4. April Suchtrupps der SS Jagd auf Häftlinge machten, die beim Bombenangriff geflohen waren.

149 Webseite der National Timberwolf Association.

150 „Nordhausen unter dem Sternenbanner", S. 17.

151 „Die Zerstörung Nordhausens...", S. 41.

152 Ebenda, S. 41.

153 Ebenda, S. 41.

154 Ebenda, S. 41.

155 Ebenda, S. 42. Vgl. „Nordhausen unter dem Sternenbanner", S. 12/13.

156 „Die Zerstörung Nordhausens...", S. 42.

157 Ebenda. S. 42. Siehe Anmerkung zu Groß. Groß war Major.

158 „Die Zerstörung Nordhausens...", S. 43.

159 „Schicksalstage im Harz" v. M. Bornemann.

160 „Die Zerstörung Nordhausens...", S. 4.

161 „Damals und heute – Nordhausen", S. 34.

162 „Zwanzig Tage im April…".

163 „Fliegerhorst und Luft-Nachrichten-Schule 1…", S. 143.

164 Nördlicher Ortsteil von Nordhausen. Wird erst nach dem Krieg eingemeindet. Er wird verschiedentlich Crimderode oder Krimderode geschrieben.

165 „Die Zerstörung Nordhausens...", S. 43.

166 „Nordhausen unter dem Sternenbanner", S. 32.

167 „Schicksalstage im Harz" v. M. Bornemann.

168 Ebenda. Vgl. „Zwanzig Tage im April…" und „Die Zerstörung Nordhausens...", S. 43

169 „Die Zerstörung Nordhausens...", S. 42. Dr. Schröter verwechselt hier Welborn und Lovelady. Welborn war auf der Nordroute und Lovelady auf der Südroute, nicht umgekehrt.

170 Ebenda. S. 44.

171 „Das Kriegsende in Osterode am Harz – April 1945" v. Ekkehard Eder, 2005.

172 In „Krieg in der Heimat" v. Saft wird die Zerstörung von vier amerikanischen Panzern bei Schwiegershausen einem „Jagdtiger" zugeordnet, was aber nicht zutrifft. An gleicher Stelle wird berichtet, dass einer der zwei „Jagdtiger" bei Beiersfelde von amerikanischen Truppen zerstört wurde, während sich der zweiten am 11. April Richtung Osterode absetzen konnte und später bei St. Andreasberg aufgeben wurde.

173 In „Schwiegershausen am Harz – Ein Heimatbuch" wird berichtet, dass am 11. April der Vormarsch fortgesetzt wurde, nachdem motorisierte Infanterie und Artillerie eingetroffen war und die Umgebung durchsucht wurde. Rusteberg gibt an, dass die Panzer nicht auf der Straße vorgerückt sind.

174 Record of events, 2./18.

175 S-2 Journal 745th Tk Bn.

176 Saft ordnet in seinem Buch „Krieg in der Heimat" den Abschuss der Panzer einem „Jagdtiger" unter Fw. Arnold an der Straße Schwiegershausen – Beiersfelde in der Nacht vom 10./11.04.45 zu. Die Zeitzeugen Friedel Rusteberg aus Schwiegershausen und Edith Wagester, geb. Dernedde, JG 1925 aus Ührde bestätigen jedoch eindeutig den Abschuss der amerikanischen Panzer durch den „Königstiger". Vgl. Zeitzeugenberichte in „Zeitzeugen" v. Zeitfuchs/Schirmer, S. 53ff, S. 215ff und 222ff. Rusteberg berichtet von einem Sherman bei

Schwiegershausen mit defekter Kette, der wahrscheinlich der beschädigte Panzer war, der dorthin abgeschleppt wurde.

177 „Zeitzeugen“ v. Zeitfuchs/Schirmer, S. 50ff. Siehe auch „DF“ 10/89, S. 16.

178 „Harzerlebnisse eines Stabsgefreiten“ in „Zeitzeugen“ v. Zeitfuchs/Schirmer, S. 53.

179 „Zeitzeugen“ v. Zeitfuchs/Schirmer, S. 53ff. Nach dem Zeitzeugenbericht eines Stabsgefreiten der Wehrmacht hatte dieser aufgesessen auf einem „Königstiger“ der Waffen-SS am 10. April die Oder in Wulften durchwatet und war anschließend in das Waldgebiet nördlich von Dorste gefahren. Bei der Absetzbewegung am 11. April Richtung Osterode steht der Panzer dann „hinter der Straßenkurve“ (der Straße Dorste - Osterode) „qualmend und schmorend, Munition verschossen, Treibstoff verbraucht“.

180 „Schwiegershausen am Harz – Ein Heimatbuch“, S. 222/223. Friedel Rusteberg berichtet von zwei beschädigten Gebäuden.

181 Zeitzeugenberichte in „Zeitzeugen“ v. Zeitfuchs/Schirmer, S. 215ff und 222ff. Der Zeitzeuge, Ustuf. Ahrens, berichtet in seinem Tagebuch von einem „Königstiger“ der am 11. April bei Ührde in Stellung ging, wo er sechs Panzer abschoss. Dann fuhr Ahrens mit diesem Panzer in die Nähe von Osterode, von wo aus er sich zu Fuß in die Stadt bewegte und sich einer anderen Einheit anschloss. Edith Wagester, geb. Dernedde, bestätigt die Informationen zu dem „Königstiger“, der direkt an der Scheune ihres Vaters Fritz Dernedde stand. Von ihr stammen auch die Informationen über die jungen Waffen-SS-Rekruten und die Vorgänge im Ort.

182 Gem. Saft „Krieg in der Heimat“, S. 250, waren neben dem „Königstiger“ bei Ührde noch eine „Hetzer“ nördlich von Dorste in Stellung gegangen. Hierfür gibt es aber keine weiteren Hinweise. Wahrscheinlich handelte es sich bei dem gemeldeten Panzer um jenen PzKpfw V „Panther“, der auf der Straße von Marke ins Sösetal gestanden haben soll und dessen Foto sich unter den Unterlagen der 1st US InfDiv findet. Die Fahrrichtung auf dem Foto deutet darauf hin, dass sich der Panzer Richtung Dorste bewegt hat.

183 „Tausend Jahre Förste am Harz – Ein Mosaik der Ortsgeschichte“ v. Werner Biennewies.

184 „Sösetalgeschichte(n) und andere“, Bd. 2 v. Werner Binnewies, 1994.

185 „Tausend Jahre Förste am Harz“ v. Werner Binnewies, 1990. Vgl. „Sösetalgeschichte(n) und andere“, Bd. 2 v. Werner Binnewies, 1994.

186 „Sösetalgeschichte(n) und andere“. Biennewies schreibt von einem „Tiger“-Panzer, der sich nach Osterode absetzt. Allerdings geht er davon aus, dass des „Königstiger“ von Förste mit dem in der Dörgestraße identisch ist, was nicht zutrifft. Vgl. Anmerkungen zu „Königstiger“ in Osterode-Freiheit und Dörgestraße.

187 „Tausend Jahre Förste am Harz“ v. Biennewies, 1990. Einer der deutschen Soldaten soll ein Deserteur gewesen sein, der durch die eigenen Leute erschossen wurde.

188 „Damals vor 5 Jahren“, Erinnerungen des Polizeikommandanten Willi Fischer, 1950, im Harzkurier vom 11.04.95.

189 Ebenda. Siehe auch „Schicksalstage im Harz“ v. Bornemann.

190 „Schicksalstage im Harz“.

191 „11. April 1945 - Amerikaner besetzen Osterode“, in Harzkurier v. 11.04.1995.

192 Siehe Anmerkung zur s.Pz.Abt. 507 in Osterode-Freiheit. Der Turm des Panzers weißt einen Einschuss auf, der wahrscheinlich vom Feuergefecht mit dem Sherman bei Ührde stammte. Gem. „Schicksalstage im Harz“ im Harz wurden auf dem Grundstück Kornmarkt

25 die fünf Besatzungsmitglieder des Panzers erschossen. Gem. „Das Kriegsende in Osterode am Harz – April 1945" v. Ekkehard Eder, Stadtarchivar von Osterode, 2005, soll es sich aber nicht um die Besatzung des Panzers gehandelt haben, sondern um Soldaten, die während des Beschusses der Stadt getötet wurden. Sie sollen zur s.Flak.Ers.Abt. 62; 2./Art.Ers.Abt. 32; 2./Flak.Ers.Abt. 61; 1./Luftsperr.Ers.Abt. 1 (Sicherung Sösetalsperre) und zum 3./SS-Krad-Ers.Btl. gehört haben.

193 Donarit ist kein militärischer, sondern ein gewerblicher Sprengstoff. Er kam vermutlich aus dem Bergbau.

194 „1945 – Osterode am Harz" v. Hans-Hermann Gross, Heimatblätter für den süd-westlichen Harzrand, Heft 53, 1982. Vgl. auch „Vor 50 Jahren – April 1945: Die Alliierten kommen nach Osterode" v. Klaus Schlincke. Heimatblätter für den süd-westlichen Harzrand, Heft 51, 1995 und „Die letzten Tage der Festung Harz" v. Bornemann.

195 In „Zeitzeugen" v. Zeitfuchs/Schirmer berichtet ein Zeitzeuge auf S. 57 von einem Panzermajor „Major Wolf", der dort seinen Befehlsstand hatte. Auf dem Stander eines Fahrzeuges soll „Wolf" gestanden haben. In den „Lerbacher Heft Nr. 17", Ausgabe 2002, schreibt Günter Koch von einem Hauptmann als Kommandant des „Tiger"-Panzers. In Internetforen wird daher vermutet, dass es sich um Hptm. Wolfgang „Wolf" Koltermann, KpChef der 3./s.Pz.Abt. 507 gehandelt hat. Bei dem Major müsste es sich um Maj. Fritz Schöck, den Kdr. der s.Pz.Abt. 507 gehandelt haben.

196 Gem. „Lerbacher Heft Nr. 17" war ein Hptm. und Ritterkreuzträger Kommandant dieses Panzers, was für Hptm. Koltermann spricht.

197 Es deutet alles darauf hin, dass der „Königstiger" aus Förste nicht identisch ist mit dem aus der Dörgestraße in Osterode. Während in der Chronik der s.Pz.Abt. 507 die Ereignisse bei Förste und Freiheit erwähnt werden, gibt es keine Hinweise auf Ührde. Außerdem hatte der „Königstiger" in der Dörgestraße eine Turmnummerierung, die nicht von der 507stammt. Vgl. Anmerkungen zu „Königstiger" in Dörgestraße.

198 „DF", Heft 11/89, S. 18. Vgl. „Chronik der s.Pz.Abt. 507". Vgl. auch „Das Ende der deutschen Panzerwaffe" v. Wolfgang Schneider und „Die letzten Trümpfe des Reiches" v. Jean Restayn, Steelmaster Heft Nr. 20, Aug.-Sept. 2000.

199 „Schicksalstage im Harz" v. Bornemann. Vgl. „Zeitzeugen" v. Zeitfuchs/Schirmer, S. 57ff.

200 Ebenda. Von den 10 Soldaten sind 5 vom Kornmarkt. Gem. Bornemann wurde der getötete Mann erschlagen. Die näheren Umstände sind nicht bekannt. Die Frauen und Kinder kamen durch Artilleriebeschuss ums Leben. Andere Quellen, wie Schirmer/Zeitfuchs nennen eine größere Anzahl deutscher Opfer.

201 Stadtarchiv Osterode. Der Autor verfügt über zwei Bilder des zerstörten „Jagdtigers", die von einem Angehörigen der 8th US AD im Mai 1945 an der Spinnhütte aufgenommen wurden. Unter welchen Umständen der „Jagdtiger" dorthin kam und ob er zur 3./512 gehörte, ist unklar. Bisher wurde davon ausgegangen, dass nur zwei „Jagdtiger" den Harz erreichten. Da sowohl der „Jagdtiger" bei St. Andreasberg als auch bei Beierfelde belegbar sind, muss also mindestens noch ein weiterer „Jagdtiger" den Harz erreicht haben.

202 Bericht von Edith Wargester, geb. Dernedde.

203 Sonderheft der „Heimatblätter des Heimat- und Geschichtsvereins Osterode" 1996. Beitrag „Ührde – ein Stadtdorf von Osterode seit 550 Jahren" v. Ingrid Kreckmann. In dem

Heft werden neben der Zwangsarbeiterin nur zwei gefallene deutsche Soldaten als Opfer der Kämpfe genannt, die auf dem Dorffriedhof beerdigt wurden.

204 Bericht von Edith Wargester, geb. Dernedde.

205 „Heimatblätter für den süd-westlichen Harzrand", Heft 60, 2004. Artikel „Herzberg vor 60 Jahren" v. Albrecht Schütze.

206 „Zeitzeugen – der Harz im April 1945" v. Zeitfuchs/Schirmer, 1. Auflage, S. 12. Siehe auch „Geschichts- und Erinnerungstafel Herzberg". Hier wird von 29 Opfern berichtet. Albrecht Schütze nennt in seinem Artikel „Herzberg vor 60 Jahren" 23 Opfer.

207 „Heimatblätter für den süd-westlichen Harzrand", Heft 60, 2004. Artikel „Herzberg vor 60 Jahren" v. Albrecht Schütze.

208 „Kriegsende in Gieboldehausen" v. Rexhausen, Bericht von Heinrich Bode.

209 „Das Kriegsende 1945 im Raum Wulften – Hattorf" v. Dietrich Witte im Harzkurier 12.04.1995. Siehe auch Zeitzeugenbericht von H. Bode.

210 „Kriegsende in Gieboldehausen" v. Rexhausen, Bericht von Heinrich Bode.

211 „Das Kriegsende 1945 im Raum Wulften – Hattorf" v. Dietrich Witte im Harzkurier 12.04.1995. Siehe auch Zeitzeugenbericht von H. Bode.

212 Vgl. „Heimatblätter für den süd-westlichen Harzrand", Heft 60, 2004. Artikel „Herzberg vor 60 Jahren" v. Albrecht Schütze.

213 „Geschichts- und Erinnerungsblatt Herzberg". Vgl. „Zeitzeugen – Der Harz im April 1945", S. 15.

214 „Nordhausen unter dem Sternenbanner", S. 14-16.

215 Übersetzung aus dem Englischen von J. Möller.

216 „1945 - Windhausen vor 65 Jahren" v. Horst Sablotny auf www.bad-grund-harz.de.

217 „Aus längst vergangenen Tagen, Band 1" v. Albert Humm, 1982.

218 AAR 4th CavGp v. 11.04.1945.

219 NARA, B-312, Gen.Maj. Görbig. Siehe auch „Zeitzeugen" v. Zeitfuchs/Schirmer, S. 98/99.

220 NARA, B-329, Gen.Lt. Flörke.

221 Sinnhuber war nach anderen Angaben vom 1.–18. April 1945 Komm.Gen. des Verteidigungsbereiches Hamburg-Bremen.

222 „Aus längst vergangenen Tagen, Band 1" v. Albert Humm.

223 „Zeitzeugen" v. Zeitfuchs/Schirmer, S. 98/99.

224 „Badenhausen im 20. Jahrhundert" v. Wilhelm Reißner. 1968.

225 „In Ketten und Banden" v. Alfred Brinkmann, Heimatmuseum Badenhausen.

226 "The last kilometer..." by A. Preston Price.

227 Wahrscheinlich in Petershütte.

228 History des 87th Cml Mort Bn.

229 „Auleben im April 1945 – Kriegszeit und Kriegsende in einem Dorf in der Goldenen Aue." v. Jörg-Michael Junker und Hans-Jürgen Kohlmann, in Beiträge zur Heimatkunde aus Stadt und Kreis Nordhausen, Heft 20, Nordhausen 1995.

230 „Nordhausen unter dem Sternenbanner", S. 3.

231 General Feller, der sich am 12.04.45 mit den Resten seines Stabes im Raum östlich Kölleda befand, begab sich von dort mit seinem Adjutanten, Oblt Stränz, auf den Weg zum Stab der 11. Armee in den Harz. Der AAR der 38th CavRcnSq (Mechanized) meldet am 13.04.45 den

Tod eines Gen.Maj. Fuller bei dem Versuch eines Durchbruches durch eine Straßensperre mit einem PKW bei Landgrafroda. Dabei sollen vier Personen getötet worden sein.

232 NARA, B-581, Oberst Estor.

233 Ebenda.

234 „Die Flakhelfer" v. Hans-Dietrich Nicolaisen, Verlag Ullstein, Buch Nr. 33045, 1985, S. 169/170.

235 „DF" Heft 11/89, S. 18. In „Zeitzeugen" v. Zeitfuchs/Schirmer, S. 222, bestätigt ein Zeitzeuge die Anwesenheit von Kloskowski in Osterode.

236 Ebenda.

237 NARA, B-329, Gen.Lt. Flörke. Vgl. auch NARA, B-581, Oberst Estor.

238 NARA, B-329, Gen.Lt. Flörke. Vgl. auch „Aufstellung, Einsatz und Untergang der SS-Panzerbrigade ‚Westfalen' März–April 1945" v. Wilhelm Tieke in „DF" Heft 12/89. Tieke nennt zwei Panzerspähwagen an der Straße Bad Grund - Clausthal-Zellerfeld.

239 „Aufstellung, Einsatz und Untergang der SS-Panzerbrigade ‚Westfalen' März–April 1945" v. Wilhelm Tieke in „DF" Heft 12/89. Die SS-K.Gr. Thöle befand sich ursprünglich bei der 326. VolksGrenDiv, die sich aber am 11. April nicht im Raum Wildemann aufhielt. Das lässt darauf schließen, dass die K.Gr. nach dem Rückzug in den Harz von der 326. Volks-GrenDiv getrennt wurde und separat bzw. bei der SS-Pz.Brig „Westfalen" zum Einsatz kam. Thöle wird am 11.4.45 bei einer Erkundung in Torfhaus durch Tieffliegerbeschuss schwer verletzt.

240 „Das letzte Kriegsjahr im Westen – Geschichte der 116. PzDiv" v. Guderian.

241 NARA, B-581, Oberst Estor.

242 BA-MA, ZA 1/921, B-569, Fretter-Pico.

243„Das Konzentrationslager Mittelbau…" v. Joachim Neander. Im Zusammenhang mit Mittelbau-Dora wird vom „Sonderkommando Groß" gesprochen, bei der Verteidigung des Harzes von der „Rgt.Gr. Gros". Siehe Fretter-Pico. Auch Bornemann verwendet in „Zwanzig Tage im April…" die Bezeichnung „Regimentsgruppe Groß".

244 „Zwanzig Tage im April…". Siehe auch „Die Zerstörung Nordhausens...", S. 46 und Zeitzeugenbericht v. Herbert Schneider, Zeitz, Angehöriger der Geschützbatterie in der Mitteldeutschen Zeitung MZ. Bornemann schreibt, dass ein Geschütz auf dem Parkplatz vor dem Hotel, eins hinter dem Hotel und drei auf den Netzbergwiesen standen. Schneider nennt vier Geschütze.

245 Ebenda.

246 S-2 Periodic Report 746th Tk Bn.

247 NARA, B-251, Oberst Estor.

IV. Der Beginn der Einkesselung des Harzes

Geheime Tagesberichte der Wehrmachtsführung vom 12. April 1945:
AOK 11, Stellv. VI. AK: *Im Angriff auf Halberstadt nach Süden und von Wernigerode nach Osten drang der Gegner bis in den Raum 6 km südöstlich–4 km nordöstlich Blankenburg vor. Eigene Gegenangriffe sind im Gange.* ***Stellv. IX. AK:*** *Über Herzberg und Bad Lauterberg drangen Feindkräfte weiter nach Südosten vor. Aus dem Raum Nordhausen nach Norden und Nordosten vorstoßend, erreichten sie den Raum 4,5 km südlich Ilfeld und 3 km südlich Stolberg*

Am Morgen des **Donnerstags**, des **12. April 1945**, setzt das XVI. US Corps der 9th US Army die Räumung der Region nördlich der Ruhr fort. Die 5th US AD erreicht im Abschnitt des XIII. US Corps die Elbe bei Wittenberge, Werben und Tangermünde, kann aber keine intakten Brücken erobern. Im Bereich des XIX. US Corps errichtet ein Combat Command der 2nd US AD südlich von Magdeburg, im Raum Randau, mit Booten einen kleinen Infanterie-Brückenkopf über der Elbe. Die anderen Combat Commands der Division fahren mit hohem Tempo in Richtung der Elbe bei Magdeburg und blockieren die Ausfallstraßen. Braunschweig wird besetzt. Das RCT 329 der 83rd US InfDiv erreicht die Elbe bei Barby, südöstlich von Schönebeck.

Die Co. A und C, 1./330 der 83rd US InfDiv stehen seit der Nacht in heftigen Kämpfen mit deutschen Truppen östlich von Bockswiese, an der Kreuzung der Straßen nach Clausthal-Zellerfeld, Goslar und Lautenthal. Dort sollen nach Kriegsgefangenenmeldungen des 3./16 der 1st US InfDiv zwei Kompanien der 116. PzDiv mit 90 Mann, fünf MG, 15 Halbkettenfahrzeugen und zwei PzKpfw V kämpfen.[1] Die Co. B nimmt Bockswiese und stellt den Kontakt zum Bataillon her. Dann beginnt das 1./330 den Angriff entlang der R 241 nach Norden, um den Kontakt mit der Co. I, 3./330 bei Goslar herzustellen. Nach heftigen Kämpfen erreicht die Co. B an der Spitze des Vormarschs gegen starken Widerstand um 16.10 Uhr (B) die Außenränder von Goslar und das Bataillon beginnt sich zu versammeln. Das 2./330 säubert den Raum Bad Harzburg. Am Radau-Wasserfall überraschen Patrouillen zwei Züge des Lw.Btl. Oesau. Bei der kurzen Schießerei wird der 17jährige Soldat Hans Berger verwundet und von den Amerikanern nach Bad Harzburg ins Lazarett gebracht, wo er später seinen Verletzungen erliegt.[2] Nach der Ablösung durch die Co. B verlegt die Co. I, 3./330 am Abend nach Wernigerode und löst die 113th CavGp in der Stadt ab, der in der Zwischenzeit der Tp. C, 113th CavRcnSq wieder zurück unterstellt wurde.

Von Wernigerode aus hatte die TF Biddle, 113th CavGp im Tagesverlauf starke gepanzerte Patrouillen nach Süden entsandt, die an mehreren Stellen auf deutsche Truppen treffen. So waren in der Nacht Angehörige der InfDiv „Potsdam“ mit

Fahrrädern im Mühlental, südlich von Wernigerode, eingetroffen und hatten Stellungen in Richtung Wernigerode bezogen. Versuche der Bewohner des Mühltals, den jugendlichen Soldaten die Sinnlosigkeit ihres Kampfes klarzumachen, hatten diese unter Androhung von Gewalt abgewiesen. Als gegen 13.00 Uhr amerikanische Infanterie mit Unterstützung von drei Panzern entlang der Straße durchs Mühlental, der heutigen Bundesstraße 242, vorrückt, kommt es auf Höhe des Hotels „Waldmühle" zu einer „wilden Schießerei", nach der sich die Panzer zurückziehen. Auch ein zweiter Aufklärungsvorstoß mit sechs Panzern wird nach einem Feuergefecht abgewiesen. Zu einem weiteren Angriff kommt es nicht. Gegen 17.00 Uhr tritt Ruhe ein. Als die Anwohner die Schäden besichtigen, finden sie einen toten deutschen Leutnant, der am Eingang des Hotels „Waldmühle" begraben wird.[3]

Die Co. K, 3./330 betreibt Straßensperren in Ilsenburg. Co. A, 1./330 wird nach Veckenstedt entsandt, um dort die TF Biddle bei der Abwehr möglicher Gegenangriffe an der Flanke zu unterstützen.

Das RCT 331 erreicht in der Nacht ohne sein 3./331 Derenburg und erhält den Auftrag, zur Elbe nach Breitenhagen zu verlegen. Um 06.30 Uhr (B) beginnt es den Marsch. Das 1./331 rückt, mit der Co. B unter Capt. Moore voraus, Richtung Langenstein vor. Dabei gerät der Jeep von Capt. Moore in den Hinterhalt einer umgangenen Gruppe deutscher Soldaten. Dabei wird der Funker getötet, Moore's Leibwächter und Moore verwundet, und der Fahrer gefangengenommen. Im zweiten Fahrzeug wird Lt. Schwadron bei dem Versuch, Moore zu Hilfe zu kommen, am Kopf verwundet. Es gelingt ihm aber zur Spitze der Kolonne zu fahren und diese zu stoppen. Zwei Panzer und ein Platoon Infanterie machen kehrt und eilen zur Stelle des Überfalls, wo Moore und sein Leibwächter noch immer im Feuergefecht mit den deutschen Angreifern steht. Ohne Gefangene zu machen, wird der Widerstand überwunden und die Verwundeten werden in Sicherheit gebracht. Dann setzt die Co. B unter Führung von Lt. Schwadron den Angriff auf Börnecke fort, wo es erneut zu Kämpfen kommt. Erst mit Unterstützung der Co. C unter Capt. Patrick Murphy, die von Langenstein aus Börnecke von Norden angreift, wird der Widerstand zerschlagen und der Ort genommen. Dort befreien die Infanteristen den Fahrer von Capt. Moore. Ein M-8 Spähpanzer der Panzerjäger schießt ein Krad mit zwei SS-Offizieren ab, als diese versuchen zu fliehen. Um 13.20 Uhr (B) geht der Angriff mit der Co. C voraus nach Westerhausen, das um 14.15 Uhr (B) gegen leichten Widerstand besetzt wird. Bis Einbruch der Dunkelheit hat sich das Bataillon, das Quedlinburg rechts liegen lässt, in Ditfurt versammelt.

Das 3./331 erhält in der Nacht den Befehl, unter Belassung der Co. K bei der TF Biddle, 113th CavGp, zum Regiment zurückzukehren. Es wird nach Derenburg beordert, um dort einen deutschen Widerstandsherd in den Wäldern südlich des Ortes zu beseitigen. Nach heftigen Kämpfen, die bei der Co. I hohe Verluste fordert, wird der Widerstand überwunden. Um 17.00 Uhr (B) verlegt das Bataillon nach Harsleben und blockiert die Straßen in den Harz, südlich von Halberstadt.

Südlich der 9th US Army beginnt im Abschnitt des VII. US Corps der 1st US Army die 3rd US AD und 104th US InfDiv am Morgen mit der Besetzung der, außerhalb der Harzberge liegenden, Ortschaften der Grafschaft Hohenstein und der Dörfer östlich von Nordhausen. Aus dem Raum Nordhausen stoßen die Verbände der 3rd US AD in vier Marschsäulen nach Osten in den Landkreis Sangerhausen. Auf der Linken, nördlich der R 80, marschiert das CCR, mit zwei Verbänden parallel vorgehend, und auf der Rechten, südlich der Reichsstraße, das CCB mit zwei Verbänden. Das 83rd Armd Rcn Bn folgt dem CCB und das CCA bildet die Div.Res.

Von Crimderode aus fahren um 07.00 Uhr (B) die Panzer der TF Richardson auf der Nordroute des CCR nach Rüdigsdorf und durch die Berge der Rüdigsdorfer Schweiz nach Petersdorf. Die Panzerinfanteristen nehmen die Strecke über Harzungen, Neustadt, Buchholz, Herrmannsacker und Stempeda nach Rottleberode. Überall ergeben sich ihnen kleine oder größere Gruppen deutscher Soldaten, die seit dem Vortag auf das Eintreffen der Amerikaner warten.[4] In Harzungen finden die vorrückenden Truppen in der Nähe des KZ-Außenlagers 27 tote Häftlinge.[5] In Rottleberode werden sie, wie in vielen anderen Orten, begeistert von Fremdarbeitern aus dem dortigen Fremdarbeiterlager begrüßt. Bei Uftrungen kreuzt die Vormarschstrecken der TF Richardson die Route der TF Hogan, bevor sie weiter über Breitungen, die Straßenkreuzung bei Agnesdorf, eine kurze Strecke auf Feldwegen, an Hängen entlang und über Felder nach Dittichenrode und Wickerode führt. Von dort geht es auf der Chaussee weiter nach Kleinleinungen, Drebsdorf und Großleinungen.[6] Über Morungen erreicht die Kolonne Wettelrode und kurz nach 15.00 Uhr (B) Gonna, nördlich von Sangerhausen.

Dort sind zwei deutsche Flakgeschütze in Stellung gegangen, um die anrückenden Truppen aus Richtung Sangerhausen aufzuhalten.[7] Sobald die ersten Fahrzeuge auftauchen eröffnen sie das Feuer, das sofort durch die Panzer erwidert wird. Um 15.30 Uhr (B) fordert Lt.Col. Richardson Luftunterstützung an. Amerikanische Artillerie eröffnet das Feuer. Auf Befehl eines Feldwebels sprengen die deutschen Besatzungen die Geschütze und setzen sich ab. Der Volkssturm, der in Stärke von zwei Zügen in Alarmbereitschaft lag, kommt nicht zum Einsatz und löst sich auf.[8] Um 16.00 Uhr (B) meldet die Task Force, das der Widerstand beseitigt ist. Das S-3 Journal schreibt: *„Linke Kolonne hat den Widerstand beseitigt, meldet zwei Panzerabwehrgeschütze – eins intakt, eins zerstört, eins war beweglich, eines fest installiert. Kriegsgefangene melden eine Konzentration von Panzern in Wippra“*. Von Gonna aus erreichen die Panzer der TF Richardson um 17.00 Uhr Obersdorf, wo an allen Häusern weiße Fahnen hängen. Eine deutsche Sanitätseinheit, die zuvor im Ort einen Verbandsplatz betrieben hatte, ist rechtzeitig Richtung Wippra abgerückt.[9] Kurze Zeit später wird auch Pölsfeld besetzt. Um 20.00 Uhr (B) trifft die TF Richardson auf deutsche Infanterie mit Panzerfäusten und geht nach einem kurzen Feuergefecht in Verteidigungsstellungen. Der Vormarsch kommt in Pölsfeld zum Halten.[10] Richardson erhält um 22.10 Uhr (B) auf seinem CP in Obersdorf den Befehl, sich darauf vorzubereiten, mit seiner Infanterie um 04.00 Uhr (B) des nächsten Tages anzugreifen, um Annarode zu sichern und den Angriff ab 07.00 Uhr (B) mit den Panzern fortzusetzen. Von Obersdorf aus liefert sich die amerikanische Artillerie bis zum nächsten Tag ein Artillerieduell mit einer bei Annarode stehenden RAD-Flakbatterie.

Auf der Südroute des CCR rollen die Aufklärungskräfte der TF Hogan gegen 08.00 Uhr mit ihren Jeeps an Himmelgarten vorbei auf der Landstraße nach Leimbach. Im weiß beflaggten Leimbach ergeben sich ihnen 35 Deutsche, unter ihnen Polizisten, FLUKO-Soldaten, Versprengte und ein Hauptmann der Infanterie mit acht Mann.[11] Wohin eine Kompanie NSKK abgezogen ist, die am 10. April in Leimbach und Steigerthal Quartier bezogen hatte, um die Orte zu verteidigen, ist unbekannt.[12] Von dort führen die Aufklärer die Kolonne über den Alten Stolberg und die Schabeleite nach Uftrungen. Eine deutsche Artilleriebatterie mit veralteten Geschützen aus dem 1. Weltkrieg, die zwischen Rottleberode und Berga zum Schutz der Straße Stellung bezogen hat, gibt vernünftigerweise keinen Schuss ab und ergibt sich.[13] Erst später entdecken nachfolgende Truppen in der nahegelegenen Heimkehle-Höhle eine Produktionsstätte für Flugzeugteile. Dann geht es weiter über Roßla nach Bennungen, das gegen 11.00 Uhr von der R 80 aus besetzt wird.[14]

Auf den Eisenbahngleisen nördlich von Bennungen finden sie die Reste eines Eisenbahnflakzuges, der am 10. April von Tieffliegern zusammengeschossen wurde. Der Zug der s.Flak.Abt. 145 (E) des Flak.Rgt. 33 Halle-Leuna war auf Antrag der Fliegerhorstleitung Nordhausen zum Schutz gegen die zunehmenden Tieffliegerangriffe angefordert worden und war unter dem Kommando des, aus Eisleben stammenden, Lt. Klemke von Merseburg Richtung Nordhausen gefahren. Auf Warnungen, dass die Strecke gesperrt ist, hatte Klemke nicht gehört. Im Kuhrieth[15], westlich von Berga, war der Flakzug durch zerstörte Gleisanlagen und Trümmer eines Munitionszuges zum Stehen gekommen und hatte daraufhin versucht, nach Sangerhausen zurückzufahren. Doch hinter Roßla hatten ihn amerikanische P-47 D „Thunderbolt“-Jagdbomber entdeckt und angegriffen. Kurz hinter dem Haltepunkt Bennungen Richtung Hohlstedt war er mit zerschossener Lok liegengeblieben. Bomben brachten dann den Munitionswagen zur Explosion, wobei auch der Bennunger Bahnhaltepunkt schwer beschädigt wurde. Erst das Erscheinen von sieben deutschen Bf 109 Jägern, die auf dem Heimflug nach Helmstedt sind, hatte die amerikanischen Jagdbomber abdrehen lassen. Am Morgen des 12. April 1945 hatte die Besatzung dann ihre intakten Geschütze gesprengt und war Richtung Harz geflüchtet. Der Zug wird später in den Bahnhof Berga-Roßla gezogen.[16]

Inzwischen fahren Flankenkräfte der TF Hogan gegen 09.30 Uhr südlich an Bennungen vorbei Richtung Hohlstedt, welches sie 11.30 Uhr erreichen. Dort richten sie im ehemaligen RAD-Lager für zwei Tage einen Verbandsplatz ein. Dann geht die vereinte Kolonne nach Wallhausen, wo sie gegen 12.00 Uhr auf Kräfte der TF Welborn des CCB trifft. Daraufhin macht die TF Hogan einen nördlichen Schwenk und bewegt sich über Pfeiffersheim nach Sangerhausen. Die Stadt, die zu diesem Zeitpunkt bereits gegenüber der TF Welborn kapituliert hat, wird ohne Halt passiert und die Task Force rückt gefolgt vom CP CCR über Riestedt, das um 13.00 Uhr gesichert wird, und Emseloh vor.

Dann erreicht gegen 15.00 Uhr der unterstellte Rcn Plat. des 83rd Armd Rcn Bn unter Führung von Lt. Hughes an der Spitze der TF Hogan Blankenheim. Am Jagdwasser stoßen sie auf eine halb verschlossene Straßensperre, die unter Anleitung eines Ltn. Schäfer errichtet worden war. Vorsorglich belegt die Vorhut den angrenzenden Wald mit MG-Feuer, wobei der Blankenheimer Einwohner Alfred Westfahl und ein holländischer Fremdarbeiter getötet und ein weiterer Einwohner verwundet werden. Dann greifen Jagdbomber das Dorf an, die auf dem Dorfplatz Fahrzeuge einer durchziehenden SS-Einheit entdeckt haben. Während diese in letzter Minute unbeschadet entkommen, werden durch Bomben zehn Einwohner getötet und mehrere Gebäude stark beschädigt. Um 15.45 Uhr rollen die Fahrzeuge der Aufklärer um sich schießend durch den Ort, wobei der im Ort befindliche Evakuierte Jakob Vlath getötet wird. [17] Ein Feldmeister des RAD stirbt durch die Explosion einer Handgranate.[18] Als sich die Spitze der Kolonne östlich des Ortes der kleinen Kreuzung südlich der Birkenschäferei nähern, schlägt ihnen MG- und Panzerfaustfeuer entgegen. Eingegrabene 8,8cm Flakgeschütze eröffnen das Feuer. Die Geschütze gehören zu einer Flak.Bttr., die einige Tage zuvor mit schweren Zugmaschinen von Leuna kommend in einem RAD-Ausbildungslager östlich des Schlosses Mansfeld eingetroffen war. Dort hatte man die Batterie mit zirka 100 16 bis 17jährigen Arbeitsdienstmännern aufgefüllt und anschließend bei Annarode, Blankenheim, Schmalzerode und Rothenschirmbach in Stellung gebracht. Östlich von Blankenheim haben sie vier dieser Geschütze *„vom Preußischen Holze über die Birkenschäferei bis zum Ziegelholze bei Klosterrode"* und ein weiteres in einer rückwärtigen Stellung an der Straße vor dem Bahndamm der Strecke nach Eisleben fast unbemerkt von der Bevölkerung gut getarnt in Stellung gebracht.[19]

Noch bevor die Aufklärer reagieren können, zerstört eine Panzerfaust kurz hinter der Kreuzung den vorausfahrenden Jeep. Nachfolgende Fahrzeuge werden im Bereich der Kreuzung getroffen. Es entwickelt sich ein heftiger Schusswechsel, der bis 18.00 Uhr anhält. Dabei werden auch einige Häuser des Ortes durch Flakgranaten beschädigt. Die Aufklärer sehen sich gezwungen, die Masse ihrer Fahrzeuge brennend zurückzulassen.[20] Nur mit einem gepanzerten Aufklärungsfahrzeug und einem Jeep kehren die Reste zu den eigenen Linien zurück. Um 19.02 Uhr (B) meldet das CCR an die Division: *„Der unterstellte Rcn Plat. hat ziemlich schwerwiegende Verluste – so wie es scheint haben sie drei Halftracks, zwei M-8 Spähpanzer und zwei Jeeps verlo-*

ren. Ungefähr 35 Mann werden vermisst einschließlich des Plat.Leaders. Die Anzahl der Fahrzeuge wird bei Einbruch der Dunkelheit überprüft. Des Reste des Platoons werden zu ihrem Bataillon geschickt." Jetzt nimmt amerikanische Artillerie die deutschen Flakstellungen unter Beschuss, bis diese verstummen. Um 22.15 Uhr (B) bezieht die TF Hogan in Blankenheim Verteidigungsstellungen, ohne weitere Versuche zu unternehmen, östlich des Ortes vorzurücken.

Die TF Welborn des CCB der 3rd US AD rollt auf der Nordroute am frühen Morgen von Bielen aus Richtung Görsbach. Eine kleine Kolonne biegt nach Urbach ab und vereinigt sich mit Einheiten, die über Leimbach nach Steigerthal vordringen. Um 08.00 Uhr erreichen die Panzerspitzen Berga.[21] Die, in Berga befindlichen, mangelhaft ausgerüsteten zwei Kompanien deutscher Soldaten in Stärke von rund 200 Mann waren bereits in der Nacht kampflos Richtung Sangerhausen – Eisleben abgezogen.[22] Die vorbereiteten Panzerlöcher bleiben unbenutzt, ebenso wie die, bei Auleben errichteten, zwei Panzersperren. Auch die, auf dem Bahnhof Berga-Kelbra stationierte, 2cm-Vierlingsflak kommt nicht zum Einsatz.[23] Zu einem kurzen Feuergefecht kommt es am Bahndamm hinter Kleemanns Gehöft, in der Nähe des Bergaer Bahnhofs, wo sich fünf Soldaten zur Verteidigung eingerichtet haben. Sie werden durch amerikanische Kampfwagen aus ihren Stellungen geschossen. *„Bei der Annäherung eines amerikanischen Panzers zogen sie sich in das alleinstehende Grundstück von Ohl zurück und wurden dort in der Stube um die Mittagszeit erschossen.*" Sie werden später auf dem Kirchhof begraben.[24]

Von Berga stoßen die Panzer der TF Welborn über die Numburg auf Kelbra, das sie gegen 07.30 Uhr erreichen. Dort hatte man die Panzerspitzen aus Richtung Badra und Steinthaleben erwartet und daher die Panzersperren im Hopfental und diesseits der Thaleber Höhe errichtet. Die, an der Erzbrücke errichtete, Sperre war nicht geschlossen und der bewachende Volkssturmmann war über den Mühlrain geflohen. Die Panzer halten nur kurz am Stadteingang und rollen dann auf der Langen Straße zum Rathaus, wo sich der NSDAP-Ortsgruppenführer Rudi Haacke verbarrikadiert hat. Eine Handgranate sprengt die Tür auf und Haacke wird erschossen. Inzwischen kommt es in der Nähe des Rathauses zu einer Schießerei. Zwei deutsche Offiziere waren mit ihrem PKW nichtsahnend in die Stadt gefahren und vor die Rohre der amerikanischen Panzer geraten. Bei dem Versuch zu fliehen, wird ihr Fahrzeug getroffen und beide erschießen sich. Der Fahrer flieht. Bei der Schießerei werden auch einige Einwohner verwundet.[25]

Von Kelbra aus machen die Panzer einen Schwenk nach Norden und erreichen gegen 08.30 Uhr Roßla.[26] Da sich in Roßla die Vormarschstrecke der Nordkolonne des CCB mit der Südkolonne des CCR kreuzt, geht es über Sittendorf in einem langgezogenen Bogen nordostwärts auf Feldwegen entlang der Helme durch die Hohlstedter Flur südlich von Bennungen nach Brücken. Zwischen 09.30 und 10.00 Uhr erreichen sie Wallhausen, das kampflos besetzt wird.[27] Somit bleibt dem Ort eine zweite Tragödie erspart. Während des Angriffs amerikanischer Bomber auf Nordhausen und Sangerhausen am 22. Februar 1945 war der Ort von 137 Bomben getroffen worden, die 62 Personen töteten, 25 Häuser schwer und noch einmal so viele leicht beschädigten.[28]

Gegen 11.00 Uhr erreichen die Spitzen der TF Welborn Sangerhausen. Bürgermeister Hess v. Wichdorf und die Bürger Dr. Eigler und Dr. Frieße übergeben die Stadt kampflos. Zum Glück für die Bevölkerung war es dem K.Kdt. Maj. Kersting nicht mehr möglich, seine Verteidigungspläne umzusetzen. Nach einem Gespräch des Bürgermeisters mit dem zuständigen Wehrmachtskommandeur, bei dem es sich vermutlich um Gen. Hitzfeld handelte, waren die ohnehin schwachen Truppen aus der Stadt in Richtung Beyernaumburger Wald abgerückt. Auch Landrat Müllenbrock und NSDAP-Kreisleiter Lehmann hatten mit ihrem Stab die Stadt am Vortag verlassen.[29] Die 15 bis 16jährigen Hitlerjungen des Sangerhäuser HJ-Bann 397, welche man einige Tage zuvor bewaffnet hatte, hatten am Vortag die Stadt verlassen und waren nach einer Übernachtung in Riestedt zu Fuß über Blankenheim und Eisleben Richtung Halle marschiert, wo sich nördlich des Süßen Sees ihre Kolonne auflöst. Der Volkssturm war nach Hause gegangen. So befindet sich zum Zeitpunkt der Besetzung als einzige militärische Einrichtung das Reservelazarett mit der Res.Laz.Kp. 100 Sangerhausen unter Leitung des Chefarztes Oberfeldarztes Dr. Wolfram in der Stadt. Von den, zur Sprengung vorbereiteten, Eisenbahnbrücken hatten beherzte Bürger den Sprengstoff entfernt und in einer Fäkaliengrube am Alten Schloss versenkt. So kann Maj. Kersting mit zwei seiner Offiziere vom Lengenfelder Berg aus nur noch die Besetzung der Stadt beobachten, bevor er sich Richtung Wettelrode - Wippra absetzt.[30] Der Stadt und der unmittelbaren Umgebung, die seit Kriegsbeginn auf Grund der verkehrstechnischen Lage als Knotenpunkt der Eisenbahnstrecken Halle – Nordhausen – Kassel und Sangerhausen – Erfurt mehrfach zum Ziel von Bombenabwürfen und Tieffliegerangriffen geworden war, bleiben weitere Zerstörungen durch Kampfhandlungen erspart.[31]

Die TF Lovelady rückt auf der Südroute des CCB über Auleben Richtung Aumühle und Görsbach vor. An der Helme-Brücke zwischen Auleben und Aumühle herrscht große Aufregung, weil drei SS-Männer die Brücke vor den amerikanischen Spähpanzern sprengen wollen. Doch einige aufgebrachte Bewohner können die Sprengung im letzten Moment verhindern. Die SS-Männer fliehen mit einem Beiwagenkrad nach Görsbach, wo sie den eingerückten amerikanischen Truppen in die Arme laufen und sich ergeben.[32] Über Kelbra geht es weiter zur alten Kaiserpfalz Tilleda. Am östlichen Ortsausgang versucht ein Zug Sturmpioniere der 2. Kp./Sturm.Pi.Lehr.u. Res.Btl. 627 Hohenmölsen unter Führung eines Hauptmannes den Vormarsch der Panzer zu stoppen. Das Bataillon war als Pi.Btl. „Jüterborg“ für die PzDiv „Jüterborg“ vorgesehen, die aus Resten der 16. PzDiv neu aufgestellt werden sollte. Doch zur Eingliederung des Bataillons war es nicht mehr gekommen.[33] Fünfzehn bis zwanzig Pioniere des letzten eingezogenen Jahrgangs hatten sich bei der Konservenfabrik Creutzmann mit einem Sturmgeschütz, MG's und Panzerfäusten eingegraben und die Straße durch eine Sperre blockiert. Der Versuch von Einwohnern von Tilleda, sie zum Abzug zu bewegen war gescheitert und so kommt es zum Gefecht mit den angreifenden amerikanischen Truppen. Die amerikanischen Panzer entfalten zur Gefechtsordnung und beseitigen mühelos die errichtete Sperre. Dann rücken die Infanteristen des unterstellten 2./414 mit der Co. E voraus vor. Bei dem 30minütigen Gefecht werden fünf deutsche Soldaten getötet, die am 13. April auf dem Friedhof beerdigt werden. Der jüngste von ihnen ist Jahrgang 1928. Dass es keine weiteren Opfer zu beklagen gibt, verdanken die Tilledaer dem Bauern Bode, der noch während der Kämpfe an der Fabrik den haltenden amerikanischen Truppen mit einer weißen Fahne entgegen geht und so wahrscheinlich eine Beschießung des Ortes verhindert.[34]

Von Tilleda geht der Vormarsch über Hackpfüffel und Riethnordhausen nach Edersleben, das entgegen den Befehlen nicht zur Verteidigung vorbereitet ist. Weiter geht es südlich an Sangerhausen vorbei. Um 11.15 Uhr erreicht die TF Lovelady Oberröblingen und besetzt den Ort kampflos. Eine Einheit von zirka 30 deutschen Soldaten, die sich einige Tage zuvor an der Helme-Brücke zur Verteidigung eingerichtet hatte, ist rechtzeitig abgezogen. Die, am 12. April zur Sprengung vorbereitete, Helme-Brücke wurde nicht gesprengt und der Volkssturm hatte die Verteidigung des Ortes verweigert.[35] Über Niederröblingen, wo die Panzersperre unbesetzt ist, erreicht die Kolonne gegen 11.30 Uhr den Ort Allstedt, der am Vortag Ziel eines Tieffliegerangriffs mit elf Toten geworden war.[36] Die Infanteristen des unterstellten 2./414 säubern den Ort. Ihre Co. E nimmt mit den Vorauskräften der TF Lovelady Wolferstedt.

Einheiten der TF Welborn rücken zur Sicherung von Sangerhausen nach Osten, Richtung Beyernaumburg vor. Bei Othal treffen sie gegen 13.45 Uhr (B) auf Panzerfaustbeschuss und kurz darauf auf Artilleriefeuer. Daraufhin wird der Ort und die Umgebung bis gegen 14.45 Uhr (B) von Artillerie unter Beschuss genommen.[37] Der Beschuss gilt vier Flakgeschützen, welche von der Westseite des Dorfes aus auf die anrollenden Truppen feuern und einer Gruppe deutscher Soldaten, die sich in den Wäldern östlich des Dorfes versteckt haben, ohne jedoch in die Kämpfe einzugreifen.[38] Als sich unmittelbar nach dem Beschuss die Panzer um 13.45 Uhr Beyernaumburg nähern, wo auf dem beschädigten Kirchturm die weiße Fahne weht, treffen sie auf keinen weiteren Widerstand. Die deutschen Truppen haben sich fluchtartig abgesetzt.[39] Zurück bleiben sieben zerstörte und 24 beschädigte Häuser. Noch zwei Tage später fordert der Beschuss Opfer, als zwei Frauen durch herabstürzende Mauerreste erschlagen werden.[40] Inzwischen erreichen auch andere Teile der TF Welborn, die Nienstedt und Sotterhausen gesäubert haben, Beyernaumburg und vereinigen sich mit den dort stehenden Kräften. Von Beyernaumburg aus rollen die

Panzer weiter nach Liedersdorf. Dem dortigen Amtsvorsteher war es zu Ostern gelungen, den Stab einer Eisenbahnerformation abzuweisen, der im Ort Quartier beziehen wollte, so dass die etwa 20 Offiziere nach Eisleben weitergezogen waren. Doch dafür hatte kurz vor dem Anrücken der amerikanischen Truppen eine Kompanie Volkssturm im Dorfsaal Quartier bezogen und am Westausgang des Dorfes hatte sich ein Panzervernichtungstrupp in Stärke von 15 Mann eingegraben. Zum Glück war es den Dorfbewohner gelungen, auch diese zum Abzug zu bewegen, so dass es beim Heranrücken der Amerikaner zu keinen Kampfhandlungen kommt. Auch in Holdenstedt kommt es zu keinen Kämpfen. Die Straßensperren und Schützenlöcher sind verlassen.[41] Dann haben die Kräfte der TF Welborn ihr Tagesziel erreicht. Amerikanische Artillerie geht bei Liedersdorf in Stellung und nimmt gegen 19.00 Uhr vermutete deutsche Stellungen bei Bornstedt und Schmalzerode unter Beschuss. Eine in Bornstedt in Stellung gegangene deutsche Flakeinheit verlässt auf Drängen der Dorfbewohner gegen 18.30 Uhr das Dorf.[42]

Das CCA, das sich nach der Ablösung durch die Infanterie in Osterode und Herzberg bei Günzerode in der Reserve der Division versammelt hat, folgt dem Angriff in zwei Kolonnen über Berga und Kelbra. Gegen 20.50 Uhr (B) erreicht es Sangerhausen und übernimmt die Sicherung der Stadt. Die TF Yeomans, 83rd Armd Rcn Bn, rückt entlang der Südflanke der 3rd US AD vor und erreicht um 14.00 Uhr (B) Allstedt, Niederröblingen und Oberröblingen, wo sie sich versammelt. Die Co. A kehrt am Abend von der Unterstellung unter das CCR unter die Führung des Bataillons zurück. Mit einer Tagesleistung von 35 Kilometern hat die 3rd US AD die Linie Pölsfeld - Blankenheim - Holdenstedt und somit die Ostgrenze des Kreises Sangerhausen erreicht. In der Nacht zum Freitag zieht die 3rd US AD starke Kräfte im Raum Sangerhausen zusammen, um am Morgen in gestraffter Formation auf vier Routen über Eisleben und Gerbstedt zur Saale vorzustoßen.

Das 183rd FA Bn der 3rd US AD, das am späten Nachmittag westlich von Sangerhausen Stellung bezieht, trifft auf eine Gruppe deutscher Infanterie und es kommt zu einem Feuergefecht. Mit einem schweren Kaliber 50 MG, das auf einem der Lastwagen montiert ist, töten die Artilleristen 20 Deutsche, 69 Mann ergeben sich ihnen. Die Artilleristen verzeichnen keine Verluste. Dafür meldet der Div.CP insgesamt 36 Gefallene für den Tag.

Die 104th US InfDiv, welche den Befehl zur Vorbereitung der Offensive auf Halle erhalten hat, hat an diesem Tag zwei Hauptaufgaben, eine humanitäre und eine militärische. Die Erstere wird diejenige werden, die alle Beteiligten mehr belasten wird als jeder Kampfauftrag davor oder danach. Es ist die Versorgung der Überlebenden und die Bergung der Toten in der Nordhäuser Boelcke-Kaserne. Bereits am Vortag hatte die 3rd US AD auf Befehl von Brig.Gen. Boudinot begonnen etwa 250 Überlebende in Lazarette abzutransportieren. Jetzt kümmern sich die Sanitäter des 329th Med Bn der 104th US InfDiv unter dem Kommando von Lt.Col. Samuel R. Taggart

Brig.Gen. Boudinot
Foto: NARA

um die, im Lager verbliebenen, Überlebenden. In mehreren beschlagnahmten Häusern in unmittelbarer Nähe zum Lager richten sie ein Behelfslazarett ein, bis das 51st US Field Hospital, das auf dem Flugplatz entfaltet, die Betreuung der Überlebenden übernimmt. Unterschiedliche Quellen gehen von 405 bzw. 600 bis 1000 Überlebenden aus, die vom amerikanischen Sanitätspersonal betreut wurden.[43]

Ist der Anblick der völlig ausgemergelten Überlebenden schon eine hohe psychische Belastung für die Männer, so sind die Skelette der Toten und der Geruch nach Tod und Krankheit, der über dem Lager liegt, noch um ein Vielfaches schlimmer. Viele der Leichen liegen schon seit Anfang April auf dem Kasernengelände. Mit Beginn der Vorbereitungen zur Evakuierung der Häftlinge des KZ „Mittelbau-Dora" hatte man alle nicht transportfähigen Häftlinge dort zusammengeführt. Ein Teil von ihnen war bereits in den ersten Tagen an Unterernährung, Krankheiten und Schwäche gestorben. Weitere Opfer fordern die britischen Bombenangriffe am 3. und 4. April. Dr. Kuhlbrodt schreibt hierzu: *„Die Tatsache, dass das Lager überhaupt ein Ziel von alliierten Luftangriffen wurde, wird damit begründet, dass es in der Nähe des Bahnhofs und nicht weit entfernt vom Flugplatz lag und keinerlei Kennzeichnung trug, die es als Gefangenenlager auswies."*[44] Die Masse der Opfer stirbt wahrscheinlich in den darauffolgenden Tagen bis zur Befreiung. Diese gilt es jetzt schnellstmöglich zu beerdigen, um den Ausbruch von Krankheiten und Seuchen zu verhindern. Angesichts dieser Situation ergehen von Gen.Maj. Allen und, nach Eintreffen der G-5 Abteilung des VII. US Corps, von Col. D. B. Hardin mehrere Befehle an die Bewohner von Nordhausen zur Bergung und Beerdigung der Toten.[45] Zeitweise werden zwischen 1000 bis 2000 Bewohner Nordhausens gezwungen unter Bewachung zuerst die Leichen aus den Gebäuden der Kaserne zu bergen und sie auf einem Platz zusammentragen und sie dann zum neu errichteten Ehrenfriedhof am heutigen Stresemannring zu transportieren. Dort müssen sie sie in Massengräbern, die ebenfalls von Bewohnern ausgehobenen werden, beisetzen. Unter Leitung von Maj. David Paulette werden so bis zum 16. April 1278 Tote beigesetzt. Weitere 218 tote Häftlinge aus Ilfeld und dem Krankenrevier im Lager „Dora" werden dort zwischen dem 16. April und dem 4. Mai bestattet und noch einmal 66 bis Ende Mai 1945.[46]

Die zweite Aufgabe der 104th US InfDiv ist die Fortsetzung des Angriffs mit zwei RCT hinter den Panzern Richtung Osten und die Abschirmung der Harzausgänge. Das RCT 414, dem die Co. C, 750th Tk Bn ohne ein Platoon und die Co. A, 817th TD Bn ohne zwei Platoon unterstellt wird, versammelt sich mit dem 3./414 bis

11.45 Uhr (B) bei Hesserode. Bis 15.30 Uhr (B) hat das Bataillon zwei Straßensperren bei Rottleberode errichtet. Von dem KZ-Nebenlager Rottleberode, Tarnname „Heinrich", am Nordausgang des Ortes nach Stolberg nehmen sie kaum Notiz. Das Lager, das zeitweise bis zu 1600 Häftlinge für die Arbeiten an der „Heimkehle"-Höhle bei Uftrungen und für den Stollenbau bei Stempeda beherbergt hat, war am 4. April 1945 geräumt worden.[47] Das 1./414 errichtet zwei Straßensperren bei Herrmannsacker. Die Infanteristen sichern Harzungen und Neustadt. An Neustadt waren am Morgen die Panzer der CCR vorbeigerollt, ohne den Ort zu beachten. Erst die nachfolgenden Truppen der 104th US InfDiv sollen den Ort besetzen. Während die Bewohner auf die Besetzung warten, kommt es im Wald in der Nähe des Ortes zu einer merkwürdigen Begegnung. Einwohner aus Nordhausen, die sich in den Wäldern versteckt haben, treffen auf eine deutsche *„Schwadron von 30 Reitern auf edlen Pferden und in eleganten Uniformen, das Gewehr auf dem Rücken"*. Wahrscheinlich handelt es sich um die SS-Reiterschule Göttingen[48], die sich der K.Gr. Großkreutz angeschlossen hat.[49] Erst gegen Mittag erscheinen amerikanische Parlamentäre mit zwei Jeeps im Ort und verhandeln mit dem Bürgermeister Georg Steinhoff über die kampflose Übergabe. Als die Jeeps nach der Verhandlung zur Domäne fahren und dort wenden, werden sie von einigen Fanatikern gestoppt. Während es der Besatzung des zweiten Jeeps gelingt, ein junges deutsches Mädchen als Geisel in ihr Fahrzeug zu ziehen und mit ihr zu fliehen, wird die zweiköpfige Besatzung des ersten Jeeps gefangengenommen. Als sofort herbeigeholte Verstärkung den Ort besetzen, gelingt es dem Bürgermeister nur mit großer Mühe den Ort vor Vergeltungsmaßnahmen zu schützen. Die beiden amerikanischen Parlamentäre werden später bei Breitenstein aus der Gefangenschaft befreit.[50] Der Regtl.CP 414 geht zum Nordausgang von Nordhausen an der R4/81 und bezieht Quartier.

Das RCT 415, das die Cn Co. 414 aus der Unterstellung abgibt, hat an diesem Tag den Auftrag, hinter den Panzern der 3rd US AD die eingenommenen Ortschaften und Städte in der Goldenen Aue zu besetzen. Dabei wird es durch die Panzer der Co. A, 750th Tk Bn und das 929th FA Bn und 386th FA Bn unterstützt. Das 1./415, dass mit seiner Co. A bis 08.30 Uhr (B) das Kaliwerk Sollstedt gesichert hat, geht nach Kelbra, wo es um 14.00 Uhr (B) eintrifft. Dort finden die Infanteristen in der teilweise ausgebrannten ehemaligen Brauerei ein Außenlager des KZ „Mittelbau-Dora" mit Teilen der V-2-Produktion. Die Kellerräume des Lagers waren bei der Evakuierung am 5. April befehlsgemäß in Brand gesetzt worden und der Brand hatte sich über Nacht unkontrolliert ausgebreitet. Die Feuerwehr durfte erst eingreifen, als der Brand auf die Nachbargrundstücke überzugreifen begann. Das Feuer vernichtet Material und Waren im Wert von mehreren Millionen Reichsmark.[51]

Das 2./415 geht nach Wallhausen und die unterstellte Co. A, 750th Tk Bn nach Brücken. Das 3./415 sichert im Tagesverlauf die Boelcke-Kaserne, die Likörfabrik und die V-2-Produktionsanlagen und macht in der Umgebung der Stadt 16 Kriegsgefangene. Dann wird ihm die Co. B, 87th Cml Mort Bn unterstellt und es verlegt nach Oberröblingen, südlich von Sangerhausen. Am Nachmittag kommt es in der Nähe von Berga zu einem Zwischenfall, bei dem ein Funktrupp des I&R Plat. des RCT 415 in ein Feuergefecht mit einer Gruppe SS verwickelt wird. Dabei werden sechs SS-Männer getötet und zwei verwundet. Der Regtl.CP geht nach Roßla.

Das RCT 413 unter Col. Summers, das nicht an der Offensive teilnimmt, steht, verstärkt durch die Panzer der Co. B, 750th Tk Bn, und die Panzerjäger der Co. A, 817th TD Bn, nordwestlich von Nordhausen im Kampf. Dabei wird es vom 385th FA Bn, 387th FA Bn, 802nd FA Bn und dem 957th FA Bn der DivArty unterstützt. Ab 09.00 Uhr (B) muss das RCT dann die Panzerjäger abgeben, die für den Vormarsch nach Osten benötigt werden.

Ab 11.00 Uhr geraten die amerikanischen Truppen nördlich von Nordhausen unter Beschuss der deutschen 10,5cm Geschütze bei Netzkater. Granaten schlagen im Vorfeld des Kohnstein und am Ortsrand von Salza und Crimderode ein. Eineinhalb Stunden dauert der Beschuss, bei dem verschiedene Gebäude der Orte und die Zorgebrücke in Crimderode beschädigt werden, ohne jedoch die Stellungen der Amerikaner zu treffen. Dafür erwidern diese mit ihren Artilleriebatterien bei Trebra, vom Schern und von Steigerthal das Feuer und bringen die deutschen Geschütze zum Verstummen.[52]

Das 3./413 rückt mit Unterstützung der Panzer des 3rd Plat. Co. B, 750th Tk Bn am Morgen über Barbis nach Bad Lauterberg vor, das im Abschnitt des Stellv. IX. AK liegt. Trotz des Einsatzes der Panzer und Panzerjäger, die mehrere MG-Nester bekämpfen und dem massiven Einsatz der DivArty der 104th US InfDiv kommt der Angriff zum Erliegen. Die Rcn Co. des 817th TD Bn unter Capt. Robert U. Sternfels, die die Straße nach Bad Lauterberg aufklären soll, trifft an der Südwestecke von Bad Lauterberg auf ein deutsches MG-Nest. Versuche, das Nest zu bekämpfen, werden unter Granatwerfereinsatz von deutscher Seite abgewiesen. Erst nach dem Einsatz eines Bazooka-Teams ziehen sich die deutschen Truppen in die Berge westlich des Ortes zurück. Eine Straßensperre im Bereich des Kirchberges verhindert das Eindringen in den Ort von Südosten her.

Das 1./413 besetzt mit Unterstützung der Panzer des 1st Plat. Co. B, 750th Tk Bn Bad Sachsa und trifft am nördlichen Ortsausgang auf eine deutsche Gruppierung von 60 Mann und zwei Panzern. Im selben Moment geraten sie unter Artillerie- und Granatwerferfeuer und stoppen den Vormarsch. Das 2./413 besetzt am Mittag ohne Widerstand Walkenried und Ellrich. In Ellrich kommt ihnen der örtliche Müller und ehemalige Frontoffizier des 1. Weltkriegs, Maj.d.R. Otto Nuthmann mit einer weißen Fahne entgegen und übergibt den Ort.[53] Den regimetreuen Bürgermeister Fritz Petri hatte man am Tag zuvor kurzerhand eingesperrt, nachdem er sich einer kampflosen Übergabe des Ortes wiedersetzt hatte. Doch noch am gleichen Tag war es einer

Gruppe bewaffneter Parteigenossen unter Führung des Kreisleiters Nentwig gelungen, ihn zu befreien und nach Benneckenstein zu bringen. Jetzt kapituliert Ellrich kampflos.[54]

Bei Ellrich stoßen die Infanteristen auf das größte Außenlager des KZ „Mittelbau-Dora", das AL Ellrich-Juliushütte, das auch als „Mittelbau II" bezeichnet wird. Das Lager war im Mai 1944 unter dem Tarnnamen „Erich" errichtet worden und hatte bis zu seiner vollständigen Evakuierung am 6. April 1945 durchschnittlich 8000 männliche KZ-Häftlinge beherbergt. Zwischen dem 4. und 6. April 1945 wurden annähernd 7000 Häftlinge unter Bewachung von Luftwaffensoldaten[55], die man, wie im Hauptlager „Mittelbau-Dora", als Ersatz für fehlende SS-Wachmannschaften eingesetzt hatte, und kleine Gruppen von SS-Männern in Todesmärschen in die KZ Bergen-Belsen und Sachsenhausen evakuiert.[56]

Von Ellrich aus führt das 2./413 mit Artillerie- und Panzerunterstützung einen Angriff auf den Ort Sülzhayn, wo sich deutsche Truppen verschanzt haben. Unter ihnen blutjunge Rekruten aus Hessen und Sachsen und Hitlerjungen, die sich am Sandglinz unter Führung eines Leutnants eingegraben haben. Um 17.30 Uhr liegt der Ort unter amerikanischen Beschuss.[57] Die deutsche Batterie bei Netzkater eröffnet das Gegenfeuer und legt Sperrfeuer auf die Angriffsroute. Auch deutsche Granatwerfer, die am Friedhof von Sülzhayn in Stellung gegangen sind, feuern ihre Granaten auf die vorrückenden Truppen. Am Abend überwinden die amerikanischen Infanteristen den Widerstand und Panzer dringen nach, für beide Seiten verlustreichen, Kämpfen in Sülzhayn ein. Trotz der Kämpfe bleibt der Ort weitestgehend verschont. In der Nähe der Heilstätte „Hohentanneck" geht eine amerikanische Batterie mit sieben Geschützen in Stellung und nimmt die Wälder nördlich des Ortes unter Beschuss.[58] Der Regtl.CP 413 geht mit der unterstellten Co. B, 750th Tk Bn nach Tettenborn. Die unterstellte Co. A, 87th Cml Mort Bn bezieht mit je einem Platoon Stellungen in Bad Sachsa und Ellrich. Der Co.CP geht nach Mackenrode.

Auch bei Herzberg gehen die Kämpfe weiter. Dort hatte am Vortag die TF Laundon, 104th Rcn Tp, das CCA der 3rd US AD abgelöst. Mit Hilfe je eines Plat. Co. C, 750th Tk Bn, Co. A, 817th TD Bn und Co. B, 329th Engr Bn versucht sie nun, die Verbindung zwischen den eigenen Einheiten bei Bad Lauterberg und denen der 1st US InfDiv bei Osterode aufrecht zu halten. Eine Gruppe deutscher Soldaten in Stärke von zirka 100 Mann, die sich in der Nacht aus Herzberg zurückgezogen hat, leistet hart nördlich der Stadt bis Mittag Widerstand und zieht sich dann in den Harz zurück.[59] Insgesamt 27 Gefallene verzeichnet die Division im Tagesverlauf.

In der Nacht erhält die 104th US InfDiv die letzten Befehle für die Offensive auf Halle. Aber erst gilt es die Nordflanke des Corps im Harz zu sichern. Das RCT 413, die TF Laundon und das RCT 414 haben sich hierfür auf eine Umgruppierung vorzubereiten. Das 555th AAA (AW) Bn erhält den Auftrag, das Außenlager Roßla des

KZ „Mittelbau-Dora" sowie das Krankenhaus und eine Anzahl von Warenlagern in Sangerhausen zu sichern. In dem Außenlager, das sich auf dem Gelände einer Zuckerfabrik befindet, hatte man im August 1944 Teile der Produktion von A-4-Aggregaten aus „Mittelbau" ausgelagert. Die Häftlinge waren unmittelbar nach den Bombenangriffen auf Nordhausen am 4. und 5. April zu Fuß und per Bahn in Richtung Bergen-Belsen evakuiert worden.[60] Für den Angriff auf Halle plant Maj.Gen. Allen die Bildung einer gepanzerten Task Force unter der Führung von Col. Gerald C. Kelleher, dem CO des 414th InfRgt. Zur Bildung der Task Force werden Kelleher neben seinem 414th InfRgt (ohne 2./414), das 750th Tk Bn (ohne Co. B), die Co. A und ein Plat. des 817th TD Bn, die Co. B, 329th Engr Bn, das 386th FA Bn, das 802nd FA Bn, die Btry B und ein Plat. Btry D, 555th AAA (AW) Bn, der 104th Rcn Tp und die Co. B, 87th Cml Mort Bn unterstellt. Zur Motorisierung soll die Task Force zusätzlich mit 18 Lastwagen der 385th QM Co. ausgestattet werden. Die artilleristische Unterstützung soll das 386th und 802nd FA Bn übernehmen. Als Zeitpunkt für den Abschluss der Vorbereitungen wird der 14. April, 08.00 Uhr (B), befohlen. Geplanter Angriffsbeginn ist der 14. April, 12.00 Uhr (B). Dem Angriff der TF Kelleher soll das RCT 413 an der Linken und das RCT 415 an der Rechten folgen.

Bei der 1st US InfDiv erhält die unterstellte 4th CavGp den Auftrag, noch in der Nacht den Vormarsch zur Linie Timmenrode – Allrode fortzusetzen und dann unter Umgehung feindlicher Widerstandsnester aggressiv bis maximal zur Linie westlich Quedlinburg – westlich Mägdesprung aufzuklären. Das RCT 18 erhält den Auftrag, die Cavalry zu unterstützen und dann das RCT 16 durch die Linien hindurch zulassen. Das RCT 16 soll danach parallel zum RCT 26 an der Linken bis zur Linie westlich Hasselfelde – Benzingerode vorgehen. Bei der unterstellten 4th CavGp rückt die 24th CavRcnSq an der Rechten und die 4th CavRcnSq an der Linken vor. Die 24th CavGp erreicht mit dem 2nd Plat. Co. C, 634th TD Bn über die R 27 den Südwestrand von Herzberg und die 4th CavRcnSq mit dem 3rd Plat. Co. C, 634th TD Bn die Umgebung von Clausthal-Zellerfeld.

Das RCT 18 säubert unter Führung von Col. John Williamson ohne das 1./18 mit Unterstützung der Co. B, 745th Tk Bn an der rechten Flanke die Umgebung von Osterode und trifft auf vereinzelten Widerstand von Panzern und Infanterie. In Osterode übernimmt das 3./18 die Verantwortung für die Stadt. Dort erscheint am Morgen der Bürgermeister von Osterode in Begleitung von zwei Bürgern mit der weißen Fahne, um über die Rückkehr der Bewohner in ihre Häuser zu verhandelt. Die meisten von ihnen hatten mit Beginn der Kämpfe Schutz in der Umgebung der Stadt gesucht und wollen jetzt aus Angst um ihr Hab und Gut wieder nach Hause. Dass diese Angst nicht völlig unbegründet ist, zeigt sich in den umfangreichen Plünderungen durch die befreiten Zwangsarbeiter.[61] Doch noch ist Osterode nicht vollständig in der Hand der amerikanischen Truppen. Immer wieder kommt es zu Feuergefechten an den bewaldeten Stadträndern. Hier leisten Teile des SS-Rgt. Holzer, dessen Gefechtsstand zwischen Freiheit und Lerbach liegt, mit Unterstützung der beiden übernommenen PzKpfw VI „Königstiger" der s.Pz.Abt. 507 hartnäckigen Widerstand. Das Bremketal nach Lerbach liegt bis zum Abend unter amerikanischem Beschuss. Als sich am Abend der Gefechtsstand des SS-Rgt. Holzer nach Riefensbeek-Kamschlacken zurückzieht, verlassen auch die „Königstiger" Freiheit und fahren nach Oberlerbach. Dort decken sie den Rückzug der letzten Verteidiger von Osterode in den Harz. In der Osterausgabe der Lerbacher Heimatblättern, 2005, heißtes: *„Zwei deutsche Königstiger, sie zählten zu den mächtigsten Panzern im Zweiten Weltkrieg, hatten sich im Vorharz noch kurze Gefechte mit den amerikanischen Panzerverbänden geleistet und sich dann zurückgezogen... Ein Panzer blieb gegenüber der damaligen Lerbacher Schule liegen. Ein weiterer wurde wegen Kettenschaden oberhalb von Scheerschmidt von der Besatzung gesprengt."*[62] Die geplante Trichtersprengung der Straße von Lerbach nach Clausthal-Zellerfeld, hart nördlich des Ortes, durch ein Kommando der Waffen-SS kann gerade noch durch Einwohner verhindert werden. Das Sprengkommando setzt sich Richtung Buntenbock ab.[63] Um 13.15 Uhr (B) trifft auch das HQ der 4th CavGp mit dem 3./16 in Osterode ein und bezieht Quartier.

Diese Aufnahme der 1st US InfDiv vom 12. April 1945 zeigt einen brennenden PzKpfw VI im Harz Foto: Mit freundlicher Unterstützung des 1st Infantry Division Museum

Beim 2./18 melden Patrouillen nordwestlich von Hörden Feindkontakt. Daraufhin errichtet die Co. E und G mit Unterstützung der Panzer des 2nd Plat. Co. B, 745th Tk Bn und des 2nd Plat. Co. B, 634th TD Bn Sicherungsstellungen nordöstlich des Ortes und entlang der Waldkante an der Straße zwischen Osterode – Herzberg. Die Co. F geht zur Domäne Düna. In Osterode entfaltet um 13.40 Uhr (B) der Div.CP der 1st US InfDiv. Er verbleibt dort bis zum 17. April.

Zurückgelassenes deutsches 12,8cm Flakgeschütz und Angehörige der 1st US InfDiv in Osterode Foto: National Archives, Licence CriticalPast 65675029075

Das 980th FA Bn der CorpsArty, das der 1st US InfDiv unterstellt wird und Stellungen südöstlich von Osterode bezieht, trifft an mehreren Stellen auf kleine Gruppen deutscher Soldaten. Patrouillen, die ausgesandt werden, um nach deutschen Truppen zu suchen, die von polnischen Zwangsarbeitern gemeldet wurden, haben Feindkontakt. Dabei macht die Btry. B 27 und die Btry. C sieben Gefangene. Andere Artillerieeinheiten berichten von Verlusten durch Scharfschützen. Ab dem 12. April bis zum 17. April übernimmt das HQ der DivArty der 1st US InfDiv von Osterode aus die Führung der Artillerieverbände der Division beim Kampf um den Harz, bevor es am 18. April nach St. Andreasberg und am 19. April nach Benneckenstein verlegt. Hauptproblem von Brig.Gen. William E. Waters, dem ArtyCdr der Division, wird in den nächsten Tagen die Versorgung der Geschützbatterien mit 105mm und 155mm Granaten werden, da der Nachschub auf Grund der langen Versorgungswege und des hohen Verbrauchs bei den Waldkämpfen nur mühsam nachkommt.

Das RCT 16 erhält den Auftrag, ohne das 3./16 die TF Laundon der 104th US InfDiv in Herzberg abzulösen. Das 1./16 fährt um 12.00 Uhr (B) auf den Panzern des 1st Plat. Co. A, und den Fahrzeugen des AG Plat. 745th Tk Bn nach Herzberg, wo am Nachmittag auch das 2./16 mit dem 2nd und 3rd Plat. Co. A, 745th Tk Bn eintrifft. Die Co. D, 1./16 erreicht mit dem Mort Plat. 745th Tk Bn Herzberg.

Während das 2./16 als Reserve in Herzberg hält, rückt das 1./16 um 17.00 Uhr (B) mit Unterstützung des 1st Plat. Co. C, 634th TD Bn von Herzberg aus durch das Siebertal nach St. Andreasberg vor. Dabei wird die Co. C, 1./16 von den Panzern des 1st Plat. Co. A, 745th Tk Bn und die Co. B, 1./16 von dem AG Plat 745th Tk Bn begleitet. Parallel zum Hauptangriff geht die Co. A, 1./16 an der linken Flanke auf Lonau vor. Unterstützt wird der Angriff durch das 5th FA Bn unter dem Kommando von Lt.Col. Vernon R. Rawie aus Feuerstellungen bei Elbingerode. Die Artilleristen hatten auf Grund der anhaltenden Kämpfe zwischen der TF Laundon der 104th US InfDiv und deutschen Truppen am Nordrand von Herzberg, die geplanten Feuerstellungen nördlich der Stadt am Nachmittag nicht beziehen können. Das schwierige Gelände nördlich von Herzberg erschwert den Vormarsch, vor allem die begleitenden Panzer und Panzerjäger können nicht mithalten. Der AG Plat. des 745th Tk Bn wird aufgehalten, nachdem zwei seiner Geschütze im Siebertal in einen Sprengkrater rutschen. Der AG Plat. folgt nach der Bergung der Co. C, 1./16. Auch die Panzer werden durch Baumsperren und Sprengkrater gestoppt. Am Abend steht die Co. C, 1./16 nördlich des Kurhauses Herzberg im Siebertal, die Co. B, 1./16 steht bei der Holzschleiferei unterhalb des Kloppstert und die Co. A, 1./16 auf dem Fastweg östlich Lonau. In unmittelbarer Nähe entdeckt ein Aufklärungsflugzeug des 980th FA Bn gegen 19.52 Uhr (B) eine Gruppe von drei deutschen Panzern, einem Stabsfahrzeug und Infanterie.[64] Gemeinsam mit dem 5th FA Bn wird der Bereich unter Feuer gelegt. Als sich der Rauch verzogen ist meldet er, dass *„die Infanterie verschwunden ist, die Panzer stehengeblieben sind und das Stabsfahrzeug in schneller Fahrt nach Osten flieht"*.

Das RCT 26 rückt unter Zurücklassung des 2./26 in Badenhausen, in Begleitung der Panzer der Co. C, 745th Tk Bn unter schwierigen Geländebedingungen über die gewundenen Gebirgsstraßen mit dem 1./26 und 3./26 auf Clausthal-Zellerfeld vor, das an der Grenze des Stellv. VI. AK zum LXVI. AK liegt. Vorauskräfte erreichen am Nachmittag die Umgebung der Stadt, in der sich Gruppen aus Waffen-SS und verschiedenen Wehrmachtstruppenteilen befinden. Ein Großteil der Einwohner von Clausthal-Zellerfeld hat zu diesem Zeitpunkt Schutz in den umliegenden Wäldern gesucht. Der K.Kdt. Oberst Bleines und der Bürgermeisters Dr. Warmbold hatten bereits am 9. April die Bevölkerung aufgefordert, die Stadt zu verlassen, um Opfer durch Beschuss oder Kampfhandlungen zu vermeiden. Nach dem Schock vom 7. April 1945, als die Stadt um 18.30 Uhr überraschend von zehn Bomben getroffen wurde, die 78 Menschen töteten und 15 Häuser zerstörten, waren die meisten dem Aufruf bereitwillig gefolgt. Andere waren erst geflüchtet, als um 12.00 Uhr die Sirenen „Feindalarm" gaben.[65]

Vor der Stadt sammeln sich die Infanteristen des 1./26 und 3./26 und entsenden Aufklärungstrupps in Richtung der Stadt. Panzer und Artillerie beziehen Feuerstellungen für den Angriff. Der Plan sieht vor, dass das 1./26 unter Lt.Col. Frank Dulligan mit der Co. C und dem 1st Plat. Co. C, 745th Tk Bn voraus, Zellerfeld angreifen soll, während das 3./26 mit der Co. K und dem 3rd Plat. Co. C, 745th Tk Bn durch die Linien der 4th CavRcnSq gehen und frontal von Westen auf Clausthal-Zellerfeld vorrücken soll.

Um 15.00 Uhr schlagen die ersten Artilleriegranaten in Clausthal-Zellerfeld ein.[66] Mit Beginn der Abenddämmerung beginnt der Angriff des 1./26. Als sich die Infanteristen der Stadt nähern, kommt es an verschiedenen Stellen zu Feuergefechten mit Gruppen deutscher Soldaten. Der örtliche Volkssturm hatte die Weisung des K.Kdt. an die Bevölkerung zum Verlassen der Stadt genutzt und war mit den Familien in die Wälder gegangen. Lediglich einige Hitlerjungen aus Hannover, die unter Führung des Studienrates Knoche stehen, haben sich den Verteidigern angeschlossen. Knoche wird später erschlagen in der Stadt aufgefunden.[67] Ein leichter M 5 Stuart Panzer der Co. D, 745th Tk Bn, die mit der Co. A, 1./26 gegen 21.00 Uhr (B) Zellerfeld erreicht, erhält im Verlauf der Kämpfe einen Treffer durch eine deutsche Pak und bleibt liegen. Bis 23.00 Uhr (B) gelingt es dem Bataillon Zellerfeld zu sichern.

Südlich davon hat sich indessen Maj. Walter M. Nation entschlossen, mit seinem 3./26, das sich bei der Clausthaler Silberhütte versammelt hat, bis zum nächsten Morgen zu warten, um den Angriff bei Tageslicht aufzunehmen. Lediglich Patrouillen fühlen weiter auf Clausthal-Zellerfeld vor, das bis zum späten Abend unter Artilleriefeuer liegt. Am Abend feuern auch die Panzer des 1st Plat. Co. C, 745th Tk Bn aus dem Zellerfelder Tal auf die Stadt, nachdem sie von dort durch deutsche Panzer unter Beschuss genommen wurden. Durch den ständigen Beschuss kommt es zu Opfern unter der Bevölkerung. An mehreren Stellen brechen Brände aus, die nur mühsam gelöscht werden können.

In der Nacht zieht sich ein Großteil der Verteidiger, zu denen neben den Kräften des K.Kdt. und der Waffen-SS auch Angehörige der K.Gr. Karst gehören, aus der Stadt zurück. Die, jetzt dem LXVI. AK unterstellte, 9. PzDiv setzt sich in Anlehnung an das rechts befindliche SS-Rgt. Meyer auf der Harzer Höhenstraße nach Osten ab.[68] Auch die K.Gr. Graf v. Brühl der 116. PzDiv verlässt Clausthal-Zellerfeld.[69]

Oben: Zerstörter M 5 Stuart Panzer der 1st US InfDiv in Clausthal-Zellerfeld
Unten: Löscharbeiten in Clausthal-Zellerfeld Fotos: National Archives

Ostwärts des Ortes, zwischen Clausthal und Altenau, beziehen zwei Panzerjäger von Hptm. Geigenmüller, der letzte PzKpfw V „Panther“ mit dem verwundeten Oblt. Schmidt, ein PzKpfw IV und ein Sturmgeschütz Stellung.[70] Das 2./26 unter Lt.Col. Derrill M. Daniel beginnt in der Nacht mit dem 2nd Plat. Co. A, 634th TD Bn dem 3./26 nach Clausthal-Zellerfeld zu folgen. Die Rcn Co. 634th TD Bn geht nach Bad Grund.

Maj.Gen. Craig
Fotos: NARA

Die 9th US InfDiv trifft unter Führung des CG Maj.Gen. Louis A. Graig mit dem vorgeschobenen Div.CP am Abend in Nordhausen ein. Das RCT 39 erhält den Auftrag, sich am kommenden Tag auf die Verlegung in den neuen Abschnitt vorzubereiten. Das 1. und 2./47, das noch der 3rd US AD unterstellt ist, versammelt sich westlich Mackenrode – Tettenborn und bei Holbach. Das 3./47 bleibt beim CCR. trifft In Nordhausen trifft der CP des VII. US Corps ein. Er verzeichnet an diesem Tag 2198 Kriegsgefangene.

Rechts vom Abschnitt des VII. US Corps setzen südlich des Kyffhäusergebirges, im Bereich des V. US Corps, die Einheiten des CCB der 9th US AD den Angriff zur Saale zwischen Schkopau und Merseburg fort. Bereits in der Nacht hatten Patrouillen in Richtung Artern und Schönfeld vorgefühlt. Bevor am frühen Morgen die Hauptkräfte des CCB auf Artern vorrücken, verlässt der Tp. A, 89th CavRcnSq um 05.15 Uhr (B) Ichstedt. Auftrag der Aufklärer ist der Schutz der linken Flanke des CCB. Über Ringleben gehen sie nach Schönfeld und vereinigen sich mit der dort befindlichen Patrouille. Gemeinsam geht es nordwärts nach Kachstedt und unter Umgehung von Artern erreichen sie über Voigtstedt, Katharinenrieth, westlich an Allstedt vorbeigehend, über Nikolausrieth, Mönchpfiffel, Schaafsdorf, Heygendorf die Straßenkreuzung nördlich von Schönewerda.

Zu diesem Zeitpunkt hat bereits die TF Karsteter, 19th Tk Bn, an der Spitze des CCB die Stadt Artern erreicht. Die Stadt wird besetzt, ohne dass ein Schuss fällt.[71] Von Artern aus bewegt sich die Kolonne über Kalbsrieth zur Straßenkreuzung nördlich von Schönewerda, wo der Tp. A, 89th CavRcnSq ablöst wird und weiter geht es über die alte Heerstraße nach Querfurt. Bei Ziegelroda trifft die Kolonne auf Widerstand. In dieser Situation befiehlt Col. Johnson dem unterstellten 3./38, Ziegelroda zu besetzen, während das CCB seinen Vormarsch nach Osten fortsetzt. Während die Panzer den Ort umfahren, besetzen die Infanteristen des 3./38 den Ort und säubern bis zum Abend die umliegenden Wälder. Gegen 14.00 Uhr erreicht das 19th Tk Bn die Stadt Querfurt, die sich kampflos ergibt. Weiter bewegt sich die Kolonne des 19th Tk Bn südlich an Querfurt vorbei nach Merseburg. Am Abend wird das 19th Tk Bn nördlich von Schotterey durch schweres Abwehrfeuer der Flakgeschütze des

XXXXVIII. PzK der 12. Armee gestoppt. Die Panzer sind, ohne es zu ahnen, vor die Feuerstellungen der 21. Flakbrigade des Oberst Gustav Nordmeyer geraten, dessen Stab sich in Bad Lauchstädt befindet. Obwohl dem Alliierten Oberkommando die Stärke der deutschen Flakabwehr in diesem Gebiet bekannt war, hatte niemand die Männer der 9th US AD von der Gefahr unterrichtet. Nachdem das, dem CCB unterstellte, 3./38, die Säuberung von Ziegelroda abgeschlossen hat, geht es nach Schafstädt. Wenig später trifft dort auch das 52nd AIB ein. Noch während der Stab des 19th Tk Bn bei Schotterey Pläne macht, um Bad Lauchstädt anzugreifen, erteilt der CG 9th US AD den Befehl zum Rückzug und Sammeln im Raum Schafstädt. Der unterstellte Tp. A, 89th CavRcnSq, erreicht um 21.30 Uhr (B) Schafstädt. Nach der Ablösung durch das 19th Tk Bn an der Straßenkreuzung östlich von Artern, bei Schönewerda, hat sich der Troop zur Fortsetzung seines Sicherungsauftrages an der linken Flanke des CCB und somit entlang der nördlichen Korpsflanke, wieder nach Norden bewegt und über Heygendorf und Schaafsdorf den Ort Mönchpfiffel erreicht. Hier schwenken die Aufklärer nach Osten und rücken durch den Allstedter Wald vor. Unter Umgehung von Lodersleben erreichen sie die Vormarschstrecke des CCB und folgen der Hauptkolonne nach Schafstädt. Von dort aus, soll im Schutz der Nacht, der Angriff des CCB Richtung Südosten aufgenommen werden, um einen Brückenkopf über die Saale, nördlich von Weißenfels, zu erobern. Die 9th US AD braucht unbedingt die Übergangsstellen über die Saale.

Das CCA, das im Zentrum der 9th US AD angreift, beginnt am Morgen von Sachsenburg aus mit dem Vorstoß zur Saale bei Weißenfels. Dort treffen sie auf Widerstand und ziehen sich in die Umgebung von Pettstädt zurück. Hier erreicht das CCA der Befehl des CG 9th US AD zur südlichen Umgehung von Weißenfels über die Saalebrücke nördlich von Naumburg am nächsten Tag. Am Südflügel der 9th US AD erreicht das CCR über Naumburg um 16.30 Uhr (B) den Ort Obernessa, östlich der Reichsautobahn 9, und stellt den Kontakt zur 6th US AD her. In der Nacht setzt das CCR den Angriff Richtung Weiße Elster fort.

Maj.Gen. Robertson's 2nd US InfDiv folgt am Vormittag den Panzern des CCB der 9th US AD an der Nordflanke des V. US Corps. Das RCT 23 verlässt am frühen Morgen den Raum Sondershausen und bewegt sich an der Linken der Division über Bendeleben, Bad Frankenhausen, Esperstedt, Ringleben und Artern geschlossen hinter den Elementen des CCB, 9th US AD. Das 1./23 geht über Esperstedt, Schönfeld, Artern und Obhausen nach Schafstädt, wo der Kontakt mit den Einheiten des CCB hergestellt wird. Das 2./23 folgt dem 1./23 und fährt nach Obhausen-Petri. Das 3./23 erreicht als Regtl.Res. Querfurt, wohin auch der Regtl.CP des 23rd InfRgt geht. Das RCT 9 setzt an der Rechten der Division am Nachmittag den Vormarsch hinter den Elementen der 9th US AD fort und kommt nur langsam voran. Über Stunden sind die Straßen durch die Trains der 9th US AD verstopft. In einem Nachtmarsch über Sachsenburg, Heldrungen, Reinsdorf, Wangen und Nebra und erreicht es in der Morgendämmerung des 13. April die befohlenen Räume. Das RCT 38 das sich in der Div.Res. der 2nd US InfDiv befindet, erreicht am Abend den Sammelraum Sondershausen. Der Div.CP der 2nd US InfDiv geht nach Bad Frankenhausen und verbleibt dort über Nacht. Die 69th US InfDiv folgt der 9th US AD im südlichen Korpsabschnitt. Bei der 102nd CavGp setzt die 38th CavRcnSq ihren Auftrag an der Nordflanke des V. US Corps fort.

Für die deutschen Truppen im mitteldeutschen Raum verschlechtert sich die Lage mit rasanter Geschwindigkeit. *„Neue Entschlüsse sind vom AOK nicht mehr zu fassen. Entscheidend ist, den Oberharz mit dem Brocken so lange wie möglich zu halten, da die hier befindliche Dekameter-Station die einzige Nachrichtenverbindung zur vorgesetzten Dienststelle darstellt.“*[72]

Beim Stellv. VI. AK wird das Oberharzgebiet zwischen Langelsheim und Lautenthal vollständig besetzt. An der Passtrasse Bad Harzburg – Torfhaus kommt es zu örtlichen Gefechten. Amerikanische Truppen rücken über Bad Grund auf Clausthal-Zellerfeld vor, das an der Grenze des Stellv. VI. AK zum LXVI. AK liegt.[73] Oblt. Helmut op de Hipt wird in Braunlage von Obstlt. Veith als K.Kdt. von Elbingerode eingesetzt. Seine K.Gr. wird später auch als K.Gr. Elbingerode bezeichnet. Der Stab der K.Gr. Görbig unter Obstlt. Veith zieht sich über Braunlage nach Treseburg zurück, wo Teile der InfDiv. „Potsdam“ stehen.[74] Als op de Hipt während einer Erkundungsfahrt Veith in Treseburg gemeinsam mit Oberst Lorenz wiedertrifft, erfährt er, dass das Personal des Reservelazaretts Elbingerode versucht haben soll, Kontakt mit den amerikanischen Truppen aufzunehmen, was jedoch missglückt sei.[75] Doch op de Hipt unternimmt nichts gegen die Verantwortlichen. Teile der InfDiv „Potsdam“ werden bei Blankenburg zeitweise dem Stellv. VI. AK zur Verlängerung des Ostflügels unterstellt.[76]

Die, an der Nordflanke des Stellv. IX. AK stehende, 326. VolksGrenDiv mit Gefechtsstand in Lonau und die 26. VolksGrenDiv mit Gefechtsstand in Sieber werden dem LXVI.AK unterstellt. Die 326. VolksGrenDiv steht mit der rechten Grenze in der Mitte zwischen Osterode - Herzberg und mit der linken Grenze ausschließlich Herzberg und die 26. VolksGrenDiv beiderseits der Straße Herzberg - Sieber. Beide Divisionen sollen über *„noch verwendungsfähige Stäbe und Nachrichtenabteilungen, je Division etwa zwei InfRgt bzw. Bataillone von einigen 100 Mann mit einigen Infanteriegeschützen und Pak, sonst nur leichte Infanteriewaffen, je eine Art.Rgt. mit etwa zwei bis vier Abteilungen mit 6 bis 10 Geschützen, je einige Panzer oder Sturmgeschütze“* verfügt haben, was aber zu diesem Zeitpunkt längst nicht mehr zutrifft und die totale Fehleinschätzung der militärischen Führer dokumentiert. Außerdem heißt es: *„Bei 326. VolksGrenDiv die Pz.Uffz.Schule Eisenach, guter Ausbildungsstand, etwa 20 Panzer und 12 Tiger aus den Henschel-Werken Kassel, davon aber Mehrzahl inzwischen verloren gegangen. Beide Divisionen haben sehr viele Trossfahrzeuge und Versorgungstruppen“*[77]

Der Gefechtsstand des SS-Rgt. Holzer verlegt am Abend nach Riefensbeek-Kamschlacken. Dabei fällt die Regimentsfunkstelle der I./SS-Rgt. Holzer, die sich auf einem alten PzBefehlsw. II befindet, wegen Motorschaden aus. Eine Behelfsfunkstelle wird an der Dammhaushöhe bei Riefensbeek eingerichtet, wo zwei leichte Feldhaubitzen in Stellung gegangen sind.[78] In Riefensbeek sichert der Genesenenzug einer Nachrichteneinheit der SS-Pz.Brig., die schon Anfang April nach Osterode verlegt worden war.[79] Ein Antrag der SS-Pz.Brig. auf Aufnahme des „Werwolf"-Kampfes[80] wird vom AOK 11 abgelehnt.[81] Der Korpsgefechtsstand verlegt von Riefensbeek nach Sonnenberg.[82]

Die K.Gr. Worgitzki weicht mit der Pz.Abt. Lambert vor dem Angriff der amerikanischen Truppen im Raum Ellrich – Sülzhayn nach Norden zurück. Das Gren.Btl. Bremm der K.Gr. Worgitzki geht nach Braunlage.[83] Die neu unterstellte K.Gr. Großkreutz hält ihre Stellungen südlich der Ortstelle Hainfeld, westlich von Stolberg, und mit der Rgt.Gr. Maj. Groß im Ilfelder Tal und bei Netzkater. In Ilfeld besetzen Angehörige der Rgt.Gr. Groß am Nachmittag Stellungen am Südrand des Ortes und in der Randsiedlung. Die Bewohner flüchten aus Angst vor möglichem Beschuss in die Wälder und Stollen im Silberbachtal. Nur mit großer Mühe gelingt es Bürgermeister Grünewald Maj. Groß zu überzeugen, dass das Ilfelder Tal für eine Verteidigung besser geeignet ist und zum Abend hin ziehen sich die Soldaten aus dem Ort zurück. In den Wäldern oberhalb der R 4, nördlich des Ortes, gehen sie in Stellung und sichern die Schanzenbrücke. Den Felsen an der R 4 oberhalb der Papierfabrik haben sie zur Sprengung vorbereitet. Als die Aufklärungspatrouille unter Lt. Mähmann an diesem Tage Ilfeld erreicht, findet sie die Räume der ehemaligen N.P.E.A. geplündert vor und deckt sich mit Zivilkleidung ein, bevor sie wieder nach Netzkater abrückt.[84]

Die linke Korpsgrenze verläuft jetzt auf der Linie Güntersberge – Stolberg. Südlich Blankenburg werden Teile der InfDiv. „Potsdam" zeitweise dem Korps unterstellt. Der Korpsgefechtsstand des Stellv. IX. AK verlegt in den Waldpark südlich Braunlage.[85] Gen.Lt. v. Nida verlässt mit dem Stab W.Kr. IX Stolberg und geht nach Neudorf bei Harzgerode.[86]

Beim LXVII. AK werden die südlich des Harzes stehenden Teile des Korps überrannt und weichen zu den Südharzrändern aus. Das Korps versucht von seinem Gefechtsstand in Wippra aus, eine neue Widerstandlinie aus kleinen Kampfgruppen von nördlich Stolberg bis Wippra zu organisieren. Der östliche „Korpsabschnitt B" wird unter das Kommando des Gen.Lt. der Luftwaffe Alfred Sturm gestellt. Sturm, der 1941 als Kommandeur des 2. Fsch.Jg.Rgt. der 1. FschJgDiv an der Luftlandung auf Kreta teilgenommen hatte und dafür das Ritterkreuz erhielt, war zuletzt Kommandeur des Fliegerhorstes Detmold und hatte dort das Fl.Ers.Btl. III aufgelöst. Am 10. April 1945 hatte man Sturm dem LXVII. AK unterstellt und ihn beauftragt, im Abschnitt Roßla – Sangerhausen – Blankenheim – Stangerode eine Verteidigungslinie zu bilden. Seine linke Grenze bildet die Linie Harzgerode – Roßla, die rechte Grenze steht offen. Hierzu bildet er aus der K.Gr. Marx, Burian und Janta die Div. Sturm, deren Stärke anfangs 2000 Mann beträgt und durch die zahlreichen Versprengten in den nächsten Tagen kurzzeitig auf 6000 bis 7000 Mann ansteigt. Sie verfügt jedoch, außer einer 17cm Kanone 18 und einigen 8 und 12cm Granatwerfern, über keine schweren Waffen. Sturm richtet sein Divisionsstabsquartier in Braunschwende ein.[87]

Bei der K.Gr. Burian handelt es sich um die Reste des Gren.Rgt. 980 und der 3./Art.Rgt. 272 der 272. VolksGrenDiv unter Oberst Ewald Burian, die dem „Ruhrkessel" entkommen waren und auf dem Rückzug über Udenhausen am 6. April 1945 den Raum Heiligenstadt erreicht hatten. Die Stärke dieser K.Gr. beträgt weniger als 100 Mann ohne schwere Waffen. Die Artillerieabteilung hatte ihre Geschütze während eines Luftangriffs bei Walkenried verloren. Die K.Gr., die sich in der Zwischenzeit mit Versprengten aufgefüllt hatte, war am 10. April Gen.Lt. Sturm unterstellt worden und hatte sich über Ellrich nach Tanne zurückgezogen. Der Armee-Gefechtsstand in Braunlage liegt während der Nacht unter amerikanischen Artilleriebeschuss.[88]

Hinter der 11. Armee werden die Kräfte des K.Kdt. Magdeburg, Gen.Lt. Raegener, aus Ersatz- und Garnisonstruppen, die bisher im Abschnitt des AOK Blumentritt lagen und dem OKW direkt unterstanden, an die neu aufgestellte 12. Armee abgegeben. Ab jetzt übernimmt das AOK 12 mit Gefechtstand in der Pi.Schule Roßlau bei Dessau die Kampfführung im mitteldeutschen Raum entlang der Elbe-Saale-Linie von Magdeburg über Barby und Halle bis nördlich Weißenfels. In Roßlau treffen auch die Teile des Stabes ein, die vom OKW zuerst nach Blankenburg/Harz beorderten wurden.[89]

Die, südlich der 11. Armee kämpfende, 7. Armee zieht sich auf die Weiße Elster-Linie zurück. Das eingeschlossene Erfurt fällt nach vereinzelten Straßenkämpfen in die Hände der 80th US InfDiv. Das XC. AK der 7. Armee, bei dem sich die letzten Kräfte in der Nacht zum 12. April über die Saale zurückgezogen haben, wird im Tagesverlauf durch den amerikanischen Angriff zur Weißen Elster zurückgedrückt, ohne das es gelingt, eine Frontlinie aufzubauen. Mit ihnen weichen auch die Kräfte der Saaleverteidigung aus. Trotz der, auf dem Papier durchgeführten, Eingliederung aller im Rückzugsraum des XC. AK befindlichen Kräfte des Stellv. Gen.Kdo. IV. AK und W.Kr. Dresden, kommt keine Führung durch das Korps zustande. Am Abend stehen die Kampfbesatzungen von Weißenfels und Zeitz im Kampf mit den amerikanischen Spitzen. Die Armeegrenze zwischen der 7. und 12. Armee verläuft von nördlich Weißenfels bis Zwenkau. Im Abschnitt der neu aufzustellenden 12. Armee geht die Formierung der Verbände auf Grund von fehlendem Treibstoff und Transportraum sowie Mangel an Waffen und Munition nur mühsam voran. Im Rücken der beiden Armeen nähert sich von Osten her die Front der, aus Schlesien zurückweichenden, 4. PzArmee unter dem Oberbefehl von Gen. Fritz-Herbert Gräser der H.Gr. Mitte. Der OB West kann sich an diesem Tag mit seinem Befehlszug noch kurz vor Eintreffen der amerikanischen Truppen von Jena nach Hirschau i.d. Oberpfalz absetzen.

An diesem Tag erfährt die Welt, dass der amerikanische Präsident Franklin Delano Roosevelt verstorben ist. Während die amerikanische Generalität und die Alliierten bestürzt auf diese Nachricht reagieren, löst sie bei Hitler und seiner Gefolgschaft Euphorie aus. Doch die Hoffnung, dass der Tod Roosevelt die westlichen Alliierten im weiteren Vorgehen bremsen und dem deutschen Oberkommando somit eine Atempause für die Stabilisierung der Westfront entstehen würde, erfüllt sich nicht.

Kriegstagebuch des OKW/WFSt vom 13. April 1945: *Im Harzraum kam der Gegner bis Hettstedt und südlich desselben bis Schafstädt in die Gegend von Merseburg. Der Harz ist nun also von drei Seiten eingeklammert; er wird durch die 11.Armee verteidigt.... Nördlich des Harzes drehte der Feind gegen Blankenburg ein und kam in Richtung Dessau voran... Bei der 11. Armee feindlicher Druck, aber keine wesentlichen Veränderungen. Die Lage im Raum Nordhausen ist unklar. Südlich des Harzes hat sich die Lage verschärft.... Es besteht der Befehl, den Harz zu halten. Unklar ist ein angeblicher Befehl des RFSS an das AOK 11 im gegenteiligen Sinne, den ein Offizier überbrachte....*

Geheime Tagesberichte der Wehrmachtsführung vom 13. April 1945:
OB West, AOK 11, Stellv. VI. AK: *Blankenburg wurde von Norden und Nordwesten angegriffen. In Clausthal-Zellerfeld sind Kämpfe im Gange.* ***LXVII. AK:*** *Aus dem Raum Ellrich drang der Gegner nach Norden auf Benneckenstein vor. Stolberg ging verloren. Aus Sangerhausen griff der Gegner nach Westen Wippra an und drang nach Nordosten bis Klostermansfeld (3 km östlich Mansfeld) und hart westlich Eisleben vor. Alsleben und Gerbstedt gingen verloren.*

Am **Freitag**, dem **13. April 1945**, geht im Abschnitt der 9th US Army die 8th US AD unter Maj.Gen. John M. Devine in der Zone des XVI. US Corps im Raum Wolfenbüttel in die Armeereserve und ihr CCB geht nach Halberstadt, um die rechte Corps-Flanke zu verteidigen. Im Bereich des XIII. US Corps säubert die 5th US AD entlang der Elbe und räumt Tangermünde. Seine Infanteriedivisionen streben ostwärts Richtung Elbe. Das XVI. US Corps setzt die Räumung des „Ruhrkessels" im Zusammenwirken mit dem XVIII. US Corps (Airborne) und dem III. US Corps der 1st US Army fort. Die 14th CavGp übernimmt die Zone der 9th US InfDiv und die Division wird dem VII. US Corps unterstellt. Im Bereich des XIX. US Corps ist das CCB der 2nd US AD nicht in der Lage, den Brückenkopf an der Elbe auszuweiten und zieht sich noch in der Nacht nach Süden zurück. Ihr CCA und CCR blockiert Magdeburg. Die 83rd US InfDiv errichtet mit dem RCT 329 und 331 einen Brückenkopf über die Elbe bei Barby, während das RCT 330 den Auftrag erhält, die nördlichen Ausgänge des Harzes zu blockieren.

Das 3./331 wird erneut der TF Biddle unterstellt und kehrt um 09.00 Uhr (B) nach Derenburg zurück, wo es den Befehl zum Angriff auf Heimburg erhält. Um 12.30 Uhr (B) beginnt die Co. L mit einem Plat. leichter Panzer der Cavalry mit dem Angriff auf Benzingerode. Um 13.30 Uhr (B) treffen sie vor dem Ort auf starken Widerstand. Auch mit Unterstützung der Co. K kommt der Angriff nur langsam voran. Lediglich der Co. I gelingt es mit einem Platoon zum Ortszentrum vorzudringen. Um 22.30 Uhr (B) erhält Co. K und L den Befehl, sich von Benzingerode zurückzuziehen und die Ausgänge des Ortes zu sichern.

Im Bereich des VII. US Corps stößt die 3rd US AD aus dem Raum Sangerhausen mit dem CCR an der Linken und dem CCB an der Rechten, gefolgt vom CCA, mit dem Endziel Lutherstadt Wittenberg, Coswig und Dessau nach Nordosten.

Um 04.00 Uhr (B) beginnen im Nordabschnitt die Kolonnen des CCR mit dem Marsch zur befohlenen Ablauflinie für den Angriff in Annarode und Ahlsdorf. In den frühen Morgenstunden setzt sich in Pölsfeld die Vorhut der TF Richardson in Bewegung und nähert sich bis 05.00 Uhr (B), ohne auf Widerstand zu treffen, der Ablauflinie vor Annarode. Eine Panzersperre, die der Volkssturm im Wald am „Neuen Schloss“, wo die Straße nach Pölsfeld von der R 86 abzweigt, errichtet hatte, wird einfach umfahren.[90] Als erste erreichen Aufklärer zu Fuß das Dorf Annarode, wo die jungen Arbeitsdienstmänner der RAD-Flakbatterie in ihren Schützenlöchern und an den Geschützen im Halbschlaf den Feind erwarten. Die meiste Zeit in der Nacht haben sie ängstlich und nervös auf die Geräusche der bei Pölsfeld und Blankenheim versammelten amerikanischen Panzerkolonnen gehorcht, die in den Stunden nach Mitternacht von Süden her immer stärker werden. Dem jungen Arbeitsdienstmann Helmuth Straub war bereits am Abend zuvor die allgemeine Nervosität zum Verhängnis geworden. Als er sich vom Dorf aus seinem Geschütz am Kirchberg näherte, war er an der Kirche auf eine eigene Streife getroffen, die das Feuer auf ihn eröffnete, weil er die Parole nicht sofort nennen konnte. Er starb in den Armen einer Rot-Kreuz-Helferin. Einen amerikanischen Jeep wiederum, der in der Nacht im Dorf aufgetaucht war, bemerkten die Posten nicht. Die Insassen des Jeeps sollen von dem Rot-Kreuz-Helfer Otto Herz zum Kommandeur des örtlichen Volkssturms, dem Gutsbesitzer Beyse, und den Bürgermeister Böttge gebracht worden sein, wo diese ihnen versprachen, dass kein Widerstand geleistet werden würde. *„Machen sie sich keine Sorgen, mit denen [den RAD-Männern d.A.] werden wir schon fertig.“*[91] Ob diese Nachricht jedoch die TF Richardson erreicht hat, ist fraglich. Das Kriegstagebuch der TF Hogan weist darauf hin, dass Hogan in Blankenheim Informationen über Geschützstellungen in Annarode erhielt, die jedoch nicht auf seinem Vormarschweg lagen. Richardson hingegen scheint davon nichts erfahren zu haben.

Unbemerkt von den Arbeitsdienstmännern dringen die amerikanischen Aufklärer in das Dorf ein. Als Erster entdeckt der Obervormann Gerhard Riester auf seinem Streifengang am Kirchberg einen Amerikaner und erschießt ihn von hinten, als dieser, ohne etwas zu merken, an ihm vorbeiläuft. Kurz darauf wird er selbst erschossen. Die amerikanischen Aufklärer dringen in die Gehöfte ein. Vom einen Hausboden aus nehmen sie die Geschützbedienung des Geschützes vor dem Dorf in Schenks Garten ins Visier. *„Weil sie sich auf Anrufen nicht bereit zeigten, sich zu ergeben und zu reagieren, ja sogar versuchten das Geschütz zu laden, wurden vier von ihnen, die in ihren Schützenlöchern saßen, erschossen. Die anderen ergaben sich."*[92] In der Zwischenzeit erreichen auch die Panzer der Aufklärer den Ort. Der Versuch des Führers der Batterie, RAD-Feldmeister Krone, von seinem Gefechtsstand im ehemaligen Steinbruch am Roßberg über Feldfernsprecher Feuerbefehl für alle Geschütze auszulösen, scheitert an beschädigten Telefonleitungen, die nach Berichten von polnischen Zwangsarbeitern durchtrennt wurden. Feldmeister Krone wird gefangengenommen, als er ins Dorf läuft, um nachzusehen, was los ist. Lediglich ein Geschütz am Waldrand an der Kohlenstraße eröffnet selbstständig das Feuer auf die Panzer. Dabei wird ein leichter Panzer am Ortseingang getroffen. Sofort eröffnen die anderen Panzer der Kolonne das Feuer auf die Stellung. Das Geschütz erhält einen Treffer und vier Mann der Bedienung werden getötet. Die Bedienung eines zweiten Geschützes, das in unmittelbarer Nähe des Geschützes an der Kohlenstraße im Strohdiemen des Bauers Böhme steht, hat sich fluchtartig abgesetzt. Auch die Bedienungen von zwei Geschützen am Waldrand zum Blankenheimer Holz und eines Geschützes an der Einmündung des Alsdorfer Feldwegs sind geflohen. Einige der jungen Arbeitsdienstmänner werden durch die Bauern versteckt.[93]

Doch das wissen die Amerikaner zu diesem Zeitpunkt noch nicht. Um 07.15 Uhr (B) meldet Richardson, dass seine Vorauskräfte seit dem Überschreiten der Ablauflinie unter Beschuss deutscher Artillerie stehen und er Luftunterstützung braucht. Dann erreicht die Hauptkolonne der TF Richardson, die Punkt 07.00 Uhr (B) Pölsfeld verlassen hat, Annarode. Noch während die Artillerie weitere vermutete Stellungen im alten Buchenwald hinter der Kohlenstraße unter Beschuss nimmt, besetzen Panzerinfanteristen den Ort vollständig. Dabei verliert ein weiterer Arbeitsdienstmann sein Leben. Nach dem Ende der Kämpfe bergen die Dorfbewohner zehn gefallene Arbeitsdienstmänner, *„der Jüngste knapp 16, der Älteste (Obervormann Riester) 21 Jahre"*. Die amerikanischen Aufklärer verlieren einen Mann im Ort und die Besatzung des abgeschossenen Panzers.[94]

Bis 11.00 Uhr (B) hat die Task Force auch Siebigerode gegen Widerstand gesichert und um 12.20 Uhr (B) ist Klostermansfeld gesäubert. Die Panzer fahren weiter nach Siersleben, das zuvor von der TF Hogan passiert wurde, und greifen um 13.20 Uhr (B) Gerbstedt an. Der dortige Widerstand wird bis 14.10 Uhr (B) beseitigt und um 15.55 Uhr (B) nähern sich die Panzer der TF Richardson über Belleben der Saale bei Alsleben. Dort geraten sie unter Beschuss. In der Stadt haben sich deutsche Truppen mit 2cm und 8,8cm Flak verschanzt. Luftunterstützung wird angefordert. Um 17.15 Uhr (B) meldet die TF Richardson, dass ein P-47 Jagdbomber nördlich Gerbstedt abgestürzt ist und von eigenen Kräften bewacht werden muss. Um 17.30 Uhr (B) dringt Infanterie gegen starken Beschuss in Alsleben ein. Auf Grund des anhaltenden Widerstandes erhält die Task Force um 20.55 Uhr (B) den Befehl, sich so schnell wie möglich von Alsleben zurückzuziehen und sich in Strenznaundorf und Belleben zu versammeln. Am nächsten Tag soll die TF Richardson nach der TF Hogan den Fluss über eine Pionierbrücke zwischen Zickeritz und Rothenburg überqueren. Inzwischen haben Teile der Task Force Hettstedt besetzt.

Die TF Hogan, die sich am Vortag in Blankenheim versammelt hatte, rollt um 04.00 Uhr (B) im Schutz der Nacht unbehelligt von den Flakgeschützen östlich des Ortes nach Norden und schwenkt in den Wäldern südlich von Annarode nach Nordosten. Um 06.00 Uhr (B) erreichen ihre Spitzen, ohne auf Widerstand zu treffen, Ahlsdorf. Von Ahlsdorf beginnt die Task Force um 07.00 Uhr (B) den Angriff und eine viertel Stunde später steht sie bei Herigsdorf, wo sie von 8,8cm Flak und Infanterie beschossen wird. Col. Howze befiehlt Hogan, sofort Herigsdorf mit Teilen zu umgehen und den Ort aus einer anderen Richtung zu säubern. Nachdem dieser Widerstand überwunden ist, erreicht die Kolonne um 09.15 Uhr (B) Helbra. Bis 11.00 Uhr (B) ist der Widerstand auch in diesem Abschnitt beseitigt und es geht weiter nach Siersleben, das um 12.00 Uhr (B) erreicht wird. Um 12.40 Uhr (B) ist der Ort gesichert und die Kolonne rollt weiter auf Heiligenthal. Um 14.50 Uhr (B) erreicht die Task Force über Friedeburgerhütte die Saale östlich von Nelben, wo die Brücke zerstört ist. Die nördlich davon befindliche zweigleisige Eisenbahnbrücke ist beschädigt und mit, zum Entgleisen gebrachten, Waggons und einer Lokomotive blockiert. Es kommt zu einem kurzen Gefecht mit Infanterie, bei dem ein Panzer zerstört wird. Daraufhin überquert eine Patrouille um 16.30 Uhr (B) die Saale bei Friedeburg. In der Nacht rücken zwei Kompanien nach Norden auf die Georgsburg am Ostufer der Saale zwischen Nelben und Könnern vor. Die Hauptkolonne wartet inzwischen in Nelben darauf, dass die Pioniere der Co. C, 23rd Armd Engr Bn eine Pionierbrücke zwischen Zickeritz und Rothenburg errichten. Um 21.20 Uhr (B) beginnt der Bau.

Der CP des CCR, der an diesem Tag mit den rückwärtigen Teilen der Division auf der Route 2 der TF Hogan folgen will, verlässt am frühen Morgen mit der Vorhut Emseloh und fährt nach Blankenheim, wo sich letzte Nachhuten der TF Hogan befinden. Als die Vorhut in Blankenheim auf der vermeintlich „sicheren Route" nach Norden schwenkt, werden sie im ersten Tageslicht von den Besatzungen der deutschen Flakgeschütze östlich von Blankenheim ausgemacht und unter Beschuss genommen.[95] Durch den Beschuss werden zwei Halftracks, eine Ambulanz, ein 2 ½ Tonnen Lastwagen und zwei Jeeps getroffen, ein Mann wird getötet, fünf erleiden Brandverletzungen.[96] Inzwischen staut sich die nachfolgende Hauptkolonne, die um 08.10 Uhr (B) Emseloh verlassen hat. Irrtümlich vermutet man zuerst, dass es sich um deutsche 8,8cm Pak auf Selbstfahrlafetten handelt. Als um 09.45 Uhr (B) der

Widerstand noch immer nicht beseitigt ist, fordert Howze Luftunterstützung an. In der Zwischenzeit nimmt Artillerie die deutschen Stellungen unter Beschuss.[97] Als um 10.20 Uhr (B) die Meldung der Division eintrifft, dass die Luftunterstützung um 11.15 Uhr (B) erfolgt, hat die RAD-Einheit bereits ihre Geschütze gesprengt und sich Richtung Eisleben zurückgezogen.[98] Der Volkssturm, der die Straße Blankenheim – Eisleben am Bahndamm östlich von Blankenheim verteidigen sollte, hat bereits zuvor die Waffen weggeworfen und war nach Hause gegangen.[99] Um 10.25 Uhr (B) teilt Col. Howze den Div.CP mit, dass *„die entdeckten Geschütze, die ihrem Tross Ärger gemacht haben, verlassen sind und zerstört werden"*.

Lt. Balton Y. Cooper, Maintenance Bn, Div.Train, 3rd US AD, schreibt später in seinem Buch „Death Traps – The Survival of an American Armored Division in World War II" etwas stark übertreibend: *„Eine dieser 88mm Geschütz – Anhäufungen befand sich auf einem Hügel direkt nördlich [östlich von Sangerhausen d.A] von Sangerhausen. Die Hauptvormarschroute der Division war jetzt nordostwärts auf Eisleben. Die Hauptpanzerkräfte der Führungskolonne passierten diese Stelle, ohne Notiz von ihr zu nehmen, aber in dem Moment, als die Schützenpanzer und LKW mit der aufgesessenen Infanterie mit dem Passieren begannen, eröffneten die deutschen Geschütze das Feuer. Mehrere LKW und Schützenpanzer wurden getroffen und in Brand gesetzt, was zu großen Verlusten führte. Zum Glück hatte unser 391st AFA Bn [gepanzertes Feldartilleriebataillon] diesen Punkt noch nicht passiert. Innerhalb weniger Minuten gingen alle 18 Geschütze in Stellung und begannen mit dem Wirkungsschießen. Mit Verwendung von Nahzündern und dem Verschuss von 10 Schuss pro Geschütz und Minute belegten sie das Ziel mit 3000 Schuss 105mm-Granaten bevor die Feuereinstellung befohlen wurde. Die ganze Anhäufung war zerstört. Das war ein echter Overkill…"*

Vorsichtig setzt die rückwärtige Kolonne den Marsch nach Norden fort. Um 10.35 Uhr (B) erhält die Co. C, 703rd TD Bn den Auftrag, das Waldgebiet östlich der Straße Blankenheim - Annarode nach gemeldeten deutschen Geschützen abzusuchen. Dann verlegt der CP durch die Wälder weiter nach Helbra und erreicht über Siersleben, Augsdorf, Helmsdorf, Heiligenthal, Zabenstedt und Friedeburgerhütte um 17.16 Uhr (B) Zellewitz, wo er entfaltet. Teile der rückwärtigen Kolonne, die von Blankenheim aus nach Osten fahren, erreichen um 15.00 Uhr (B) das besetzte Wimmelburg und schwenken nach Norden. Über die Diebeskammer erreichen sie Helbra, wo sie sich der Hauptkolonne anschließen.[100]

Das CCB nimmt parallel zum CCR den Angriff um 07.00 Uhr (B) auf. Die TF Welborn beginnt westlich von Sangerhausen bei Beyernaumburg den Vormarsch und besetzt das weißbeflaggte Bornstedt.[101] Zwischen Bornstedt und Schmalzerode trifft die Kolonne auf starkes Abwehrfeuer der dort am Südwestrand von Schmalzerode in Stellung gegangenen zwei 8,8cm Flakgeschütze der RAD-Abteilung. Dabei sollen nach deutschen Berichten ein bis drei Panzer abgeschossen worden sein.[102] Erst nachdem die Geschütze ausgeschaltet sind, setzt sie den Marsch fort. In der Zwischenzeit nehmen schwere amerikanische 155mm Kanonen, die links der Straße Liedersdorf - Holdenstedt in Stellung gehen, den Ort Wolferode unter Beschuss, *„weil eine zuvor auf dem Kirchturm gehisste weiße Fahne auf Veranlassung des NSDAP-Ortsgruppenleiters wieder eingeholt worden war“*.[103]

Über den Mühlberg und Kunstberg erreichen sie Wimmelburg und dringen vorsichtig in den Ort ein. Von dort hatte ein Artilleriebeobachtungsflugzeug im Bereich der heutigen Neubauern-Siedlung ein aus Bettlaken ausgelegtes großes „PW“ für „Prisoner of War“ gemeldet. Tatsächlich treffen sie im Ort auf zirka 400 britische Kriegsgefangene, deren Bewacher sich ohne Widerstand ergeben. Es sind Angehörige eines Kriegsgefangenenlagers, das vor den heranrückenden alliierten Truppen nach Osten evakuiert wurde. Auf ihrem Evakuierungsmarsch hatten sie am 9. April, den Raum Nordhausen erreicht. Dort hatte es in Thyra den ersten Halt gegeben, bevor es weiter nach Uftrungen ging. Nach einer Nacht in den mitgeführten Zelten war die Kolonne am Morgen des 10. April weiter nach Dittichenrode marschiert. Auch hier hatten sie nur kurze Rast gemacht, bevor sie die Wachmannschaften noch in der Nacht zum 11. April weiter Richtung Osten trieben. Völlig erschöpft vom Marsch hatten sie noch am gleichen Tag nach 30 Kilometern Wimmelburg erreicht. Hier hatten sie ihre Bewacher in der Domäne zwischen dem Kuh- und Schafsstall unter freiem Himmel, umgeben von einer zwei Meter hohen Mauer, eingepfercht. Jetzt begrüßen sie unter einer selbst angefertigten britischen Fahne ihre Befreier.[104]

Die Geschichte der 400 britischen Kriegsgefangenen wird in den amerikanischen Unterlagen der 3rd US AD dem Ort Polleben zugeordnet. Hier heißt es, dass die Kolonne der TF Welborn bei ihrer Fahrt Richtung Saale in Polleben gegen 13.00 Uhr (B) 430 britische Kriegsgefangene befreit hat. Wörtlich heißt es in „Spearheading with the Third Armored“ im Kapitel 5 „One more River“: *„Die Stadt Eisleben war zur offenen Stadt erklärt worden. Im nahegelegenen Polleben wurde ein Lager mit britischen Gefangenen überrannt und viele Offiziere und Mannschaften befreit.“* Lt. Balton Y. Cooper schreibt: *„Die nächste Stadt, in die wir kamen, war Polleben. ... Wir fanden dort ein britisches Kriegsgefangenenlager und befreiten 450 britische Soldaten, einige von ihnen waren hier seit Dünkirchen [1940 d.A.]. Es wurde berichtet, dass ein britischer Major zusammenbrach und weinte, als die ersten Sherman Panzer in Sicht kamen.“* Diese Aussage mit Polleben wurde von Bornemann in „Schicksalstage im Harz“ übernommen. Das sich jedoch die gleiche Geschichte in fast identischer Form an zwei Orten in geringer Entfernung zugetragen haben soll, ist eher unwahrscheinlich. Außerdem wird in keiner der amerikanischen Unterlagen Wimmelburg erwähnt. Das deutet darauf hin, dass von Seiten der Amerikaner Polleben und Wimmelburg verwechselt wurden. Da Cooper offenbar für sein Buch das Buch „Spearheading with the Third Armored“ als Vorlage verwendet hat, wurde der Fehler weiter übertragen. Als weiteren Beleg für Wimmelburg kann man die Uhrzeit betrachten. „Gegen 13.00 Uhr (B) befreit“ bedeutet gegen 12.00 Uhr deutscher Zeit. Nach Aussage des Zeitzeugen Harald Schlanstädt aus Wimmelburg, fuhr die Kolonne 13.00 Uhr von Wimmelburg weiter, also kann Polleben nicht schon eine Stunde vorher, um 13.00 Uhr (B), besetzt worden sein.

Während man sich um die Gefangenen kümmert, sichern Panzer den Abzweig an der R 4 nach Blankenheim, von wo am Morgen Feindwiderstand gemeldet wurde. Der „Gasthof zum Hirsch", in dem sich ein deutsches Reservelazarett befindet, wird unter Bewachung gestellt.[105] Um 13.00 Uhr fährt die Kolonne weiter Richtung Eisleben. Auf der unzerstörten Brücke an der Krughütte zwischen Wimmelburg und Eisleben kommt ihnen der Eisleber Oberbürgermeister Heinrich und der Leiter des Knappenschaftskrankenhauses und der Lazarette der Stadt, Dr. Hartung, in Begleitung weiterer Bürger entgegengefahren und übergibt die Stadt. Der Stadtkommandant Oberst Seeger hatte im Einvernehmen mit den führenden Köpfen der Stadt Eisleben zur „offenen Stadt" erklärt. So bleibt es bei drei toten Feuerwehrleuten, die nach dem Beschuss der Stadt im Zusammenhang mit den Kämpfen bei Blankenheim am Vortag beim Löschen eines Brandes ums Leben gekommen waren.[106] Um 15.15 Uhr (B) erreicht die TF Welborn Friedeburg und ein Bataillon Infanterie setzt mit Booten über den Fluss.

Die TF Lovelady setzt mit dem unterstellten 2./414 den Angriff südlich von Eisleben fort. Mittelhausen wird ohne Widerstand besetzt. Ein Panzerjagdkommando aus einem Unteroffizier und sechs Soldaten hat sich unmittelbar vor Eintreffen der Amerikaner abgesetzt.[107] An der Südkante von Helfta treffen die Infanteristen der Co. G, 2./414 um 08.30 Uhr (B) an der Spitze der Kolonne auf schweres Abwehrfeuer von Artillerie und Selbstfahrlafetten an der Flanke. Bis 10.10 Uhr (B) gelingt es den Widerstand in Helfta zu überwinden und es geht weiter nach Unterrißdorf, wo die vorausgehende Infanterie erneut durch 8.8cm Geschützfeuer aufgehalten wird. Bis 14.30 Uhr (B) wird auch dieser Widerstand überwunden und zwei 8,8cm Flakgeschütze werden zerstört.[108] Um 15.10 Uhr (B) setzt die Kolonne den Vormarsch fort und findet gegen 17.00 Uhr (B) die Saalebrücke zwischen Zaschwitz und Wettin gesprengt vor. Während eine Aufklärungspatrouille zur Saalebrücke nördlich von Salzmünde ausgesandt wird, hält die Kolonne und die Infanteristen des 2./414 gehen nach Beesenstedt zurück, wo sie über Nacht biwakieren. Um 19.56 Uhr (B) erreicht die Patrouille Salzmünde und findet die Brücke ebenfalls zerstört vor. Im Sammelraum bei Beesenstedt erhält daraufhin Lt.Col. Lovelady den Befehl, sich darauf vorzubereiten, der TF Welborn über die Pionierbrücke bei Friedeburg zu folgen.

Das CCA, das den Kolonnen folgt, erreicht mit der TF Kane Friedeburgerhütte und mit der TF Boles Sandersleben und Belleben. In Belleben wird die TF Boles gegen 19.00 Uhr (B) durch Teile des CCR aufgehalten, die die Straßen blockieren. Der CP des CCA geht nach Gerbstedt. Die TF Yeomans, 83rd Armd Rcn Bn, die dem CCB folgt, hält für die Nacht im Raum Oberrißdorf – Hedersleben - Schwitterdorf. In der Nacht vom 13. zum 14. April beginnen Col. Foster's Pioniere bei Zickeritz und

Friedeburg mit dem Bau von zwei Brücken über die Saale. Insgesamt erobert oder zerstört die 3rd US AD an diesem Tag 13 8,8cm Flakgeschütze, drei Jagdpanzer, einen Funklenkpanzer „Goliath", 16 Lastwagen, drei Stabsfahrzeuge, ein Motorrad und zwei Eisenbahnzüge mit 68 Waggons, beladen mit Verpflegung, Treibstoff und Munition. Auf den Zügen erbeuten sie drei 8,8cm Flakgeschütze, sechs 2cm-Flakgeschütze und 18 7,5cm Pak. Aber auch eigene Verluste meldet die Division. Dreizehn Soldaten fallen bei den Kämpfen des Tages.

Maj.Gen. Clift Andrus
Foto: NARA

Die 1st US InfDiv unter Maj.Gen. Clift Andrus beginnt mit der unterstellten 4th CavGp die systematische Räumung des Harzes. Die 24th CavRcnSq der 4th CavGp fährt als TF McDonald mit dem 3./16 um 05.30 Uhr (B) von Osterode nach Ellrich, wo sie bis 09.45 Uhr (B) eintrifft und den Kontakt zum 2./413 herstellt, das zu diesem Zeitpunkt in Ellrich und Umgebung steht. Um 11.35 Uhr (B) erreicht auch das unterstellte 3./16 ohne die Co. L Ellrich. Von Ellrich aus beginnen die Kavalleristen gegen Mittag in zwei Kolonnen mit dem Vormarsch nach Norden, während die Infanterie hält. Nachdem die Cavalry die Sicherungen des 2./413 passiert hat, kommen die Kolonnen nur mühsam unter Artillerie- und Panzerbeschuss voran. Immer wieder werden sie durch Straßensperren aufgehalten. Um 13.00 Uhr (B) trifft die rechte Kolonne mit dem Tp. C, 24th CavRcnSq, die auf Jägerfleck vorrückt, auf der Benneckensteiner Straße nördlich von Sülzhayn auf deutsche Truppen und meldet den Verlust eines gepanzerten Aufklärungsfahrzeuges. Zwei deutsche Panzerabwehrgeschütze nehmen die Kolonne unter Beschuss. Aufklärung meldet eine 10,5cm Batterie südlich von Benneckenstein. Der Tp. B, 24th CavRcnSq, der die linke Kolonne bildet, trifft am Waldrand nordwestlich von Ellrich auf deutsche Truppen in Stärke von geschätzten 250 Mann. Der Vormarsch kommt zum Stehen.

In dieser Situation erhält die Infanterie den Befehl, den Angriff der rechten Kolonne anzuführen. Um 14.30 Uhr (B) weist Lt.Col. Horner seine Kompaniechefs auf dem CP in Osterode an, dass auf Befehl der Cavalry die Co. K, 3./16 von Sülzhayn links der Straße Sülzhayn - Jägerfleck und die Co. I rechts der Straße den Angriffsspitzen folgen soll. Hierfür soll den Kompanien je ein Plat. Panzer des 759th Light Tk Bn und Vorgeschobene Beobachter des 87th AFA Bn zugeteilt werden. Die Feldhaubitzen des 87th AFA Bn sollen im Zusammenwirken mit der Artillerie der 104th US InfDiv den Vormarsch unterstützen. Um 15.28 Uhr (B) verlassen die beiden Kompanien ohne die zugesagten Panzer, die noch nicht eingetroffen sind, Ellrich. Nördlich von Sülzhayn geht die Infanterie durch die Linien des Tp. B und um 17.00 Uhr

(B) treffen die Infanteristen der Co. K am Steierberg auf eine Straßensperre und Beschuss durch 2cm Geschütze. Zur Hilfe gerufene Panzer kommen nur langsam voran. Teile der K.Gr. Großkreutz und Hitlerjugend liefert sich zwei Stunden ein Gefecht mit den vorrückenden Infanteristen der K, 3./16, die von einem Panzer der Cavalry unterstützt werden. *„Etwa einen Kilometer vom Jägerfleck entfernt, verschoss ein einzelnes 10,5cm Geschütz während der Kämpfe seine letzte Munition und zerstörte noch einen US-Panzer"*.[109] Inzwischen schließt die Co. I langsam auf. Um 19.39 Uhr (B) meldet die Co. K 32 Gefangene, ein zerstörtes 10,5cm Geschütz und eine zerstörte 2cm-Vierlings-Flak. Der weitere Vormarsch ist nur kurz, dann treffen die Infanteristen erneut auf starkes MG-Feuer und die Kompanien graben sich ein. Zahlreiche Soldaten lassen an diesem Tag ihr Leben zwischen Sülzhayn und Benneckenstein. Auf dem Sülzhayner Friedhof werden 40 Wehrmachtssoldaten beerdigt.[110] Auch die Amerikaner haben hohe Verluste. Die Chronik des 16th Med Det. des 3./16 berichtet: *„Das 3rd startete den Angriff in den Harz von Sülzhayn aus und traf sofort auf starkes Gewehrfeuer, das etwa 12 Verwundete forderte... Während der Kämpfe in Sülzhayn nutzte der vorgeschobene Verbandsplatz deutsches Sanitätspersonal eines deutschen Hospitals 100 Meter unserer Frontlinie als Krankenträger... Die deutschen Ärzte waren bereit unseren Verwundeten zu helfen und machten einen guten Job..."*

Am Abend steht die Infanterie südlich von Jägerfleck. Der Versuch eines Gegenangriffs einer kleinen Panzereinheit der Pz.Abt. Lambert der K.Gr. Worgitzki aus Richtung Jägerfleck scheitert an Munitionsmangel. Die Besatzungen ergeben sich den amerikanischen Truppen. In der Nacht liegen die Infanteristen der Co. K und I mehrmals unter eigenem Feuer, das zum Glück kaum Verluste fordert. Ein Soldat der Co. I wird verwundet.

Die linke Kolonne mit dem Tp. B, 24th CavRcnSq erreicht von Ellrich aus die Einmündung der Straße von Walkenried in die Straße Ellrich – Zorge. Der Tp. A, 24th CavRcnSq, der mit einem Plat. Infanterie des 3./16 nach Osten fährt, erreicht über Appenrode gegen Mittag Ilfeld-Wiegersdorf, wo die Infanteristen der 104th US InfDiv stehen. Um 13.00 Uhr (B) stellen sie am Nordausgang von Ilfeld den Kontakt zum Feind her.

Das 1./16 setzt den allgemeinen Angriff mit Unterstützung des AG Plat. 745th Tk Bn durch das Siebertal und östlich von Lonau fort. Dabei wird die Co. C durch den Mort Plat. und 1st Plat. Co. A, 745th Tk Bn unterstützt. Wie am Vortag kommt der Vormarsch nur langsam voran. Unterwegs feuern die Panzer in Gebäude, in denen deutsche Truppen erkannt werden. Nach zirka vier Kilometern Vormarsch trifft die Co. C gegen 18.30 Uhr (B) auf starken Widerstand mit Panzern. Ein PzKpfw V wird im Siebertal mit einer Bazooka ausgeschaltet, zwei weitere Panzer werden von der Artillerie ausgemacht und setzen sich südöstlich von Lonau unter Beschuss durch die Wälder ab.[111] In der Zwischenzeit erreicht auch die Co. A, 1./16 von Westen kommend die Umgebung von Sieber. Während die Co. C weiter vorrückt, bezieht die Co. A mit den Panzern des 1st Plat. Co. A, 745th Tk Bn bei Sieber Sicherungsstellungen.

Der Antrag von Lt.Col. Edmund F. Driscoll, dem CO 1./16, in der Nacht Sieber zu besetzen, wird durch den CO 16th InfRgt, Col. Frederick W. Gibb abgelehnt. Das 1./16 erhält den Auftrag, sich einzugraben und Patrouillen auszusenden, um weitere deutsche Panzer ausfindig zu machen. Ein Plat. Co. C, 87th Cml Mort Bn geht zur Unterstützung im Siebertal in Stellung, kommt aber nicht zum Einsatz. In der Nacht gelingt es dem 1./16 die deutschen Stellungen auszukundschaften und die Co. C, 1./16 besetzt doch noch Sieber.

Das 2./16 verbleibt während des Tages als Reserve in der Umgebung von Herzberg. Nur die Co. G, 2./16 rückt mit dem 2nd und 3rd Plat. Co. A, 745th Tk Bn um 14.00 Uhr (B) von Herzberg nach Lonau vor, wo sie gegen 17.30 Uhr (B) eintrifft. Versuche, den Ort einzukreisen scheitern auf Grund des schwierigen Geländes. Dennoch gelingt es den Ort zu säubern. Dort wird Lt. Powers, der Feuerleitoffizier der Btry. A, 5th FA Bn in einem deutschen Lazarett befreit. Powers war am Mittag mit seinem Jeep auf der Fahrt vom Bn.CP des 1./16 zur Batterie in einen Hinterhalt geraten und verwundet gefangengenommen worden. Bei dem Überfall wurden die Pfc. McDonald und Bowen getötet, der Pfc. Coleman gilt als „im Kampf vermisst“. Ähnlich ergeht es an diesem Tag Capt. Golden von der Cn Co. 16. Golden war auf einer Straße, die erst kurz zuvor erst von einer Infanteriekompanie passiert wurde, in einen deutschen Hinterhalt geraten und getötet worden. Am Abend wird die Co. G von Teilen des RCT 18 in Lonau abgelöst und fährt zurück nach Herzberg.

Das Resümee, das Col. Gibb, der CO 16th InfRgt, am Ende des Tages zieht, zeigt deutlich, mit welchen Schwierigkeiten es die Bataillone in den Harzkämpfen zu tun hatten. In der Chronik des 16th InfRgt heißt es: *„Das Vorgehen der Bataillone in mehreren Angriffsgruppen, die kaum Kontakt zueinander hatten, führte dazu, dass oftmals feindliche Truppen in kleinen Kesseln hinter den angreifenden Truppen zurückblieben. Es gab beträchtliche Verwirrung und häufig nahmen die rückwärtigen Teile den falschen Weg, als sie versuchten, den Kontakt zu den vorderen Teilen wiederherzustellen. Die Folgen waren katastrophal. Zahlreiche amerikanische Fahrzeuge wurden zerstört und die Mannschaften getötet oder gefangengenommen.“* Um die Situation zu verbessern beantragt Gibb die Rückunterstellung seines 3rd Bn, die jedoch abgelehnt wird.

Das RCT 18 setzt ohne sein 1./18 mit dem 2./18 die Säuberung seines Abschnittes fort. Die Co. E, 2./18 fährt mit den Panzern des 1st und 2nd Plat. Co. B, 745th Tk Bn von Hörden nach Lonau, das am Abend erreicht wird. Dort löst die Co. E die Co. G, 1./16 ab. Aufklärung meldet in der Umgebung von Lonau zwei Panzer in Hinterhaltstellung.[112] Die Co. G und F halten Stellungen an der Straße, die vom Gasthaus Papenhöhe ins Gebirge führt und südlich der Sösetalsperre. Dort hat ein Sprengkommando der Wehrmacht die Sinnlosigkeit der Zerstörung der Sösetalsperre erkannt und die vorbereiteten Sprengladungen an der Staumauer nicht gezündet. So bleibt der Stadt Osterode eine Katastrophe erspart.[113] Mittags kommt es an der Schneiderteichen zu Kämpfen mit der dort eingegrabenen deutschen Infanterie, die sich daraufhin Richtung Talsperre zurückzieht.[114] Beim 3./18, das weiter Osterode sichert, bleibt es ruhig. Die Co. I überquert die Söse und besetzt jetzt erst den nördlichen Ortsteil Freiheit vollständig.[115] Das 32nd FA Bn, das das RCT 18 unterstützt, bezieht am Morgen Feuerstellungen in der Umgebung von Schwiegershausen.

Ein Bulldozer der 1st US InfDiv räumt eine Straßensperre aus gefällten Bäumen und einem liegengebliebenen deutschen Lastwagen
Foto: National Archives, Licence CriticalPast 65675029074

Das RCT 26 setzt mit dem 1. und 3./26 in der Nacht die Einnahme von Clausthal-Zellerfeld[116] fort. Um 00.20 Uhr (B) erteilt Lt.Col. Murdoch seiner Co. L, 3./26, den Befehl, ohne Artillerievorbereitung mit einem Überraschungsangriff zu beginnen. Vorsichtig rücken die Infanteristen von der Clausthaler Silberhütte aus entlang der nach Osten führenden Straße auf Clausthal vor. Am westlichen Rand von Clausthal passieren sie die Patrouillen, die bereits gegen 23.00 Uhr (B) die Stadt erreicht haben und an der Einmündung der Straße in die Verbindungsstraße zwischen den beiden Stadtteilen Clausthal und Zellerfeld schwenken sie nach Süden. Kurz darauf treffen sie auf schwache deutsche Sicherungen, die das Feuer eröffnen. Jetzt lässt der CO der Co. M, Capt. Nechey, seine 81mm Granatwerfer in Stellung gehen und die vermuteten deutschen Stellungen unter Beschuss nehmen. Während die Co. L nach Süden vorrückt, stellen die nachfolgenden Co. K und I um 05.00 Uhr (B) den Kontakt zum 1./26 in Zellerfeld her und beginnen mit der Säuberung des Nordteils und des zentralen Teils von Clausthal. Die Co. L bewegt sich, ohne auf größere Widerstände zu treffen, entlang der Osteröder Straße nach Süden, wo sie am Stadtrand eine Einheit der Waffen-SS überrascht, die gerade dabei ist, sich in die Wälder abzusetzen. Es kommt zu einem kurzen Gefecht, dann verschwinden die letzten Verteidiger im Schutz der ausgehenden Dämmerungen aus der Stadt.[117] Bürgermeister Wamhold nimmt um 05.00 Uhr Kontakt mit den amerikanischen Truppen auf und bittet sie um Einstellung der Kampfhandlungen, um weitere Zerstörungen zu verhindern. Doch zu diesem Zeitpunkt ist die Stadt bereits besetzt. Erst nach längeren Verhandlungen gelingt es Wamhold auch, die Angehörigen der Feuerlöschpolizei wieder frei zu bekommen, die man für SS-Angehörige gehalten und gefangengenommen hatte. Ihre Hilfe wird dringend gebraucht, denn aus ungeklärten Gründen ist um 05.00 Uhr erneut ein Brand ausgebrochen, der 16 Häuser zerstören wird, bevor er eingedämmt werden kann. Es ist nicht das erste Mal, dass man Feuerwehrleute auf Grund ihrer Uniform für Angehörige der SS hält und gefangen nimmt. Doch manchmal kostet es sie sogar das Leben. So hatte man in der Nacht drei Feuerwehrleute aus Zellerfeld aus genau diesem Grund zwischen Clausthal und Zellerfeld erschossen, als sie von einem Löscheinsatz in Clausthal auf der Rückfahrt nach Hause waren.[118] Dieser Irrtum wiederholt sich in diesen Tagen vielerorts in Mitteldeutschland. Am Morgen kommt es zu vereinzelten Gegenangriffen kleiner Gruppen deutscher Soldaten und Waffen-SS, die aber abgewiesen werden. Damit endet die Besetzung von Clausthal-Zellerfeld, die unter der Bevölkerung 25 Tote gefordert hat.[119] Mindestens 15 deutsche Soldaten verlieren in und um die Stadt ihr Leben.[120]

Das 2./26, das mit Unterstützung der Panzer des 2nd Plat. Co. C, 745th Tk Bn durch das 1./26 und die 4th CavRcnSq hindurch geht, greift nach Osten an und trifft im Bereich östlich der Pfauenteiche auf starken Widerstand. Zwei Gegenangriffe deutscher Truppen mit Panzerunterstützung werden abgewehrt. Beim weiteren Vormarsch auf Altenau behindert eine gesprengte Brücke westlich von Altenau, nördlich des Polsterberger Zechenhauses, den Vormarsch. Daraufhin wird Altenau gegen Mittag von der Co. G und F südlich umfahren und so den deutschen Truppen der Rückzugsweg abgeschnitten. Altenau, das seit 13.00 Uhr unter Artilleriebeschuss liegt, wird 15.00 Uhr angegriffen. Gegen starken Granatwerfer- und Artilleriebeschuss dringen die Infanteristen in Altenau ein, das von Wehrmacht, einer K.Gr. der SS-Na.Ausb.u.Ers.Abt. 3 Goslar und Hitlerjungen des Wehrertüchtigungslagers Lautenthal verteidigt wird.[121] Um 16.30 Uhr (B) steht die Co. F nördlich des Ortes im Kampf. Am Abend haben sich die Infanteristen bis zur Kirche durchgekämpft.[122] Um 22.30 Uhr (B) wird ein deutscher Gegenstoß mit drei Panzern und Infanterie der K.Gr. Graf v. Brühl und Fallois mit Hilfe der Panzer des 2nd Plat. Co. C, 745th Tk Bn abgewehrt. Ein PzKpfw IV der K.Gr. v. Brühl und ein erbeuteter leichter amerikanischer M-24 Panzer werden zerstört. Der Kommandant des PzKpfw IV fällt.[123] Anbetracht des starken Widerstandes beziehen die Infanteristen des 2./26 in der Nacht Sicherungsstellung am den Ortsrand. Da die Hauptaufgabe des RCT 26 an diesem Tag die Sicherung der Harz-Hochstraße Clausthal-Zellerfeld – Braunlage ist, rückt das 3./26 entlang der Straße vor und trifft immer wieder auf starken Widerstand, der den Vormarsch verlangsamt.

Infanteristen der 1st US InfDiv im Waldkampf im Harz
Foto: National Archives, Licence CriticalPast 65675041534

Bei der 4th CavRcnSq rücken mit Tagesanbruch der Tp. A, 4th CavRcnSq südlich und Tp. B nördlich von Clausthal-Zellerfeld vor und treffen auf starkes Abwehrfeuer und Straßensperren. Eine, etwa 100 Mann starke, Gruppierung des SS-Rgt. Meyer leistet am Vormittag im Bereich der Harz-Ziegelhütte bei Buntenbock mit Panzern und Infanterie und in den Tälern östlich des Ortes Widerstand. Es kommt zu verlustreichen Waldkämpfen. Um 21.15 Uhr (B) wird die Squadron dem RCT 26 unterstellt. Ihre Teile befinden sich bei Schulenberg, in der Nähe der Baustelle der Okertalsperre[124], an der R 242 südlich des Jägersbleeker Teichs, östlich von Clausthal-Zellerfeld, und bei Buntenbock. Der 13. April 1945 beendet für die Division eine Phase geringer Verluste. Insgesamt 45 Gefallene meldet die Division an das VII. US Corps.

Die 104th US InfDiv setzt die Blockade entlang des Südrandes des Harzes fort und bereitet sich vor, mit der neugebildeten TF Kelleher als Speerspitze, in Richtung Halle anzugreifen. Das RCT 413 wird an diesem Tag von der Co. B, 750th Tk Bn, der Co. B, 817th TD Bn, einem Plat. Co. A, 329th Engr Bn, der Co. A, 87th Cml Mort Bn und dem 385th FA Bn unterstützt. Während die Co. B. 1./413 mit den Panzern der 1st Sect., 1st Plat. Co. B, 750th Tk Bn Straßensperren bei Bad Sachsa besetzt hält, trifft die Co. C, 1./413 in den Wäldern nördlich von Bad Sachsa auf deutsche Truppen und besetzt mit Unterstützung der Sherman Panzer der 2nd Sect., 1st Plat., Co. B, 750th Tk Bn Wieda. Das 2./413 sichert Straßensperren in Ellrich, Walkenried und Sülzhayn, wo Panzer des 2nd Plat. Co. B, 750th Tk Bn und dem 2nd Plat. Co. B, 817th TD Bn die Straßensperre verstärken. Die 1st Sect. Panzerjäger, die bei Sülzhayn eine Straßensperre gesichert hat, wird von der 24th CavRcnSq um 16.30 Uhr (B) abgelöst und kehrt nach Ellrich zurück. Als die Infanteristen des 2./413 nordwestlich von Ellrich, an der Straße zur Siedlung Uhdenberg, auf deutsche Truppen treffen, kommen ihnen zwei Panzerjäger der 2nd Sect. unter Führung von Sgt. Herlehy zu Hilfe. Mit 22 Schuss zerstören sie zwei MG-Nester und töten fünf Mann. Als sich der erste Panzerjäger, der seine gesamte Munition verschossen hat, gedeckt durch den zweiten Panzerjäger zurückzieht, wird dieser aus kurzer Entfernung von einer Panzerfaust an der Frontseite getroffen. Drei Mann der Besatzung werden verwundet. Erst mehrere Salven der Werfer der Co. A, 87th Cml Mort Bn, die auf deutscher Seite Verluste fordern, brechen den Widerstand und die Verteidiger ergeben sich.

Das 3./413 setzt mit Unterstützung der Panzer des 3rd Plat. Co. B, 750th Tk Bn, dem 1st Plat. Co. B und der Rcn Co. 817th TD Bn den hartnäckigen Kampf um Bad Lauterberg fort. Im Schutz der Dunkelheit greifen die Infanteristen die zirka 100 Fallschirmjäger, die die Stadt verteidigen, an und dringen nach hartnäckigen Straßenkämpfen in die südlichen Ortsteile ein.[125] Einem Panzerjäger mit Sgt. Rendon, Tec 5 Whitlow, Pfc. Gagliardo und Gilbert gelingt es 12 Deutsche auszuschalten. Dabei werden Sgt. Rendon getötet und Tec 5 Whitlow verwundet. Dem Plat.Leader Lt. Schneider und seinem Stellvertreter Lt. Gay gelingt es den Verwundeten in Sicherheit zu bringen, Dabei wird Lt. Schneider ebenfalls verwundet. Der Angriff kommt zum Stoppen. In dieser Situation initiieren offizielle Vertreter der Stadt Bad Lauterberg Verhandlungen über die Übergabe der Stadt. Daraufhin trifft 1st Lt. Carl S. Johnson, S-3 Offizier des 3./413, mit dem K.Kdt. Maj. Berneike auf dessen Gefechtsstand zusammen. Johnson's Angebot, Gespräche über die bedingungslose Kapitulation zu führen, wird nach mehreren telefonischen Rückfragen an das Regiment und die Division von deutscher Seite abgelehnt. Maj. Berneike soll um jeden Preis seine Stellungen halten. Eine letzte Rückfrage an das Armeehauptquartier wird nach zwei Stunden Warten gegen 18.00 Uhr mit dem Satz beantwortet, dass *„Kapitulation den deutschen Prinzipien widerspreche"*.[126] In der Zwischenzeit nutzt die Bevölkerung die Feuerpause, um sich mit den notwendigsten zu versorgen.[127] Nachdem die Parlamentäre die Stadt verlassen haben, gehen die Kämpfe weiter.

Beim RCT 414 rücken bei klarem, sonnigen Wetter gegen 09.30 Uhr Infanteristen der Co. A, 1./414 mit den Panzern der Co. C, 750th Tk Bn von Niedersachswerfen kommend, kampflos in Ilfeld ein. Bürgermeister Grünewald aus Ilfeld war am späten Nachmittag des Vortages den Amerikanern auf dem Rosensteig Richtung Niedersachswerfen entgegen gegangen und hatte diese informiert, dass keine deutschen Truppen im Ort sind. Nur mit viel Mühe war es ihm am Morgen des Vortages gelungen, die deutschen Truppen im Ort zum Abzug zu bewegen.[128] Jetzt erwartet er mit einer Gruppe von Einwohnern die, über die Adolf-Hitler-Allee (heute Lindenallee) anrückenden Amerikaner an der Ecke Gartenstraße/Schröderstraße/ Johannisstraße. Sofort bringen die Infanteristen MG beiderseits der Straße in Stellung und beginnen mit der Durchsuchung der Häuser im unteren Ortsteil. Am Nachmittag erreicht die Co. A, 1./413 über die Appenroder Straße von Westen Ilfeld und rückt über Obertor zum Georgsplatz vor. Dabei wird sie vom Frauenberg aus von der Patrouille unter Lt. Mähmann beobachtet, die sich erneut zur Aufklärung von Netzkater aus in den Raum Ilfeld begeben hatte. Mähmann zieht sich mit einen Männern unerkannt in den unbesetzten Nordteil von Ilfeld zurück und erreicht über den Goetheweg die Doktorklippe nördlich des Ortes, bevor die Co. A, 1./413 den Ort erreicht. Von dort aus schießen sie auf die einrückenden Amerikaner. Dabei soll es auf amerikanischer Seite Verluste gegeben haben.[129] Dann rückt auch die Co. A, 1./414 in den Nordteil von Ilfeld vor. Drei Panzer fahren zur Sicherung auf der Ilgerstraße zum Georgsplatz und gehen in Stellung. Damit endet die Besetzung von Ilfeld und die Co. A, 1./414 errichtet neben den bereits bestehenden Straßensperren zum Blockieren der Harzausgänge im Abschnitt des 1./414 eine fünfte am nördlichen Ortsausgang von Ilfeld. Allein an zwei dieser Sperren macht das Bataillon 80 Gefangene, die sich ihnen kampflos ergeben. Am Abend löst die Co. A, 1./413 die Co. A, 1./414 von der Verantwortung für die Stadt ab.

Das RCT 414 steht am Ende des Tages mit dem 1./414 in der Umgebung von Buchholz, Herrmannsacker und Neustadt und dem 3./414 in der Umgebung von Rottleberode im Thyratal, Uftrungen und nördlich davon im Haseltal. Der Regtl.CP befindet sich in Nordhausen. Die TF Kelleher hat sich bis zum Morgen versammelt und Col. Kelleher weist um 11.00 Uhr (B) seine Kommandeure für den kommenden Angriff ein.

Das RCT 415 säubert mit Unterstützung einer Kompanie Panzerjäger des 817th TD Bn und dem 1st Plat. Co. C, 329th Engr Bn den Raum hinter den Panzern der 3rd US AD von umgangenem Widerstand. Das 1./415, das die Umgebung von Kelbra durchkämmt hat, geht am frühen Morgen nach Roßla und erreicht um 11.45 Uhr (B) nach einem schnellen Vormarsch mit den Panzern des 1st Plat. Co. A, 750th Tk Bn Großosterhausen, südlich von Eisleben. Vorauskräfte stehen bei Rothenschirmbach an der R 180 Eisleben - Querfurt. Das 2./415, das am frühen Morgen Wallhausen erreicht hat, steht um 16.00 Uhr (B) an der Nordflanke der Division bei Wettelrode

– Obersdorf, nördlich von Sangerhausen. Der unterstellte 2nd Plat. Co. A, 750th Tk Bn hält in Riestedt. Das 3./415, das um 02.15 Uhr (B) in der Nacht Oberröblingen erreicht hat, fährt um 15.00 Uhr (B) mit den Panzern des 3rd Plat. Co. A, 750th Tk Bn in den Raum Nienstedt – Sotterhausen. Die TF Laundon, 104th Rcn Tp, sichert, verstärkt durch einen Plat. Co. C, 750th Tk Bn und den Sturmgeschütz-und Granatwerfer-Plat. des 750th Tk Bn, die linke hintere Flanke des RCT 413 und stößt dann zur TF Kelleher.

Die unklare Situation an der Sperrlinie entlang des Gebirges zwischen Scharzfeld und Ilfeld zwingt die 104th US InfDiv weiter starke Sicherungen mit dem RCT 413 zu betreiben, während sich der Rest der Division auf den Angriff auf Halle vorbereitet, wo der K.Kdt. Halle Gen.Lt Anton Radtke mit seinen Garnisonstruppen steht. In der Nacht erhält die Division um 03.30 Uhr (B) die aktuellen Befehle. Der Angriff soll am 14. April, 12.00 Uhr (B) von der Ausgangslinie an der R 180 zwischen Südausgang Eisleben und Farnstädt auf zwei Routen mit der TF Rouge des verstärkten 3./414 unter Lt.Col. Leon J. D. Rouge im Norden und der TF Clark des verstärkten 1./414 unter Lt.Col. Robert R. Clark II im Süden beginnen. Das RCT 415 soll ohne sein 2./415, das einen Sperrstellung nach Nordwesten einnehmen soll, geschlossen der TF Kelleher folgen und den umgangenen Widerstand beseitigen.

Die 9th US InfDiv geht um 12.00 Uhr (B) in die Unterstellung unter das VII. US Corps und erhält um 13.00 Uhr (B) wieder das Kommando über das abgestellte RCT 47 ohne das 3./47. Das 1./47 hat zu diesem Zeitpunkt bereits mit dem Angriff begonnen und sichert, ohne auf Widerstand zu treffen, Dietersdorf und Wolfsberg. Das 2./47 geht mit Panzerunterstützung unter Umgehung von Stolberg von Uftrungen über Rottleberode nach Schwenda, wo es auf leichten Widerstand trifft. Um 14.00 Uhr (B) nimmt es den Angriff wieder auf und erreicht über Auerberg am späten Nachmittag den Ort Breitenstein.[130] Als die begleitenden Panzer am Ortseingang deutsche Soldaten erkennen, eröffnen sie sofort das Feuer. In Breitenstein hatten am 12. April Marinesoldaten[131] in Zugstärke in den Gehöften an der Straße Stellung bezogen, die jetzt die Amerikaner mit Panzerfäusten aufzuhalten versuchen. Erst nach dem Hissen von weißen Fahnen wird der Kampf eingestellt. Bei dem Gefecht werden sechs deutsche Soldaten und zwei Einwohner getötet, mehrere zum Teil schwer verwundet. Über amerikanische Verluste liegen keine Angaben vor.[132] Bis 18.35 Uhr (B) ist der Ort gesichert. Die Co. G rückt bis in die Nähe der Friedrichshöhe vor, wo sie anhält. In der Umgebung von Breitenstein und in der Feldflur geht amerikanische Artillerie in Stellung, die sich ein Duell mit deutscher Artillerie liefert, die in den drei folgenden Nächten aus Richtung Stiege Artilleriefeuer auf Breitenstein legt. Nach den Einschlägen zu urteilen, verfügen die deutschen Truppen noch über Geschütze größeren Kalibers. Zum Glück für den Ort liegen die Einschläge alle kurz vor oder hinter dem Ort.[133]

Das RCT 39 von Col. Van H. Bond erreicht am späten Abend nach einem 150 Meilen Marsch auf Lastwagen Rottleberode und beginnt mit der Übernahme des Abschnittes der 104th US InfDiv nördlich von Nordhausen. Der Auftrag lautet, die Einheiten des RCT 414 der 104th US InfDiv im Raum Ilfeld – Neustadt abzulösen und danach in den Ostharz vorzudringen. Die in diesem Abschnitt befindliche Geburtsstadt des deutschen Bauernführers Thomas Müntzer Stolberg liegt gegen 23.00 Uhr unter sporadischem amerikanischem Artilleriebeschuss.[134] Alle sechs bis zehn Minuten schlägt eine Granate ein, ohne jedoch große Schäden zu verursachen. Um die Stadt mit ihrem historischen Schloss vor sinnloser Zerstörung zu retten, begeben sich einige Bürger mit weißen Fahnen unter Lebensgefahr am Zoll im Thyratal und am Bahnviadukt zu den amerikanischen Truppen und teilen ihnen mit, dass sich keine deutschen Truppen im Ort befinden. Dann hört der Beschuss auf.[135] Stolberg wird erst am kommenden Tag besetzt.

Der 9th Rcn Tp übernimmt die Sicherung der linken Flanke der Division. Das RCT 60 bereitet sich im Tagesverlauf im Versammlungsraum Herhagen im Hochsauerland darauf vor, der Division zu folgen und sich am 14. April mit ihr zu vereinigen. Der Div.CP trifft in Uftrungen ein. Als Trennungslinie zwischen der 9th US InfDiv und der 1st US InfDiv wird die Linie Neustadt/Harz – Langenberg, nördlich von Güntersberge – Straße zwischen Alexisbad und Mägdesprung – Leinemühle, südlich Pansfelde – südlich Stangerode – Bräunrode – Kupferberg/Hettstedt (alle einschließlich) festgelegt. Die Trennungslinie zur 104th US InfDiv bildet die Linie einschließlich Osterode – Herrmannsacker – Rottleberode - Hainrode - ausschließlich Großleinungen – einschließlich Blankenheim – ausschließlich Wolferode – einschließlich Unterrißdorf, Salzmünde – ausschließlich einer Linie entlang der Saale bis Lettin – einschließlich Niemberg bis ausschließlich Kitzendorf.

An diesem Tag verzeichnet der CP des VII. US Corps insgesamt 4036 Kriegsgefangene. Im Abschnitt des V. US Corps verlassen die letzten Verbände der 2nd US InfDiv den Raum Sondershausen – Bad Frankenhausen. Das RCT 38 rückt um 10.30 Uhr (B) in Sondershausen ab und marschiert zum Schutz der Nordflanke der Division in den Raum Querfurt – Obhausen-Petri, wo es sich am Abend versammelt. Der Regtl.CP erreicht um 14.15 Uhr (B) Querfurt. Der Div.CP verlegt von Bad Frankenhausen nach Barnstädt.

Mit dem Vorstoß des VII. und V. US Corps wird das LXVII.AK endgültig in zwei Hälften gespalten. Die südliche Hälfte wird im freien Gelände überrannt, die nördliche in den Harz gedrängt. Somit ist die Trennung der 11. und 7. Armee endgültig vollzogen, die Einkesselung des Harzes hat begonnen. Beim Stellv. VI. AK setzt sich der Druck gegen das Brockengebiet fort. Der Korpsgefechtsstand geht nach Schierke. Am Abend verläuft die Frontlinie von Hasserode über Ilsenburg, Scharfenstein bis zur Försterei Torfhaus und weiter südlich davon. [136]

Beim LXVI. AK rückt der Feind über die Linie Clausthal-Zellerfeld – Herzberg gegen den Hochharz vor. Kampfgruppen leisten entlang der Hauptstraßen in Linie südlich Altenau – „Auf dem Acker" – Sieber – Straße Bad Lauterberg – St. Andreasberg vereinzelten Widerstand.[137] Das SS-Rgt Meyer steht an der Straße Clausthal - Sonnenberg und das SS-Rgt Holzer führt Rückzugskämpfe im Sösetal. Der Gefechtsstand des SS-Rgt. Holzer erreicht am Nachmittag von Riefensbeek kommend Stieglitzeck an der Harz-Höhenstraße.[138] Kleinere Einheiten der 326. und 26. VolksGrenDiv stehen im Lonau- und Siebertal im harten Kampf mit amerikanischen Truppen. Der Korpsgefechtsstand geht von Sonnenberg in die Oberförsterei Elend.[139]

Links der Linie Blankenburg – St. Andreasberg steht im Abschnitt des Stellv. IX. AK die 5. FschJgDiv ostwärts Bad Lauterberg, angelehnt an die Odertalsperre[140], die K.Gr. Worgitzki bei Hohegeiß und Benneckenstein.[141] Bei Wieda ist die RAD-Flak.Bttr. 6./226 (o) der K.Gr. Worgitzki mit einigen Geschützen auf Behelfslafette in Stellung gegangen. Die Batterie gehört zum Stab/Flak.Rgt. 52, Flak.Gr. Magdeburg der Flak.Brig. 2.[142] Die K.Gr. Großkreutz steht bei Netzkater und Hainfeld. Der Korpsgefechtsstand geht in die Johanniter Heilstätte, südwestlich von Sorge.[143] In Tanne stehen die Reste der SS-Pz.Ers.u.Ausb.Abt. II unter Hstuf. van Geldern, die beim Einfließen in den Harz vom SS-Rgt. Holzer getrennt wurden und sich jetzt im Abschnitt des Stellv. IX. AK befinden.[144]

Das LXVII. AK steht entlang einer Linie von südlich Stiege, über Güntersberge und südlich Harzgerode bis zur Straßenkreuzung nordwestlich Wippra im Kampf. Der Korpsgefechtsstand verlegt nach Friedrichsbrunn.[145] Der Div. Sturm, die nur an einzelnen Stellen Feindkontakt mit leichten Aufklärungskräften hat, gelingt es aus eingegliederten Versprengten eine schwache Reserve im Raum Königsrode aufzubauen und so die schwächsten Frontstellen zu verstärken.[146] Die K.Gr. Burian bezieht Verteidigungsstellungen im Raum Steinbrücken.[147]

Am Abend befiehlt das AOK 11 auf dem Gefechtsstand in Braunlage auf Grund der zunehmenden Feindbedrohung für das Brockenmassiv den Wechsel der Unterstellung der 26. VolksGrenDiv vom LXVI. AK zum Stellv. VI. AK. Die neue Abschnittsgrenze zwischen dem Stellv. VII. AK und dem Stellv. IX. AK bildet die Linie Wernigerode (Stellv. VI. AK) – Brocken (Stellv. VI. AK). Die neue rechte Grenze des Stellv. IX. AK zum LXVI. AK bildet die Linie Blankenburg (Stellv. IX. AK) – St. Andreasberg (Stellv. IX. AK).[148]

Mit dem **Sonnabend**, dem **14. April 1945**, vollzieht sich eine räumliche Teilung der Operationen des VII. US Corps. Während die 3rd US AD, verstärkt durch die Infanteristen der 104th US InfDiv, den Angriff zur Einnahme des mitteldeutschen Industriezentrums Dessau-Bitterfeld-Wolfen-Halle und zum Erreichen der Haltelinie an der Mulde fortsetzt, beginnt die Masse der infanteristischen Kräfte des Corps im

Zusammenwirken mit der 9th US Army mit der Zerschlagung der deutschen Truppen im Harz. Auf Grund des Umfangs des vorliegenden Materials erfolgt daher, wie bereits im Vorwort erwähnt, an dieser Stelle die Teilung der Darstellung der Kämpfe des VII. US Corps in Mitteldeutschland.

* * *

---

[1] Diese Stärke bezieht sich auf den Stand vom Vortag. Siehe die Meldungen zur Zerstörung der zwei PzKpfw V der K.Gr. Graf v. Brühl.

[2] „Geschichts- und Erinnerungstafel Bad Harzburg" des Volksbund Deutsche Kriegsgräberfürsorge e.V.

[3] „Bericht über die letzten Kriegstage im Mühlental bei Wernigerode" v. Werner Weber im Forum „Kollektives Gedächtnis" auf www.dhm.de.

[4] „Die Zerstörung Nordhausens...", S. 44.

[5] „Zwanzig Tage im April…".

[6] „Auf Spurensuche", S. 70.

[7] „Die Zerstörung Nordhausens...", S. 44. Vgl. auch „Auf Spurensuche", S. 65. Die deutschen Quellen nennen 15.15 Uhr als Ende der Kämpfe, was 16.15 Uhr (B) entspricht.

[8] „Auf Spurensuche", S. 65/74.

[9] Brief des Gemeindevorstehers von Obersdorf, Krs. Sangerhausen, Großmann, an den Landrat von Sangerhausen v. 06.04.47. Kopie aus Sammlung Ziegler, Sangerhausen.

[10] „Die Zerstörung Nordhausens...", S. 44. Vgl. auch „Auf Spurensuche", S. 70, 74.

[11] Die Zerstörung Nordhausens...", S. 44.

[12] Ebenda, S. 32.

[13] Ebenda. S. 44.

[14] „Auf Spurensuche", S. 69.

[15] In alten Publikationen wird der Name „Kuhrieth" verwendet, in neueren „Kuhried".

[16] „Fliegerhorst und Luft-Nachrichten-Schule 1…", S. 139/140. „Die Zerstörung der Gleisanlagen im Kuhrieth erfolgten bei der Explosion eines Munitionszuges am 7. April 1945. Vgl. auch „Auf Spurensuche – der Kreis Sangerhausen 1939–1945" v. Thilo Ziegler", S. 34/35 und 41.

[17] „Kurzer Bericht über den Einzug der Amerikaner" v. 14.02.47, unterschrieben von Uhlsdorf. Kopie des Berichtes aus Sammlung Ziegler, Sangerhausen. Vgl. „Auf Spurensuche", S. 64.

[18] Gem. dem Gedächtnisprotokoll von Harald Schlanstädt, Eisleben v. August 2007, Sammlung Rudi Herz, Berlin, soll der Feldmeister den Tod gesucht haben, weil seine Familie in Düsseldorf ums Leben gekommen war.

[19] „Kurzer Bericht über den Einzug der Amerikaner" v. 14.02.47, von Uhlsdorf. Siehe auch das Gedächtnisprotokoll von Harald Schlanstädt, Eisleben v. August 2007 und „Das Ende des 2. Weltkrieges in Annarode" v. Rudi Herz/Berlin.

[20] Gedächtnisprotokoll von Harald Schlanstädt, Eisleben v. August 2007. Gem. Schlanstädt sollen sich am 13./14.04.45 im Bereich der Kreuzung etwa 5 Sherman-Panzer, verschiedene Schützenpanzer und Panzerwagen befunden haben.

[21] „Die Zerstörung Nordhausens...", S. 44.

[22] „Auf Spurensuche", S. 58 und 68. Vgl. „Schicksalstage im Harz" v. M. Bornemann.

[23] „Auf Spurensuche", S. 58/59.

[24] Brief des Bürgermeisters von Berga a. Kyffhäuser an den Landrat von Sangerhausen. Kopie des Briefes aus Sammlung Ziegler/Sangerhausen. Vgl. auch „Auf Spurensuche", S. 59, 69. Möglicherweise besteht ein Zusammenhang mit dem, beim RCT 415 geschilderten, Vorfall mit den SS-Männern.

[25] „Auf Spurensuche", S. 70/71. Später wurde vermutet, dass es sich bei den beiden Offizieren um Gen. Feller und seinen Adjutanten handelte, was aber nicht zutrifft.

[26] Ebenda, S. 69.

[27] Ebenda, S. 69.

[28] Ebenda, S. 22.

[29] Ebenda, S. 35.

[30] Ebenda, S. 59/60, 73.

[31] „Auf Spurensuche" v. Thilo Ziegler enthält eine umfassende Dokumentation der Luftangriffe im Landkreis Sangerhausen von 1940-1945.

[32] „Die Zerstörung Nordhausens...", S. 44.

[33] BA-MA, RH 21109, „Organisatorische Bestimmungen zur Eingliederung der Bestandteile der 16. PzDiv in die PzDiv „Jüterborg" v. 28.02.45. Das Bataillon ging aus dem Heeres-Sturm-Pi.Btl. 627 hervor, das im Oktober 1944 als Pi.Sturm.Btl. 501 der H.Pi.Sturm.Brig. 627 bei der 2. Armee der H.Gr. Mitte im Narew-Brückenkopf und Ostpreußen zum Einsatz kam.

[34] „Auf Spurensuche", S. 65, S. 71. S. 71 zitiert aus Rößler, Fritz „1000 Jahre Kaiserpfalz Tilleda", 1972.

[35] Ebenda, S. 60, 72.

[36] „Auf Spurensuche", S. 35, 60.

[37] Brief des Bürgermeisters von Beyernaumburg an den Landrat von Sangerhausen v. 19.12.46. Kopie des Briefes aus Sammlung Ziegler, Sangerhausen. Vgl. auch „Auf Spurensuche". Ziegler schreibt, dass der Beschuss von 12.30 bis 13.45 Uhr ging, also 13.30 bis 14.45 Uhr (B).

[38] Ebenda, S. 64. Vgl. auch „Schicksalstage im Harz" v. M. Bornemann. Gem. Herz gehörten diese Flakgeschütze nicht zu der RAD-Abteilung, sondern zur Wehrmacht.

[39] Ebenda, S. 64, 73.

[40] Ebenda, S. 74.

[41] Ebenda, S. 64/65.

[42] Brief der Gemeinde Bornstedt an das Landratsamt Sangerhausen v. 07.02.47. Kopie des Briefes aus Sammlung Ziegler, Sangerhausen. Vgl. auch „Auf Spurensuche", S. 74. Bei der Batterie handelt es sich vermutlich um die Batterie, welche bereits bei Beyernaumburg den angreifenden amerikanischen Panzern Widerstand geleistet hatte.

[43] „Nordhausen unter dem Sternenbanner", S. 16. Da bereits am 11. April mit der Evakuierung von Überlebenden begonnen wurde, ist davon auszugehen, dass mehr als 405 Überlebende aufgefunden und behandelt wurden.

[44] Ebenda, S. 16.

[45] Ebenda. Im Zusammenhang mit der Boelcke-Kaserne werden mehrere amerikanische Kommandeure genannt, die Befehle zur Betreuung der Überlebenden und zur Bestattung

der Opfer erteilt haben. Mit Sicherheit kamen die ersten Befehle von Gen. Boudinot, der als erster mit seinem CCB die Stadt besetzt hat. Danach dürften die Befehle vom CG 104th US InfDiv, Gen. Allen, als Verantwortlicher für Nordhausen gekommen sein. Mit dem Eintreffen von Col. Hardin vom VII. US Corps am 14. April ging die Befehlsgewalt dann an diesen über, denn die 104th US InfDiv hatte einen Kampfauftrag zu erfüllen.

46 Ebenda, S. 17-21.

47 „Auf Spurensuche", S.107-110.

48 Gem. der Stadtchronik von Göttingen sollte die SS-Reiterschule im März 1945 nach Süddeutschland verlegen.

49 „Kampf in der Heimat" v. Saft, S. 323. Vgl. auch „Die Zerstörung Nordhausens...", S. 46.

50 „Zwanzig Tage im April…".

51 Ebenda, S. 32/33.

52 „Die Zerstörung Nordhausens...", S. 44.

53 Ebenda, S. 46.

54 „Zwanzig Tage im April…". Vgl. auch „Die Stadt am Ende der Faschistenherrschaft" von Helmut Drechsler in Beiträge zur Heimatgeschichte aus Stadt und Kreis Nordhausen, Heft 12, 1987, S. 3-4.

55 Aus Mangel an SS-Wachmannschaften wurden nicht mehr benötigte oder gesundheitlich eingeschränkte Angehörige der Luftwaffe zur Bewachung der Lager herangezogen. So berichtet ein Gefreiter der 5. FschJgDiv, der „bedingt kriegsverwendungsfähig" aus dem Lazarett entlassen wurde, dass er von Gardelegen aus einige Wochen nach „Dora" als Bewachung abgestellt wurde. Siehe „Zeitzeugen" v. Zeitfuchs/Schirmer, S. 172.

56 Wapedia – Wiki: KZ-Außenlager Ellrich-Juliushütte, Juli 2010.

57 „Die Stadt am Ende der Faschistenherrschaft" v. Helmut Drechsler in Beiträge zur Heimatgeschichte aus Stadt und Kreis Nordhausen, Heft 12, 1987, S. 2.

58 Die Zerstörung Nordhausens...", S. 46, Vgl. auch „Schicksalstage im Harz" v. M. Bornemann.

59 „Zeitzeugen" v. Zeitfuchs/Schirmer, S. 18.

60 „Konzentrationslager Mittelbau-Dora 1943–1945"v. Jens-Christian Wagner, Göttingen 2007. Vgl. Schröter, S. 29.

61 „Schicksalstage im Harz" v. Bornemann.

62 Bericht von Otto Schönfelder. Vgl. auch den Artikel von Günter Koch in „Lerbacher Heimathefte" Nr. 17, Ausgabe 2005. Er schildert, dass ein Panzer in Oberlerbach durch Motorschaden ausfällt und von dem zweiten angeschleppt wird. Er wird gesprengt und brennt aus. Der zweite Panzer soll sich in einem Hohlweg festgefahren haben und wurde ebenfalls gesprengt. In der Chronik der s.Pz.Abt. 507 heißt es allerdings, dass die Besatzung des ausgefallenen Panzers einen „Separatfrieden" mit den Amerikanern geschlossen hätte, der zweite Panzer wird nicht erwähnt.

63 „Erinnerungen an die letzten Kriegstage" v. Günter Koch, Lerbach-Hamburg.

64 Wahrscheinlich sind das die drei Panzer, die am Vortag von der TF Hogan bei Elbingerode gemeldet wurden. Möglicherweise handelt es sich um Teile der H.U.S. Eisenach unter Hptm. Bölter mit einem „Königstiger" und einem der zwei „Tiger" von Gieboldehausen und einem „Panther", der am 13. April im Siebertal als zerstört gemeldet wird. Der „Königstiger" und der „Tiger" werden später bei der Verteidigung von Braunlage genannt.

[65] „Zeitzeugen – Der Harz im April 1945“, S. 13. Vgl. „Aus längst vergangenen Tagen, Band 1“ v. Albert Humm, 1982 und „450 Jahre Clausthal-Zellerfeld“, 1982.

[66] „Aus längst vergangenen Tagen, Band 1“ v. Albert Humm, 1982 und „450 Jahre Clausthal-Zellerfeld“, 1982.

[67] „Aus längst vergangenen Tagen, Band 1“ v. Albert Humm, 1982.

[68] NARA, B-329, Gen.Lt. Flörke.

[69] „... bis zum bitteren Ende im Harz“ v. Dr. Erich Kalckbrenner.

[70] „Das letzte Kriegsjahr im Westen – Geschichte der 116. PzDiv“ v. Guderian.

[71] Eine detaillierte Schilderung zur Besetzung von Artern findet sich in dem Buch „Der Kampf um Nordthüringen im April 1945“ v. Jürgen Möller, Verlag Rockstuhl, 2010.

[72] NARA, B-581, Oberst Estor.

[73] Ebenda.

[74] „Zeitzeugen“ v. Zeitfuchs/Schirmer, S. 99. Nach einem Zeitzeugenbericht auf S. 77ff wird geschildert, dass sich die Einheit über Bad Grund, Braunlage, Benneckenstein nach Allrode bewegt und dort Stellung bezieht. Es kann sich hierbei nur um Teile des Gren.Rgt. 571 unter Obstlt. Veith gehandelt haben.

[75] Der Versuch der Kontaktaufnahme kann nur zu den amerikanischen Truppen in Wernigerode erfolgt sein.

[76] NARA, B-581, Oberst Estor..

[77] NARA, B-329, Gen.Lt. Flörke. Vgl. auch NARA, B-581, Oberst Estor. Beide meinen, wenn sie von der H.U.S. Eisenach sprechen, die H.U.S. und die s.Pz.Abt. 510/511.

[78] „Aufstellung, Einsatz und Untergang der SS-Panzerbrigade ‚Westfalen‘ März–April 1945“ v. Wilhelm Tieke in „DF“ Heft 12/89. Andere Literatur spricht von der Funkstelle der SS-Pz.Brig. „Westfalen“.

[79] „Das Kriegsende bei Riefensbeek-Kamschlacken vor 60 Jahren“ v. Manfred Bornemann in „Unser Harz“ Heft 11/2005.

[80] Der „Werwolf“ war nach der Besetzung der westlichen Grenzgebiete des Reiches durch die NSDAP ins Leben gerufen worden, um einen Untergrundkrieg in den besetzten deutschen Gebieten zu initiieren. Hierzu wurden im Wesentlichen aus den Reihen der NSDAP, der verschiedenen Organisationen der Partei und der Hitlerjugend fanatische Mitglieder rekrutiert, welche in vereinzelten Aktionen Anschläge auf Personen und Einrichtungen der Besatzungsbehörden und der Besatzungstruppen ausführen sollten. Zur Koordination der Einsätze sollte der Rundfunksender „Werwolf“ dienen. Entscheidende Bedeutung konnte diese Organisation jedoch in keiner Phase bis zum Kriegsende erlangen und nur wenige Anschläge waren erfolgreich. Die Angst jedoch, die auf Seiten der Alliierten vor möglichen Anschlägen erzeugt wurde, führte in vielen Fällen zu überzogenen Handlungen gegenüber vermeintlichen Saboteuren und Agenten, was insbesondere vielen Hitlerjungen zum Verhängnis wurde. Viele Jugendliche wurden unter dem Verdacht der Zugehörigkeit zum „Werwolf“ verhaftet und gerieten so in Kriegsgefangenschaft bzw. wurden erschossen. In der späteren Sowjetischen Besatzungszone wurde der „Werwolf“-Vorwurf genutzt, um sich unliebsamen Personen zu entledigen. Ein Beispiel ist die Verhaftung von 14 Jugendlichen durch den sowjetischen NKWD in Stolberg im Jahr 1946. Zwei wurden hingerichtet und die anderen in Speziallager gebracht, aus denen die meisten nicht zurückkehrten.

[81] BA-MA, ZA 1/960, B-607, Gen.Lt. Flörke.

[82] NARA, B-329, Gen.Lt. Flörke . Vgl. auch NARA, B-581, Oberst Estor.

[83] Gem. Dirks.

[84] „Zwanzig Tage im April…“.

[85] „Zeitzeugen – der Harz im April 1945“, S. 14.

[86] „Auf Spurensuche“, S. 57. Gem. der Aussage des Wirts des Hotels „Zum Kanzler“, Boßmann, ist der Stab am 12. April nach Neudorf abgereist. Gem. der Aussage des Leiters der Kreisgruppe des RLB Sangerhausen, Wensch, soll sich der Stab W.Kr. IX ab dem 1. April 1945 in Sangerhausen befunden haben und am 10. oder 11. April 1945 nach Zeitz abgereist sein. Sollte die Aussage zutreffen, dann kann es sich nur um eine Gruppe dieses Stabes gehandelt haben, nicht aber um den Stab. In Zeitz angekommen sind diese Teile jedoch nicht.

[87] NARA, B-318, Gen.Lt. Sturm. Ergänzende Angaben zu Sturm aus “Selected Intelligence Reports, Office of the Assistant Chief of Staff, G-2, 1st US InfDiv”.

[88] NARA, B-581, Oberst Estor.

[89] NARA, B-606, Oberst Reichhelm. Betreffs Magdeburg siehe auch „Das Ende im Westen 1945“ v. Werner Haupt. Die Unterstellung trat am 13. April in Kraft.

[90] „Das Ende des 2. Weltkrieges in Annarode“ v. Rudi Herz.

[91] Ebenda.

[92] Ebenda.

[93] Ebenda.

[94] Ebenda. Die Vermutung, dass der Ort wegen des Besuchs der Amerikaner in der Nacht nicht beschossen wurde, trifft nicht zu. Lediglich die Tatsache, dass zu diesem Zeitpunkt bereits die amerikanischen Aufklärer im Dorf waren, dürfte die Truppen abgehalten haben, das Dorf unter Artilleriefeuer zu nehmen.

[95] Gem. dem Bericht von Uhlsdorf über die Besetzung von Blankenheim setzte um 05.00 Uhr ein kurzes Artillerieduell ein, dann floh der Arbeitsdienst.

[96] Gem. dem Gedächtnisprotokoll von Harald Schlanstädt, Eisleben v. August 2007, standen am 13./14. April 1945 auf der Straße nordwestlich von Blankenheim zwei Panzerwagen mit dem Roten Kreuz und Munition lag herum. Vermutlich waren das die zwei Halftracks. Aus den amerikanischen Unterlagen geht nicht hervor, ob es sich bei den Fahrzeugen um Sanitätsbergefahrzeuge handelte, was bei einer rückwärtigen Kolonne gut möglich ist. Die Munition kann von den anderen getroffenen Fahrzeugen sein.

[97] „Auf Spurensuche“, S. 76.

[98] Ebenda.

[99] Gedächtnisprotokoll von Harald Schlanstädt, Eisleben v. August 2007.

[100] Ebenda. Das Teile der Kolonne von Blankenheim über Wimmelburg fuhren, belegt der Bericht von Cooper, der zur rückwärtigen Kolonne gehörte. Er schrieb „die nächste Stadt, in die wir kamen…“, wobei er Polleben mit Wimmelburg verwechselte.

[101] Brief der Gemeinde Bornstedt an das Landratsamt Sangerhausen v. 07.02.47. Kopie des Briefes aus Sammlung Ziegler, Sangerhausen.

[102] Gedächtnisprotokoll von Harald Schlanstädt, Eisleben v. August 2007. In den amerikanischen Unterlagen finden sich hierzu keine Hinweise. Eines der zwei Flakgeschütze wurde 1947 in seiner Stellung im Garten von Melitta Barth von den Anwohnern vergraben und dort in den 90iger Jahren geborgen und in das Militärmuseum der Bundeswehr in Dresden gebracht. (Zeitungsberichte aus der Sammlung Rudi Herz/Berlin)

[103] Ebenda.
[104] Ebenda. Ergänzt werden diese Aussagen durch Ida Becker aus Dittichenrode, Christa Kneißl aus Uftrungen und Hans Hach aus Roßla. Deren Geschichte wurde im mz-web.de am 02.05.2010 unter dem Titel „Nach Dittichenrode verlieren sich dann die Spuren“ veröffentlicht.
[105] Ebenda.
[106] „Das Ende des Zweiten Weltkrieges in Eisleben und das Kriegsgefangenenlager von Helfta“ auf www.harz-saale.de.
[107] „Auf Spurensuche“, S. 65. Ziegler gibt als Zeitpunkt des Abzuges den Mittag des 13. April an. Zu diesem Zeitpunkt dürfte Mittelhausen aber bereits besetzt gewesen sein.
[108] Möglicherweise besteht ein Zusammenhang mit den RAD-Flakgeschützen, die gem. Rudi Herz/Berlin bei Rothenschirmbach gestanden haben sollen. Diese werden nämlich in den amerikanischen Unterlagen nicht erwähnt. Sie könnten sich dorthin zurückgezogen haben.
[109] Gem. Carl Heinz Hühne, Tanne, stand dort nach Kriegsende das Wrack eines mittleren amerikanischen Panzers.
[110] „Die Zerstörung Nordhausens...“, S. 47. Die Chronik des 16th InfRgt bestätigt das deutsche Geschütz und den zerstörten amerikanischen Panzer.
[111] Der AAR VII. US Corps nennt einen PzKpfw V, die Chronik des 16th InfRgt nennt einen PzKpfw VI. Bei den zwei weiteren Panzern dürfte es sich um den bereits genannten „Königstiger“ und „Tiger“ unter Hptm Bölter handeln.
[112] Es kann sich hier nur um die zuvor erwähnten Panzer „Königstiger“ und „Tiger“ unter Hptm Bölter handeln.
[113] „Zeitzeugen“ v. Zeitfuchs/Schirmer, S. 60.
[114] Ebenda.
[115] „Vor 50 Jahren – April 1945“ v. Schlincke, Heimatblätter für den süd-westlichen Harzrand, Heft 51, 1995. Hier wird der 12. April als Tag der Besetzung von Freiheit angegeben.
[116] Entstand 1924 durch den Zusammenschluss der Bergstädte Zellerfeld und Clausthal.
[117] „The last Kilometer…“ by A. Preston Price.
[118] „450 Jahre Clausthal-Zellerfeld“, 1982.
[119] Ebenda.
[120] „Zeitzeugen“ v. Zeitfuchs/Schirmer, S. 20.
[121] „Schicksalstage im Harz“ v. M. Bornemann.
[122] „Aus längst vergangenen Tagen Band 1“ v. Albert Humm.
[123] „Das letzte Kriegsjahr im Westen – Geschichte der 116. PzDiv“ v. Guderian. Guderian nennt einen Fw. Arnold als Kommandant.
[124] Mit dem Bau wurde 1938 begonnen. Wie bei der Rappbode-Talsperre wurde der Bau 1942 eingestellt. Erst in den Jahren 1949–1956 wurde der Bau beendet.
[125] „Zeitzeugen“ v. Zeitfuchs/Schirmer, S. 22.
[126] AAR 104th US InfDiv.
[127] „Zeitzeugen“ v. Zeitfuchs/Schirmer, S. 22.
[128] „Schicksalstage im Harz“ v. M. Bornemann. Vgl. auch „Zwanzig Tage im April…“ und „Die Zerstörung Nordhausens...“, S. 46.
[129] „Zwanzig Tage im April…“.

[130] Die bisherigen Berichte, die dem RCT 60 die Besetzung der Orte zurechneten, sind nachweisbar eine Falschinterpretation auf Grund fehlender Informationen zur 9th US InfDiv.

[131] Wahrscheinlich besteht ein direkter Zusammenhang mit dem Marineoberkommando West. Zu dem Stab gehörte neben der Stabskompanie auch eine Wachkompanie.

[132] Bornemann berichtet in „Zwanzig Tage im April…" von 15 Marineinfanteristen, die sich um den 19. April herum am Sandlünz versteckt hielten.

[133] Brief des Gemeindevorstehers von Breitenstein an den Landrat von Sangerhausen v. 24.06.47. Kopie des Briefes aus Sammlung Ziegler, Sangerhausen. Vgl. auch „Auf Spurensuche", S. 66, 76-78.

[134] Vgl. „Schicksalstage im Harz" v. M. Bornemann.

[135] „Auf Spurensuche", S. 78.

[136] „Schicksalstage im Harz" Vgl. auch NARA, B-217, Gen.d.Inf. Mattenklott.

[137] NARA, B-581, Oberst Estor.

[138] „Aufstellung, Einsatz und Untergang der SS-Panzerbrigade ‚Westfalen' März–April 1945" v. Wilhelm Tieke in „DF" Heft 12/89.

[139] NARA, B-329, Gen.Lt. Flörke.

[140] 1934 erbaut.

[141] NARA, B-581, Oberst Estor.

[142] Gem. Tessin.

[143] BA-Ma, ZA 1/921, B-569 Fretter-Pico. Fretter-Pico schreibt Heilstätte Tanne. Diese gibt es aber nicht. Es kann sich nur um eine Verwechselung mit der Johanniter Heilstätte südwestlich von Sorge handeln.

[144] Gem. Dirks war van Geldern in Tanne.

[145] NARA, B-581, Oberst Estor.

[146] NARA, B-318, Gen.Lt. Sturm.

[147] „From the Hürtgen Forest to the Heart of the Reich", S. 314.

[148] NARA, B-581, Oberst Estor.

V. Die Kämpfe im Harz

Während die Panzerverbände der 1st und 9th US Army südlich und nördlich des Harzes ihren Sturmlauf zur alliierten Haltelinie an Elbe und Mulde fortsetzen, beginnen die nachfolgenden Infanteriedivisionen mit der Zerschlagung der 11. deutschen Armee im Harz. Bereits am 10. April waren die ersten amerikanischen Verbände vom Westen und Nordwesten in den Harz eingedrungen, während andere Verbände die Südwestausgänge des Gebirges blockiert hatten. Erst jetzt, nachdem die 9th US InfDiv den Raum Nordhausen erreicht hat, um die Kräfte der 104th US InfDiv zu ersetzen, die für den Angriff auf Halle benötigt werden, kann der Angriff ins Gebirge hinein auf breiter Front richtig beginnen.

Kriegstagebuch des OKW/WFSt vom 14. April 1945: *Die 1. amerikanische Armee operiert jetzt nur südlich des Harzes. Gegen den Harz zwei InfDiv... Am Harz einzelne Einbrüche.*

Geheime Tagesberichte der Wehrmachtsführung vom 14. April 1945:

AOK 11, Stellv. VI. AK: *Ilsenburg ging verloren, Feindkräfte drangen bis hart nördlich Bad Harzburg vor.* ***LXVI. AK:*** *Aus dem Raum Clausthal-Zellerfeld drang der Gegner über Altenau nach Südosten bis westlich St. Andreasberg vor. Aus Harzburg griff der Feind in nordwestlicher Richtung an.* ***Stellv. IX. AK:*** *Im Angriff auf Ellrich nach Norden, erreichte der Feind den Raum Benneckenstein.* ***LXVII. AK:*** *Aus dem Raum Stolberg nach Norden angreifender Feind erreichte Breitenstein und wies eigene Gegenangriffe ab.*

Am **Sonnabend,** dem **14. April 1945** beginnt das RCT 330 der 83rd US InfDiv im Abschnitt des XIX. US Corps der 9th US Army mit der Räumung des Harzes von Norden. Der Plan, den das Regiment am Vortag erhalten hat, sieht vor, dass das 2./330 von Oker aus nach Süden, dann an der Südflanke des Corps nach Osten auf der Straße entlang des Flüsschens Kalbe und weiter bis nördlich des Brockens vorrücken soll. Dort soll es Sperren errichten und den Kontakt zur 1st US InfDiv herstellen. Das 1./330 soll von Bad Harzburg nach Süden vorrücken, dann nach Osten schwenken und einen Punkt nordöstlich der Eckertalsperre[1] erreichen. Das 3./330 rückt mit einer Kompanie von Ilsenburg nach Süden vor und sichert Positionen an der linken Flanke des 1./330 südlich von Ilsenburg, während die anderen Teile Altenrode und Wernigerode sichern. Zur Führung der Säuberungsaktionen verlegt der Regtl.CP um 10.00 Uhr (B) nach Bad Harzburg. Noch am gleichen Tag beginnen sie mit dem Vormarsch, wobei das 1./330 und 2./330 auf starken Widerstand trifft Immer wieder blockieren Baumsperren und zerstörte Brücken den Weg. Ein geschlossener Vormarsch ist unmöglich. Nur in Patrouillenstärke kommen die Infanteristen voran. Das 3./331 wird um 09.30 Uhr (B) aus der Unterstellung unter die TF

Biddle herausgelöst und verlegt um 11.45 Uhr (B) von Benzingerode nach Calbe an die Elbe. Lediglich die Co. I bleibt bei der TF Biddle.

Das CCB der 8th US AD unter Lt.Col. Edwin H. Burba wird dem XIX. US Corps unterstellt. Die TF Roseborough, 49th AIB wird abgelöst und erreicht um 18.00 Uhr (B) Derenburg. Damit erfolgt die Ablösung der TF Biddle, die nach Osten zur Saale verlegt, um die Südflanke des Corps zu verteidigen. Die Co. A, 49th AIB geht nach Benzingerode. Dort wird um 23.45 Uhr (B) ein Außenposten angegriffen und ein Panzer mit einer Panzerfaust abgeschossen, zwei Mann werden verletzt.

Beim VII. US Corps, südlich des Harzes, beginnt die schrittweise Ablösung der 104th US InfDiv. Das RCT 413 der 104th US InfDiv behauptet seine Positionen zwischen Scharzfeld und Ilfeld gegen starke Feindvorstöße. Das 1./413 hält mit dem 3rd Plat. Co. B, 817th TD Bn Verteidigungsstellungen in Bad Sachsa. Die Co. B, 1./413 durchsucht mit Unterstützung der Panzer der 1st Sect. 1st Plat. Co. B, 750th Tk Bn Steina, westlich von Bad Sachsa, und bezieht Sicherungsstellung für die Nacht. Die Co. A, 1./413, die weiterhin Ilfeld besetzt hält, verstärkt ihre Sicherungen nach Norden. Am frühen Morgen rückt eine Gruppe Infanterie im Schutz der Dunkelheit mit einem Panzer bis zur Schanzenbrücke vor und bezieht Sicherungsstellung am Taleingang. Ohne Widerstand zu leisten, ziehen sich die Sicherungen der Rgt.Gr. Groß der K.Gr. Großkreutz von der Klostermauer unterhalb des Goetheweges in die Wälder des Mühlbergs zurück.

Kurz darauf kommt es an der Schanzenbrücke zu einem tragischen Ereignis, als sich ein PKW aus Richtung Netzkater nähert. Anscheinend hatte er Netzkater durchfahren, ohne von den dort liegenden deutschen Soldaten angehalten zu werden. Als der Fahrer den amerikanischen Panzer vor sich erkennt, ist es zu spät. Noch bevor er etwas machen kann, eröffnen die amerikanischen Posten das Feuer. Während es dem Fahrer gelingt, zu fliehen, wird eine 19jährige Frau auf dem Beifahrersitz getötet. Sie war auf dem Weg zu ihrem Freund, der als Soldat im Harz im Einsatz ist.[2] Durch die Schießerei erschreckt, zünden die deutschen Truppen am Mühlberg aus Angst vor einem Angriff die Sprengladung am Felsen oberhalb der Papierfabrik und die Reichsstraße wird durch die herabstürzenden Gesteinsmassen blockiert. Die Sprengung richtet schwere Schäden an den Häusern an der Schanze an.[3] Zur Sprengung der vorbereiteten Bäume zwischen Schanzenbrücke und Papierfabrik kommt es jedoch nicht.

Angesichts der unklaren Lage im Raum nördlich von Ilfeld, setzt bei Tageslicht verstärkte Aufklärungstätigkeit ein. *„Um die Bedrohung vom Mühlberg auszuschalten, umgeht am Morgen dieses Tages ein Stoßtrupp der Amerikaner den Hohestieg und nähert sich den Verteidigern überraschend von Nordwesten... Es kommt am frühen Morgen am Mühlberg über der Papierfabrik zum Gefecht. Im Kampf fallen ein amerikanischer Soldat und elf deutsche Soldaten.“* Der Jüngste von ihnen ist der 18jährige Kanonier Günter

Müller.[4] Die anderen Verteidiger fliehen in die Wälder oder ergeben sich. Die Amerikaner beklagen bei den Kämpfen am Mühlberg insgesamt zwei Tote. Deswegen kommt es beinahe zu einer weiteren Tragödie, denn die Amerikaner verdächtigen die Ilfelder, aktiv als „Werwölfe“ an den Kämpfen beteiligt gewesen zu sein. Nur mit Mühe gelingt es Bürgermeister Grünewald nach langen Verhandlungen am Nachmittag die Amerikaner davon zu überzeugen, dass es keine Ilfelder „Werwölfe“ gibt. Erst als ein amerikanischer Offizier die Aussage bestätigt, ist die Gefahr gebannt. So kommt es nicht zur angedrohten Erschießung von drei Geiseln, dafür wird aber der Ort für die befreiten Zwangsarbeiter zum Plündern freigegeben.[5] Doch für einen kommt das Eingreifen des Offiziers dennoch zu spät. Auf den Georgsplatz, wohin alle Gefangenen zum Verhör gebracht wurden, war es zu einem Zwischenfall gekommen, als sich der 29jährige Uffz. Siegfried Schmidt gegen Übergriffe wehrte und dabei einen amerikanischen Sergeanten schlug. Gemeinsam mit dem Ilfelder Otto Haacke, der irrtümlich als „Werwolf“ verdächtigt wird, wird er an der alten Friedhofsmauer im Goetheweg misshandelt. Während Haacke danach mit den anderen Kriegsgefangenen abtransportiert wird, wird Schmidt erschossen.[6]

Noch während die Kampfhandlungen am Nordausgang des Ortes anhalten, gehen die Werfer der Co. A, 87th Cml Mort Bn am südlichen Ortseingang von Ilfeld im Bereich Schreiberwiese und Dincklagering in Stellung und nehmen die Wälder nördlich des Ortes bis nach Netzkater unter Beschuss. Dabei wird der Grenadier Reinold Normann am Sandlünz durch eine Werfergranate getötet. In Netzkater durchschlägt eine Granate das Dach des Bahnhofsgebäudes, ohne dass dabei Personen zu Schaden kommen. Dafür töten Splitter einer Granate einen blutjungen Luftwaffenhelfer aus Danzig, der zur Geschützbedienung auf der Netzbergwiese gehört, als dieser während des Beschusses den Unterstand verlässt. Er findet sein Soldatengrab am Rand der Netzbergwiese. Während die Geschützbedienungen und die Verteidiger der Rgt.Gr. Groß weiter in Netzkater ausharren, verlässt die Gruppe um Lt. Mähmann Netzkater und zieht sich durchs Beretal zurück.[7] Zum Schutz vor weiteren amerikanischen Vorstöße wird die steinerne Netzbrücke über das Flüsschen Bere gesprengt und somit die R 4 neben dem Felssturz an der Papierfabrik durch ein weiteres Hindernis gesperrt.[8] Insgesamt fordern die Kämpfe im Ilfelder Tal drei tote Amerikaner und 13 Deutsche.[9]

Das 2./413 betreibt weiter mit dem 2nd Plat. Co. B, 817th TD Bn Straßensperren bei Walkenried, Ellrich und Sülzhayn. Am frühen Morgen nehmen die Infanteristen der Co. I und K, 3./413 mit den Panzern und Panzerjägern des 3rd Plat. Co. B, 750th Tk Bn und des 1st Plat. Co. B, 817th TD Bn den Kampf um Bad Lauterberg wieder auf. Im Ort setzen sich die hartnäckigen Häuserkämpfe mit den Fallschirmjägern des 15. Fsch.Jg.Rgt. der 5. FschJgDiv fort. Als die Infanteristen versuchen, den Ort zum umgehen, weichen gegen 15.00 Uhr die Fallschirmjäger aus und beziehen am nördlichen Ortsrand neue Verteidigungsstellungen.[10] Auch diese werden von amerikanischen Aufklärungskräften umgangen und so ziehen sie sich bis westlich Braunlage zurück.[11] Zur geplanten Öffnung der Odertalsperre kommt es nicht. Fretter-Pico schreibt hierzu: *"Der Stausee ostwärts Bad Lauterberg, dessen Öffnung vorgesehen war, wurde mit Rücksicht auf die vernichtende Wirkung auf die eigene Bevölkerung nicht geöffnet."*[12] Damit bleibt der Bevölkerung von Bad Lauterberg weiteres Leid erspart. Waren doch bereits am 9. April bei einem Tieffliegerangriff auf eine Menschenmenge vor einer Bäckerei in der Stadt 37 Personen getötet worden. Trotzdem verlieren bei den Kämpfen um Bad Lauterberg insgesamt 75 Einwohner und 34 deutsche Soldaten ihr Leben.[13]

Soldatengrab bei Bad Lauterberg   Ansichtskarte nach 1945, Sammlung Möller

Die Panzersoldaten machen im Tagesverlauf 200 Gefangene. Der 2nd Plat. Co. B, 750th Tk Bn unterstützt die Infanterie bei der Säuberung der Wälder und Bekämpfung von Straßensperren zwischen Osterhagen und Bad Lauterberg und fährt am Nachmittag nach Scharzfeld. Am späten Nachmittag stellt das RCT 413 den Kontakt mit der 1st US InfDiv her. Der Co.CP der Co. A, 87th Cml Mort Bn meldet am Abend als Ergebnis ihres Beschusses elf getötete Deutsche und einen Verwundeten und zwei MG sowie zwei automatische Waffen, ein Treibstofflager und ein Munitionslager als zerstört.

Die TF Kelleher der 104th US InfDiv beginnt in der Zwischenzeit, gefolgt vom RCT 415, planmäßig den Angriff auf Halle. Nur das 2./415 setzt die Sicherung der Nordflanke der Division bei Obersdorf und Wettelrode fort. Fünf Dörfer in der Umgebung werden gesäubert. Dabei ergibt sich dem Bataillon eine komplette deutsche Kompanie in Stärke von 100 Mann. Um 18.00 Uhr (B) geht eine Kompanie nach Riestedt.

Die 1st US InfDiv dringt ungeachtet des schwierigen Geländes und unzähliger Straßensperren weiter in die Harzberge vor. Ihr Auftrag ist es, von Altenau und Sülzhayn aus anzugreifen, bis zur Linie Sülzhayn – Benneckenstein – Braunlage – Kreuzung der R 4 und 242 nordwestlich von Braunlage vorzurücken und dann den entstandenen Kessel zu räumen.

Im ersten Tageslicht setzt im Abschnitt der 24th CavRcnSq das unterstellte 3./16 den Angriff aus dem Raum nördlich von Sülzhayn nach Nordwesten auf Jägerfleck ohne Unterstützung der zugeteilten Panzer des 759th Light Tk Bn fort, die warten bis der Weg frei ist. Zügig passieren die Infanteristen die Straßensperren vom Vortag, die von den unterstützenden Pionieren in der Nacht geräumt wurden. Doch um 06.15 Uhr (B) trifft die Co. K in der Haarnadelkurve südlich von Jägerfleck erneut auf eine Straßensperre. Bis 09.15 Uhr (B) erreicht die Co. K, direkt gefolgt von der Co. I, gegen leichten Widerstand vereinzelter Gewehrschützen den Bereich hart südlich von Jägerfleck. Am Jägerfleck kommt es zum Gefecht mit Teilen der K.Gr. Worgitzki. Die Co. K meldet um 09.55 Uhr (B) *„K jetzt 50 Meter südlich von Pkt. 7 (Jägerfleck) – erhalten 20mm und Pak-Feuer aus Richtung der Kreuzung.“* Die Chronik des 16th InfRgt schreibt: *„An der Straßengabel hatte der Feind 20mm Geschütze und 105mm Pak...“.*

Der Angriff der Infanterie kommt zum Stoppen. In der Zwischenzeit haben die unterstellten Panzer endlich die Sperre in der Haarnadelkurve passiert und greifen in den Kampf ein. Infanteristen nehmen von zwei Panzern aus die deutschen Geschütze mit den schweren Kaliber 50 Turm-MG's unter Beschuss. Die Geschütze werden zerstört und die Bedienungen fliehen. Doch der Kampf ist nicht zu Ende. Kurz darauf erreicht deutsche Infanterie, die anscheinend auf dem Rückzug nach Südosten ist, die Straßengabelung und wird in das Gefecht verwickelt. Eine Stunde später erreichen auch noch drei deutsche Selbstfahrlafetten, ohne zu wissen, dass sich dort amerikanische Truppen befinden, den Kampfplatz. In Ausnutzung des Überraschungsmomentes gelingt es Sgt. Carmen Turchiarelli eine von ihnen mit der Bazooka abzuschießen. Wenige Minuten später zerstört eine Selbstfahrlafette einen amerikanischen Panzer. In Anbetracht der anhaltenden Kämpfe ändert die 4th CavGp am Nachmittag die Pläne und die Kompanien stellen alle weiteren Versuche, nordwärts auf Benneckenstein anzugreifen, ein. Mit der Co. K links und der Co. I rechts der R 4 rücken die Infanteristen jetzt mit Panzerunterstützung auf Hohegeiß vor. Während die Co. K nur auf kleinere Gruppen Infanterie und eine Selbstfahrlafette trifft, kommt es bei der Co. I zu schweren Kämpfen mit deutschen Truppen, die über mehrere Panzerabwehrwaffen verfügen. Dabei gehen zwei amerikanische Panzer verloren. Kurz vor Beginn der Dunkelheit erreichen die Angriffsspitzen den Waldrand 500 Meter vor Hohegeiß. Die begleitenden Panzer nehmen den Ort mit ihren Kanonen und Bord-MG unter Beschuss. Dann dringt die Co. K gegen 21.30 Uhr (B) von Süden und die Co. I von Osten in den Ort ein, wo einige Gebäude in Flammen stehen. Die meisten deutschen Verteidiger sind geflohen. Als die Männer der Co. K mit der Durchsuchung der Häuser beginnen, nimmt leichte deutsche Artillerie den Ort unter Feuer. Dabei werden weitere Gebäude beschädigt. Wie durch ein Wunder erleiden die amerikanischen Infanteristen keine Verluste.[14] Die Co. L, die in der Zwischenzeit zum Bataillon zurückgekehrt ist und den Angriffskompanien folgt, erreicht eine Straßenkreuzung westlich von Benneckenstein. In der Nacht bereiten sie sich darauf vor, den Angriff nach Osten fortzusetzen. Inzwischen sind auch die Panzerjäger des 2nd Plat. Co. C, 634th TD Bn eingetroffen, die der 24th CavRcnSq unterstellt werden.

Der Tp. A, 24th CavRcnSq, der bei Ilfeld in der Reserve liegt, entsendet Truppen unter westlicher Umgehung von Netzkater nach Norden zur R 4 und errichtet eine Straßensperre südöstlich von Hohegeiß. Das 759th Light Tk Bn verlegt in einen Sammelraum in Sülzhayn und beginnt am Abend mit dem Marsch nach Hohegeiß.

Das RCT 16 setzt im Morgengrauen mit Unterstützung der Co. C, 87th Cml Mort Bn und des 5th FA Bn sowie der erneut unterstellten Co. C, 634th TD Bn (ohne 2nd Plat.) den Angriff mit dem 1./16 im Siebertal fort. Auf Grund der schlechten Geländebedingungen erfolgt der Vormarsch der Panzer des 1st Plat. Co. A, 745th Tk Bn ab 09.00 Uhr (B) entlang der Hauptstraße, während die Infanteristen der Co. C, gefolgt von der Co. A durch das bewaldete Gelände vorrücken. In Sieber behindert eine Straßensperre den Vormarsch. Dann erreicht auch die Co. B, 1./16 mit den Panzern des 3rd Plat. Co. A, 745th Tk Bn und die Co. D mit dem Mort Plat. 745th Tk Bn Sieber. Beim weiteren Vormarsch trifft das 1./16 zwischen Sieber und St. Andreasberg auf starken Widerstand deutscher Truppen, die von vier Panzern und Selbstfahrlafetten unterstützt werden.

In der Zwischenzeit erreicht das nachfolgende 2./16, das um 07.00 Uhr (B) den Sammelraum bei Herzberg verlassen hat, mit der Co. G, aufgesessen auf dem 2nd Plat. Co. A, 745th Tk Bn, Sieber. Um 18.00 Uhr (B) beginnt die Co. F. 2./16 mit Unterstützung des 2nd und 3rd Plat. 745th Tk Bn den Angriff auf die Freie Bergstadt St. Andreasberg, die seit dem Vortag unter Artilleriebeschuss liegt.

Am späten Nachmittag erreichen die ersten Infanteristen die Höhen 500 Meter vor St. Andreasberg. Vor ihnen liegt der Ort, in dem die Granaten der Artillerie einschlagen. Häuser stehen in Flammen. Auf den Straßen, die aus der Stadt führen, können sie mit ihren Ferngläsern fliehende deutsche Truppen erkennen. Als das 2./16 mit der Co. F und G gegen 19.00 Uhr (B) in die Stadt eindringt, scheint es, als ob die Masse der deutschen Truppen abgezogen ist.

Infanteristen der Co. G, 16th InfRgt in St. Andreasberg. Ein Panzer bietet mit seiner Querseite den Infanteristen Deckung vor dem Feuer deutscher Scharfschützen
Fotos: National Archives (The 16th Infantry 1798-1946)

Oben: Panzerjäger des 634th TD Bn in den Trümmern von St. Andreasberg
Unten: Zerstörter „Jagdtiger“ der s.Pz.Jg.Abt. 512 in der Nähe von St. Andreasberg
Fotos: National Archives

Aber an einigen Stellen sind kleine Gruppen der 26. VolksGrenDiv zurückgeblieben, die jetzt die vorsichtig vorrückenden Infanteristen unter Beschuss nehmen. Bis kurz nach Mitternacht hat das 2./16 im Schutz der begleitenden Panzer St. Andreasberg gesäubert. Das 1./16 trifft südwestlich des Ortes kaum auf Widerstand und macht 150 Gefangene. Gemeinsam mit den Panzern bezieht die Co. A und F Sicherungsstellungen und errichtet Straßensperren.

Beim Vormarsch befreien die Infanteristen immer wieder amerikanische Soldaten, die bei den Kämpfen der letzten Tage in deutsche Kriegsgefangenschaft geraten sind.[15] So wird in einem Lazarett der Stadt der Pfc. Coleman vom 5th FA Bn befreit, der seit dem 13. April als vermisst galt. In St. Andreasberg verlieren durch den Beschuss und die nachfolgenden Kämpfe sechs Soldaten und 15 Einwohner ihr Leben.[16] *„In St. Andreasberg werden 14 Häuser in Brand geschossen und 186 schwer beschädigt."*[17]

Beim RCT 18 beginnt das 2./18, mit der Co. E voraus, ab 10.00 Uhr (B) mit Unterstützung des 2nd Plat. Co. B, 745th Tk Bn und dem 2nd Plat. Co. B, 634th TD Bn mit dem Vormarsch, nachdem sich die, im Hinterhalt stehenden, deutschen Panzer zurückgezogen haben. Durch das bergige Gelände zwischen Lonau und Sösetalsperre vorgehend, erreicht sie den Raum östlich Riefensbeek-Kamschlacken ohne großen Widerstand.

Ein Kompanieführer der 1st US InfDiv erteilt letzte Befehle vor dem Angriff
Foto: National Archives, Licence CriticalPast 65675041533

Infanteristen der 1st US InfDiv beim Vorrücken durch dicht bewaldetes Gelände nördlich von Osterode
Fotos: National Archives, Licence CriticalPast 65675041533/65675041534

Infanteristen des RCT 18 rücken am Ostufer der Sösetalsperre nach Norden vor
Fotos: National Archives, Licence CriticalPast 65675041532/65675041533

Infanteristen des RCT 18 rücken in Begleitung von Panzern des 745th Tk Bn in den Oberharz vor
Fotos: National Archives, Licence CriticalPast 65675041532

Das 3./18 beginnt um 08.00 Uhr (B) von Osterode aus mit dem 3rd Plat. Co. B, 745th Tk Bn den Vorstoß nach Norden. Die Co. I rückt durch das Bremketal vor und sichert um 11.00 Uhr (B) Lerbach, wo es Widerstand durch Scharfschützen gegeben haben soll. Deutsche Quellen sprechen von der kampflosen Besetzung des Ortes. 19 Kriegsgefangene werden gemacht.[18] Parallel hierzu rückt die Co. K durch das Sösetal nach Nordosten vor. Vor der Hauptsperre des Sösestausees verlassen die Infanteristen die Hauptstraße, die entlang des Westufers nach Riefensbeek führt, und setzen den Vormarsch entlang des Ostufers vor. Die bisherigen Erfahrungen hatten gezeigt, dass die deutschen Truppen die meisten Hauptstraßen durch Sperren blockiert hatten, die nur mit Einsatz schwerer Technik beseitigt werden konnten. Am späten Nachmittag erreichen die Infanteristen der Co. K die Vorsperre und nähern sich Riefensbeek, von wo sich die letzten Nachhuten des SS-Rgt. Holzer unter dem Schutz einiger MG-Trupps über Kamschlacken durch das Sösetal zur Harz-Hochstraße zurückziehen. Auf ihrem Rückzug sprengen sie die zwei Steinbrücken über die Söse und stoppen somit den weiteren Vormarsch der amerikanischen Panzer. In der Zwischenzeit wird Riefensbeek von Westen besetzt.[19] Am Abend steht das 3./18 mit der Co. K nördlich der Sösetalsperre, der Co. L bei Riefensbeek und der Co. I nordöstlich von Lerbach. Die Co. K und I melden 66 Kriegsgefangene.

An der linken Flanke der Division setzt das RCT 26 mit der unterstellten 4th CavRcnSq den Angriff fort. Das Hauptziel des Angriffs, den das 1./26 führt, ist der Luftkurort Braunlage südlich des Brockens, wo sich die, den Harz überquerenden, Reichsstraßen 4 und 27 und die Harz-Hochstraße 242 kreuzen. Flankensicherung übernimmt die 4th CavRcnSq, die dem Angriff folgt. Um 06.00 Uhr (B) startet die Co. A mit dem 1st Plat. Co. C und der Co. D, 745th Tk Bn den Angriff entlang der R 242 von Clausthal-Zellerfeld nach Osten. Um 06.45 Uhr (B) schließt sich ihnen der Tp. C, 4th CavRcnSq an. Langsam rückt die Co. A, 1/26 entlang der Harz-Hochstraße vor und wird immer wieder durch Straßensperren aufgehalten. An der Kreuzung bei Dammhaus kommt der Vormarsch durch starkes Panzer- und Panzerabwehrfeuer zum Stehen. Hier verteidigen sich Teile der SS-Pz.Brig. Ein deutscher Gegenstoß mit Beteiligung von Kräften der K.Gr. Graf v. Brühl in Richtung Dammhaus wird abgewehrt.[20] Bei den Kämpfen werden ein PzKpfw V, ein weiterer deutscher Panzer und ein, von den Deutschen erbeutetes amerikanisches Halbkettenfahrzeug zerstört. Ein Panzer des 1st Plat. Co. C, 745th Tk Bn wird durch eine deutsche Pak abgeschossen. Erst nach massivem Artillerieeinsatz geht der Vormarsch weiter, bis er westlich der Stieglitzecke endgültig zum Halten kommt. Der Rest des Bataillons folgt bis zum Einbruch der Nacht. Das 2./26 säubert bis gegen Mittag Altenau vom letzten Feindwiderstand. Nach Abschluss der Kämpfe um Altenau werden 32 gefallene deutsche Soldaten geborgen.[21] Zwei Einwohner werden getötet. Auf amerikanischer Seite fallen nach deutschen Angaben 50 Mann.[22] Dann erhält das 2./26 den Auftrag, weiter auf Torfhaus vorzurücken. Um 14.00 Uhr (B) fährt die Co. E, 2./26 mit dem 2nd Plat. Co. A, 634th TD Bn los und erreicht gegen starken Widerstand um 15.00 Uhr (B) Torfhaus, den auf 800 Meter Höhe höchsten Ort Niedersachsens. Hier kommt es zu Kämpfen mit der Waffen-SS, die von zwei Jagdpanzern 38 (t) „Hetzer“ auf der R 4 unterstützt werden.[23] Der Vormarsch kommt zum Erliegen und die Infanteristen beziehen Verteidigungsstellungen. In der Abenddämmerung erfolgt ein deutscher Gegenstoß mit Beteiligung der K.Gr. Graf v. Brühl entlang der Straße Braunlage – Bad Harzburg. Bei Torfhaus geht eine Vierlingsflak der K.Gr. in Stellung. Eine ebenfalls dort eintreffende Volkssturmeinheit aus Braunlage gerät beim Abladen in amerikanisches Granatwerferfeuer, wobei es Tote und Verwundete gibt. Daraufhin ziehen sich die deutschen Truppen bei Torfhaus mit den Verwundeten nach Braunlage zurück.[24]

Das 3./26 beteiligt sich an diesem Tag nicht am Angriff des RCT und sichert weiter Clausthal-Zellerfeld. Die 4th CavRcnSq sichert ohne den Tp. C im Schultal, im Raum Buntenbock und im Okertal nördlich von Altenau. Insgesamt 45 Gefallene sind das Ergebnis der Kämpfe des Tages im Abschnitt der 1st US InfDiv. 950 Kriegsgefangene werden gemacht.

Bei der 9th US InfDiv, die den Auftrag erhalten hat, den Raum Breitenstein – Güntersberge – Siptenfelde – Straßberg zu besetzen, übernehmen Einheiten des, am Vortag eingetroffenen, RCT 39 den Abschnitt der 104th US InfDiv östlich von Ilfeld, während das RCT 47 ohne das 3./47 seinen Angriff in den Harz fortsetzt. Das 1./47 greift um 07.00 Uhr (B) von Wolfsberg nach Norden an. Um 08.30 Uhr erreicht das erste amerikanische Fahrzeug von Süden kommend den Ort Hayn und kurz darauf wird der kleine Ort ohne Zwischenfälle besetzt. Ohne eine Sicherung zurückzulassen, fahren die Amerikaner weiter. Minuten der Angst erleben die Einwohner erst am Nachmittag, nachdem eine kleine Gruppe deutscher Soldaten unter Führung eines SS-Offiziers im Ort erscheint, und die Entfernung der weißen Fahnen verlangt. Doch so schnell wie sie gekommen sind, verschwinden sie bald darauf wieder aus dem Ort.[25]

Dann nähern sich das 1./47 dem kleinen Dorf Straßberg, wo eine deutsche Sanitätskompanie einige Tage zuvor im Schulhaus einen Verbandsplatz eingerichtet hat. [26] Dort trifft kurz nach 08.00 Uhr ein deutscher Kübelwagen mit drei Mann Besatzung ein. Die Besatzung soll in Richtung des südlich des Ortes befindlichen Auerberg aufklären, um festzustellen, wo sich die Amerikaner befinden. Es ist kurz vor 09.00 Uhr, als sie Straßberg verlassen wollen. Doch zur gleichen Zeit erreicht unbemerkt von den deutschen Soldaten ein amerikanischer Aufklärungs-Jeep, gefolgt von einem Panzerspähwagen M 8 „Greyhound“ die Schulecke im Ort.[27] Auch sie ahnen nichts von den Deutschen. Als der Jeep kehrt macht, um die nachfolgenden Truppen zu informieren, dass der Ort feindfrei ist, kommt es beim Spritzenhaus zur Begegnung. Als erster eröffnet die Besatzung des deutschen Fahrzeuges das Feuer. Der Beifahrer im Jeep wird getroffen und aus dem Wagen geschleudert. Während der Fahrer geistergegenwärtig das Fahrzeug wendet und davonrast, sucht der Verwundete kriechend

Schutz in einer nahegelegenen Scheune. Die Besatzung des Kübelwagens geht inzwischen neben ihrem Fahrzeug in Stellung. Durch die Schießerei wird die Besatzung des Panzerspähwagens, der inzwischen die Plane erreicht hat, alarmiert und macht kehrt. Als sie sich dem Ort des Geschehens nähern, ergreifen die drei Deutschen mit ihrem Fahrzeug die Flucht. Doch anstatt weiter vorzurücken, zieht sich der Panzerspähwagen auf Grund der unklaren Lage aus dem Ort zurück. Bei der Rückkehr zum CP erfährt die Besatzung, dass man die beiden Fahrzeuge der Patrouille bereits als Verlust betrachtet hatte, nachdem sie längere Zeit nicht aus dem Ort zurückkamen und von dort eine Schießerei gemeldet wurde. In der Zwischenzeit hat das Bataillon die Ausgangspositionen für den Angriff eingenommen. Anbetracht der Tatsache, dass sich irgendwo im Ort der verwundete Beifahrer des Jeeps befindet, wird auf direkten Artilleriebeschuss verzichtet. Dann rücken die Infanteristen vor. Bis zum Nachmittag ist Straßberg von Süden her besetzt und gesichert. Um das Dorf geht Artillerie in Stellung, welche die Orte Allrode, Friedrichsbrunn, Siptenfelde und Silberhütte mit Feuer belegen.[28] Danach setzt das 1./47 den Angriff Richtung Siptenfelde fort.

Das 2./47 rückt mit Panzerunterstützung gegen vereinzelten Widerstand von Friedrichshöhe und Breitenstein auf Güntersberge vor. Am Bahnhaltepunkt Friedrichhöhe kommt es zu einem kurzen Gefecht mit einer Kampfgruppe unter Führung eines Hauptmanns, die über einen PzKpfw V „Panther", ein Sturmgeschütz und einen SPW verfügt. Einsetzender Panzer- und Artilleriebeschuss zwingt die Kampfgruppe zum Rückzug.[29] Im Verlauf der Kämpfe gibt es neun Tote.[30] Gegen 16.00 Uhr (B) ist der Ort besetzt. Dann rückt es weiter auf Siptenfelde vor. Zwischen Güntersberge und Siptenfelde treffen sie auf eine K.Gr. der N.P.E.A. Ballenstedt, welche sich an der R 242 hinter der Brücke über den Elbingstalbach zur Verteidigung vorbereitet hat.[31]

Die N.P.E.A. Ballenstedt war Anfang April 1945 zum Ziel einer Marschgruppe von 300 Hitlerjungen geworden, die man zuvor in einem Wehrertüchtigungslager bei Halberstadt zusammengefasst hatte, um sie als Panzerjagdkommandos bei der Verteidigung des Harzes zum Einsatz zu bringen. Von dort waren sie am Tag nach der Bombardierung der Stadt nach Ballenstedt abmarschiert und unterwegs in Quedlinburg mit veralteten Gewehren ausgerüstet worden. In Ballenstedt trafen sie dann auf etwa 90 Jungmannen der Napola mit ihren Ausbildern, mit denen sie zu einer Kampfgruppe zusammengefasst wurden. Diese sogenannte „Kampfgruppe" hatte sich dann dem K.Kdt. des Kampfabschnittes Thale – Gernrode – Ballenstedt, dem Oberst der Luftwaffe Bongarts, mit Gefechtsstand in Rieder unterstellt. Nach der Besetzung von Harzgerode hatte dieser befohlen, 80 von ihnen auf Lastwagen nach Allrode – Siptenfelde zu bringen, um dort die amerikanischen Truppen aufzuhalten. Doch hier weicht ihre anfängliche Begeisterung schnell dem Grauen des Krieges.[32] Bei dem mehrstündigen Gefecht vor Siptenfelde werden sieben, überwiegend

16jährige Jungs, drei Soldaten, sechs Flaksoldaten und Prof. Dr. Weigmann getötet.[33] Der Rest flieht oder wird gefangengenommen.

Das RCT 39 beginnt aus seinem Versammlungsraum Rottleberode mit dem Angriff. Das 1./39 rückt, ohne auf Widerstand zu treffen, in Stolberg ein, dessen Bürgermeister bereits in der Nacht den Ort übergeben hat. Um 09.20 Uhr (B) ist der Ort gesichert. Gemeinsam mit dem 9th Rcn Tp säubert das Bataillon im Tagesverlauf den Abschnitt Herrmannsacker – Breitenstein – Stolberg – Rottleberode. Bei Rödishain treffen sie auf verminte Straßensperren.

Herrmannsacker, wo sich ein ungarisches und ein deutsches Lazarett befinden, wird von Nordhausen aus kampflos besetzt. Lediglich in den Wäldern nördlich des Dorfes kommt es in den nächsten Tagen zu Kämpfen. Am Richlingskopf zwischen Herrmannsacker und Breitenstein kapituliert eine stärkere deutsche Einheit.[34] Nordöstlich von Neustadt, am Flachsland zwischen der Talsperre Neustadt und der Sägemühle ergibt sich eine Gruppe von zwölf deutschen Soldaten unter Führung des Uffz. Ernst Marius einer patrouillierenden amerikanischen Jeep-Besatzung. In einem Hohlweg eröffnen diese aus ungeklärten Gründen das Feuer mit ihrem aufmontierten MG. Elf Soldaten sterben im Kugelhagel, nur einem gelingt schwer verletzt die Flucht. Als er, von einer Kugel in der Hüfte getroffen, kriechend die nahe Straße erreicht, wird er von einer vorbeifahrenden amerikanischen Patrouille gefunden. Doch diese leistet Erste Hilfe und bringt ihn in das Feldlazarett Sägemühle, wo er von amerikanischem Sanitätspersonal medizinisch versorgt wird. Es ist der Widersinn des Krieges, in dem Leben und Tod, Hass und Menschlichkeit oft so nahe beieinander liegen.[35]

Das 2./39 marschiert im Rücken des RCT 47 über Schwenda nach Hayn und beginnt den Angriff auf Dankerode. Bei Hilkenschwende treffen die Infanteristen auf Widerstand von Teilen der Div. Sturm. Aufklärer melden acht bis zehn deutsche Panzer, die vor dem Angriff ausweichen. Dann wird Dankerode um 16.00 Uhr ohne Zwischenfälle besetzt. Später werden hinter dem Ort Richtung Königerode vier deutsche Soldaten erschossen aufgefunden.[36] Ein PzKpfw V wird an diesem Tage durch das 746th Tk Bn der Division als zerstört gemeldet. Das 3./39 nimmt gegen leichten Widerstand bis 15.00 Uhr (B) Breitenbach, Rotha und Horla.

Das RCT 60 unter Führung von Col. John G. Van Houten beginnt um 05.00 Uhr (B) mit der unterstellten Co. B, 746th Tk Bn und Co. B, 899th Tk Bn mit dem Marsch. Die Co. C, 15th Engr C Bn, Co. C, 9th Med Bn, Teile der Svc Co., der HQ Co. der Cn Co. und AT Co. folgen um 08.45 Uhr (B). Um 18.50 Uhr (B) haben alle, außer dem 3./60, das noch auf Transportraum wartet, den Sammelraum Herrmannsacker – Buchholz – Rödishain erreicht. Der Div.CP der 9th US InfDiv in Uftrungen verzeichnet an diesem Tag 889 Gefangene und 17 eigene Gefallene.

Bei den deutschen Truppen stehen Kräfte des Stellv. VI. AK an der Straße nach Torfhaus im Kampf. Amerikanische Aufklärung fühlt gegen den Nordhang des Brockens vor. Der Korpsgefechtsstand verbleibt in Schierke.[37] Das LXVI. AK wird auf der ganzen Breite von Osten und Nordosten zurückgedrängt. Den ganzen Tag über liegt die Harz-Höhenstraße, die von SS-Kampfgruppen gehalten wird, unter amerikanischem Artilleriebeschuss.[38]

Der Korpsgefechtsstand des LXVI. AK befindet sich in Elend, der Stab der SS-Pz.Brig. im Forsthaus Sonnenberg und der Stab der 326. VolksGrenDiv im Forsthaus Schluft. Mit Befehl des AOK 11 erfolgt die Abgabe der 26. VolksGrenDiv mit dem Stab westlich Braunlage an das Stellv. VI. AK zur Brockenverteidigung. Die neuen Abschnittsgrenzen verlaufen rechts ausschließlich des Brockens bis ausschließlich Wernigerode und links ausschließlich St. Andreasberg bis Blankenburg.[39]

Durch das Vorrücken der Amerikaner auf St. Andreasberg spitzt sich die Lage im Abschnitt des Stellv. IX. AK zu. Die Reste der 5. FschJgDiv bei Bad Lauterberg ziehen sich bis westlich Braunlage zurück.[40] Der Abschnitt der K.Gr. Worgitzki bei Hohegeiß und Benneckenstein liegt den ganzen Tag unter amerikanischem Artilleriebeschuss.[41] Bei der K.Gr. Großkreutz hält die Rgt.Gr. Groß unterstützt durch die Flak-K.Gr. „Wacker“ bei Netzkater das Ilfelder Tal gegen alle amerikanischen Angriffe.[42] Der Korpsgefechtsstand bleibt in der Johanniter Heilstätte.[43]

Der Einbruch der amerikanischen Truppen von Süden her in den Ostharz Richtung Harzgerode – Ballenstedt und der gleichzeitige Vorstoß Richtung Stiege – Güntersberge zwingt Gen. Hitzfeld auf seinem Korpsgefechtsstand in Friedrichsbrunn die letzten Kräfte das LXVII. AK umzugruppieren und die Verteidigung nach Osten zu drehen. Auf Grund dieser Lageentwicklung befiehlt das AOK 11 dem Korps, die Befehlsführung über den Ostabschnitt der Harzfront zu übernehmen und unterstellt dem Korps die InfDiv. „Potsdam“.[44] Die Div. Sturm versucht mit schwachen Kräften ihre rechte Flanke entlang der Harzgeroder Straße über Neudorf, Wolfsberg, Dietersdorf bis Roßla zu sichern, muss aber bei Hayn vor dem Angriff der Amerikaner bis hinter Dankerode ausweichen. Ihr Divisionsstab geht in das Gut Horbeck nahe Königerode. [45]

Gerüchte machen in der Bevölkerung und unter den Soldaten die Runde, dass am 20. April, am „Führergeburtstag“ eine „große Entscheidung“ fallen soll. *„Ob Waffenstillstand oder Einsatz von Geheimwaffen weiß niemand...“*. Deshalb will kein Soldat vor dem 20. April in Feindeshand fallen.[46]

Kriegstagebuch des OKW/WFSt vom 15. April 1945: *Bei der H.Gr. B erhebliche Verschärfung der Lage... Ebenso verschärft sich die Lage bei der 11. Armee im Harz, der von Westen und Süden angegriffen wurde. Bei Stolberg Kämpfe. Angriff bei Blankenburg* *nach Süden. Jedoch festigt sich dort die Lage. Es besteht keine Verbindung mehr nach Osten....*

Geheime Tagesberichte der Wehrmachtsführung vom 15. April 1945:
AOK 11: *Starker Feinddruck von Nordwesten und Westen richtete sich gegen das Brockengebiet. Im Vorstoß aus dem Raum Altenau nach Südosten drang der Gegner bis hart südwestlich St. Andreasberg vor. Aus Breitenstein erreichte er Siptenfelde und Harzgerode. Der Vorstoß aus dem Raum Wernigerode nach Osten wurde 4 km nordwestlich Blankenburg abgewiesen.*

Am **Sonntag,** dem **15. April 1945**, setzt beim XIX. US Corps der 9th US Army das RCT 330 der 83rd US InfDiv die Säuberung des Harzes fort. Um 11.00 Uhr (B) trifft die Co. A und C, 1./330 nördlich von Torfhaus auf die Co. E, 2./26 der 1st US InfDiv des VII. US Corps der 1st US Army. Patrouillen des 2./330 stellen in der Nähe des Abzweigs der Straße Oker – Altenau nach Schulenberg um 13.40 Uhr (B) den Kontakt zum RCT 26 her. Dann schwenken das 1./330 und 2./330 nach Osten und erreichen bis zum Abend Positionen beiderseits der Eckertalsperre. Das 3./330 hält seine Stellungen bei Ilsenburg und blockiert die Nordausgänge aus dem Harz. Damit zieht sich der Gürtel um die deutschen Truppen südlich von Goslar - Bad Harzburg – Ilsenburg immer enger zusammen. Die TF Roseborough, CCB 8th US AD, entsendet von Derenburg und Benzingerode aus starke Patrouillen und hält den Kontakt zum 3./330. Dabei kommt es an mehreren Stellen zu Feindkontakten.

Das RCT 413 der 104th US InfDiv setzt am Vormittag den Auftrag zum Blockieren der Harzausgänge fort und sichert die Straßensperren am südlichen Harzrand. Die unterstellte Co. A, 87th Cml Mort Bn nimmt eingegrabene deutsche Infanterie im Bereich südlich des Christianenhauses, östlich von Netzkater, unter Beschuss. Ab dem Nachmittag beginnt die Ablösung des RCT 413 durch die 4th CavGp. Die unterstellte Co. B und die Rcn Co. 817th TD Bn verlassen Tettenborn und folgen den Hauptkräften der Division. Nur das 2./413, das der eintreffenden 9th US InfDiv unterstellt wird, verbleibt vorerst im Harz, um die Ausbruchsversuche deutscher Gruppen abzuwehren und rückt Richtung Bahnhof Eisfelder Talmühle der Harzer Schmalspurbahn vor. Noch in der Nacht erhält auch das 2./413 den Befehl, am nächsten Tag zur Division zurückzukehren.

Die 1st US InfDiv setzt den Vormarsch fort und erhält den Auftrag, den Kontakt zur 9th US InfDiv in Hasselfelde herzustellen und Elbingerode und Blankenburg zu nehmen. Die 4th CavRcnSq wird aus der Unterstellung unter das RCT 26 herausgelöst und fährt nach Südosten, um das RCT 413 in Bad Lauterberg und Ellrich abzulösen. Um 18.30 Uhr (B) ist die Ablösung abgeschlossen und der Tp. B steht in Bad Sachsa, der Tp. C in Bad Lauterberg und der Tp. A in Walkenried.

Die TF McDonald, 24th CavRcnSq und das 3./16, setzen noch in der Nacht zum Ärger der Infanteristen den Angriff auf den Luftkurort Benneckenstein fort. Die

Infanteristen der Co. I und K, 3./16 hatten bis gegen 23.00 Uhr (B) Hohegeiß gesäubert und 100 Gefangene gemacht. Dann hatten sie auf eine Pause und warme Verpflegung gehofft, nachdem die meisten von ihnen seit 36 Stunden nichts Warmes mehr erhalten hatten. Aber der CG VII. US Corps hatte befohlen, erst dann warme Verpflegung auszugeben, wenn der taktisch wichtige Ort im Tal der Rappbode genommen ist. Doch obwohl unter diesen Umständen die Masse der Soldaten bereit ist, sofort weiter zu marschieren, kommt es dennoch zu einer Verzögerung. Grund ist fehlende Munition, die jetzt erst herangebracht werden muss. In der Chronik des Regiments heißt es später lakonisch: *„Es wäre einfach gewesen, in der Zwischenzeit die Verpflegung vorzubringen, aber das war ausdrücklich verboten."*[47]

So beginnt der Angriff erst um 04.00 Uhr (B), nachdem sich die Co. L, 3./16 westlich von Benneckenstein mit der nachfolgenden Co. K vereinigt hat. Um 05.50 Uhr (B) geraten die Infanteristen der Co. L beim Vorrücken unter Beschuss der eigenen Artillerie, der zum Glück keine Opfer fordert. Kurz darauf, um 06.05 Uhr (B), dringen die Co. K und L in Benneckenstein ein. Um 06.30 Uhr (B) erreicht auch der Tp. B, 24th CavRcnSq mit dem 2nd Plat. Co. B. 634th TD Bn von Jägerfleck kommend Benneckenstein, nachdem sie im Bereich des Waldschlösschens, südlich des Ortes, ein 8,8cm Geschütz niedergekämpft und 18 Deutsche getötet haben. Als die Angriffsspitze von Süden in den Ort eindringt, kommt es in der Nordhäuser Straße zu einem kurzen Feuergefecht zwischen einem amerikanischen und deutschen Spähpanzer, dann wird der Ort besetzt.[48] Im Ort kommt den Amerikanern der Leiter des Lungensanatoriums, Dr. Noack entgegen, der Benneckenstein übergibt.[49] Um 07.30 Uhr (B) haben auch die Hauptkräfte des Tp. B den Ort erreicht. Sie errichten mit dem 2nd Plat. Co. K, 3./16 am Ostausgang eine Straßensperre. Bis Mittag ist der Ort vollständig gesäubert. Die Co. K und L machen insgesamt 60 Gefangene von Heer, Marine und Luftwaffe, unter ihnen ein Oberstleutnant, sieben Majore, vier Hauptleute und ein Leutnant. Als um 10.30 Uhr (B) der Bn.CP des 3./16 Benneckenstein erreicht, wird Obstlt. Havermann, der mit seinem Adjutanten und seinem Ordonanzoffizier im Ort gefangengenommen wurde, befragt. Dabei gibt er an, dass er den Auftrag hatte Ellrich, Sülzhayn und Benneckenstein zu verteidigen. Er hatte hierfür zwei Bataillone mit je 500 Mann zur Verfügung, die jedoch große Verluste erlitten. In der letzten Nacht waren davon nur noch diese 60 Mann übrig. Außerdem berichtet er, dass Braunlage wegen seiner Lazarette zur offenen Stadt erklärt wurde und dass sich bis gestern der Gefechtsstand für dieses Gebiet in Hohegeiß befand. Er hatte jedoch den Kontakt verloren und wüsste nicht, wo der Stab jetzt sei. Er und seine zwei Offiziere werden nach der Befragung mit Sanitätsfahrzeugen abtransportiert.[50] Um 16.30 Uhr (B) trifft auch die Co. I, 3./16 ein, die den Raum Hohegeiß gesäubert und 107 Kriegsgefangene gemacht hat. Gegen 17.00 Uhr (B) sendet die Co. L Patrouillen in Richtung Tanne, von wo 300 deutsche Soldaten gemeldet wurden. Inzwischen erhält das Bataillon den Auftrag, die Hauptfluchtstraße der deutschen Truppen, die R 4 nach Braunlage, westlich von Sorge zu durchtrennen. Hierfür werden der Co. L der AT Plat. und leichte Panzer, der Co. I Sherman-Panzer und ein Plat. leichter Panzer und der Co. K die AT Co. des 16th InfRgt unterstellt. Der Angriff soll um 21.00 Uhr (B) entlang der Straße Benneckenstein – Sorge beginnen, falls Patrouillen den Weg nach Sorge feindfrei melden.

Um 17.23 Uhr (B) fühlt die erste Patrouille der Co. L nach Nordwesten vor und melden die Straße passierbar, während zwei Straßen rechts davon von Sperren blockiert sind. Südlich von Tanne haben die Patrouillen Feindkontakt und kehren um. Um 19.00 Uhr (B) dringt eine Patrouille der Cavalry bis südöstlich von Sorge vor und feuert auf erkannte deutsche Truppen. Westlich von Sorge vernehmen sie die Abschüsse deutscher Granatwerfer, die auf Benneckenstein schießen. Deutsche Soldaten, die ihre Stellungen nördlich von Sorge verlassen hatten und sich der Patrouille ergeben, berichten von Hitlerjugend, die sich nordwestlich und nördlich von Tanne und nördlich Sorge eingegraben hat. Polnische Zwangsarbeiter teilen einer Patrouille der Cavalry, die die Wälder südwestlich von Sorge aufklärt, mit, dass sich zirka 100 Deutsche im Bereich Johanniter Heilstätten versteckt halten. Um 19.20 Uhr (B) meldet das 759th Light Tk Bn eine Baumsperre an der Straße Hohegeiß – Sorge östlich der Heilstätte und Gewehrfeuer aus den Wäldern. Um 20.50 Uhr (B) melden Kriegsgefangene, dass sich in Sorge *„die Pz.Kp. 1085, die aus 40 Mann und zwei langen, leichten Panthern besteht"*, befinden soll. Gemeint ist die Jagdpz.Kp. 1089 der Pz.Abt. Lambert, die ursprünglich mit dem Jagdpanzer 38 (t) „Hetzer" ausgerüstet war.

Die letzten acht bis zehn Panzerfahrzeuge der Pz.Abt. Lambert waren auf Befehl von Oberst Worgitzki in der Nacht vom 14./15. April unter Führung von Oblt. Peter Dirks aus dem Raum St. Andreasberg nach Braunlage verlegt worden.[51] Ihr Ziel ist Hasselfelde. In Braunlage, wo *„die Verteidiger von einem PzKpfw VI „Königstiger" und ein PzKpfw VI „Tiger" unterstützt werden"*, blieben einige Fahrzeuge zurück, die von den Besatzungen selbst zerstört wurden. Dann war die Kolonne am Vormittag des 15. April weiter nach Elend gerollt, wo Dirks auf Obstlt. Bremm trifft, der auf einer Kreuzung mitten im Ort unter Beschuss amerikanischer Artillerie Versprengte einsammelt. Sein Versuch, die Panzer in seine K.Gr. einzugliedern, wird von Dirks mit dem Hinweis auf den Befehl Worgitzkis zurückgewiesen. Gegen 12.00 Uhr erreicht Dirks die Försterei Wietfeld zwischen Elend und Sorge, wo sich ein bunter Haufen von Soldaten versammelt hat, zu denen auch Angehörige der K.Gr. Bremm gehören.[52] Hier meldet er sich bei Worgitzki und Lambert, die sich gerade auf die Abfahrt vorbereiten.[53] Doch für Dirks und die verbliebene Panzergruppe geht es erst einmal nicht weiter, denn vor Sorge stehen bereits die amerikanischen Truppen. So nutzen die Panzermänner die Gelegenheit und führen mit Hilfe eines Instandsetzungszuges, der in der Nähe der Försterei im ehemaligen Lager des Reichsarbeitsdienstes untergezogen ist, Reparaturarbeiten durch.[54]

Um welche Typen von Panzerfahrzeugen es sich wirklich handelte, die sich letztendlich in Wietfeld versammelten, ist unklar, da zu diesem Zeitpunkt die Reste der K.Gr. Graf v. Brühl der 116. PzDiv, die K.Gr. Fallois der 9. PzDiv mit Teilen des Pz.Lehr.Rgt. 130, die H.U.S. der Pz.Tr. Eisenach der 326. VolksGrenDiv und die Pz.Abt. Lambert der K.Gr. Worgitzki im Raum Elend – Sorge – Tanne zusammentreffen und sich sowohl Besatzungen als auch die Fahrzeuge vermischen. Der Großteil der amerikanischen und deutschen Berichte spricht lediglich von Selbstfahrlafetten oder Sturmgeschützen, was auf den Jagdpanzer 38 (t) „Hetzer" und das StGesch III und IV Kurz- oder Langrohrversion hindeutet.

Um 20.51 Uhr (B) erhält das 3./16 den Befehl zum Angriff auf Sorge. Schon kurz darauf treffen die Infanteristen auf die ersten Straßensperren, die nicht verteidigt sind, aber die unterstützenden Panzer aufhalten. Um 21.55 Uhr (B) erreicht die Co. L, ohne auf Widerstand zu treffen, von Südosten über die Benneckensteiner Straße den Ort Sorge. Kurz vor dem Ortseingang kommt es um 22.30 Uhr (B) zu einem Feuergefecht mit einem deutschen StGesch IV, welches die Kolonne unter Beschuss nimmt. Die Infanterie stoppt und fordert Artilleriefeuer auf Sorge an. Kurz vor Mitternacht wird der Artilleriebeschuss eingestellt und die Co. L dringt in den Ort ein. Bazooka-Trupps gelingt es, das Sturmgeschütz abzuschießen, als es versucht, vor dem Angriff in Richtung Tanne auszuweichen. Getroffen brennt es unweit des Bodewehrs gegenüber der Bodemühle, auf der Straße Sorge – Tanne, aus.[55] Deutsche Kriegsgefangene geben nach ihrer Gefangennahme an, dass der Raum Sorge von einer deutschen Einheit unter Maj. Lambert in Stärke von 200 Mann verteidigt wurde. Zum Zeitpunkt des amerikanischen Angriffs wären jedoch nur noch 20 von ihnen im Ort gewesen. Die Masse hätte sich Richtung Braunlage abgesetzt, da Elend Lazarettstadt sei. Sie wären nur in Sorge geblieben, da Angehörige einer SS-Einheit, die in Bataillonsstärke mit Sturmgeschützen in Tanne steht, ihnen mit Erschießung gedroht hätten, falls sie sich ergeben oder ihre Stellungen verlassen.[56] Noch während die amerikanischen Infanteristen den Ort säubern, rollen die letzten fünf Sturmgeschütze der Pz.Abt. Lambert von Wietfeld kommend im Dunkel der Nacht nördlich an Sorge vorbei Richtung Tanne.[57]

Der Tp. C, 24th CavRcnSq betreibt an diesem Tag eine Straßensperre zwischen Gudersleben und Woffleben. Der Tp. A, 24th CavRcnSq, der bereits seit dem 13. April in Ilfeld steht, löst die Co. A, 1./413 um 18.00 Uhr (B) in Ilfeld ab, patrouilliert entlang der Marschstraßen und sichert nach Norden ins Ilfelder Tal, wo sich im Hotel Netzkater noch immer der Gefechtstand der Rgt.Gr. Groß befindet. Maj. Groß ist nachwievor gewillt, das Tal mit Unterstützung der Flak-K.Gr. „Wacker" zu sichern. Auch er sendet an diesem Tag Aufklärungstrupps aus, um die Stellungen der Amerikaner zu erkunden. Dabei kommt es an verschiedenen Stellen zu Feindkontakten. *„Der 16 Jahre alte Willi Holzapfel aus Krimderode wird dabei im Seelental in der Nähe der Bahnstraße erschossen."*[58]

Das RCT 16 säubert ohne sein 3./16 bis zum frühen Nachmittag St. Andreasberg, wo es insbesondere im Bereich der Unteren Grundstraße zu heftigen Straßenkämpfen kommt. In der Nähe der Stadt fallen den Infanteristen Teile des Trosses der 26. VolksGrenDiv in die Hände. Auch auf das Wrack eines, mit Kettenschaden liegengebliebenen, Jagdpanzers VI „Jagdtiger" der s.Pz.Abt. 512, der während der Kämpfe ein Opfer der Jagdbomber wurde, stoßen die Infanteristen.[59] Das Fahrzeug war auf Grund fehlender Sprengmittel unzerstört aufgegeben worden.[60]

Nach der Säuberung von St. Andreasberg setzt das RCT 16 den Angriff mit dem 2./16 nach Osten und dem 1./16 nach Süden fort. Dabei wird es von den Werfern der Co. C, 87th Cml Mort Bn unterstützt, die am Abend Stellungen in St. Andreasberg beziehen. Das 1./16, das eine Reservestellung in St. Andreasberg bezieht, sendet die Co. C mit dem 1st Plat. Co. A, 745th Tk Bn um 13.00 Uhr (B) entlang der Bahnstrecke St. Andreasberg - Bad Lauterberg nach Süden, wo nördlich von Bad Lauterberg der Kontakt zum RCT 413 hergestellt wird. Nachdem die Werfer der Co. C, 87th Cml Mort Bn deutsche Truppen mit Halbkettenfahrzeugen bei Oderhaus unter Beschuss genommen haben, erreicht das 2./16 unter Führung von Lt.Col. Walter H. Grant langsam über die Straßenkreuzung bei Oderhaus vorgehend gegen 16.00 Uhr (B) die R 27 nach Braunlage und durchkämmt das Waldgelände südwestlich der Stadt. Über Braunlage treffen inzwischen Meldungen auf dem CP des RCT 16 ein, die besagen, dass sich dorthin Angehörige des Fsch.Jg.Rgt. 15 von Bad Lauterberg aus zurückgezogen haben, die zur 326. VolksGrenDiv gehören. Außerdem wurden 15cm Geschütze gesehen, die von Oderhaus nach Braunlage gebracht wurden. Sammelpunkt dieser deutschen Truppen soll Tanne sein.[61] Der 3rd Plat. Co. A, 745th Tk Bn fährt um 13.00 Uhr (B) ohne direkte Unterstellung unter eines der Bataillone des RCT 16 von Sieber über Herzberg, Osterhagen, Ellrich nach Benneckenstein zum Bn.CP des 3./16.

Dass RCT 18 säubert weiter ohne das 1./18 seinen Abschnitt. Um 08.00 Uhr (B) trifft die Co. E, 2./18 im Bereich „Auf dem Acker" auf Widerstand von zirka 100 deutschen Soldaten, die von drei Panzern unterstützt werden und zerstört die Panzer. Die Co. I, 3./18 erreicht die Höhe an der Harzziegelhütte nördlich von Lerbach Richtung Buntenbock. Um 15.00 Uhr (B) beginnt das 3./18 unter Zurücklassung von Sicherungen mit dem Marsch in den neuen Versammlungsraum bei Sieber. Die Co. K fährt aus dem Raum Riefensbeek-Kamschlacken mit den Panzern des 3rd Plat. Co. B, 745th Tk Bn durch Osterode, Herzberg und Sieber in die Wälder westlich von St. Andreasberg und errichtet Straßensperren. Um 17.15 Uhr (B) beginnt das Bataillon mit dem Angriff zur Zerschlagung der deutschen Truppen im Kessel zwischen der Straße Osterode – Dammhaus im Westen, der Harz-Hochstraße zwischen Dammhaus und Sonnenberg im Norden, der Straße Sonnenberg – St. Andreasberg im Osten und „Auf dem Acker" im Süden.

Eine Baumsperre blockiert eine Vormarschstraße im Harz und wird von den Panzerjägern und Infanteristen umgangen
Fotos: National Archives, Licence CriticalPast 65675041531-65675041533

Beim RCT 26 setzt das 1./26 um 06.00 Uhr (B) den Angriff fort. Der Co. A gelingt es mit Unterstützung der Panzer des 1st Plat. Co. C, 745th Tk Bn im Tagesverlauf den Widerstand bei Stieglitzecke und am Hammerstein weitestgehend zu brechen. Dabei wird ein Sherman-Panzer durch einen deutschen Panzer zerstört. Die Sicherungen des SS-Rgt. Holzer bei Stieglitzecke ziehen sich in den Oberharz zurück. Die anderen Kompanien des 1./26 säubern im Tagesverlauf das Bruchberg-Gebiet südlich von Altenau.

Das 2./26 setzt um 08.00 Uhr (B) mit der Co. E, 2./26 den Angriff vom Vortag fort und nimmt die Siedlung Torfhaus bis 09.00 Uhr (B) gegen den Widerstand einer K.Gr. des Lw.Btl. Oesau und Gruppen von Waffen-SS, die von einigen Panzern und Selbstfahrlafetten unterstützt werden. Zwei deutsche Selbstfahrlafetten nehmen aus Feuerpositionen nördlich von Torfhaus die amerikanischen Truppen unter Beschuss. Erst als die nachrückenden Co. F mit den Panzerjägern des 2nd Plat. Co. A, 634th TD Bn nördlich von Torfhaus eintrifft und die Co. G mit den Panzern des 2nd Plat. Co. C, 745th Tk Bn die Einmündung der Straße von Altenau in die R 4 erreicht, wird der Widerstand zerschlagen. Eine der deutschen Selbstfahrlafetten wird durch Artilleriebeschuss und eine durch das Feuer der Panzer zerstört. Die übrigen deutschen Truppen ziehen sich nach Süden zurück.

Beim weiteren Vorgehen nach Süden auf Oderbrück trifft die Co. G im Bereich Schwarze Tannen erneut auf schweren Widerstand. Hier stellt sich die deutsche Kampfgruppe mit den verbliebenen Panzern und Jagdpanzern erneut den amerikanischen Truppen. In Anbetracht des starken Widerstandes zieht sich die Co. G zurück. In der Zwischenzeit hat die Co. F den Bereich nördlich von Torfhaus genommen und um 11.00 Uhr (B) unterhalb des Radauberges an der R 4 den Kontakt zur 83rd US InfDiv hergestellt. Jetzt greift die Co. F mit den Panzerjägern 2nd Plat. Co. A, 634th TD Bn nach Süden an und die Co. E und G rücken nach Osten vor. Dabei gelingt es den Panzerjägern an der R 4 zwei deutsche Panzer abzuschießen. Als sie sich dem Straßenabzweig nach Osten bei Schwarze Tannen nähern, eröffnen zwei 2cm Flak und drei 8,8cm Flak das Feuer und zerstören einen M-10 Panzerjäger. Dabei werden vier Mann getötet. Dann wird der Abzweig durch die Co. F gesichert. Am Abend hält die Co. F den Bereich des Abzweiges, die Co. G steht südöstlich des Brockens im Bereich der Heinrichshöhe und die Co. E nordöstlich des Brockens an der Hermannsklippe. Bei den Kämpfen im Raum Torfhaus werden nach Angaben der 1st US InfDiv insgesamt ein PzKpfw III, zwei PzKpfw IV, ein PzKpfw V, drei Selbstfahrlafetten, eine 2cm Flak und ein Halbkettenfahrzeug zerstört oder erbeutet. Insgesamt 207 Deutsche werden gefangengenommen und 100 getötet. Der 2nd Plat. Co. C, 745th Tk Bn meldet im Gegensatz hierzu die Zerstörung eines PzKpfw IV, eines PzKpfw V und eines PzKpfw VI sowie von zwei Selbstfahrlafetten und die Gefangennahme von 196 Mann.[62] Die meisten gefallenen Deutschen finden später ihre Ruhe auf dem Soldatenfriedhof Oderbrück.[63] Das 3./26 sichert mit dem 3rd Plat. Co. C, 745th Tk Bn weiterhin Clausthal-Zellerfeld.

Bei der 9th US InfDiv besetzt das 3./39 bis 13.10 Uhr (B) Hainrode und Morungen. Das 2./39 besetzt von Dankerode aus Wippra und Friesdorf. Das 1./39, das die linke Flanke der Division gesäubert hat, folgt ab 08.00 Uhr (B) in der Reserve dem 2./39. Das 3./39 erhält nach der Einnahme von Morungen den Befehl, in den Raum Gerbstedt zu verlegen und dort die Orte Sandersleben, Belleben und Alsleben zu besetzen. Neuer Auftrag der Division ist es, eine Sicherungslinie von Alsleben über Hettstedt, Siebigerode bis Obersdorf einzunehmen und so die Harzausgänge nach Osten abzuriegeln. Von der Linie Sandersleben – Belleben – Alsleben aus soll dann das RCT 39 auf Befehl des Corps den Angriff zur Einnahme von Aschersleben führen. Zur Durchführung des Sicherungsauftrages nördlich und nordwestlich von Eisleben wird das 2./413 dem RCT 39 unterstellt. Hierzu betreibt das Bataillon 15 Straßensperren auf einer Linie von der Kreuzung südwestlich von Annarode entlang der R 86 bis nördlich von Hettstedt. Das RCT 39 steht am Abend mit der Co. E, 2./39 östlich Hermerode, der Co. A, 1./39 in Poppenrode, der Co. G, 2./39 und Teilen der Co. E in Wippra und den anderen Teilen des 1. und 2./39 in Dankerode und südlich von Neudorf.

Das RCT 47 beginnt um 08.00 Uhr (B) mit dem Angriff auf Harzgerode. Das 2./47, das am Vortag zwischen Güntersberge und Siptenfelde aufgehalten wurde, schwenkt nach Süden auf Straßberg. Von dort rückt es mit Unterstützung der Co. A, 746th Tk Bn gegen vereinzelten Widerstand nach Silberhütte vor und sichert den Ort bis 15.00 Uhr (B). Dann geht es unter Umgehung des Selketals nach Harzgerode. Zwei Kilometer westlich von Neudorf trifft Infanterie in Begleitung von drei Panzern auf die

Sicherungen der Div. Sturm. Denen gelingt es mit Hilfe des in der Nähe befindlichen 17cm-Geschützes, das nur über 30 Schuss verfügt, denn Angriff abzuwehren. Erst zum Abend erreichen amerikanische Panzer die Westecke von Neudorf. [64] Während des Gefecht bei Neudorf andauert, dringen die Hauptkräfte des Bataillons von Südwesten in Harzgerode ein, das unter starkem Artilleriebeschuss liegt. Durch den Artilleriebeschuss sind Brände im Ort ausgebrochen. Fünf Häuser stehen in Flammen, es gibt Tote und Verletzte. 18 Personen verlieren ihr Leben.[65] Bis 18.45 Uhr (B) wird die Stadt besetzt. In der Zwischenzeit nimmt das 1./47 von Straßberg aus Siptenfelde und erreicht auf der R 242 gegen starken Widerstand die Brücke über die Selke westlich von Harzgerode. Aufklärungstrupps fühlen nach Alexisbad und Mägdesprung vor, wo es zu vereinzelten Gefechten kommt und sie zum Rückzug gezwungen werden.[66] Vor Harzgerode müssen deutsche Flakgeschütze niedergekämpft werden, die zur Panzerabwehr eingesetzt werden. Erst um 22.30 Uhr (B) trifft das Bataillon in Harzgerode ein.

Bei Neudorf greifen gegen Mitternacht herangeführte, schwache Verstärkungen der Div. Sturm einen Sicherungsposten der Amerikaner an und zerstören einen Sherman-Panzer der Co. A, 746th Tk Bn durch Panzerfausttreffer. Der Turm-MG-Schütze wird getötet und drei Mann der Besatzung verwundet.[67] Ein zweiter Panzer soll nach deutschen Angaben beschädigt worden sein.[68]

Beim RCT 60 erreicht als letztes Bataillon das 3./60 von Uslar kommend um 12.30 Uhr (B) den Raum Nordhausen. Ohne sich weiter aufzuhalten, beginnt das RCT 60 um 14.30 Uhr (B) aus dem Versammlungsraum bei Herrmannsacker mit dem 3./60 den Vormarsch über Breitenstein nach Nordwesten auf Hasselfelde. Das 3./60 erreicht mit der Co. L um 18.30 Uhr (B) auf halber Strecke zum Ziel Stiege. Im Zusammenwirken mit der Co. I, die von Süden angreift, wird der Ort gegen leichten Widerstand bis Einbruch der Dunkelheit besetzt. Damit überschreitet das RCT 60 die Operationsgrenze der 9th US InfDiv und steht faktisch im Rücken der, jetzt eingeschlossenen, deutschen Verteidiger bei Tanne – Trautenstein. Das 1. und 2./60 und das 60th FA Bn, die um 16.00 Uhr (B) den Versammlungsraum verlassen, erreichen bis 17.30 Uhr (B) mit dem 2./60 Güntersberge und dem 1./60 Breitenstein. In Breitenstein versammelt sich auch die unterstellte Co. B, 746th Tk Bn. Auf Befehl der Division wird die TF Tincher gebildet, die den Auftrag erhält, die Nordflanke und den Rücken der Division durch Straßensperren und Patrouillen zu sichern. Sie versammelt sich bis 13.00 Uhr (B) in Straßberg. Auf dem Div.CP in Uftrungen werden 808 Kriegsgefangene registriert. Als Trennungslinie zwischen der 9th und 1st US InfDiv wird ab 12.00 Uhr (B) die Linie Leinmühle, südlich Pansfelde – Brücke südlich Stangerode – Bräunrode – Wiederstedt – Sandersleben – Alsleben festgelegt. Das VII. US Corps registriert bei der 1st US InfDiv 71 und bei der 9th US InfDiv 27 Gefallene im Tagesverlauf.

An diesem Tag meldet das AOK 11 die endgültige Einschließung der deutschen Truppen im Harz. Mühsam versucht das AOK 11 mit den nach Nordosten zurückgedrängten Einheiten eine Verteidigungslinie von Braunlage über Tanne – Hasselfelde – Allrode aufzubauen. Beim Stellv. VI. AK drückt der Feind gegen Scharfenstein, fünf Kilometer nordwestlich des Brockengipfels. Torfhaus geht verloren.

Das LXVI. AK zieht sich auf die Linie Westrand Brocken - Pkt. 869 - Westrand Pkt. 926 – Taleinschnitt ostwärts St. Andreasberg zurück.[69] Der Gefechtsstand des SS-Rgt. Holzer verlegt über Braunlage und Elend nach Schierke.[70] Teile der III./SS-Rgt. Holzer weichen nach Königshütte aus.[71] Der Stab der SS-Pz.Brig. erreicht Schierke, das unter amerikanischem Artilleriebeschuss liegt. Niemand auf beiden Seiten scheint es zu interessieren, dass die Stadt voll von Lazaretten ist. Solange die amerikanischen Artilleriebeobachter deutsche Truppen in der Stadt wahrnehmen, geben sie ihre Feuerkommandos an die unzähligen Artilleriebatterien, die mittlerweile im Harz in Feuerstellung gegangen sind, um den letzten Widerstand zu brechen. Der Gefechtsstand des 326. VolksGrenDiv befindet sich nordöstlich von Braunlage.[72] Teile der K.Gr. Graf v. Brühl werden über Braunlage zur Sicherung nach Tanne und Elend verlegt.[73] Maj.d.R. Degenhard erhält den Befehl, dass die Reste der K.Gr. der 116. PzDiv über Ballenstedt – Aschersleben nach Lauenburg östlich der Elbe verlegen sollen, um sich dort bei der PzDiv „Clausewitz" zu melden.[74]

Beim Stellv. IX. AK hält die 5. FschJgDiv die Höhen westlich Braunlage. Im Bereich der K.Gr. Worgitzki rücken die amerikanischen Truppen nach der Besetzung von Hohegeiß und Benneckenstein ohne große Gegenwehr in Richtung Elbingerode – Elend vor.[75] Der Kontakt zur K.Gr. Großkreutz, die nördlich von Ilfeld in den ausgedehnten Wäldern beiderseits des Behretals praktisch eingeschlossen ist, geht verloren. Nahe Sorge gerät Obstlt. Großkreutz in amerikanische Kriegsgefangenschaft. Der Korpsgefechtsstand geht nach Rothehütte, südwestlich Elbingerode.[76]

Oberst Lorenz, dessen InfDiv „Potsdam" jetzt dem LXVII. AK unterstellt ist, befiehlt auf dem Divisionsgefechtsstand in Treseburg Oberst Grassau, mit dem Gren.Rgt. „Potsdam 2" Stellungen nördlich Hasselfelde und Allrode zu beziehen, um die Waldeingänge zu sperren. Grassau setzt hierfür drei Kompanien bei Hasselfelde und eine Kompanie bei Allrode ein. Bei Altenbrak geht eine Batterie des Art.Rgt. „Potsdam" in Stellung. Bei Allrode verstärken leichte Gebirgsgeschütze die Verteidigung. Grassau richtet seinen Gefechtsstand auf der Baustelle des Rappbode-Staudamms ein. Ein Spähtrupp, der von Allrode aus Richtung Güntersberge entsandt wird, gerät nördlich des Ortes in Gefangenschaft.[77]

Der Stab des AOK verlegt in ein Kalksteinwerk südwestlich Rübeland. Die Korps werden informiert, dass mit der Einschließung kein Munitionsnachschub mehr erfolgen kann. Auch der letzte Rest von geordnetem Widerstand endet. Oberst Estor beschreibt die Lage so: *„Von zusammenhängenden, planmäßigen Kampfhandlungen* *kann nicht mehr gesprochen werden. Die, bis auf kleine Reste zusammengeschmolzenen, kämpfenden Teile der Korps sind in kleine und kleinste Kampfgruppen aufgesplittert, die mit unterschiedlichem Widerstandswillen und Erfolg an einzelnen Stellen das Vordringen des weit überlegenen Gegners Einhalt zu bieten versuchen.“*[78]

Geheime Tagesberichte der Wehrmachtsführung vom 16. April 1945:
AOK 11: *Der Feind setzte seine Angriffe an den bisherigen Schwerpunkten fort. Südlich Wernigerode wurde ein feindlicher Einbruch abgeriegelt. Von Westen griffen feindliche. Kräfte zunächst ohne Erfolg Braunlage an; die Kämpfe sind noch im Gange. Östlich Benneckenstein stießen feindliche Kräfte in den Rücken einer südlich Trautenstein stehenden eigenen Kampfgruppe, die weitestgehend zersprengt wurde. Hasselfelde und Stiege feindbesetzt.*

Am **Montag,** dem **16. April 1945**, setzt im Abschnitt des XIX. US Corps das 1. und 2./330, 83rd US InfDiv um 06.30 Uhr (B) den Angriff durch den Nordharz nach Osten fort. Um 12.00 Uhr (B) trifft der Befehl ein, ein Bataillon an das RCT 329 abzugeben. Da es unmöglich ist, das 2./330 an der rechten Flanke abzuziehen, ohne diese offenzulegen, erhält das 2./330 den Befehl, den nördlich angrenzenden Abschnitt des 1./330 zu übernehmen. Das 1./330 wird herausgezogen und versammelt sich um 16.45 Uhr (B) in der Umgebung von Ilsenburg. Dort wird es mit einem Plat. Co. B, 736th Tk Bn und der Co. B, 308th Engr C Bn verstärkt. In der Zwischenzeit rückt das 2./330 gegen Widerstand weiter vor, wobei es kleinen Gruppen deutscher Soldaten immer wieder gelingt, durch die ausgedünnten Linien hindurch zu sickern. Das 3./330 hält die Sicherungsstellungen an den Nordausgängen des Harzes. Der Regtl.CP geht nach Ilsenburg.

Die TF Roseborough, CCB 8th US AD setzt die Patrouillentätigkeit fort und hat erneut Kontakt mit deutschen Truppen in Westerhausen. Zwischen Wernigerode und Benzingerode wird Kontakt zum 3./330 hergestellt.

An der Westflanke des VII. US Corps gewinnt die 1st und 9th US InfDiv bei sonnigem Frühlingswetter im Harz an Boden. An der Südflanke der 1st US InfDiv greifen Teile der 24th CavRcnSq aus dem Raum Benneckenstein und Jägerfleck nach Osten und Südosten an. Über Sophienhof erreichen Teile gegen Mittag die Bahnstation Eisfelder Talmühle, ohne auf Widerstand zu treffen. Im Tagesverlauf stellen sie den Kontakt zum 9th Rcn Tp der 9th US InfDiv her. Erst einen Tag später fordert auch hier der Krieg seine Opfer. Am frühen Morgen des 17. April, gegen 05.00 Uhr, nähert sich durch das Beretal Richtung Netzkater ein deutscher Kübelwagen mit der Roten-Kreuz-Fahne nichtsahnend dem amerikanischen Kontrollposten an der Ecke Beretal/Schumannstal. Auf die Rufe der Posten reagieren die Männer im Kübelwagen nicht und die Dunkelheit lässt die Posten nicht die Rot-Kreuz-Fahne erkennen. So geschieht, was in einem solchen Fall immer geschieht, die Posten eröffnen das Feuer. In dem Fahrzeug wird der Stabsarzt d.R. Rolf Schellmann und der Lt.d.R.

Fritz Werner Tengelmann getötet. Sie finden ihre Ruhe auf dem kleinen Friedhof von Sophienhof.[79]

Die 24th CavRcnSq hält am Abend Positionen in Ilfeld, im Nonnenforst nördlich von Netzkater, bei Sophienhof und östlich von Benneckenstein. Die 4th CavRcnSq blockiert während des Tages weiter die Harzausgänge nach Süden bei Bad Lauterberg und Ellrich. Der Tp. C wird um 17.00 Uhr (B) von der Rcn Co. 634th TD Bn abgelöst. Er steht am Abend nördlich von Bad Lauterberg, in und um Bad Sachsa und in Walkenried.

Das RCT 16 setzt in seinem Abschnitt den Angriff mit dem 2./16, verstärkt durch den 3rd Plat. Co. C, 634th TD Bn, aus dem Raum Oderhaus auf Braunlage fort. Dabei erhält es durch die, bei Oderhaus stehende, Co. C. 87th Cml Mort Bn Unterstützung. Auch das 3./16 setzt am frühen Morgen nach seiner Rückunterstellung von der 4th CavGp mit dem 2nd Plat. Co. C, 634th TD Bn den Angriff fort. Die Co. L säubert die Umgebung von Sorge. Im Bereich der Steinbrüche, an der R 242 westlich von Sorge, kommt es zu Kämpfen mit versprengten deutschen Soldaten, die die amerikanischen Truppen unter Beschuss nehmen. Daraufhin belegen diese den Steinbruch mit Artilleriefeuer und stürmen ihn. Später finden Einwohner von Sorge im kleinen Steinbruch *„die Leichen von jungen SS-Soldaten, die auf engstem Raum getötet waren."*[80]

In der Zwischenzeit rücken die Co. I und K weiter nordwärts auf Tanne vor. Dabei werden sie im Abschnitt der Co. I von einer deutschen Selbstfahrlafette beschossen, die sich im Rücken der angreifenden Truppen bewegt. Südlich von Sorge gerät um 05.00 Uhr (B) ein Sanitätsjeep des 16th Med Detachment, der drei Verwundete der Co. I abtransportiert, auf den falschen Weg und fährt direkt vor die Laufrollen einer deutschen Selbstfahrlafette, die von zirka 150 Mann Infanterie begleitet wird. Zum Glück kann diese ihr Rohr nicht weit genug nach unten senken, um das Feuer zu eröffnen. Doch die Infanteristen eröffnen kurz das Feuer. Ein Soldat wird getötet, zwei Sanitäter leicht verwundet. Den Verwundeten gelingt es zu den Stellungen der Co. I fliehen. *„Die Deutschen hörten auf zu schießen, als sie erkannten, dass der Jeep ein Sanitätsfahrzeug war und so konnten alle entkommen. Als sie auf dem Weg zurück waren, hörten sie eine Explosion und dachten, dass es der Jeep war, aber sie stellten später fest, dass die Deutschen ihre Selbstfahrlafette gesprengt hatten."*[81] Erst um 09.45 Uhr (B) wird der Tote durch eine Patrouille des 759th Light Tk Bn aufgenommen und zur Co. L nach Sorge gebracht. Einwohner von Sorge finden nach dem Ende der Kämpfe oberhalb von Sorge, am Brunnenhaus auf dem Forstweg nach Hohegeiß, ein ausgebranntes Sturmgeschütz mit einer Sprengöffnung in der Frontplatte.[82]

Um 11.26 Uhr (B) erreicht die Co. K, 3./16 über den Harten Weg den Ort Tanne.[83] Der Ort, der seit den Ostertagen ständig wechselnde deutsche Einquartierungen hat, zu denen am 10. April auch GFM Rudolf Gerd von Rundstedt gehört, der nach der Eroberung der Brücke von Remagen von seinem Posten als OB West abgelöst worden war, ist zur Verteidigung vorbereitet. Die Straßenbrücke über die Bode nach Benneckenstein und den Straßenkanal am Ortsausgang nach Sorge hatte man bereits am 14. April gesprengt. Lediglich die Bodebrücke im Unterdorf ist aus ungeklärten Gründen noch intakt, obwohl auch sie zur Sprengung vorbereitet ist. Vermutlich hatte man sie als Rückzugsweg für die deutschen Truppen im Raum Trautenstein offengelassen. Die großen Fichten unterhalb der Zinne an der Straße Richtung Sorge sind so gesprengt, dass sie eine Baumsperre bilden. An den wichtigsten Punkten sind Angehörige der K.Gr. Worgitzki des Stellv. IX. AK in Stellung gegangen, nachdem Waffen-SS und Fallschirmjäger, die den Ort zuvor gesichert hatten, abgezogen sind.[84] Verstärkt werden die Verteidiger seit dem Vortag durch zwei Sturmgeschütze, von denen eines unter den Ahornbäumen am Kriegerdenkmal vor der zerstörten Bodebrücke in Feuerposition gefahren ist und entlang der Bodetalstraße sichert. Das zweite ist wahrscheinlich jenes, was der Co. I südlich des Ortes zu schaffen macht.

Jetzt droht dem kleinen Höhenluftkurort Tanne ernste Gefahr. Obwohl der Ort mehrfach Ziel von Tieffliegerangriffen geworden war und seit dem 13. April 1945, 22.30 Uhr unter sporadischem Beschuss amerikanischer Artillerie liegt, hatte es bisher nur geringe Opfer und Schäden gegeben. Mehrfach waren Fahrzeugkolonnen der Wehrmacht und Eisenbahnzüge von Tieffliegern angegriffen worden, ohne dass dabei Personen zu Schaden kamen. Erst nachdem deutsche Pioniere am 12. April 1945 einen Eisenbahnwaggon mit Funkausrüstung auf dem Bahnhof Tanne mit Hilfe von Panzerfäusten zerstört hatten, gab es Tote und Verletzte durch einen Luftangriff. Vier P 51 „Mustang" Jagdbomber, die durch die Sprengung auf zwei Lokomotiven aufmerksam geworden waren, die man ebenfalls auf dem Bahnhof abgestellt hatte, hatten ihre letzten zwei Bomben auf das Bahngelände abgeworfen. Am 14. April 1945 tötete dann eine Artilleriegranate das Rentnerehepaar Hühnerbein aus Düren und richtete Sachschäden an. Am gleichen Tag wurde ein Angehöriger der Waffen-SS durch einen Granatsplitter getötet, als die amerikanische Artillerie einen deutschen PKW Opel auf dem Schierker Weg unter Beschuss nahm.[85]

Als sich die amerikanischen Infanteristen vorsichtig dem Ort nähern, melden ihnen Zivilisten, dass sich drei leichte Jagdpanzer auf der Straße nach Königshütte[86] zurückziehen. Es handelt sich wahrscheinlich um die verbliebenen drei von fünf Sturmgeschützen der Pz.Abt. Lambert der K.Gr. Worgitzki, die am Vortag nördlich an Sorge vorbei nach Tanne gefahren waren und von denen zwei jetzt die Verteidiger von Tanne unterstützen. Kurz darauf bestätigt ein Artillerieaufklärungsflugzeug diese Angaben und Artillerie nimmt die Straße unter Beschuss.

Vorsichtig dringen die Infanteristen der Co. K gegen leichten Widerstand in das Unterdorf ein, wo sich ihnen einige deutsche Soldaten kampflos ergeben. Zwei Kriegsgefangene geben an, dass sie mit 200 Mann zur 116. PzDiv gehörten und von Bielefeld kamen. Sie berichten, dass sich in den Wäldern zwei Geschützbatterien mit je drei Geschützen und 300 Schuss Munition und drei Sturmgeschütze befinden.[87]

Dann erreicht die Co. K um 13.33 Uhr (B) die gesprengte Brücke über die Warme Bode und wartet auf das Eintreffen der unterstützenden Panzer. Währenddessen feuert die amerikanische Artillerie weiter auf das Oberdorf, wo bereits der Gasthof „Zur Tanne“ in Flammen steht. Verzweifelt versuchen hier einige Einwohner das Feuer zu löschen, um ein Übergreifen auf benachbarte Gebäude zu verhindern.[88]

In der Zwischenzeit nähert sich auch die Co. I Tanne und trifft auf Scharfschützenfeuer. Immer wieder werden deutsche Truppen und Panzer nördlich des Ortes gemeldet, die mit Artilleriefeuer belegt werden. Mit Einbruch der Dunkelheit stellen die Infanteristen der Co. K und I die Versuche ein, weiter in Tanne vorzurücken, wo jetzt im Oberdorf mehrere Gebäude lichterloh brennen. Der unterstellte 2nd Plat. Co. C, 634th TD Bn meldet an diesem Tag eine 8,8cm Pak, ein 10,5cm Geschütz, eine 3,7cm Flak und eine 2cm Flak im Raum Tanne als zerstört.

In Sorge beginnt um 21.00 Uhr (B) die Co. L, 3./16 mit Unterstützung des neu unterstellten 3rd Plat. Co. A, 745th Tk Bn den weiteren Vormarsch nach Westen, um gemäß dem Befehl die Straße nach Braunlage abzuschneiden. Langsam rückt sie im Schutz der Dunkelheit vor. Das 1./16 säubert weiter seinen Abschnitt. Die Co. E, F und G, 2./16 stehen im Bereich südlich von Braunlage und die Co. C, B und A, 1./16 östlich von St. Andreasberg, in St. Andreasberg und an der Odertaler Sägemühle. Das 5th FA Bn, das im Raum St. Andreasberg in Stellung gegangen ist, verzeichnet zwei deutsche Granateinschläge im CP der Btry. D, östlich der Stadt. Dabei werden zwei Mann verletzt.

Im nördlichen Divisionsabschnitt rückt das RCT 26 ab 06.00 Uhr (B) mit dem 1./26 entlang der Straße nach Braunlage und dem 3./26 weiter ostwärts auf das Brockengebiet vor. Östlich von Oderteich kommt es in den Wäldern nördlich der Straße zu Kämpfen mit Angehörigen des SS-Rgt. Holzer, die sich in Anbetracht der Überzahl der Angreifer ostwärts nach Schierke zurückziehen.[89] An der Kreuzung der R 242 mit der R 4, südlich der Siedlung Oderbrück, trifft die führende Co. C, 1./26, die vom 1st Plat. Co. C, 745th Tk Bn begleitet wird, gegen 12.00 Uhr (B) auf starken Widerstand und muss zwei deutsche Gegenangriffe von Süden her abwehren. Die Panzer melden die Zerstörung eines deutschen Flakgeschützes. Dann trifft die Co. B an der Kreuzung ein und kurz darauf auch die Co. I und K, 3./26, die vom 3rd Plat. Co. C, 745th Tk Bn unterstützt werden. Amerikanische Artillerie nimmt die deutschen Truppen unter starken Beschuss, die sich nach Braunlage zurückziehen. Während die Co. K, 3./26 die Kreuzung sichert, greift die Co. C, 1./26 und die Co. I, 3./26 die Höhe 926, die Achtermannshöhe, an. Dann erhält die Co. B. 1./26 den Befehl, die Co. I, die unter Führung von Capt. Claude Croft steht, abzulösen, damit das 3./26 den Angriff auf Braunlage fortsetzen kann. In der Umgebung von Oderbrück bergen nach den Kämpfen Einwohner 23 gefallene deutsche Soldaten.[90] Unter ihnen befinden sich ein Offizier und neun namentlich bekannte Soldaten sowie 13 Unbekannte. Sie werden an Ort und Stelle begraben und finden später ihren Ruheplatz auf dem Soldatenfriedhof Oderbrück. Hierher werden auch der Obergefreite Johannes Scherbaum und der Flieger Herbert Eichler umgebettet, die am Forsthaus Brunnenbach fallen.[91] Der 1st Plat. Co. A, 634th TD Bn, der das 1./26 begleitet, zerstört eine 10,5cm Panzerhaubitze. Bei Oderbrück trifft die Co. A, 1./26 ein und bezieht Sicherungsstellungen. Der 3rd Plat. Co. D, 745th Tk Bn, der bis gegen 12.00 Uhr (B) den Vormarsch der Co. C, 1./26 durch Patrouillen gesichert hat, bezieht mit der Co. C Sicherungsstellungen bei Königskrug. Die Reste einer kleinen Kampfgruppe der 326. VolksGrenDiv, die bis zum Abend an der Wegekreuzung bei Königskrug Widerstand geleistet hat, setzen sich nach Braunlage ab.

Das 2./26, das bei Schwarze Tannen steht, lässt die Co. E einen weit ausholenden Schwenk nach Süden über Sonnenberg und Jordanshöhe machen, um die Kompanie von Südwesten auf Braunlage zu führen. Die verbliebenen Kompanien des 2./26 werden im Tagesverlauf immer wieder von deutschen Truppen angegriffen. Ein deutscher Einbruch am Nordostrand des Brockenfeldes wird bis zum Einbruch der Dunkelheit beseitigt. Der 3rd Plat. Co. C, 745th Tk Bn meldet nach 18.00 Uhr (B) einen Panzerfausttreffer auf einen seiner Panzer, ein Mann der Besatzung wird getötet. Am Abend stehen die Co. K, I und L 3./26 hart nordwestlich von Braunlage, die Co. A, B und C, 1./26 östlich vom Gasthaus Sonnenberg an der R 242, am Oderteich, nördlich von Königskrug und bei Königskrug, die Co. F und G, 2./26 bei Schwarze Tannen und die Co. E westlich von Oderhaus auf der Straße St. Andreasberg – Oderhaus.

Nachdem beim RCT 18 das 2./18 den Kessel südlich Clausthal-Zellerfeld gesäubert hat, verlegt es um 06.30 Uhr (B) in die Umgebung von Stiege und marschiert dann mit dem 2nd Plat. Co. B, 745th Tk Bn nach Hasselfelde, um dort das 3./60 abzulösen. Das 3./18 rückt aus dem Versammlungsraum bei Sieber mit der Co. I auf der Linken und der Co. K auf der Rechten in Begleitung der Panzer des 3rd Plat. Co. B, 745th Tk Bn durch schwieriges Gelände fünf Kilometer nach Norden und dann zwei Kilometer nach Osten vor und säubert die Wälder gegen leichten Widerstand. Dabei kommt es zu Verlusten durch deutsche Artillerie, die bei Königshof, südlich von Rothehütte, steht und die amerikanischen Truppen im Raum St. Andreasberg und Braunlage während des Tages unter Beschuss nimmt. Das 3./18 erhält den Haltebefehl für die Nacht, als die Kompanien nördlich von St. Andreasberg stehen. Der Bn.CP geht nach St. Andreasberg. Um 18.00 Uhr (B) wird das 3./18 zeitweise dem RCT 16 unterstellt.

Die 9th US InfDiv hat den Auftrag, den Angriff nach Norden und Osten fortzusetzen und bereit zu sein, mit den ostwärts angreifenden Teilen nach Norden zu schwenken, um den Kontakt zur 9th US Army herzustellen und die Fluchtrouten aus dem Harz abzuschneiden. Unterstützung erhalten sie, wie an den Tagen zuvor, durch das 26th, 60th, 84th und 34th FA Bn der DivArty unter Brig.Gen. Reese M. Howell.

Das 3./60 greift nach einer Artillerievorbereitung um 08.00 Uhr (B) mit der Co. I von Stiege aus Hasselfelde an. Der Erholungsort Hasselfelde, der verkehrsgünstig an der Kreuzung der R 81 und R 242 liegt, spielt eine wichtige Rolle für die deutschen Truppen, die sich in Richtung der Nordostausgänge des Harzes zurückziehen. Das hatte bereits in den letzten Tagen immer wieder zu Tieffliegerangriffen auf einzelne Fahrzeuge und Marschgruppen von Wehrmacht und Waffen-SS im Ort geführt. Am Abend des 13. April waren dann die ersten Granaten in der Nähe des Ortes eingeschlagen, als amerikanische Truppen von Süden her Güntersberge angriffen. Ernst wurde die Situation, als am 14. April eine kleine Einheit der Waffen-SS begonnen hatte, Verteidigungsstellungen im Ort zu beziehen und einen Gefechtsstand im Pfarrhaus einzurichten. Auf ihren Befehl hin, musste auch der Volkssturm die Sperren in der Umgebung des Ortes besetzen. Am 15. April waren dann Teile des Gren.Rgt. „Potsdam 2" des LXVII. AK eingetroffen und hatten am Hohen Berg, nordöstlich des Ortes, Stellung bezogen. Auf dem Ort und der Umgebung liegt mittlerweile ständiges, ungezieltes Streufeuer der amerikanischen Artillerie. Als sich die Infanteristen am 16. April gegen 11.00 Uhr in Begleitung einiger Panzer der unterstellten Co. B, 746th Tk Bn von Süden her dem Ort nähern, haben die meisten Einwohner in den Wäldern der Umgebung Schutz gesucht oder warten in den Kellern auf das Kommende.[92] Einige amerikanische Panzer fahren auf den flachen Höhen des Tännichen zwischen Stiege und Hasselfelde auf und feuern in den Ort. Deutsche Artillerie, die nördlich von Hasselfelde steht, erwidert das Feuer. Bereits nach den ersten Schüssen wird ein deutsches Geschütz im Bereich des Rabensteins erkannt und zum Stellungswechsel gezwungen. Im offenen Gelände zwischen dem Waldrand des Tännichen und dem südlichen Stadtrand entwickeln sich Feuergefechte mit eingegrabener deutscher Infanterie und Waffen-SS. Auch am südöstlichen Ortseingang kommt es Kämpfen, als sich amerikanische Infanterie über die Stieger Höhe nähert. Dabei geraten einige Gebäude durch Leuchtspurmunition und Phosphorgranaten in Brand. Als die amerikanischen Infanteristen zum Ortskern vordringen, enden die Kämpfe. Die letzten deutschen Verteidiger haben sich in Richtung Hoher Berg abgesetzt. Der Volkssturm hatte sich bereits vor Beginn der Kämpfe versteckt oder war nach Hause gegangen. Bis 12.00 Uhr ist der größte Teil von Hasselfelde besetzt und bis 14.00 Uhr ist der Ort vollständig gesäubert.[93] Nach Berichten Hasselfelder Bewohner sind *„zwischen Stieger Höhe und Käseberg vier Soldaten und ein SS-Mann gefallen. Ein weiterer Wehrmachtsangehöriger war auf dem Grundstück Kirschenberg 24 gefallen"*.[94]

Während sich die Infanteristen am Ostrand von Hasselfelde eingraben, gehen die Panzer der Co. B, 746th Tk Bn am Nachmittag hinter dem Damm des Faulen Teiches und auf dem Schützenplatz in Stellung und nehmen die deutschen Stellungen am Hohen Berg und Mittelteich unter Beschuss. Auch schwere Granatwerfer an der Blankenburger Straße feuern auf die Stellungen der jungen Grenadiere. Während diese das Feuer der Amerikaner kaum erwidern, schlagen am späten Nachmittag

Granaten einer deutschen Batterie bei Altenbrak im Ort ein. Mehrere Gebäude werden beschädigt. Der Beschuss setzt sich bis in die Nacht fort.[95] Um 18.00 Uhr (B) meldet das 3./60, dass jetzt der Ort und die unmittelbare Umgebung vollständig gesäubert ist. Während die Grenadiere des Gren.Rgt. „Potsdam 2" in der Nacht in ihre Stellungen ausharren, verlegt Oberst Lorenz seinen Gefechtsstand von Treseburg nach Blankenburg.[96]

Die Co. L, 3./30 hält im Tagesverlauf Verteidigungsstellungen in Stiege. Das 2./60 verlässt um 05.30 Uhr (B) Güntersberge, um das RCT 47 in der Umgebung von Harzgerode, Neudorf und Straßberg abzulösen. Um 11.00 Uhr (B) ist die Ablösung abgeschlossen und die Co. E sichert Harzgerode, die Co. F Neudorf und die Co. G Straßberg. Das 1./60 bleibt als Reserve im Raum Breitenstein und patrouilliert nach Norden und Westen und säubert die Umgebung. Um 16.00 Uhr (B) wird dem RCT 60 die TF Carter, bestehend aus einem Plat. Co. B, 15th Engr C Bn, den Panzern der Co. A, B und C, 746th Tk Bn, der Rcn Co. und der Co. B, 899th TD Bn, unterstellt.

Beim RCT 39 beginnt das 3./39 um 04.00 Uhr (B) in Gerbstedt den Angriff zur Einnahme von Alsleben. Dort hatte Widerstand und die zerstörte Brücke die TF Richardson der 3rd US AD am 13. April zum Umkehren gezwungen. Als die Infanteristen der Co. L, 3./39 die Stadt erreichen, treffen sie auf Infanterie- und Granatwerferfeuer. Bis zum frühen Nachmittag ist der Widerstand überwunden und der Ort besetzt. Am Abend steht die Co. K in Belleben, die Co. I nördlich Sandersleben und die Co. L am Ostufer der Saale in Mukrena. Das 2./39 rückt ab 07.00 Uhr (B) weiter nach Osten vor und erreicht aus dem Raum Wippra – Friesdorf kommend die Linie östlich von Vatterode bis zur R 86 südlich von Mansfeld. Bis 15.00 Uhr (B) hat sich das Bataillon versammelt und mit dem Marsch in einen neuen Sammelraum bei Wiederstedt, nördlich von Hettstedt, begonnen. Das unterstellte 2./413 säubert bis zum Nachmittag die Wälder südlich von Annarode und kehrt um 16.00 Uhr (B) unter die Kontrolle des RCT 413 zurück. Der 9th Rcn Tp und die TF Tincher, bestehend aus dem AG Plat., einem Plat. Co. A, dem 81mm Mort Plat. und der Co. D, 746th Tk Bn, einem Plat. der Co. C und der Co. A, 899th TD Bn und der Co. A, 1./39, werden ab 16.00 Uhr (B) dem RCT 39 unterstellt. Elemente des 1./39 versammeln sich am späteren Abend im Raum Bräunrode – Ritterode – Greifenhagen.

Das RCT 47 setzt um 07.30 Uhr (B) den Angriff nach Osten fort. Das 1./47 nimmt von Harzgerode aus gegen leichten Widerstand Königerode und rückt auf der R 242 bis Greifenhagen vor, dass um 18.00 Uhr (B) genommen wird. An der Südflanke des Bataillons kommt es bei Neudorf zu Kämpfen mit den dort stehenden Kräften der Div. Sturm, denen es gelingt, den Ort zu halten. Dabei wird der örtliche Kommandeur getötet.[97] Das 2./47 nimmt von Harzgerode aus gegen leichten Widerstand Schielo, säubert die Wälder in der Umgebung und besetzt dann Molmerswende und Tilkerode. Der Division fallen an diesem Tag fünf Lazarette, eine Veterinärkompanie und 1603 Gefangene in die Hände.

Das VII. US Corps registriert im Tagesverlauf bei der 1st US InfDiv 71 und bei der 9th US InfDiv 24 Gefallene. Der CP des VII. US Corps verlässt Nordhausen und erreicht am Abend Eisleben, wo er bis zum 30. April bleibt, bevor er nach Leipzig verlegt. In dem kleinen Ort Helfta bei Eisleben errichtet das Corps das Kriegsgefangenensammellager „Camp Helfta", in dem bis zum 23. Mai 1945 annähernd 40 bis 50000 deutsche Kriegsgefangene gefangen gehalten werden, bevor das Lager aufgelöst und die Masse der Gefangenen mit Lastwagen in das Lager Naumburg verlegt werden.[98]

Beim Stellv. VI. AK geht Paternoster und Scharfenstein verloren.[99] Beim LXVI. AK wird der Pkt. 926, Achtermannshöhe, zwei Kilometer südlich des Brockens, von amerikanischen Truppen besetzt. Auf dem Korpsgefechtstand in Elend stellt die SS-Brig erneut den Antrag auf Übergang zum „Werwolf"-Kampf, der zum wiederholten Male abgelehnt wird.[100] Die Reste der K.Gr. Graf v. Brühl ziehen sich befehlsgemäß von Thale nach Gernrode zurück, um von dort nach Ballenstedt zu verlegen.[101] Beim Stellv. IX. AK weicht der Korpsgefechtsstand nach Neuwerk, südöstlich von Elbingerode, aus.[102] Die K.Gr. Worgitzki unterstellt versprengte Gruppen der 5. FschJgDiv und 26. VolksGrenDiv, die sich in ihrem Abschnitt zurückgezogen haben.[103] Beim LXVII. AK weichen im Südabschnitt der Div. Sturm die schwachen Sicherungen unter anhaltendem Druck weiter in den Harz aus.[104] Die rückwärtigen Teile der K.Gr. Burian erhalten den Befehl, sich nach Rübeland zurückzuziehen.[105]

Kriegstagebuch des OKW/WFSt vom 17. April 1945: *Im Harz hat sich die Lage gleichfalls verschärft. Südlich des Brockens Einbrüche. Kämpfe bei Braunlage sowie Wernigerode. Nach Osten Aufklärung...*
Geheime Tagesberichte der Wehrmachtsführung vom 17. April 1945:
AOK 11: *Meldungen liegen noch nicht vor.*

Am **Dienstag**, dem **17. April 1945**, setzt im Abschnitt des XIX. US Corps das RCT 330 der 83rd US InfDiv mit dem 2. und 3./330 die Säuberung des Gebietes südlich von Ilsenburg fort. Dabei werden sie immer wieder von deutscher Artillerie aus dem Abschnitt der 1st US InfDiv beschossen. Hart nördlich des Brockens wartet die Co. E, 2./330 an dem befohlenen Kontaktpunkt auf das Eintreffen der ersten Elemente der 1st US InfDiv. Das 3./330 geht von Ilsenburg nach Südosten und die Co. K, 3./330 stellt südwestlich von Wernigerode den Kontakt zum 2./330 her. Die TF Roseborough, CCB 8th US AD setzt den Sicherungsauftrag fort und entsendet Patrouillen, die an mehreren Stellen auf deutsche Truppen treffen.

Die 1st US InfDiv setzt den Angriff im Harz gegen anhaltenden Widerstand fort. Das RCT 18 verlegt ohne sein 1./18 an die rechte Flanke der Division. Das 2./18, das am Vortag über Stiege nach Hasselfelde verlegt hat, löst ab 07.30 Uhr (B) das RCT 60 der 9th US InfDiv in Hasselfelde ab, das zu diesem Zeitpunkt mit Teilen im Kampf mit dem Gren.Rgt. „Potsdam 2" auf dem Hohen Berg, nordöstlich des Ortes steht. Nachdem sich diese Kräfte vom Feind gelöst und der Versammlung des 3./60 angeschlossen haben, beginnen die Infanteristen des 2./18 mit der Vorbereitung ihres Angriffs auf den Hohen Berg. Panzer der Co. B, 745th Tk Bn und Granatwerfer der Co. D, 87th Cml Mort Bn gehen in Stellung und eröffnen das Feuer auf die deutschen Stellungen. Dann erfolgt durch die Co. F, 2./18 ein Stoßtruppunternehmen in Zugstärke in Richtung Hoher Berg, das aber durch starkes MG-Feuer abgewiesen wird. Weitere Aufklärungsvorstöße werden nicht unternommen. Dafür nehmen Artillerie und Werfer, geleitet von einem Artilleriebeobachtungsflugzeug, die deutschen Stellungen den ganzen Tag unter schweren Beschuss. Auch amerikanische „Lightning"-Jagdbomber fliegen Angriffe gegen die deutschen Stellungen. Deutsche Geschütze erwidern das Feuer. Ihre Granaten schlagen im Bereich der amerikanischen Stellungen und im Stadtgebiet ein. [106] Das 3./18 wird in der Zwischenzeit von der Unterstellung unter das RCT 16 abgelöst und erreicht über Herzberg, Nordhausen und Stolberg gegen 15.00 Uhr (B) die Umgebung von Stiege, wo es sich versammelt.

Im Abschnitt des RCT 16 setzt die Co. L, 3./16 in der Nacht den Angriff westlich von Sorge mit Panzer- und Artillerieunterstützung entlang der Straße und der Bahnlinie fort und wird durch schlechte Straßen und eine zerstörte Brücke[107] aufgehalten. Die Co. I, die westlich von Tanne, angelehnt an die Co. K steht, erhält den Auftrag, mit Patrouillen den Kontakt zur Co. L, westlich von Sorge herzustellen. Um 06.12 Uhr (B) meldet die Co. I, dass der Kontakt steht. Jetzt setzt die Co. L auch den Vormarsch fort. Nordwestlich der Kreuzung der R 4 mit der Straße nach Sorge treffen sie auf ein Minenfeld und deutsche Truppen. Bei der Försterei Wietfeld überraschen sie letzte Reste der K.Gr. Worgitzki. Vier deutsche Soldaten fallen. Sie werden bei der Försterei begraben und 1975 nach Blankenburg umgebettet.[108]

Um 09.40 Uhr (B) erhalten alle Kompanien des 3./16 den Befehl des Regiments, so schnell wie möglich Tanne einzunehmen. Die Co. L soll um 17.00 Uhr (B) durch das 2./16 abgelöst werden und das 1./16 soll mit dem Regtl.CP in einen Versammlungsraum nach Benneckenstein verlegen. Um 10.00 Uhr (B) sendet die Co. K von Süden Gefechtsaufklärung nach Tanne hinein, wo bis zuletzt Gruppen von Zivilisten aus Angst vor möglichen Kämpfen versuchen, sich nach Sorge in Sicherheit zu bringen. Unter ihnen sind auch die Kinder der KLV „Kinderlandverschickung" aus dem Kinderheim der Stadt Hannover, dem heutigen Hotel „Zum Brockenbäcker".[109] Immer wieder ergeben sich den amerikanischen Infanteristen ganze Gruppen deutscher Soldaten. So werden 42 Gefangene der H.U.S. Eisenach und von Luftwaffeneinheiten gemeldet. Um 11.05 Uhr (B) erreicht eine Patrouille der Co. K das Zentrum von Tanne, wo sie auf Widerstand trifft. Deutsche 8cm Granatwerfer, die auf einer Waldschneise hinter der jetzigen Friedhofshalle in Stellung gegangen sind, nehmen die amerikanischen Truppen im Ort unter Beschuss.[110] Unterstützung wird angefordert. Von Westen dringen inzwischen Infanteristen der Co. I in Tanne ein.

Um 11.22 Uhr (B) ergibt sich der Co. K ein Soldat, der mitteilt, dass man aufgeben wolle. Kurz darauf, um 11.25 Uhr (B), erhält die Co. K den Befehl, Tanne zu verlassen und entlang der Hauptstraße nach Nordosten auf Königshütte anzugreifen.

Während Teile der Co. I die Säuberung von Tanne fortsetzen, formiert sich die Co. K am östlichen Ortsausgang. Beim Vorrücken treffen die Infanteristen in der Nähe des Bahnhaltepunkts Tanne auf Widerstand und Baumsperren, die mit Hilfe von Panzern des 759th Light Tk Bn beiseite geräumt werden. Während die Sperren beseitigt werden, legt amerikanische Artillerie Störfeuer auf den Rand des Kapitelberges. Um 14.30 Uhr (B) werden die Panzer zurückgerufen. Als Ersatz wird die 1st Sect. 3rd Plat. Co. A, 745th Tk Bn von der Co. L zur Co. K beordert, die um 15.00 Uhr (B) nach Tanne fährt. Die Co. L soll dem Angriff nach der Ablösung durch das 2./16 mit der 2nd Sect. 3rd Plat. Co. A, 745th Tk Bn folgen.

Um 15.15 Uhr (B) erreicht die Co. E, 2./16 Sorge, und beginnt mit der Ablösung der Co. L, 3./16. In dieser Phase treffen beunruhigende Meldungen über deutsche Truppen ein, die sich in Elend versammeln sollen. Jederzeit ist mit einem Gegenangriff von Norden her zu rechnen. Während die Männer der Co. E Verteidigungsstellungen beziehen, beginnen um 16.35 Uhr (B) die Hauptteile der Co. L mit der 2nd Sect. 3rd Plat. Co. A, 745th Tk Bn den Marsch nach Tanne.

Edgar B. Tiemann
Foto: AWON

Zu diesem Zeitpunkt haben Vorauskräfte der Co. L bereits Tanne erreicht und mit der Erkundung begonnen. Dabei kommt es zu einem tragischen Vorfall, als eine einzelne deutsche 8cm Werfergranate im Ort einschlägt und Granatsplitter drei Soldaten der Co. L, 3./16 töten und einen Soldaten und eine Frau aus Tanne schwer verletzen. Die Frau erliegt noch in der Nacht ihrer Verletzung.[111] Unter den getöteten Soldaten befindet sich Edgar Benjamin Tiemann. *„Am 17. April 1945 fuhren sie in den Ort Tanne im Harz. Gemäß ihrem kommandierenden Offizier, Lt. Klink, war die Stadt genommen und gesichert. Sie bekamen eine warme Mahlzeit und warteten rund um einen Jeep auf die Rückkehr ihres Zugführers von einer Aufklärung, als die einzige Granatwerfergranate der Deutschen einschlug und meinen Vater und einen anderen tötete und drei weitere verwundete"* schreibt später seine Tochter Patricia Fabri.[112]

Bis 18.25 Uhr (B) hat sich die Co. L in Tanne versammelt. Kaum zur Ruhe gekommen, erhält sie um 19.00 Uhr (B) den Auftrag, mit einem Plat. Infanterie und einem Panzer Lt. Parker von der AT Co. 16 zur Hilfe zu kommen. Parker war am späten Nachmittag nördlich von Tanne bei einer Erkundung mit seinen Gruppenführern im Bereich der Heime in einen Hinterhalt von SS und Fallschirmjägern geraten, die mit einem MG das Feuer auf den Jeep eröffnet hatten. Doch die Infanteristen kommen fast zu spät. Als sie den Jeep erreichen, finden sie Parker und zwei seiner Männer schwer verwundet und die beiden Sgt. Amato und Hadley tot vor.[113] Nach ihrer Rückkehr beginnt die Kompanie zum Schutz vor weiteren Angriffen sofort mit einer Säuberungsaktion und bis 21.00 Uhr (B) ist der Nordteil von Tanne bis zum Waldrand gesichert, wo sie auf verlassene Stellungen und zurückgelassene Ausrüstung stoßen.

Nach dem Ende der Kämpfe um Tanne wird in der Umgebung eine Vielzahl an zurückgelassener und zerstörter deutscher Kampftechnik gefunden. So bleiben auf der „Langen", nördlich von Benneckenstein, Fahrzeuge einer deutschen Einheit mit V-2 Raketenteilen zurück, hinter dem Kinderheim der Stadt Hannover in Tanne ein abgeprotztes und gesprengtes 12,8cm Flakgeschütz und eine 2cm Flak[114] und am neuen Friedhof in Tanne drei 60cm Scheinwerfer einer Flakeinheit und ein Lastwagen mit 8cm Werfergranaten. Außerdem finden die Amerikaner in der Waldschneise hinter dem Friedhof die drei 8cm Granatwerfer, die sie tagsüber beschossen hatten und in Richtung Wietfeld drei weitere. Die deutschen Truppen hatten sie auf ihrer überhasteten Flucht zurückgelassen. Im Allersbachgebiet bleibt eine 2cm Flak auf Halbkettenfahrzeug zurück und südlich der „Langen", beim Trautensteiner Kinderheim Schwarzburg, eine 3,7cm Flak auf Halbkettenfahrzeug. Am südlichen Allersbachweg werden zwei 18 Tonnen Halbketten-Zugmaschinen, SdKfz 9, der Firma Tatra, die als Bergefahrzeuge dienen, gefunden.[115]

Um 21.02 Uhr (B) trifft der Befehl ein, sich darauf vorzubereiten, am nächsten Tag mit zwei Kompanien weiter anzugreifen, während eine Kompanie zurückbleiben soll, um das Gebiet nördlich von Tanne weiter zu säubern.

Das 2./16, deren Co. E in Sorge steht, hält am späten Abend westlich der Straßengabelung der R 4 und R 242, im Brunnenbachtal, und an der R 27 zwischen Braunlage und Oderhaus im Bereich Lausebuche. Das 1./16 fährt von St. Andreasberg in einen vorgeschobenen Sammelraum in der Nähe von Benneckenstein, wo es um 11.00 Uhr (B) eintrifft. Seine Co. C geht nach Hohegeiß. Der Co.CP Co. C, 634th TD Bn eröffnet in Benneckenstein, der 1st Plat. geht nach Tanne und der 2nd und 3rd nach Hohegeiß.

Um 23.30 Uhr (B) treffen die Befehle für den kommenden Tag ein. Dem 3./16 wird als Angriffsziel Elbingerode zugewiesen. Dabei sollen die Co. I und K parallel zueinander, die Co. I östlich und die Co. K westlich der Straße, vorrücken, während die Co. L folgt. Der Schwerpunkt liegt bei der Co. K. Ihr folgen im Abstand von 500 Meter die unterstellten Panzer, dahinter eine Sect. M-10 Panzerjäger der Co. C, 634th TD Bn, zwei Sect. 81mm Granatwerfer, der vorgeschobene Bn.CP, die Co. L, die schweren MG und eine Sect. 81mm Granatwerfer der Co. M. Denen schließen sich die zugeteilten Pioniere, die AT Co. des RCT 16 und der AT Plat. des 3./16 sowie die schweren Werfer des Cml Mort Bn an. Das Ende der Kolonne bilden noch einmal M-10 Panzerjäger. Ablaufpunkt ist um 07.00 Uhr (B) der Abzweig der Straße östlich von Tanne nach Trautenstein. Das 2./16 soll nach Elend und weiter auf Königshütte vorgehen.

An der linken Flanke der Division beginnt um 03.00 Uhr (B) die Co. I und K, 3./26 mit dem 3rd Plat. Co. C, 745th Tk Bn und dem 3rd Plat. Co. A, 634th TD Bn von Königskrug aus mit dem Angriff auf Braunlage, während die Co. L. südlich des Brockenmassivs auf Heinrichshöhe vorrückt. Der Vormarsch der Co. K kommt nur langsam voran. Immer wieder müssen Straßensperren überwunden werden. Gegen 06.00 Uhr (B) kommt es zu einem letzten Gegenangriff deutscher Truppen mit Panzern und Infanterie in diesem Abschnitt, die vor dem Angriff der Co. L auszuweichen versuchen und die Linien der Co. K angreifen. Aber der Angriff zwingt die Infanteristen der Co. K nur kurz zum Rückzug. Nach dem Einsatz der Artillerie, welche die vermuteten deutschen Stellungen bei Braunlage unter Beschuss nimmt, erreichen sie um 09.30 Uhr (B) die Stadt, die nicht verteidigt wird. Die Front der deutschen Panzer, Infanterie und Fallschirmjäger der 5. FschJgDiv des Stellv. IX. AK hatte sich bereits am Abend zuvor aufgelöst. Die zurückweichenden deutschen Kräfte haben eine schwache Front ostwärts des Ortes aufgebaut. Fretter-Pico schreibt später in seinem Bericht für die Historical Division der US Army: *„Auch die Stadt Braunlage wurde, obwohl sie zum ‚festen Platz' bestimmt war, nicht unmittelbar verteidigt.* [116] Die Co. K dringt in den Süden der Stadt vor, während die Co. L gegen 11.30 Uhr (B) den Nordteil und die Co. I den Ostteil der Stadt besetzt. Bis 13.00 Uhr (B) ist das gesamte Stadtgebiet gesäubert. In Braunlage und der Umgebung werden später 35 gefallene deutsche Soldaten geborgen.[117]

Um 07.00 Uhr (B) beginnt das 2./26 im Bereich Schwarze Tannen mit der Co. G den Angriff nach Osten zur Einnahme von Schierke und trifft bei seinem Vormarsch auf verteidigte Straßensperren, Panzer, Selbstfahrlafetten und eingegrabene Infanterie des SS-Rgt. Holzer, das Schierke verteidigt. Luftunterstützung wird angefordert. Nur mühsam erreicht das Bataillon das Wurmberg-Gebiet. Auch im Tal der Kalten Bode kommt der Vormarsch westlich von Schierke zum Erliegen. In der Zwischenzeit verbleibt der unterstellte 2nd Plat. Co. A, 634th TD Bn bei Torfhaus in der Reserve.

Das 1./26 steht am Morgen am Damm des Oderteichs mit der Co. C an der Rechten, der Co. A an der Linken, der Co. B an der Kreuzung der R 4/242 und dem Bn.CP und der Co. D westlich des Dammes in Bereitschaft zum weiteren Angriff. Der Auftrag des Bataillons besteht an diesem Tag darin, nach der Einnahme von Braunlage durch die Linien des 3./26 hindurch zu gehen und Elend anzugreifen. Als endlich die Meldung eintrifft, beginnt es sofort mit dem Marsch zur Ablauflinie am Ostrand von Braunlage. An der Spitze des Bataillons marschiert die Co. B, die von zwei Panzern des 1st Plat. Co. C, 745th Tk Bn und zwei Panzerjägern des 1st Plat. Co.

A, 634th TD Bn begleitet wird, gefolgt von der Co. A mit zwei Panzern des 1st Plat. Co. C, 745th Tk Bn und zwei Panzerjägern des 1st Plat. Co. A, 634th TD Bn, dem Bn.HQ und am Ende die Co. C mit den Panzern der Co. D, 745th Tk Bn. Um 14.00 Uhr (B) erreicht die Kolonne mit allen verfügbaren Transportmitteln Braunlage.

Um 15.00 Uhr (B) beginnt der Angriff auf Elend mit der Co. B, 1./26 voraus, die ihre Infanteristen rechts und links der R 27 durch die Wälder vorrücken lässt. Östlich der Straßenbrücke über das Flüsschen Bremke entdecken vorausgehende Aufklärer zwei deutsche Panzer in Hinterhaltstellung beiderseits der Straße. Doch bevor diese die Amerikaner ausmachen, eröffnen die begleitenden Panzer und Panzerjäger das Feuer. Ein deutscher PzKpfw V wird zerstört, der zweite erhält einen Abpraller am Turm. Im gleichen Moment erfolgt die Sprengung der Brücke. Im Schutz der Sprengwolke zieht sich der zweite Panzer zurück. Blind feuern die Panzer und Panzerjäger über das Flüsschen. Dabei wird ein deutsches Halbkettenfahrzeug zerstört, die Insassen werden getötet. Deutsche Artillerie nimmt die Wälder nördlich der R 27 unter Beschuss. Über Funk befiehlt der CO Co. B, Capt. Felder L. Fair, seinen beiden Platoons sofort zum Flüsschen vorzurücken, aber sie bleiben im starkem Abwehrfeuer eingegrabener deutscher Infanterie am Ostufer des Flüsschens liegen. Hier leisten Fallschirmjäger der 5. FschJgDiv und Versprengte aller Waffengattungen, die sich aus Braunlage hierher zurückgezogen haben, hartnäckigen Widerstand. Ein amerikanischer Soldat wird getötet und zwei verwundet. Erst mit Unterstützung des Feuers der Panzer und Panzerjäger und einiger 60mm Granatwerfer gelingt es, die Deutschen aus ihren Stellungen zu treiben. Um 15.30 Uhr (B) steht fest, dass die Brücke vollständig zerstört und das angrenzende Gelände für Panzer ungeeignet ist. Aber ohne Panzerunterstützung ist der weitere Vormarsch zu riskant. Um 15.45 Uhr (B) beginnen Pioniere mit einem Bulldozer mit der Reparatur der Brücke. Zur Sicherung der Südflanke trifft ein Platoon der Co. A ein. In der Zwischenzeit werden Patrouillen ausgesandt, um die Situation bei Elend zu erkunden. Diese treffen an mehreren Stellen auf deutsche Truppen und Straßensperren und zerstören zwei MG-Stellungen. Artilleriefeuer wird auf die deutschen Stellungen gelegt und fünf Jagdbomber greifen die deutschen Truppen in Elend an. Um 18.30 Uhr (B) haben die Pioniere die Brücke repariert und das 1./26 setzt den Vormarsch trotz Einbruch der Dunkelheit fort. Kurz darauf treffen sie auf eine verteidigte Baumsperre, die um 19.30 Uhr (B) genommen wird. Nach 30 Minuten haben die Pioniere die Sperre beseitigt. Eine weitere folgt, die ebenfalls erst beseitigt werden muss, da eine Umgehung auf Grund des Geländes unmöglich ist. Eine deutsche Pak, die man zur Sicherung der Sperren in Stellung gebracht hatte, fällt den Infanteristen, verlassen von ihrer Bedienung, kampflos in die Hände. Nachdem Motorgeräusche nördlich der Co. B gemeldet werden, entsendet das Bataillon die Co. A ohne den einen Platoon zum Schutz an die Nordflanke. Erst um 22.00 Uhr (B) sind alle Sperren beseitigt und der Vormarsch kann fortgesetzt werden. Um 23.00 Uhr (B) haben die Infanteristen die Bahngleise der Harzer Schmalspurbahn westlich von Elend erreicht. Nach Meldungen des S-2 sollen sich dort und an der Bahnüberführung deutsche Truppen eingegraben haben und die Überführung soll gesprengt sein. Doch nichts von beidem trifft zu, die Stadt ist nicht verteidigt. Eine 8,8cm Flak steht verlassen an der Brücke über die Kalte Bode. Um 23.45 Uhr (B) hat die Co. B den Ostrand von Elend erreicht und die Stadt gemeinsam mit der nachfolgenden Co. A gesichert. Im Ort finden sie ein Reservelazarett voller Verwundeter, das vom deutschen Sanitätspersonal übergeben wird.[118] Erst jetzt wird den Infanteristen klar, dass sie eine unverteidigte „Lazarettstadt" besetzt haben. Capt. Fair, CO Co. B, 1./26 schreibt später: *„Es scheint mir, dass das unser S-2 Offizier hätte wissen müssen. Wenn der Commanding Officer der Co. B darüber informiert gewesen wäre, hätte er seine Pläne anders gemacht. Es war nicht Sitte der Deutschen, sich an oder in einer kleinen Lazarettstadt zu verteidigen."* Beim Durchsuchen der Umgebung von Elend finden die Infanteristen südwestlich von Elend zwei verlassene deutsche Panzer. Während sich die Hauptkräfte des Bataillons in Elend einquartieren, sichert die Co. C in der Nacht die reparierte Brücke über die Bremke.[119]

Die 4th CavGp säubert an diesem Tag den Raum Hohegeiß – Benneckenstein – Walkenried – Ilfeld-Wiegersdorf.[120] Das 759th Light Tk Bn übernimmt den Raum Hohegeiß, die 24th CavRcnSq den Abschnitt Ilfeld-Wiegersdorf – Hohegeiß nördlich der R 4 und die 4th CavRcnSq den Abschnitt südlich der R 4. Die Einheiten beginnen am frühen Morgen mit der Säuberung und stoßen überall auf gesperrte Straßen und kleiner Gruppen deutscher Soldaten, die sich meist kampflos ergeben. Einheiten der 24th CavRcnSq erreichen von Jägerfleck kommend über Rothesütte Netzkater, von wo aus Teile der K.Gr. Großkreutz in den letzten Tagen das Ilfelder Tal gesperrt hatten. Es kommt zu keinen Zwischenfällen, denn die Geschützbedienungen der 10,5cm Batterie bei Netzkater haben sich um 03.00 Uhr in der Nacht abgesetzt.[121] Die verbliebenen Verteidiger ergeben sich kampflos. Maj. Groß und der der Oblt. der Flak-K.Gr., sowie die Mehrzahl der Soldaten werden gefangengenommen und am nächsten Tag auf Lastwagen abtransportiert.[122] Am späten Nachmittag erreichen Teile der 1st US InfDiv den Abschnitt der 4th CavGp bei Hohegeiß und Benneckenstein und die 4th CavGp versammelt sich vor Ort und geht um 20.00 Uhr (B) aus der Unterstellung unter die 1st US InfDiv heraus und wird der 9th US InfDiv unterstellt. Sie geht in einen Sammelraum bei Ellrich und erhält den Befehl, am 18. April um 06.00 Uhr (B) in einen Versammlungsraum in der Nähe von Mansfeld – Hettstedt zu verlegen.

In der Nähe von Ellrich-Appenrode findet eine Patrouille auf der Suche nach versteckten Wehrmachtsangehörigen im Himmelberg nahe des Rüsselsees beim Gipssteinbruch der Firma Kaselitz einen verschlossenen Stollen, in dem Sprengstoff lagert. Nichts ahnend sprengen sie die verschlossene Türe auf und lösen dadurch eine gewaltige Explosion aus, die den Berg in die Luft sprengt. Staub verdunkelt den

Himmel. Zwei getötete Soldaten der Patrouille, zwei weitere Tote und zwei Verwundete sind das traurige Ergebnis.[123]

Der Div.CP der 1st US InfDiv erreicht von Osterode kommend St. Andreasberg. Zum Tagesende verzeichnet die 1st US InfDiv zehn zerstörte deutsche Panzer und zirka 1300 Gefangene. Angehörige der Rcn Co. 634th TD Bn verhaften in Bad Lauterberg einen Einwohner, der sich bei der Befragung durch ein IPW Team der 1st US InfDiv als der gesuchte Kriegsverbrecher Bacher herausstellt. Bacher wird wegen des Mordes an einem amerikanischen Piloten und zweier amerikanischer Soldaten gesucht. Bei einem Fluchtversuch auf dem Weg zu einem rückwärtigen POW Camp wird Bacher von einem Angehörigen der Rcn Co. erschossen.[124]

Die 9th US InfDiv erhält um 08.00 Uhr (B) eine neue Trennungslinie zur 1st US InfDiv, die von Alexisbad über Mägdesprung, Ballenstedt, Badeborn bis zur R 6 östlich von Quedlinburg verläuft. Dann beginnt das RCT 39 mit den Panzern der Co. C, 746th Tk Bn mit dem Schwung nach Norden, um die deutschen Truppen im Harz endgültig abzuschneiden. Um 07.00 Uhr (B) starten das 3./39 an der Rechten, das 2./38 im Zentrum und das 1./39 an der Linken mit dem Angriff. Den stärksten Widerstand trifft das 2./39 im Raum Aschersleben an, wo sich die Kämpfe mit deutscher Infanterie, die durch SS und Fallschirmjäger verstärkt wird, über den ganzen Tag hinziehen. Teile des 2./39 stoßen von Aschersleben entlang der R 85 nach Nordosten vor und besetzt Güsten und Ilberstedt. Die Co. L, 3./39 erreicht Ilberstedt, westlich von Bernburg, und bezieht südlich davon Stellungen. Die Co. I, 3./39 erreicht die Wälder südlich von Aderstedt und säubert den Ort, während die Co. K von Stellungen, die sie nach Kämpfen am Vormittag bei Schackenthal eingenommen hat, bis Güsten vorstößt. Südlich von Staßfurt stellt die Co. K den Kontakt zum XIX. US Corps her. Andere Teile des 3./39 treffen zwischen Ilberstedt und Bernburg auf die TF Richardson der 3rd US AD. Das 1./39 nimmt aus dem Raum Bräunrode – Ritterode vorgehend mit der Co. A Welbsleben, wo es gemeinsam mit Aufklärern des 9th Rcn Tp Straßensperren errichtet. Bei Neuplatendorf treffen die Infanteristen auf Widerstand, der überwunden wird. Die Co. B errichtet Straßensperren in der Umgebung von Alterode und Stangerode, nachdem es den deutschen Widerstand bei Alterode überwunden hat. Auch das stark verteidigte Ulzigerode wird besetzt. Der 9th Rcn Tp besetzt Harkerode. Bereits am Vortag hatte eine amerikanische Patrouille Angehörige der HJ Kampfgruppe Ostharz, die sich bei Harkerode und Sylda eingegraben haben, aus ihren Stellungen geworfen und Gefangene gemacht.[125] Jetzt kommt es bei Ulzigerode zu heftigen Kämpfen mit den Hitlerjungen und Fallschirmjägern, die erbitterten Widerstand leisten. Nach hohen Verlusten auf beiden Seiten ziehen sich die deutschen Truppen nach Westen zurück.[126] Bis zum Abend hat das RCT 39 seine Linien zehn Kilometer nach Norden ausgedehnt und steht entlang einer 70 Kilometer langen Frontlinie.

Das RCT 47 erhält den Auftrag, das Gebiet Pansfelde und das Waldgebiet südlich von Ballenstedt, zu säubern. Das 2./47 greift ab 07.00 Uhr (B) nach Norden an, besetzt Pansfelde und Degenershausen und erreicht mit seinen Vorauskräften Positionen südlich von Meisdorf, wo es auf vereinzelten Widerstand trifft. Die Co. E steht am Abend in den Wäldern westlich von Degenershausen, die Co. F in Degenershausen und die Co. G sichert Pansfelde. Das 1./47 versammelt sich im Raum Molmerswende.

In Degenershausen fällt der 9th US InfDiv das Politische Archiv des Auswärtigen Amtes für die Zeit von 1929 bis 1942 in die Hände. Der G-2 Offizier des 47th InfRgt, David D. Silberberg hatte vom stellvertretenden Bürgermeister von Pansfelde erfahren, dass im Mai 1943 mit einer großen Fahrzeugkolonne das Archiv ins Schloss Degenershausen der Gräfin von Bodenhausen gebracht wurde.[127] Nach Einschaltung des G-2 der 1st US Army, Col. Dicksen, und eines Maj. Shepard Stone, der den Auftrag hat, deutsche Archive ausfindig zu machen und sicherzustellen, werden als weitere Lagerorte des Archivs und einer größere Menge an Kunstgegenständen und Büchern das Schloss Meisdorf, das nahegelegene Schloss Falkenstein der Gräfin von Asseburg, das Schloss Blankenburg und die Burgen Falkenstein und Stolberg ermittelt.[128] Die beiden Verantwortlichen, der Archivar des Politischen Archives, Heinrich Valentin, in Meisdorf und Witilo v. Griesheim in Degenershausen waren dem Vernichtungsbefehl nicht oder nur teilweise nachgekommen. Zum Schutz vor Angriffen deutscher Truppen, die noch immer in der Nähe operieren, erfolgt der unverzügliche Abtransport aus Degenershausen.[129] Mit Hilfe von befreiten Zwangsarbeitern werden zirka 100 2-Tonner- Lastwagen unter Aufsicht von Maj. Stone beladen und ins Marburger Schloss gebracht.[130] Zusammen mit weiteren Akten des Auswärtigen Amtes, die in Mühlhausen sichergestellt wurden, sollen insgesamt 400 Tonnen Akten dorthin gebracht worden sein.[131] Auch Falkenstein wird noch am gleichen Tag gesichert. *„Am 17. April 1945 besetzten amerikanische Truppen den Falkenstein, nachdem die Burg und die umliegenden Wälder durch Tiefflieger beschossen wurden.“*[132]

Das RCT 60 erhält den Auftrag, das Gebiet Gernrode und die Wälder südlich und südwestlich davon zu säubern. Um 09.00 Uhr (B) setzt das 1. und 2./60 den Vormarsch nach Norden fort. Dabei kommt es im Selketal bei Mägdesprung zu schweren Kämpfen mit eingegrabener deutscher Infanterie. Das 2./60 schließt bis südwestlich von Mägdesprung auf, das von der Co. F gehalten wird. Die Co. E steht in Harzgerode und die Co. G in Silberhütte. Südlich von Harzgerode wird Neudorf, das zuvor von einer kleinen Kampfgruppe der Div. Sturm verteidigt wurde, ohne größeren Widerstand besetzt. Das 1./60 steht mit der Co. C im Selketal östlich von Mägdesprung und der Co. B im Bereich Wilhelmshof, nordöstlich von Harzgerode. Teile der Co. A erreichen mit Mühe Mägdesprung, während der Rest noch in Bärenrode, nördlich von Güntersberge, steht. Dort war es am Vortag zu Kämpfen mit Teilen der SS-Pz.Brig. gekommen.[133]

Die Infanteristen des 3./60 halten in der Nacht Verteidigungsstellungen in Hasselfelde. In den frühen Morgenstunden werden diese Stellungen am Damm des Faulen Teichs von einem Stoßtrupp des Gren.Rgt. „Potsdam 2" angegriffen, von dem Teile noch immer ihre Stellungen auf dem Hohen Berg, nördlich des Ortes, halten. Überraschend tauchen sie im Rücken der amerikanischen Infanteristen auf und eröffnen, unterstützt durch ihre Hauptkräfte am Hohen Berg, das Feuer. Dann ziehen sie sich unter Ausnutzung des entstandenen Durcheinanders wieder zurück. Zurück bleibt eine unbekannte Anzahl verwundeter und gefallener amerikanischer Soldaten. Nachdem diese geborgen sind, greift das 3./60 mit Artillerie- und Panzerunterstützung die Stellungen am Hohen Berg an, doch der Angriff bleibt im Abwehrfeuer schwerer MG liegen.[134] Nach Verlusten auf beiden Seiten ziehen sie sich wieder nach Hasselfelde zurück, wo in der Zwischenzeit die Ablösung durch Infanteristen des 2./18 der 1st US InfDiv erfolgt ist.

Nachdem sich das 3./60 versammelt hat, beginnt es um 10.00 Uhr (B) mit dem Marsch in den neuen Abschnitt für den Angriff auf Thale. Über Stiege erreicht es Güntersberge und beginnt, angelehnt an die rechte Flanke des RCT 18, ohne große Pause mit dem Angriff nach Norden. Ein erster Angriff durch den Allroder Forst auf Allrode wird durch starken Widerstand abgewiesen. Erst nach Artilleriebeschuss, der im Ort zwei Einwohner tötet und 18 Gebäude zerstört, gelingt es den Infanteristen um 16.00 Uhr (B) Allrode zu besetzen. Nur eine, gut getarnt am Krugberg eingegrabene, Kompanie des Gren.Rgt. „Potsdam 2" leistet bis zum Abend erbitterten Widerstand. Ihre Reste weichen nach schwerem Beschuss nach Treseburg aus. Bei den Kämpfen im Raum Allrode fallen 46 Amerikaner. In den umliegenden Wäldern werden in den darauffolgenden Tagen etwa 20 gefallene deutsche Soldaten gefunden.[135]

Die TF Carter wird um 07.00 Uhr (B) abgestellt. Am Abend geht die 4th CavGp in die Unterstellung unter die 9th US InfDiv. Der Div.CP der 9th US InfDiv geht um 16.00 Uhr (B) von Uftrungen nach Wippra. Die 9th US InfDiv registriert 2320 Gefangene. Das VII. US Corps registriert bei der 1st US InfDiv 68 und bei der 9th US InfDiv 70 Gefallene im Tagesverlauf.

Auf deutscher Seite wird beim Stellv. VI. AK Elbingerode, dass durch eine K.Gr. unter Führung des K.Kdt. Oblt. op de Hipt verteidigt wird, zwei Tage lang durch amerikanische Artillerie aus dem Raum Königshütte beschossen. Auch Jagdbomber greifen den Ort an. Dabei werden 15 Wohn- und Geschäftshäuser zerstört bzw. stark beschädigt, 21 Einwohner werden getötet.[136] Nach dem Einschlag einer Granate im Gefechtsstand des K.Kdt., bei dem es einen Toten und mehrere Verletzte gibt, verlegt Oblt. Op de Hipt seinen Stab in den Bunker eines Schießstandes nördlich der

Stadt. Eine Gruppe von Hitlerjungen aus Göttingen, die sich auf dem Gefechtsstand meldet, um im Raum Elbingerode einen „Werwolf"-Einsatz durchzuführen, wird von op de Hipt abgewiesen und weitergeschickt.[137] Dann kommt es zu einem Vorfall, der typisch für die unklare Lage im gesamten Harzraum ist. Ein amerikanischer Aufklärungstrupp hält Elbingerode bereits für amerikanisch besetzt und fährt ahnungslos den deutschen Vorposten vor Elbingerode in die Arme. Diese nehmen einen völlig überraschten Captain und seine Männer ohne Widerstand fest und bringen ihn zu op de Hipt. Doch noch überraschter dürften sie wohl gewesen sein, als dieser sie nach einem kurzen Verhör wieder laufen lässt. Op de Hipt weiß nicht, wohin er die Gefangenen bringen soll, da kein Kontakt zu vorgesetzten Stäben besteht.[138]

Im Abschnitt des LXVI. AK nehmen amerikanische Truppen Braunlage und erreichen Schierke. Dort stehende Teile des SS-Rgt. Holzer weichen in die Wälder aus. Die Artillerie sprengt aus Munitionsmangel ihre letzten Geschütze. Der Korpsgefechtsstand verlegt von der Oberförsterei in Elend in die Ziegelei westlich Rothehütte.[139] Der Kontakt zu den Gefechtsständen der SS-Pz.Brig. und 326. VolksGrenDiv geht verloren. Zersplitterte Gruppen leisten im gesamten Kampfraum, unterstützt von einigen Panzern, Pak und Panzerzerstörertrupps, vereinzelten Widerstand.[140] Die Reste der K.Gr. Graf v. Brühl werden in der Einheit „Kather" zusammengefasst und versammeln sich in einem Waldstück bei Gernrode.[141] Zum befohlenen Abmarsch der K.Gr. Richtung Elbe kommt es auf Grund des amerikanischen Vorstoßes in den Raum Aschersleben nicht mehr. Lediglich die Instandsetzungsdienste des Pz.Art.Rgt. 146 unter Oblt. Kempe erreichen Lauenburg und gehen zur Division „Clausewitz".[142] Die Reste der K.Gr. Fallois unter Führung von Hptm. Hagmüller versuchen den Ausbruch über Quedlinburg – Aschersleben. Aber der Versuch endet am 19. April bei Ballenstedt. Dort lässt Hptm. Hagmüller seine Männer ein letztes Mal antreten und verabschiedet sich von ihnen. Dann löst sich die Kampfgruppe auf.[143]

Beim Stellv. IX. AK werden die Reste der 5. FschJgDiv weiter ostwärts bis in die Nähe der Straße Elend – Tanne gedrückt. Im Raum Stolberg - Hainfeld – Poppenberg - Netzkater - Rothesütte sind die Reste der K.Gr. Großkreutz eingekreist. Der Kontakt zum Korps ist abgerissen. Die K.Gr. Worgitzki weicht vor dem, über Tanne nach Norden drückenden, Feind zurück.[144] Die K.Gr. der H.U.S. Eisenach, die bisher der 326. VolksGrenDiv unterstellt war und in den Raum Braunlage ausgewichen ist, löst sich auf und die Reste werden der K.Gr. Worgitzki unterstellt. Es sind nur noch zirka 35 Mann.[145] Unter Ihnen befindet sich neben dem Eichenlaubträger, Hptm. Johannes Bölter, auch der Adjutant der H.U.S. Eisenach, Oblt. vom Felde. Die beiden PzKpfw VI, der „Königstiger" und der „Tiger" der K.Gr. der H.U.S., die Braunlage verteidigt haben, setzen sich mit unbekanntem Ziel ab. Ein Bericht besagt, dass Hptm. Bölter einen „Königstiger" *„bei Schierke"* verloren haben soll. Hierfür finden sich aber keine Beweise. Es handelt sich wahrscheinlich um den gesprengten PzKpfw VI „Tiger" unter der Eiche auf der Wiese bei Drei-Annen-Hohne, dessen Überreste noch nach Kriegsende dort lagen und der in den amerikanischen Unterlagen als PzKpfw IV Erwähnung findet. Ein „Königstiger" wird dann am 19. April von den Panzerjägern des 2nd Plat. Co. C, 634th TD Bn im Bereich Mandelholz, südwestlich von Königshütte, als zerstört gemeldet. Der Korpsgefechtsstand des LXVI. AK geht in das Jagdschloss Todtenrode, südlich von Blankenburg.[146]

Im Abschnitt des LXVII. AK stehen die unterstellten Teile der InfDiv „Potsdam" auf der Linie Wendefurth – Altenbrak – Treseburg im Kampf gegen die, aus Süden angreifenden, amerikanischen Truppen. Die Div. Sturm kämpft östlich der Linie Harzgerode – Königerode – Rotha – Morungen. Ihre Kampfgruppen sind durch den Vorstoß der 9th US InfDiv völlig aufgesplittert. Reste stehen eingeschlossen im Gebiet Rotha - Morungen - Wippra, nördlich von Wippra, bei Popperode, zwischen Molmerswende und Pansfelde und im Selketal. Die K.Gr. Burian, die nur noch aus 17 Mann besteht, löst sich bei Königshütte auf. Das Gut Horbeck, nördlich von Abberode, wo sich der Divisionsgefechtsstand befindet, wird durch amerikanische Artillerie beschossen und geht in Flammen auf. Kurz darauf greifen amerikanische Truppen überraschend das Gut an und einige Männer des Stabes geraten in Gefangenschaft. Der Stab flieht und bezieht Quartier in der Selkemühle, 3½ Kilometer südlich von Ballenstedt.[147]

In Blankenburg trifft Maj.i.G. Kurt Weiß vom AOK 11 ein und verkündet dem Standortältesten, Maj. Alexander Nowakowski, und dem K.Kdt. der Stadt, Maj. Laufenberger, dass General Lucht plant, seinen Gefechtsstand in das Blankenburger Schloss zu verlegen. Nur mit großer Mühe gelingt es dem Schlossherrn, Herzog Ernst August von Braunschweig, Maj. Weiß zu überzeugen, dass das Schloss, das voll von Verwundeten und Flüchtlingen ist und in dessen Kellern die Kunstschätze der Braunschweiger Kirchen und des Herzog-Ulrich-Museums lagern, nicht der Gefahr der Beschießung und Zerstörung ausgesetzt werden darf. Nach seiner Rückkehr zum AOK übermittelt Weiß Lucht überzeugend diese Bedenken und so entscheidet sich der für das Kloster Michaelstein.[148]

Kriegstagebuch des OKW/WFSt vom 18. April 1945: *Die Luftversorgung der 11. Armee, von der im Augenblick Meldungen fehlen, ist angelaufen...*

Geheime Tagesberichte der Wehrmachtsführung vom 18. April 1945:
OB West, 11. Armee: *Im Harz gelang es dem Gegner erneut Einbrüche zu erzielen. Von Westen drang er bis hart westlich Rothesütte vor. Aus dem Raum Hasselfelde – Güntersberge nach Nordosten vordringende Feindkräfte erreichten Treseburg, Friedrichsbrunn und Mägdesprung. Eigene Kräfte wurden vom Feind nach Norden auf den Selke-Abschnitt zurückgedrängt.*

Am **Mittwoch**, dem **18. April 1945**, setzt beim XIX. US Corps der 9th US Army das RCT 330 der 83rd US InfDiv die Säuberung des Harzes mit dem 3./330 nach Südosten und dem 2./330 nach Osten fort. Während des gesamten Tages sperren deutsche Sprengtrupps immer wieder die Vormarschwege. Am Abend steht das 2./330 nordwestlich von Drei-Annen-Hohne, wo es auf zwei deutsche Selbstfahrlafetten trifft. Die Co. K, 3./330 rückt nördlich des 2./330 nach Osten zur Bahnstrecke Wernigerode – Drei-Annen-Hohne vor und die Co. L erreicht das Gebiet nördlich der Zillierbachtalsperre. Auf Grund des nachlassenden Widerstandes plant der CO 330th InfRgt, Col. Robert T. Foster, in dieser Phase, das 2./330 aus der Angriffsfront herauszuziehen, zu reorganisieren und auf den Angriff auf Blankenburg vorzubereiten.

Das CCB der 8th US AD setzt den Auftrag des XIX. US Corps zur Abschirmung des Raumes Halberstadt nach Süden zur Verhinderung von Ausbruchsversuchen deutscher Truppen aus dem Harz durch intensive Patrouillentätigkeit fort. Dabei war es in den Tagten zuvor mehrfach in den Wäldern südlich von Derenburg und im Heimburger Wald zu Feindkontakten gekommen. Zur Ausschaltung dieser Bedrohung der rechten Flanke des CCB erteilt der CO CCB, Col. Burba, der TF Roseborough, 49th AIB, den Befehl zur Säuberung des großen Waldgebietes südlich von Derenburg mit einer Kompanie Panzerinfanterie und zur Besetzung einer starken Sicherungslinie gegen den Heimburger Wald, ohne in diesen einzudringen. Gleichzeitig fordert Col. Burba einen kombinierten Artillerie- und Luftschlag auf den Heimburger Wald an, um die deutschen Gruppierungen in diesem Abschnitt zu zerschlagen und so die Gefahr eines Gegenangriffs zu verringern.

Um 08.00 Uhr (B) beginnt die Co. C, 49th AIB aus dem Versammlungsraum bei Derenburg mit der Säuberungsaktion und dringt in das Waldgelände südöstlich von Derenburg ein. Ohne auf großen Widerstand zu treffen, erreichen die Panzerinfanteristen die R 81 zwischen Osterholz und Pfeifenkrug. Hier beziehen sie in Erwartung des angekündigten Luftschlages auf den Heimburger Wald die befohlene Sicherungsstellung. Doch der Luftangriff verzögert sich auf Grund der Wetterlage. Dafür nimmt Artillerie das Waldgebiet unter Beschuss. Erst um 15.30 Uhr (B) greifen die Jagdbomber an. Brand- und Sprengbomben schlagen im Heimburger Wald ein und lösen Brände aus. Über die dort liegenden jungen Grenadiere eines Bataillons des Gren.Rgt. „Potsdam 3“, die in den vorangegangenen Tagen nur vereinzelt Feindkontakt hatten, bricht ein Inferno herein. Als die Jagdbomber abdrehen zieht sich die Masse des Bataillons in Erwartung des nachfolgenden Angriffs der Panzer und Infanterie in Richtung Michaelstein zurück.[149] Dass die amerikanischen Truppen zu diesem Zeitpunkt keinen Angriff planen, können sie nicht wissen.[150]

Beim VII. US Corps der 1st US Army setzt die 1st und 9th US InfDiv die Zerschlagung der deutschen Truppen im Harz fort. Die 1st US InfDiv rückt weiter nach Osten und Nordosten vor und stellt den Kontakt mit der 9th US Army her.

Beim RCT 18 hält das 2./18 in der Nacht seine Stellungen bei Hasselfelde. Im Schutz der Morgendämmerung erfolgt um 05.30 Uhr (B) der Angriff der Co. F, 2./18 auf die deutschen Stellungen am Hohen Berg, nördlich von Hasselfelde. Wie am Vortag treffen die Infanteristen auf starkes Abwehrfeuer, das sie zum Rückzug zwingt. Daraufhin wird die Co. G motorisiert und fährt von Hasselfelde nach Südosten und schwenkt dann nach Norden, um die Stellungen auf dem Berg von der R 81 aus von Nordwesten anzugreifen. In der Zwischenzeit nehmen die Geschütze des 32nd FA Bn aus Stellungen bei Stiege den Berg unter Beschuss. Dennoch wird auch der zweite Angriff der Co. F, der unter dem Schutz einer von der Co. D, 87th Cml Mort Bn geschossenen fast zweistündigen Nebelwand und mit Unterstützung des Feuers des 2nd Plat. Co. B, 745th Tk Bn erfolgt, sowie durch die von Norden kommende Co. G verstärkt wird, abgewiesen. Nur im Schutz einer zweiten Nebelwand können die verwundeten Soldaten evakuiert werden. Erst nach dem Einsatz von noch mehr Artilleriefeuer und der zusätzlichen Feuerunterstützung durch die Werfer der Co. D, 87th Cml Mort, gelingt es mit Unterstützung der Panzer und Panzerjäger und den um 13.00 Uhr (B) eingetroffenen leichten Panzern des 2nd Plat. Co. D, 745th Tk Bn um 14.30 Uhr (B) den deutschen Widerstand zu brechen. Die Reste der drei Kompanien des Gren.Rgt „Potsdam. 2" verlassen ihre Stellungen und ziehen sich entlang der R 81 in die Wälder zurück. Dort leisten sie bis zum Abend hinhaltenden Widerstand.[151] Während die Infanterie weiter die Wälder säubert, fahren die Panzer gegen 16.00 Uhr (B) nach Hasselfelde zurück. Gegen 18.00 Uhr (B) erfolgt im Bereich Hoher Berg von Nordwesten her ein letzter deutscher Gegenangriff von zirka 150 Mann mit Artillerie- und Granatwerferunterstützung auf die Stellungen der Co. F, der aber durch starkes Feuer abgewiesen wird. Als Oberst Grassau am Abend erfährt, dass Rübeland in der Zwischenzeit besetzt ist, befiehlt er seinen Grenadieren den Rückzug auf Altenbrak, um einer Einkesselung zu entgehen. [152] Damit enden die dreitägigen Kampfhandlungen bei Hasselfelde. Über die Opferzahlen gibt es verschiedene Angaben. Nach deutschen Angaben werden bei diesen Kämpfe 30 Deutsche und 60 Amerikaner getötet.[153] Die Amerikaner berichten einmal von zwölf gefallenen und zwölf verwundeten Deutschen und an einer anderen Stelle von 20 bis 25 gefallenen Deutschen und 12 erbeuteten MG's. Außerdem werden bei der Säuberung des Gebietes acht erschossene KZ-Häftlinge gefunden, deren Fund an die Kommission für Kriegsverbrechen gemeldet wird. Unter der Zivilbevölkerung von Hasselfelde fordern die Kämpfe neun Todesopfer *„durch Granatsplitter und Beschuss"*.[154]

Das 3./18 rückt um 06.00 Uhr (B) von Stiege aus mit der Co. I an der Linken und der Co. K an der Rechten, gefolgt von der Co. L nach Nordosten auf Altenbrak und Treseburg vor. Um 07.00 Uhr (B) folgen die unterstellten Panzer des 3rd Plat. Co. B, 745th Tk Bn. Bei dem Vormarsch trifft das Bataillon immer wieder auf starken Widerstand und macht eine große Anzahl von Kriegsgefangenen. Gegen Mittag wird

Treseburg durch die Co. K besetzt. Am Nachmittag steht der Bn.CP südlich von Treseburg im Bereich Bossleich, wo auch die Werfer des 2nd Plat. Co. D, 87th Cml Mort Bn in Feuerstellung gehen. Hier treffen auch die Panzer des 1st und 3rd Plat. Co. D, 745th Tk Bn über Allrode kommend ein. Gegen 16.00 Uhr (B) erreichen die Reste einer der Kompanien des Gren.Rgt. „Potsdam 2“ auf ihrem Rückzug vom Hohen Berg bei Hasselfelde nach Treseburg diesen Bereich. Es kommt zu einem kurzen Gefecht und die Masse geht in Gefangenschaft. Nur wenigen gelingt die Flucht.[155] Am Abend hat die Co. I Altenbrak und die Co. K Treseburg gesichert. Die Panzer melden die Vernichtung von einer Pak und zwei Panzerjagdkommandos, bevor diese auf sie feuern konnten, und die Beschädigung eines eigenen Panzers durch ein unerkanntes Panzerjagdkommando. Dabei werden drei Mann der Besatzung verwundet.

Links vom RCT 18 rückt beim RCT 16 das 1./16 mit dem Auftrag, Rübeland einzunehmen, weiter nach Norden vor. Hierfür wird das Bataillon mit der Co. G, 2./16 verstärkt, die am frühen Morgen mit Lastwagen von Hohegeiß nach Benneckenstein transportiert wurde. Feuerunterstützung sollen die Geschütze des 5th und 7th FA Bn unter Maj. Donald A. Heath und die Kanonen der Cn Co. des Bataillons geben. Um 07.00 Uhr (B) beginnt das 1./16 aus seinem Versammlungsraum bei Benneckenstein den Angriff nach Nordosten entlang der „Langen“ auf Rübeland. In einem Bericht der Co. G, 2./16 wird es später heißen: *„Der Vormarsch begann schon sehr früh sehr schnell, obwohl die dichten Wälder arge Hindernisse waren und unser Vormarsch immer wieder durch weiche Böden unterbrochen wurde. Die Wälder weckten in uns Erinnerungen an die Aktionen, als wir durch den Hürtgenwald gingen.“*[156] Bereits kurz nach Angriffsbeginn trifft die Co. A, 1./16 auf Widerstand und der CO, 1st Lt. Lawrence Strickland, wird getötet. Lt. Hanna übernimmt die Kompanie und im Zusammenwirken mit der Co. C geht der Angriff weiter. Ein weiterer Widerstandsherd wird mit Hilfe der herbeigerufenen Panzer des 1st Plat. Co. A, 745th Tk Bn, die die Co. B begleiten, und der schweren MG des unterstellten Plat. der Co. D, 1./16 unter schweren Beschuss genommen. Dennoch gelingt es nicht, den Widerstand zu brechen. Panzerfaustfeuer zwingt die Panzer zum Rückzug. Erst ein Flankenangriff der Co. C mit Unterstützung der Panzer und schweren MG beseitigt den Widerstand und der Angriff geht unter dem Schutz von herbeigerufenen P-47 „Thunderbolt“ Jagdbombern weiter. Diese werden durch deutsche 2cm Flak auf Halbkettenfahrzeugen beschossen, woraufhin auch sie zum Ziel der Jagdbomber werden. Auch die Co. G, die rechts der „Langen“ vorrückt, trifft auf Scharfschützen-, MG- und Panzerfaustfeuer, das mit Hilfe von Granatwerferfeuer überwunden wird. Inzwischen treffen auch hier die Panzer ein und unterstützen den Vormarsch der Infanterie. Beim weiteren Vormarsch stoßen die Infanteristen der Co. G, 2./16 auf einen schweren deutschen Panzer. In dem Bericht heißt es: *„An der Flanke befand sich ein einzelner ‚Pott‘ um den eine größere Anzahl [Soldaten d.A.] herumstanden. Sie wurden angerufen zu kommen und sich zu ergeben, aber der Panzer schwenkte seinen Turm und* *feuerte eine Runde von HE (Flammen) [richtig - ein Schuss Sprengmunition d.A.] und pflasterte das Gebiet mit MG-Feuer. Wir konnten an diesem Ort keine Gefangenen machen.“*[157]

Die Infanteristen des 1./16 sichern die Wegekreuzung am Ende der „Langen“ südlich von Rübeland. Dann erreichen sie Rübeland, das nach Gefangenenmeldungen von einer SS-K.Gr. und Alarmeinheiten verteidigt wird, zu denen auch 50 Mann der K.Gr. op de Hipt gehören, die man bereits in Braunlage eingegliedert hatte.[158] Anbetracht des zu erwartenden Widerstandes werden schwere MG in den umliegenden Felsen in Stellung gebracht. Dann greifen Jagdbomber den Ort an. Vorsichtig rückt die Infanterie mit der Co. C an der Linken und der Co. B an der Rechten hinter den feuernden Panzern in den Ort ein. Doch als sie in den Ort eindringen, treffen sie kaum auf Widerstand. Ein Großteil der Verteidiger hat sich bereits abgesetzt, der Rest ergibt sich. Hunderte Gefangene werden gemacht.[159] In dem Lazarett der Stadt werden 800 Personen, einschließlich des Personals, vorgefunden. Südöstlich von Neuwerk wird ein Fahrzeugpark mit 50 Fahrzeugen erbeutet. Um 17.30 Uhr (B) nähert sich auf der Straße Rübeland – Elbingerode eine ahnungslose deutsche Kolonne den Sicherungen am Ortseingang. Noch bevor sie die Gefahr erkennen, eröffnen die Panzer das Feuer und zerstören 30 Fahrzeuge. Am Abend steht die Co. B und C, 1./16 in Rübeland und die Co. G sichert die Kreuzung 2,5 Kilometer südlich der Stadt. Die Co. A sichert die Höhe oberhalb der Stadt. Die Co. D, 1./16 bezieht mit dem Mort Plat. und AG Plat. 745th Tk Bn Feuerstellungen südlich der Stadt.

Das 2./16 fährt mit dem 2nd Plat. Co. A, 745th Tk Bn über Sorge nach Elend, wo es gegen 12.00 Uhr (B) durch die Linien des 1./26 geht und mit der Co. E voraus, mit Panzerunterstützung, ostwärts angreift. Dabei trifft es auf starken Widerstand. Erst gegen 20.00 Uhr (B) erreicht es Rothehütte, wo der Kontakt zum 3./16 hergestellt wird. Am Abend sichert das Bataillon den Straßenabzweig nach Norden östlich von Elend und steht auf der Straße westlich von Rothehütte.

Um 07.00 Uhr (B) beginnt das 3./16 mit der Co. I und K und dem 3rd Plat. Co. A, 745th Tk Bn von Tanne aus den Vormarsch nach Norden. Kurz hinter Tanne treffen sie auf deutsche Truppen. Zwei deutsche Sturmgeschütze und Infanterie stellen sich der Co. K in den Weg. Auch bei der Co. I werden deutsche Fahrzeuge in der Flanke gemeldet. Nur langsam geht der Vormarsch voran. Immer wieder stoppen deutsche Truppen mit Panzerunterstützung den Vormarsch. Gegen Mittag melden die Panzer eine deutsche Selbstfahrlafette als zerstört, bei der es sich vermutlich um die Selbstfahrlafette handelt, deren Wrack mit gesprengtem Rohr nach dem Ende der Kampfhandlungen am Bodehang vor Königshütte, neben dem Einlauf des Spielbaches, gefunden wurde.[160] Schwere 155mm Geschütze des 5th FA Bn, die bei Tanne in Stellung gegangen sind, nehmen die deutschen Truppen unter Beschuss. Angeforderte Jagdbomber greifen am Nachmittag mehrfach erkannte deutsche Truppenbewegungen an. Dann erreichen die Infanteristen des 3./16 die Bode zwischen den Ortsteilen Rothehütte und Königshof und am späten Nachmittag ist Königshütte vollständig besetzt. Dabei fallen den Infanteristen Soldaten aller Waffengattungen in die Hände, die sich nach mehr oder weniger Widerstand ergeben. Durch Gefangenenbefragung erfahren sie, dass zwei amerikanische Offiziere des 16th InfRgt, die Capt. Clarks und Wilder, noch leben und unverletzt sind. Sie waren einige Tage zuvor bei einer Aufklärungsfahrt in deutsche Gefangenschaft geraten und gelten seitdem als „MIA" (Missing in Action – Im Einsatz vermisst).[161] Um 20.55 Uhr (B) bezieht der Bn.CP des 3./16 Quartier in Königshütte. Ein Aufklärungsvorstoß auf Elbingerode wird durch die Vorposten der K.Gr. Elbingerode abgewiesen. Der K.Kdt. von Elbingerode, Oblt. op de Hipt hat zwei seiner Kompanien an den wichtigsten Straßenzugängen nach Elbingerode Stellung beziehen lassen.[162]

Im Westabschnitt der 1st US InfDiv meldet die Co. B, 1./26 um 06.00 Uhr (B) eine deutsche Patrouille an der Nordostecke von Elend, die bekämpft wird. Die leichten Panzer der Co. D, 745th Tk Bn, die gemeinsam mit der Infanterie Elend gesichert haben, werden um 10.00 Uhr (B) aus der Unterstellung abgelöst und fahren zum 2./18 nach Hasselfelde. Eine Patrouille der Co. B entdeckt gegen 11.00 Uhr (B) im Bereich Barenberg, nordwestlich von Elend, eine verlassene Batterie von fünf pferdebespannten 12cm Kanonen.[163] Ein Hitlerjunge wird im Schlaf überrascht, fünf Pferde erbeutet. Die Geschütze werden zerstört. Später ergeben sich die Geschützbedienungen, die sich in den Wäldern versteckt hatten. Gegen 14.00 Uhr (B) kommt es zu einem versehentlichen Angriff von fünf amerikanischen Jagdbombern auf Elend, die beim Überflug erbeutete deutsche Fahrzeuge ausgemacht hatten und diese für feindliche Truppen hielten. Erst Rauchzeichen und Signaltücher machen sie nach drei Überflügen auf den Irrtum aufmerksam. Zum Glück wird niemand verletzt oder getötet. Insgesamt verzeichnet das 1./26 500 Gefangene der Kämpfe vom 17./18. April bei Elend.[164] Während die Infanteristen Elend sichern, errichten die Pioniere des 1st Engr C Bn unter dem Kommando von Lt.Col. William B. Gara zwischen Braunlage und Elend an Stelle der zerstörten Brücke über die Bremke eine Holzbrücke.

Das 2./26 setzt den Angriff auf Schierke mit der Co. E von Westen und der Co. F von Südwesten mit Artillerieunterstützung gegen hartnäckigen Widerstand fort. Am Brockenaufstieg, nördlich von Schierke, geraten zwei PzKpfw IV der I./Pz.Rgt. 33 unter amerikanischen Artilleriebeschuss, wobei ein Panzer getroffen wird und ausbrennt.[165] Später meldet der 2nd Plat. Co. C, 745th Tk Bn, dessen Panzer den Angriff der Infanterie begleiten, einen PzKpfw IV und eine Selbstfahrlafette als ausgeschalten.[166] Als die Infanteristen in Schierke eindringen, kommt es zu Straßenkämpfen mit Teilen des SS-Rgt. Holzer, die bis zum Nachmittag anhalten. Um 16.30 Uhr (B) wird der Ort als besetzt gemeldet. Holzer hat sich rechtzeitig mit seinem Gefechtsstand aus dem Ort abgesetzt. Zirka 50 deutsche Soldaten sollen bei den Kämpfen im Raum Schierke gefallen sein.[167] Patrouillen werden ausgesandt, um den Kontakt zum

1./26 in Elend herzustellen. Das Gebiet nördlich von Braunlage wird durch das 3./26 gesäubert, das den Kontakt zur 83rd US InfDiv an der Nordflanke herstellt. Dabei werden die letzten Reste der 5. FschJgDiv im Raum Braunlage zersprengt. Die Rcn Co. 634th TD Bn verlegt nach Allrode und wird dem RCT 18 unterstellt.

Bei der 9th US InfDiv beginnt im Abschnitt des RCT 39 das 1./39 um 07.00 Uhr (B) mit dem Angriff nach Westen, während das 2./39 die Säuberung von Aschersleben fortsetzt. Um 11.30 Uhr (B) ist Aschersleben vollständig besetzt. In Raum Walbeck finden sie vier Lazarette und zwei Fabriken für Flugzeugteile. In der Zwischenzeit kommt das 1./39 gut voran. Um 13.00 Uhr (B) unterstellt die Division dem RCT 39 die 4th CavGp, die den Raum Aschersleben erreicht hat, und bildet mit ihr die TF X unter Führung des Stellvertretenden Divisionskommandeurs Brig.Gen. Hammond D. Birks. Diese Task Force besetzt bis zum Abend die Orte Badeborn, Sinsleben, Falkenstein/Harz, Rieder, Frose, Reinstedt und Hoym.

Teile der TF X erreichen Quedlinburg. Die altehrwürdige Domstadt, die heute auf der Liste des UNESCO-Weltkulturerbe steht, hat Glück im doppelten Sinne. Glück zum einen, weil Quedlinburg die Stadt ist, in der seit 1936, dem 1000sten Todestag des deutschen Königs Heinrich I., der Reichsführer SS, Heinrich Himmler, seine jährliche „König-Heinrich-Feier" abhalten lässt. Himmler, der König Heinrich I. als Vorbild für seine SS ausgewählt hatte, hatte sogar verkünden lassen, dass er dessen Gebeine in der Krypta des Domes zu Quedlinburg[168] hat exhumieren lassen, obwohl sie nie gefunden wurden. Goebbels notierte hierzu in seinem Tagebuch vom 3. Juli 1937: *„Himmler hat die Gebeine Heinrichs I. heraus gebuddelt."*[169]

Zum anderen ist Quedlinburg bereits seit dem Ende des 17. Jahrhunderts mit kurzen Unterbrechungen Garnisonstadt. Die Infanteriekaserne hatte in den Jahren 1933 bis 1945 eine Vielzahl von Truppenteilen der deutschen Wehrmacht beherbergt. Doch jetzt sind die Kaserne und der nahegelegenen Fliegerhorst, der 1936 aus dem Verkehrslandeplatz Ostharz entstanden war, leer. Auch die Ersatztruppenteile, die nach dem Ausmarsch der Fronttruppenteile mit Kriegsbeginn 1939 in den Kasernen zurückgeblieben waren, sind längst abgerückt und an den Fronten des Zweiten Weltkriegs verheizt worden. Zuletzt war Ende März 1945 das Gren.Ers.Btl. 487 der Div. z.b.V. 471 als Gren.Ausb.Btl. 487 im Rahmen der „Leuthen-Bewegung" mobil gemacht worden und das I. Btl. des Fsch.Jg.Ers.u.Ausb.Rgt. 1, das erst im Januar 1945 in Quedlinburg aufgestellt wurde, war Anfang April mit der Fsch.Jg.Ers.u.Ausb.Div. zur Oder-Verteidigung abgerückt. Das Personal der Fliegerhorst-Kommandantur, der Heeresfachschule, des Gerätelagers Quedlinburg der Heereszeuganstalt Halberstadt, der Standortverwaltung und des Wehrmeldeamtes sind entweder in der Harz-Verteidigung aufgegangen oder haben sich aus der Stadt abgesetzt.[170] So stellen sich an diesem Tag weder fanatische SS-Einheiten noch andere Verteidiger den amerikanischen Truppen entgegen. Am Abend ist die Stadt fast kampflos besetzt Dennoch erleidet die Stadt bleibende Schäden. Unwissend des Umstandes, dass die Stadt nicht verteidigt wird, feuert amerikanische Artillerie vor dem Einmarsch in die Stadt und beschädigt die Turmkuppeln des Quedlinburger Doms auf dem Schlossberg, wo man aus bisherigen Erfahrungen deutsche Beobachter vermutet.

Der 9th Rcn Tp kehrt um 13.00 Uhr (B) von der Unterstellung unter das RCT 39 unter die Kontrolle der Division zurück. Die TF Tincher wird um 21.00 Uhr (B) aufgelöst.

Beim RCT 47 rückt das 2./47 um 08.00 Uhr (B) von Pansfelde aus, um die Wälder westlich von Harzgerode zu säubern, während das 1./47 um 10.00 Uhr (B) aus dem Versammlungsraum Molmerswende nordwärts vorrückt. Bis 14.45 Uhr (B) haben die Bataillone ihren Auftrag erfüllt und das 1./47 hat Meisdorf und Opperode bei Ballenstedt besetzt. Am Abend steht das 1./47 mit den Panzern der Co. A, 746th Tk Bn in Ballenstedt im Kampf. Beim Vorrücken über ein offenes Feld vor der Stadt werden die Panzer durch Panzerjagdkommandos angegriffen. Dabei werden zwei Panzer beschädigt und zwei Mann getötet. Eine Einheit des Gren.Rgt. „Potsdam 3", die sich im Assmusstedter Holz eingegraben hat, leistet hartnäckigen Widerstand. *„Die angreifenden Amerikaner wurden zweimal geworfen, was die Beschießung mit Artillerie und Jabo Angriffe auf Ballenstedt zur Folge hatte. 20 deutsche Soldaten waren gefallen."*[171] Das 2./47 säubert den Raum westlich von Harzgerode und bezieht Sicherungsposten. Als letzter Ort im Landkreis Sangerhausen wird an diesem Tag Hayn endgültig besetzt.

Das RCT 60 setzt den Angriff um 07.30 Uhr (B) fort und säubert seinen Abschnitt. Insbesondere im Raum Mägdesprung treffen die Infanteristen auf Widerstand. Hier kommt es immer wieder zum Einsickern deutscher Truppen. Außerdem meldet die Aufklärung 2cm Flak und eine Gruppierung von bis zu zwölf Selbstfahrlafetten. Das 2./60 trifft auf einen einzelnen deutschen Panzer im Raum Mägdesprung und besetzt bis 17.00 Uhr (B) mit der Co. F Mägdesprung. Bei den Kämpfen werden elf deutsche Soldaten getötet.[172] Um 20.00 Uhr (B) wird die Co. G, 2./60 der TF Carter unterstellt. Die Task Force, der auch zwei Plat. Co. D, 746th Tk Bn unterstellt werden, hat den Auftrag, die linke Flanke der Division im Abschnitt Harzgerode – Silberhütte durch Straßensperren zu sichern. Das 3./60 setzt den Vormarsch von Allrode nach Nordosten fort. Als es sich Friedrichsbrunn nähert, kommt es südwestlich des Ortes zu anhaltenden Kämpfen mit deutschen Truppen, zu denen neben Teile der SS-Pz.Brig. auch Jungmannen der N.P.E.A. Ballenstedt gehören. Eine Gruppe von 25 Jungmannen stellt sich mit veralteten Beutegewehren und einigen Panzerfäusten den vorrückenden amerikanischen Infanteristen entgegen. Als diese zur Verstärkung Panzer heranführen, gelingt es den Jungmannen einen der Panzer abzuschießen. Dann setzt sich die Gruppe ab. Acht von ihnen geraten in Gefangenschaft.[173] Doch der Widerstand lässt nicht nach. Erst als amerikanische Infanterie von Westen, aus Richtung Allrode – Adlerteiche, den Ort erreicht, ziehen sich die letzten deutschen Truppen unter Artilleriebeschuss und Jagdbomberangriffen Richtung Bad Suderode zurück.[174] In Friedrichsbrunn fallen den amerikanischen Infanteristen vier Lazarette in die Hände. Eines der Lazarette soll nach amerikanischen Angaben „verteidigt worden sein", wodurch es zu leichten Verlusten kam. Um 18.45 Uhr (B) dringen nordöstlich von Siptenfelde deutsche Truppen in den Abschnitt des 1./60 ein und liefern sich schwere Kämpfe mit der amerikanischen Infanterie. Es gelingt in kurzer Zeit die eingedrungenen Kräfte zu eliminieren. Am Abend steht die TF Carter in Alexisbad, das 1./60 im Raum Friedrichsbrunn – Siptenfelde – Bärenrode, das 2./60 ohne die Co. G in Mägdesprung und östlich des Ortes und das 3./60 in Friedrichsbrunn.

Zum Schutz des rückwärtigen Divisionsraumes wird um 10.30 Uhr (B) die TF Hupfer unter Lt.Col. Clarence G. Hupfer, dem CO des 746th Tk Bn, aus je einem Platoon der drei AT Co. und Cn Co. der drei Regimenter, dem 81mm Platoon, zwei AG Plat. und einem Plat. Co. D, 746th Tk Bn gebildet. Der Div.CP in Wippra verzeichnet an diesem Tag 2901 Kriegsgefangene.

Die Jagdbomber der 365th und 404th Fighter Bomber Group der 84th Fighter Wing des IX. TAC, die den ganzen Tag die Truppen im Harz unterstützen, melden die Zerstörung von zirka 150 Lastwagen bei Elbingerode, von zehn Fahrzeugen in Sinsleben und 12 bis 15 Fahrzeugen bei Ballenstedt. Neben den Erfolgen fordern die Kämpfe im bergigen, bewaldeten Gelände gegen einen Feind, der sich hinter jedem Baum und Felsen verbergen kann, aber auch hohe Verluste. Von der Schwere der Kämpfe zeugen an diesem Tag 96 Gefallene bei der 1st US InfDiv und 154 bei der 9th US InfDiv.

Auf deutscher Seite setzt sich die Auflösung der Kommandostrukturen weiter fort. Durch das Zusammendrängen der Verbände auf immer engeren Raum, vermischen sich die Abschnitte der Korps, die kaum noch Verbindung zu ihren eigenen Truppen und zum AOK 11 haben. Dem Stellv. VI. AK werden Teile der InfDiv. „Potsdam" auf der Linie Heimburg – Wernigerode unterstellt. Das Gen.Kdo. LXVI. AK, das nur noch einige Splittergruppen direkt führt, verlegt auf Befehl der 11. Armee von Rothehütte in die „Zeche Büchenberg" der Hermann-Göring-Werke, zwei Kilometer nördlich von Elbingerode.[175] Dort lagert im Schacht 2 das Material der Bildstelle Kiew der Forschungsstaffel z.b.V. Die Forschungsstaffel, die unter Führung von Oblt. Dr. Otto Schulz-Kampfhenkel erst dem OKW/WFSt und ab 1944 dem RSHA unterstand, hatte während des Krieges u.a. den Auftrag, die Wehrmacht mit kartografischem Material zu versorgen. Die Bildstelle Kiew war einer der Bildstellen der Forschungsstaffel und war für *„Filmentwicklung, Herstellung von Kontaktabzügen, Duplikatfilmen, Bildtriangulationen, Bildskizzen, Bildplänen und Analglyhenbildern"* zuständig. Im nahegelegenen Clausthal-Zellerfeld befand sich seit dem 7. April 1945 das Verbindungskommando Heimat der Forschungsstaffel unter Sonderführer Günter Caulier-Eimbcke. Das Material der Bildstelle Kiew wird später von den englischen Truppen sichergestellt und abtransportiert.[176]

Die Reste der 5. FschJgDiv werden im Raum Braunlage zersprengt und verlieren den Kontakt zum vorgesetzten Stellv. IX. AK. Die nördlich davon stehende K.Gr. Worgitzki und dort befindliche Teile der InfDiv „Potsdam" werden dem LXVI. AK unterstellt.[177] Die Pz.Abt. Lambert der K.Gr. Worgitzki erhält den Befehl, die InfDiv. „Potsdam" nördlich von Elbingerode Richtung Wernigerode zu verstärken, um den Kontakt zum XXXIX. AK der 12. Armee herzustellen. Doch der Vorstoß scheitert.[178] Um 18.00 Uhr wird das Stellv. IX. AK durch das AOK 11 des Kommandos enthoben, da es über keine Truppen mehr verfügt. Um 22.00 Uhr erfolgt die Sprengung der Funkstelle im Jagdschloss Todtenrode bei Blankenburg. Der Komm.Gen. Fretter-Pico versteckt sich mit seinem Stab in den dichten Wäldern südwestlich von Blankenburg und geht am 22. April um 11.00 Uhr in die Gefangenschaft der 1st US InfDiv.[179]

Ansichtskarte der Gebietsführerschule der Hitlerjugend in Thale aus dem Bestand des Stadtarchives Thale, mit freundlicher Unterstützung durch Heiko Golla, Thale

Beim LXVII. AK zieht sich der Ring um die letzten Teile des Korps durch den gleichzeitigen Vorstoß der amerikanischen Truppen auf Ballenstedt, bei Friedrichsbrunn und am Hexentanzplatz weiter zusammen.[180] Die Div. Sturm wird an allen Abschnitten angegriffen. Eine einheitliche Führung ist nicht mehr möglich, der Kontakt zum Korps geht verloren. Ihre Reste werden zersplittert hinter die Linie Alexisbad – Harzgerode – Molmerswende – Stangerode – Meisdorf gedrückt.[181] Der Korpsstab weicht vor den Angriffen von Friedrichsbrunn nach Thale aus, wo Gen. Hitzfeld in der Gebietsführerschule der HJ seinen letzten Gefechtsstand einrichtet.[182] In Thale hat der K.Kdt. Oberst Bongarts, dem auch die Truppen am Hexentanzplatz unterstehen, hastige Verteidigungsvorbereitungen treffen lassen. *„An der ‚Windecke' (Friedrichsbrunner Straße) wurde ein Stollen gegraben und mit Sprengsätzen versehen, im Steinbachtal stellten deutsche Soldaten einen Tigerpanzer quer, an der Roßtrappenchaussee sowie am Kurpark sollten eingegrabene Pak-Geschütze den Vormarsch stoppen, auf dem Rübchen errichteten Volkssturmleute hölzerne Panzersperren."*[183]

Bei einem überraschenden Feinddurchbruch in Rübeland verliert die 11. Armee die Masse der OQu.-Abt. und Teile der Führungsabteilung. Andere Teile der Führungsabteilung hatten bereits in der Nacht zum 18. April in das Forsthaus „Zum Eggeröder Brunnen" verlegt.[184] Diese verlegen noch am gleichen Tag mit dem verbliebenen Stab der 11. Armee in die Höhle Volkmarskeller vier Kilometer südwestlich von Michaelstein im Kloster Michaelstein.[185] Zu den Gen.Kdo's besteht keine Drahtverbindung mehr.

Aus dem Führerhauptquartier 19. April 1945. Das Oberkommando der Wehrmacht gibt bekannt:[186] *„Im mittleren und unteren Harz halten unsere Kampfgruppen dem starken Druck der Amerikaner stand. In einigen Abschnitten eingebrochener Feind wurde in Gegenangriffen aufgefangen oder geworfen..."*

Am **Donnerstag**, dem **19. April 1945** kommt beim XIX. US Corps die 8th US AD unter Kontrolle des Corps und ihr CCA und CCB bereitet sich am Ostrand des Harzes auf die Räumung von Blankenburg vor. Das CCB geht nach Westhausen. Dort hat die Co. B, 49th AIB, die der TF Van Houten unterstellt ist, Kontakt mit der 4th CavGp. Die Co. C, 49th AIB der TF Roseborough hält ihre Sicherungslinie südlich des Heimburger Wald und beobachtet gemeinsam mit Teilen der Co. A die deutschen Aktivitäten in diesem Abschnitt. Trotz des schweren Luftangriffs vom Vortag, vermutet man dort weiterhin eine starke deutsche Gruppierung. Zur Abwehr eines möglichen Angriffs deutscher Truppen aus Richtung Heimburg bildet die Co. A im Versammlungsraum bei Derenburg eine mobile Reserve. Doch die wenigen Sicherungen des Gren.Rgt. „Potsdam 2", die in den Stellungen verblieben sind, sind zu einem solchen Angriff längst nicht mehr in der Lage. Die Reste haben sich auf Michaelstein zurückgezogen. [187] Das CCA unter Brig.Gen. Charles P. Colson fährt nach Wernigerode. Das CCR unter Col. Yarrow D. Vesley wird nach der Ablösung durch die 2nd US AD nach Aspenstedt in Marsch gesetzt.

Das RCT 330 der 83rd US InfDiv durchkämmt den Harz an der rechten Rückseite des Corps. Während die Co. K, 3./330 nordwestlich von Drei-Annen-Hohne Straßensperren betreibt, rückt die Co. L zur Staumauer der Zillierbachtalsperre vor. Dort kommt es zu einem Gefecht mit deutscher Infanterie und einigen Schützenpanzern. Eines der Halbkettenfahrzeuge und ein Lastwagen werden zerstört, drei Halbkettenfahrzeuge, ein Lastwagen und eine 2cm Vierlingsflak werden erbeutet. Nach dem Ende der Kämpfe finden Einwohner von Wernigerode auf der Suche nach Brauchbarem am Bunker vor der Staumauer der Talsperre einen getöteten SS-Mann und auf Höhe der Staumauer ein verlassenes Halbkettenfahrzeug mit 2cm-Vierlingsflak.[188] Während die Co. L Patrouillen nach Süden und Osten aussendet, geht die Co. K zum Westufer der Talsperre und sperrt die einzige Straße nach Süden, Richtung Drei-Annen-Hohne. Damit schneidet sie den deutschen Truppen den Weg ab, die sich vor der Co. L zurückziehen. Insgesamt macht das 3./330 während des Tages annähernd 500 Gefangene und erbeutet 60 Fahrzeuge. Das 2./330 versammelt sich im Mühlental bei Wernigerode. Am Nachmittag erhalten die Bataillone den Befehl, sich auf die Ablösung durch das CCA der 8th US AD am nächsten Tag vorzubereiten.

Bei der 1st US InfDiv setzt das 3./18 des RCT 18 die Säuberung von Treseburg fort und verbessert seine Positionen in Vorbereitung des Angriffs auf Thale. Dabei kommt es zu einem folgenschweren Zwischenfall, als der Jeep mit dem CO und dem S-3 Offizier des 3./18 nach der Rückkehr von der Co. K direkt vor dem Bn.CP im Hotel „Bode“[189] in Treseburg durch einen deutschen MG-Trupp beschossen wird. Dabei wird der S-3 getötet und der CO des 3./18 verwundet. Der deutsche Trupp entkommt unerkannt. Noch während der Kommandeur von Sanitätern versorgt wird, geht der Befehl an die Kompanien, dass der Angriffsbeginn verschoben wird und sofort mit der Suche nach den Angreifern zu beginnen ist. Während die Panzer die Sicherungspositionen der Infanteristen übernehmen, startet die Co. I und K eine Suchaktion in den umliegenden Wäldern. Noch während die Suche läuft, spitzt sich die Lage in Treseburg zu. Da die Amerikaner von einer „Werwolf“-Aktion ausgehen, drohen sie mit der Erschießung von männlichen Einwohnern. Doch dann läuft den Suchtrupps eine Gruppe Hitlerjungen aus dem Wehrertüchtigungslager Vöhl am Edersee in die Arme, die sich auf dem Weg von Thale nach Treseburg befinden. Ohne lange zu fragen werden neun von ihnen gefangengenommen und kurzerhand „oberhalb des Albrechtsweges in der Kurve“ mit Genickschuss hingerichtet. Nur einem, Georg Brand, gelingt im letzten Moment vor der Gefangennahme die Flucht. Danach müssen Treseburger Bürger die Erschossenen auf Befehl der Amerikaner zusammen mit fünf, bei den Kämpfen um den Ort gefallenen, deutschen Soldaten in einem Massengrab als „unbekannte Soldaten“ begraben.[190] Das benachbarte Altenbrak wird bis zum Nachmittag durch die Co. I, die vom 3rd Plat. Co. D, 745th Tk Bn unterstützt wird, und dem 2nd Plat. Co. K mit der 1st Sect. 3rd Plat. Co. B, 745th Tk Bn gesäubert. Nach Ende der Kämpfe werden insgesamt 39 Soldaten auf dem Friedhof Altenbrak beerdigt.

Um 16.00 Uhr (B) wird die Säuberungsaktion beendet und das Bataillon nimmt unter Führung des stellv. CO 3./18 den Vormarsch auf Thale wieder auf. Gegen 19.30 Uhr (B) dringen die Infanteristen der Co. L in Begleitung der leichten Panzer des 1st Plat. Co. D, 745th Tk Bn, die sich von Allrode kommend, mit dem Bataillon vereint haben, fast kampflos in die Oberstadt von Thale ein. Die Masse der deutschen Truppen in der Stadt hat sich nach dem Feindalarm um 09.00 Uhr abgesetzt. Die Reste der H.Pi.Brig. 688 der K.Gr. Worgitzki, die sich in der Stadt versammelt haben, lösen sich am frühen Nachmittag auf Befehl des LXVII. AK auf. Eine Gruppe von 35 Fallschirmpionieren der 5. FschJgDiv unter Führung des Ritterkreuzträgers Lt. Friedrich Bausch, die sich ebenfalls hier versammelt hat, schließt sich der allgemeinen Auflösung nicht an und versucht mit einigen Lastwagen aus dem Kessel Richtung Berlin auszubrechen. Nahe der Stadt sprengen die Fallschirmjäger noch eine Baumsperre und bleiben kurz darauf in Warnstedt im Stau fliehender deutscher Truppen stecken. Anrückende amerikanische Panzer nehmen den Stau unter Beschuss und dringen in das Dorf vor. Noch während die Verwundeten geborgen und in den Gewölbekeller des Dorfgasthauses gebracht werden, trifft gegen 16.00 Uhr ein amerikanischer Panzer aus kurzer Entfernung einen, mit zwei Tonnen Sprengmitteln beladenen, amerikanischen Beutelastwagen der Fallschirmpioniere und es kommt zur Explosion. Durch die Wucht der Explosion wird fast das ganze Dorf zerstört. 21 Mann werden getötet. Die amerikanischen Truppen ziehen sich aus dem brennenden Trümmerfeld zurück und beziehen Sicherungsstellungen um das Dorf. Erst am nächsten Tag wird das Dorf mit starken Kräften besetzt. Die letzten zwölf Fallschirmpioniere gehen gemeinsam mit anderen Angehörigen der Wehrmacht nach einem kurzen Häuserkampf in Kriegsgefangenschaft.[191]

Anders in Thale. Hier sind die Sperren verlassen und zur vorbereiteten Sprengung an der Friedrichsbrunner Straße war es nicht gekommen. So bleiben der Stadt größere Schäden durch Kampfhandlungen erspart. Lediglich ein Stallgebäude in der Heimstraße wird zerstört. Dennoch gibt es Opfer zu beklagen. Fünf deutsche Soldaten werden im Bereich Oberer Steigerweg (heute Obersteigerweg)/Wotanstraße/Bereich des Kriegsgefangenenlagers Oberer Steigerweg (heute Dr.-Ernst-Wachlerstraße) getötet.[192] Ein amerikanischer Soldat stirbt durch Brustschuss in der Walpurgisstraße.[193] In der Gebietsführerschule der HJ meldet um 19.15 Uhr der Stab des LXVII. AK seine Auflösung an das AOK 11. Kurz danach wird General Hitzfeld auf seinem Gefechtsstand gefangengenommen. Mit Einbruch der Nacht haben die Soldaten der Co. L, 3./18 die Oberstadt gesichert und stellen den Vormarsch ein. Kurz nach Mitternacht erreicht auch die Co. K mit den Panzern von Altenbrak kommend die Stadt. Erst am nächsten Tag wird die Unterstadt besetzt.[194] Die Co. I, 3./18 sichert an der rechten Flanke mit dem 3rd Plat. Co. D, 745th Tk Bn die Straße Thale – Friedrichsbrunn, unterhalb des Hexentanzplatzes. Die letzten, am Hexentanzplatz eingekreisten, Angehörigen der K:Gr. Bongarts ergeben sich mit ihrem Führer erst am nächsten Tag nach verzweifeltem Widerstand. Unter ihnen sind auch Hitlerjungen des Wehrertüchtigungslagers Halberstadt, die Oberst Bongarts von der N.P.E.A Ballenstedt hierher in Marsch gesetzt hatte.[195] 42 gefallene deutsche Soldaten werden später in der Umgebung des Hexentanzplatzes und der Georgshöhe gefunden.[196] Der 1st Plat. Co. B, 634th TD Bn, der mit dem 3rd Plat. den Angriff auf Thale unterstützt, meldet am Abend die Zerstörung von einem PzKpfw III, einem PzKpfw IV und einem Halbkettenfahrzeug sowie 50 gefangene und 45 getötete deutsche Soldaten.

Das 2./18 nimmt nach der Zerschlagung der deutschen Truppen am Hohen Berg bei Hasselfelde beiderseits der R 81 den Angriff auf Wendefurth auf. Mit der Co. F und Co. G links und rechts der Straße, gefolgt von der Co. E mit den Panzern des 2nd Plat. Co. B, 745th Tk Bn, rücken die Infanteristen langsam gegen vereinzelten Widerstand eingekesselter deutscher Truppen nordostwärts vor. Die Panzerjäger des 2nd Plat. Co. B, 634th TD Bn folgen der Co. E zur Abwehr gepanzerter Gegenangriffe, während die leichten Panzer des 2nd Plat. Co. D, 745th Tk Bn die Flanken sichern. Als das Bataillon Wendefurth erreicht, finden die Infanteristen die Brücke über die Bode gesprengt vor. Während nach anderen Übersetzmöglichkeiten gesucht wird, erfolgt ein Angriff deutschen Truppen an der Flanke der Co. G, der abgewehrt wird. Die Co. F überwindet den Fluss mit Behelfsmitteln und besetzt, gefolgt von der Co. E, Wendefurth. Die Panzer, die keine geeignete Übersetzstelle finden, fahren nach Hasselfelde zurück und machen einen großen Schwenk über Stiege nach Altenbrak, wo sie die Brücke intakt vorfinden. Dann fahren sie zur Kreuzung der R 81 am Armen Feld (Almsfeld).

An der Kreuzung sichert eine einzelne 7,5cm Pak den Rückzug der Reste des Gren.Rgt. „Potsdam 2“. Das Geschütz, das nur noch über drei Granaten verfügt, und zwei Mann Bedienung bilden den letzten „Widerstandsknoten“ der deutschen Truppen vor Blankenburg. Als sich die Panzer und Panzerjäger aus Richtung Altenbrak kommend der Kreuzung nähern, gelingt es der Pak den ersten Panzer abzuschießen, bevor die nachfolgenden Panzer das Geschütz unter Feuer nehmen. Dem Obergefreiten Karl Brink und dem Gefreiten Wilhelm Meier gelingt es nicht mehr, einen zweiten Schuss abzugeben, bevor sie von den krepierenden Panzergranaten getötet werden. Sie werden einige Tage später unweit der Stelle, wo sie gefallen sind, begraben.[197]

In der Zwischenzeit treffen auch die Infanteristen von Wendefurth kommend an der Kreuzung ein. Am Abend erreicht die Co. F an der Spitze des Angriffs Stellungen zwischen Armes Feld und Wienrode. Bei einbrechender Dunkelheit nähert sich von Westen eine deutsche Kolonne, die südlich von Hüttenrode dem Angriff des RCT 16 ausgewichen war, nichts ahnend den Sicherungen der Co. E an der Kreuzung am Armen Feld. Nachdem das Führungsfahrzeug zerstört ist, ziehen sie sich im Schutz der Dunkelheit zurück. Dann nehmen deutsche Artilleriegeschütze die amerikanischen Stellungen unter Beschuss. Gegen 23.00 Uhr (B) erfolgt dann ein verzweifelter Durchbruchsversuch. Doch die Panzer und Panzerjäger, die die Kreuzung sichern, eröffnen sofort das Feuer. Auch die Werfer der Co. D, 87th Cml Mort Bn nehmen jetzt die Kolonne unter Beschuss. Die Deutschen erleiden schwere Verluste. Drei 15cm Geschütze, sieben Lastwagen mit Munition, zwei Kübelwagen und zwei Motorräder sowie eine Anzahl Pferdefuhrwerke werden erbeutet. Die Panzereinheit meldet 75 Gefangene. Als um 01.07 Uhr (B) das 2./18 den deutschen Gegenangriff im Bereich Armes Feld an das Regiment meldet, ist dieser bereits abgewehrt. Dann fahren die Panzer nach Wendefurth.

Beim RCT 16 säubert das 1./16 am Vormittag weiter die Umgebung von Rübeland und rückt um 17.00 Uhr (B) mit dem 1st und 2nd Plat. Co. A, 745th Tk Bn gegen leichten, unorganisierten Widerstand, der sie aber immer wieder aufhält, auf Hüttenrode vor. Bei Einbruch der Dunkelheit dringt die Co. G, 1./16 in den Ort ein und besetzt ihn. Die nachfolgende Co. C bezieht um 21.20 Uhr (B) mit den Panzern des 1st Plat. Co. A, 745th Tk Bn Sicherungsstellungen am Nordrand des Ortes. Die Co. A steht mit dem 2nd Plat. Co. A, 745th Tk Bn westlich und die Co. B nordwestlich von Hüttenrode. In der Nähe des Ortes fällt der 1st US InfDiv ihr 100 000er Kriegsgefangener in die Hände. Nach den amerikanischen Angaben handelt es sich um einen Angehörigen der Pz.Jg.Abt 272 der 272. InfDiv, deren Reste dem LXVII. AK unterstellt waren.[198] Während des Vormarschs auf Hüttenrode kommt es zu einem tragischen Zwischenfall, als amerikanische Artillerie die vorrückenden Truppen irrtümlich unter Beschuss nimmt. Das von allen Soldaten gefürchtete „Friendly Fire“ fordert 15 Opfer.[199] Die Co. D, 1./16 folgt ab 21.30 Uhr (B) mit dem Mort Plat. und dem AG Plat. 745th Tk Bn entlang der Straße Rübeland – Hüttenrode. Der AG Plat. meldet dem CO des 745th Tk Bn. Lt.Col. Wallace J. Nichols, 73 Gefangene und die Zerstörung von vier Lastwagen und einem schweren Granatwerfer.

Soldaten des RCT 16 am 19. April 1945 bei der Suche nach versteckten Sprengladungen an der Eisenbahnbrücke in der Kastanienallee in Rübeland. Im Hintergrund ein verlassenes deutsches Halbkettenfahrzeug.
Foto: 1st Infantry Division Museum

Das 2./16 geht von Rothehütte aus durch den rückwärtigen Raum des 1./16 an die rechte Flanke des Angriffsstreifens des Regiments und säubert mit der Co. E Neuwerk und mit der Co. G Rübeland. Dabei zerstören die begleitenden Panzerjäger des 3rd Plat. Co. C, 634th TD Bn nach eigenen Angaben zwei Halbkettenfahrzeuge und einen PzKpfw V. Die Co. F verbleibt bei Rothehütte und säubert Neue Hütte.

Das 3./16 greift um 05.00 Uhr (B) mit Unterstützung der Co. D, 87th Cml Mort Bn von Königshütte aus Elbingerode an. Während die Co. I und L beiderseits der R 27 vorgehen, rückt die Co. K in Begleitung des 3rd Plat. Co. A, 745th Tk Bn entlang der Straße nordostwärts vor, wobei sich ihnen immer wieder deutsche Soldaten kampflos ergeben. Gegen 06.30 Uhr (B) erreichen die Kompanien Elbingerode. Die schwache Verteidigung am Stadtrand wird überrannt und ergibt sich fast kampflos. Die Infanteristen dringen langsam zum Zentrum vor, wobei sie auf vereinzeltes Gewehrfeuer treffen und kurzzeitig unter Beschuss von 2cm und 3,7cm Flakgeschütze geraten. Schnell ergeben sich ihnen zirka 100 Deutsche und um 07.30 Uhr (B) ist die Stadt besetzt. Die Co. K meldet die Zerstörung einer Selbstfahrlafette und einer 2cm Flak. Bis 09.00 Uhr (B) ist die Stadt vollständig durch die Co. I gesichert und die Co. K, 3./16 bezieht mit den Panzern Sicherungsstellungen nordwestlich der Stadt.[200].

Die Reste der K.Gr. Elbingerode beziehen zwei Kilometer nördlich der Stadt, am Büchenberg, eine Riegelstellung, um den weiteren Vorstoß der Amerikaner Richtung Wernigerode zu verhindern. Als die amerikanische Infanterie zum Reservelazarett vorgedrungen war, hatte der K.Kdt. op de Hipt den Befehl zum Absetzen aus der Stadt erteilt. Dort erhalten sie am Abend den Befehl des LXVI: AK, sich in Richtung Kloster Michaelstein zurückzuziehen. Doch op de Hipt befiehlt die Auflösung der Kampfgruppe. Ein Teil der Soldaten wird noch in der Nacht formell aus der Wehrmacht entlassen. Nur die wenigsten von ihnen kommen jedoch nach Hause, die meisten geraten in Gefangenschaft. Oblt. op de Hipt geht am 21. April gegen 18.00 Uhr an der Zillierbachtalsperre in Gefangenschaft.[201] In Elbingerode fallen den Infanteristen des 3./16 eine große Anzahl an Waffen und Fahrzeugen in die Hände. Neben verschiedenen PKW und LKW melden die Pioniere am Abend die Zerstörung von 14 2cm-Drillingsflak[202], zwei 3,7cm Flak, einem 7,62cm Panzerjäger „Marder", einem 8cm Geschütz auf Selbstfahrlafette und zwölf 8cm Granatwerfern. Über mögliche Verluste der Infanterie liegen keine Angaben vor. Der 2nd Plat. Co. D, 87th Cml Mort Bn meldet in Königshof einen Gefallenen und einen Leichtverwundeten durch deutsches Artilleriefeuer.

Im Zusammenhang mit der Besetzung von Elbingerode, soll es zu einem Ereignis gekommen sein, auf das an dieser Stelle kurz eingegangen werden soll, da es äußerst widersprüchlich überliefert ist. In den Erinnerungen von Helmut op de Hipt, „Die letzten Kriegstage in Elbingerode", berichtet dieser, dass laut eines Berichtes des ehemalige Oblt. Peter Dirks der Pz.Abt. Lambert am Nachmittag dieses Tages gegen

15.30 Uhr, zehn Stunden nach der amerikanischen Besetzung der Stadt, vier PzKpfw VI „Königstiger" unter Führung jenes Oblt. Dirks unbehelligt von den amerikanischen Sicherungen in Elbingerode eingetroffen sein sollen. Während Dirks eine Durchfahrtstrasse für die Panzer suchte, sollen die Panzer von den Amerikanern entdeckt worden sein. Drei der Panzer gelang es zu entkommen, der vierte Panzer wurde von seiner Besatzung gesprengt. Op de Hipt schreibt hierzu, dass er darüber keine persönlichen Kenntnisse besitzt und ihm dieses Ereignis erst durch einen telefonischen Anruf von Dirks im Jahr 1997, also 52 Jahre danach, zur Kenntnis gelangte.[203] Das gleiche Ereignis hatte Dirks 1995 jedoch in einem Bericht für eine amerikanische Veteranenzeitschrift anders geschildert. Dort schrieb Dirks, dass er am 19. April um 22.00 Uhr mit Hilfe eines örtlichen Revierförsters, mit dem er im Beiwagenkrad vorausfuhr, drei PzKpfw VI „Königstiger" von Elbingerode aus nach Blankenburg brachte, um auf Befehl Worgitzki's gemeinsam mit Teilen der InfDiv. „Potsdam" einen Ausbruchsversuch aus dem Raum Blankenburg – Thale über Ballenstedt und Aschersleben zu unternehmen.[204] Von einem vierten Panzer ist hier jedoch nicht die Rede. Zehn Jahre zuvor, im Jahr 1985, hatte Dirks in der Zeitschrift „Harzkurier" von drei PzKpfw VI „Königstiger" berichtet, die am 19. April hinter Elbingerode in der Gegend von Rübeland – Hüttenrode aufgetaucht sind und die er in der Nacht bei Timmenrode – Wienrode in Stellung bringen sollte. Doch in diesem Bericht taucht die Schilderung der Fahrt durch Elbingerode, ebenso wie 1995, nicht auf. In Wirklichkeit scheinen sich hier Erinnerungen und Ereignisse vermischt zu haben. Wahrscheinlich ist, dass sich tatsächlich drei PzKpfw VI „Königstiger" am 19. April im Raum Elbingerode befanden. Sehr wahrscheinlich ist auch, dass Dirks diese drei Panzer in Rübeland – Hüttenrode übernahm und sie bis Cattenstedt führte, wofür weitere Berichte sprechen. Unwahrscheinlich ist jedoch, dass sie dabei von Dirks durch das besetzte Elbingerode geführt wurden. Und die Erklärung für den „vierten Panzer" findet sich im Bericht der Co. G, 2./16 vom 18. April über den Panzer bei Rübeland.

Beim RCT 26 greift das 1./26 von Elend aus nach Nordosten an und säubert entlang der Nordflanke des Regiments. Die Co. A steht zwischen Bahnhof Drei-Annen-Hohne und Drei-Annen, die Co. B südlich des Bahnhofs, während die Co. C Elend sichert. Das 2./26, das am Morgen den Kontakt zur Co. A, 1./26 zwischen Schierke und Elend hergestellt hat, bleibt in Schierke in der Versammlung. Um 12.00 Uhr (B) beginnt der Angriff des 3./26 auf die „Höhe 1142", den Brocken. Nachdem die Co. K mit den Panzern des 3rd Plat. Co. C, 745th Tk Bn auf der Brockenstraße die Heinrichshöhe erreicht hat und die Infanteristen der Co. I den Königsberg ohne Widerstand genommen haben, erfolgt der Angriff der Co. L auf das Brocken-Plateau, das durch zirka 150 Mann verteidigt wird.[205] Das 20 Mann starke, sogenannte „Sonderkommando Brocken" der SS-Pz.Brig. „Westfalen", das wichtige Punkte unterhalb des Gipfels sichern sollte, hat sich zu diesem Zeitpunkt bereits aufgelöst, nachdem ihre Positionen erkannt und unter Beschuss genommen wurden.[206]

Infanteristen des RCT 26 vor den abgedeckten Leichen gefallener deutscher Soldaten auf dem Brocken-Plateau Foto: National Archives

Teilnehmer eines Zeltlagers der Hitlerjungend sind vor dem Brocken-Hotel angetreten
Foto: Sammlung Jürgen Möller

Am nächsten Tag, dem 20. April 1945, um 13.00 Uhr (B), meldet das Bataillon die Eroberung einer Wetter- und einer Radarstation. Die Gebäude auf dem Brockengipfel waren nach einem heftigen Bombenangriff der 365th und 404th BG des IX. TAC am Nachmittag des 17. April 1945 in Brand gesetzt worden und hatten schwere Schäden erlitten. Bei dem Angriff wurde der Wachmeister Johann Appel[207] getötet, an dessen Grab heute ein Kreuz 500 Meter vom Bahnhof der Brockenbahn rechts des Wirtschaftsweges erinnert. Der Sendebetrieb war auf Grund der Feindbedrohung bereits am 15. April eingestellt worden. Erst am 27. April 1947 werden die Amerikaner den Brocken wieder verlassen. Die Rcn Co. 634th TD Bn geht am Abend nach Treseburg. Der Div.CP entfaltet in Benneckenstein.

Bei der TF X der 9th US InfDiv säubert ab 07.00 Uhr (B) die rechte Kolonne mit dem 3./39 weiter das Stadtgebiet von Quedlinburg, während die linke Kolonne mit dem 2./39 auf Gernrode vorrückt. Bis 12.00 Uhr (B) sind beide Städte vollständig gesäubert. Das 1./39 rückt mit Teilen der Cavalry an der Linken über Bad Suderode auf Stecklenberg und Neinstedt vor. Elemente durchkämmen ab 14.00 Uhr (B) die Wälder südlich von Gernrode. Um 21.00 Uhr (B) meldet das Regiment seinen Abschnitt als gesäubert und den Kontakt zum RCT 60 an der Linken im Ramberg-Gebiet, südlich von Gernrode, hergestellt. Die Einheiten der TF X stehen am Abend mit der 4th CavRcnSq in Warnstedt, Weddersleben, Aschersleben und Ballenstedt, mit der 24th CavRcnSq in Neinstedt, der Co. B, 1./39 in Bad Suderode, der Co. A in den Wäldern südwestlich von Stecklenberg und der Co. C im Bereich Ramberg. Das 2./39 hält ohne die Co. G im Bereich zwischen Ramberg und der R 185 Alexisbad – Ballenstedt, nördlich des Abzweigs nach Gernrode. Die Co. G, 2./39 sichert Gernrode und das 3./39 Quedlinburg.

Das RCT 47 greift um 07.00 Uhr (B) mit dem 1./47 Ballenstedt von Süden an und säubert bis 13.00 Uhr (B) die Stadt gegen starken Widerstand. Am frühen Nachmittag durchkämmt das 1. und 2./47 gegen leichten Widerstand das Waldgebiet zwischen Ballenstedt – Harzgerode – Pansfelde. Im Selketal ergeben sich letzte deutsche Einheiten. Bis 20.55 Uhr (B) hat das RCT 47 den gesamten Abschnitt bis auf einen Widerstandsherd deutscher Infanterie und einiger Selbstfahrlafetten gesäubert. Dieser zwingt die Co. B, sich an der Straße Ballenstedt - Mägdesprung einzugraben. Die Co. A, 1./47 sichert Ballenstedt und die Co. C hält östlich von Harzgerode. Das 2./47 steht mit seinen Kompanien im Selketal zwischen Mägdesprung und Meisdorf und die Co. E sichert Meisdorf.

Im linken Abschnitt der 9th US InfDiv beginnt das 1./60 um 08.00 Uhr (B) aus dem Raum zwischen Friedrichsbrunn, Siptenfelde und Bärenrode mit dem Vorrücken nach Norden, um den Abschnitt zwischen und dem 2./60 in Mägdesprung und dem 3./60 in Friedrichsbrunn zu sichern. Um 12.30 Uhr (B) erhält das Regiment den Auftrag, den Kontakt zum RCT 39 und 47 herzustellen und diese bei der Säuberung des Waldgebietes südlich von Gernrode zu unterstützen. Der Angriff beginnt um

15.00 Uhr (B) und um 18.30 Uhr (B) steht der Kontakt zwischen der Co. I, 3./60 und der Co. G, 2./ 39. Bei Dunkelheit hat das RCT 60 eine nördliche Linie mit dem 3./60 ohne seine Co. I in Friedrichsbrunn, der Co. B, 1./60 südlich von Stecklenberg, der Co. I, 3./60 an der Straße zwischen Friedrichsbrunn und Bad Suderode, dem 1./60 ohne die Co. B im Bereich Ramberg und dem 2./60 ohne die Co. G angelehnt an das 1./60 im Ramberg-Gebiet bis zur R 185 Alexisbad – Ballenstedt, nördlich des Abzweigs nach Gernrode, erreicht. Die Co. G, 2./60 sichert weiter Alexisbad.

Mit dem Erreichen der Nordgrenze des Corps und der Herstellung des Kontaktes zu den benachbarten Einheiten endet der organisierte Widerstand in der Zone der 9th US InfDiv. Auf dem Div.CP, der um 14.45 Uhr (B) von Wippra kommend in Pansfelde eröffnet, registriert das Kriegstagebuch 3565 Gefangene, unter ihnen drei Generäle, mehrere Lazarette mit zirka 4000 Patienten, ein besetztes Flugzeugwerk mit 100 Flugzeugen auf den Montagestraßen, eine erbeutete Bahnladung mit Nachrichtengerät, eine Bahnladung Fahrzeuge, 500 Schreibmaschinen und ein Flugfeld mit einer Flugschule und 15 Flugzeugen. Zwischen 00.01 und 04.00 Uhr (B) in der Nacht überfliegen zirka 15 bis 20 deutsche Transportflugzeuge den Divisionsabschnitt in Gruppen von zwei bis drei Flugzeugen und werfen im Raum Meisdorf Lastenfallschirme mit Waffen und Artilleriemunition ab.

Das VII. US Corps verzeichnet an diesem Tag alleine im Harz 7500 Kriegsgefangene, aber es registriert auch 61 Gefallene bei der 1st US InfDiv und 26 bei der 9th US InfDiv.

Bis zum Abend haben die amerikanischen Truppen den gesamten Südharz und das Ostharzgebiet sowie das östliche Harzvorland bis nach Aschersleben besetzt. Die Masse der, noch im nördlichen Harz kämpfenden, Teile der 11. Armee werden auf kleinsten Raum in drei Kessel zusammengedrängt. Die Kessel sind das zerklüftete Gelände am Brockenmassiv, das Gebiet südlich von Ballenstedt im unteren Selketal und das, von natürlichen Barrieren gut abgeschirmte, Gebiet um Blankenburg bis nach Thale hinüber ins Bodetal. Bei Blankenburg wehren sich die Reste der InfDiv. „Potsdam" gegen die, aus Richtung Halberstadt und Wernigerode angreifenden, Verbände der 8th US AD unter Ausnutzung des Regensteins und Teufelsmauer als natürliche Befestigung. Der Brocken wird am Abend überrannt.

Der Korpsgefechtsstand des Stellv. VI. AK geht auf den Nackenberg, drei Kilometer südwestlich von Heimburg.[208] Der Gefechtsstand des LXVI. AK igelt sich auf der „Zeche Büchenberg" ein. Die einzige Verbindung zum Gefechtsstand des AOK 11 in Kloster Michaelstein wird bereits von amerikanischen Patrouillen kontrolliert.[209] Bei der Einheit „Kather" im Wald bei Gernrode machen die verbliebenen Reste ihre Waffen unbrauchbar und erhalten im Wehrpass den Eintrag: *„Von der Deutschen*

Wehrmacht entlassen". Sie setzen sich in die Wälder ab, wo die meisten von ihnen kurz darauf in die Hände der Amerikaner fallen.[210]

Das Schtz.Rgt. v. Hirschfeld der K.Gr. Worgitzki löst sich bei Wienrode auf. Maj. Hans von Hirschfeld geht bei Heudeber, nördlich von Wernigerode, in Gefangenschaft.[211] Der Stab der Div. Sturm geht am Morgen in den Haferfelder Wald, südlich von Gernrode, wo er wenig später durch amerikanisches Artilleriefeuer gezwungen wird, nach Gernrode zu verlegen. Doch auch hier ist der Aufenthalt nur kurz, da das 2./39 gegen Mittag die Stadt erreicht. Als letzte Ausweichmöglichkeit bleibt nur noch das Waldgelände südlich von Bad Suderode. Durch den Vorstoß des 2./47 über Degenershausen und Meisdorf werden Teile der Division nach Nordwesten gedrückt. Die Reste werden eingekesselt. [212]

Der Stab des Gren.Rgt. „Potsdam 2" unter Oberst Grassau verlegt in den frühen Morgenstunden von der Baustelle der Rappbode-Talsperre[213] über Wendefurt nach Wienrode, wo er sich in der Pension „Waldesruh" einquartiert. An Nachmittag erhält Grassau telefonisch von Oberst Lorenz den Befehl zur Auflösung der InfDiv. „Potsdam". Grassau erteilt daraufhin seinen Leuten den Befehl, sich auf eigene Faust entweder nach Hause oder zu den eigenen Linien durchzuschlagen. Die jungen Offiziersbewerber erhalten ihre Entlassung aus der Wehrmacht. Doch nicht alle erreicht dieser Befehl. Viele von ihnen schließen sich anderen Einheiten an, die ziellos durch den Harz irren oder vereinzelt weiter Widerstand leisten. Nur die wenigsten gelangen nach Hause, die Masse geht in amerikanische Kriegsgefangenschaft. Oberst Lorenz geht bei Bad Harzburg in Gefangenschaft.[214]

* * *

---

1 Die Talsperre wurde 1942 in Betrieb genommen.

2 „Zwanzig Tage im April…"

3 „Die Zerstörung Nordhausens...", S. 46. Dr. Schröter nennt jedoch als Auslöser der Sprengung eine Schießerei zwischen zurückgehenden deutschen Truppen und den, an der Schanze vorrückenden, Amerikanern.

4 Zitiert aus „Zwanzig Tage im April…".

5 „Zwanzig Tage im April…".

6 Schmidt ist nicht in Ilfeld begraben.

7 Zwanzig Tage im April…".

8 Ebenda.

9 „Schicksalstage im Harz" v. M. Bornemann.

10 "Fallschirmpionierbataillon 5 – Endkampf im Harz 1945. Vgl. „Schicksalstage im Harz" v. M. Bornemann. Siehe auch „Zeitzeugen" v. Zeitfuchs/Schirmer, S. 23.

11 Ebenda. Siehe auch „Fallschirmpionierbataillon 5 – Endkampf im Harz 1945".

12 BA-MA, ZA 1/921, B-569 Fretter-Pico.

[13] „Zeitzeugen" v. Zeitfuchs/Schirmer, S. 14 u. 23.

[14] "Regimental History, The 16th Infantry 1798–1946", Kapitel XVII.

[15] Ebenda.

[16] „Zeitzeugen" v. Zeitfuchs/Schirmer, S. 23.

[17] „Aus längst vergangenen Tagen, Band 1" v. Albert Humm, 1982.

[18] Interessanterweise finden die zwei PzKpfw VI „Königstiger" keine Erwähnung im Bericht des 3./18.

[19] „Unser Harz", Heft 11/05, „Das Kriegsende bei Riefensbeek-Kamschlacken vor 60 Jahren" v. Manfred Bornemann. Bornemann bezieht sich auf einen Zeitzeugenbericht, der die Ereignisse dem 15. April zuordnet.

[20] „... bis zum bitteren Ende im Harz" v. Dr. Erich Kalckbrenner.

[21] „Zeitzeugen" v. Zeitfuchs/Schirmer, S. 22.

[22] „Aus längst vergangenen Tagen Band 1" v. Albert Humm.

[23] Ebenda, S. 23. Siehe auch „Schicksalstage im Harz" v. M. Bornemann.

[24] „... bis zum bitteren Ende im Harz" v. Dr. Erich Kalckbrenner.

[25] Brief des Bürgermeisters von Hayn/Harz, Arno Martin, v. 30.12.46 zur Kreischronik von Sangerhausen. Kopie des Briefes aus Sammlung Ziegler, Sangerhausen. Vgl. auch „Auf Spurensuche", S. 66. Ziegler schreibt, dass nach Berichten aus der Bevölkerung zuvor eine SS-Einheit im Ort gelegen hat.

[26] „Auf Spurensuche", S. 66.

[27] Bornemann spricht in „Schicksalstage im Harz" von einem Aufklärungswagen und einem Spähpanzer, der AAR der 9th US InfDiv nennt einen M-8 Spähpanzer und einem ¼ ton, also einem Willys MB Jeep. Der AAR bezeichnet das Zusammentreffen als deutschen Gegenangriff, was auf Grund der Zeitzeugenberichte übertrieben ist. Bei dem deutschen Fahrzeug wird von einem Spähwagen gesprochen. Die weiteren Informationen lassen den Schluss zu, dass es ein VW Kübelwagen war.

[28] Brief des Bürgermeister von Straßberg/Harz an den Landrat von Sangerhausen v. 11.02.47. Kopie des Briefes aus der Sammlung Ziegler, Sangerhausen. Vgl. auch „Schicksalstage im Harz" v. M. Bornemann u. „Auf Spurensuche", S. 79. Nach den amerikanischen Unterlagen wurde der Jeep und der M-8 von den Deutschen erbeutet. Im Ort fanden die Amerikaner einen Verbandsplatz mit sieben Verwundeten vor. Dieser Verbandsplatz war aber nicht der Grund, dass der Ort nicht beschossen wurde.

[29] „Zeitzeugen" v. Zeitfuchs/Schirmer, S. 138.

[30] „Schicksalstage im Harz" v. M. Bornemann. In „Zeitzeugen" v. Zeitfuchs/Schirmer, S. 22, werden 14 gefallene deutsche Soldaten und zwei Offiziere angegeben.

[31] Ebenda. Bornemann und Zeitfuchs/Schirmer sprechen von der N.P.E.A. Ilfeld, diese ist aber bereits 1943 nach Ballenstedt umgezogen.

[32] „Zeitzeugen" v. Zeitfuchs/Schirmer, S. 177ff.

[33] Ebenda, S. 22.

[34] „Schicksalstage im Harz" v. M. Bornemann. Eine andere Quelle nennt den Birkenkopf. Vgl. auch „Auf Spurensuche", S. 78.

[35] „Zwanzig Tage im April...". Da bis Mittag das RCT 414 für diesen Abschnitt verantwortlich war, ist nicht feststellbar, ob die geschilderten Ereignisse im Zusammenhang mit Soldaten der 104th US InfDiv oder der 9th US InfDiv stehen, die im Tagesverlauf die Verantwor-

tung für diesen Abschnitt übernimmt. Möglicherweise wurde die Erschießung von Soldaten begangen, die zuvor mit Verbrechen an KZ-Häftlingen konfrontiert wurden. Dies rechtfertigt nicht die Tat, könnte aber deren Auslöser gewesen sein.

36 Ob die Toten im Zusammenhang mit der Besetzung von Dankerode stehen, ist unklar.

37 NARA, B-581, Oberst Estor.

38 „... bis zum bitteren Ende im Harz" v. Dr. Erich Kalckbrenner.

39 NARA, B-329, Gen.Lt. Flörke. Vgl. NARA, B-581, Oberst Estor.

40 Ebenda. Siehe auch „Fallschirmpionierbataillon 5 – Endkampf im Harz 1945".

41 BA-MA ZA 1/921, B-569 Fretter-Pico.

42 „Schicksalstage im Harz" v. M. Bornemann.

43 BA-MA ZA 1/921, B-569 Fretter-Pico.

44 NARA, B-581, Oberst Estor.

45 NARA, B-318, Gen.Lt. Sturm. Sturm schreibt „Gut Hornbeck 1½ km östlich von Königsrode".

46 NARA, B-329, Gen.Lt. Flörke.

47 "Regimental History. The 16th Infantry 1798–1946", Kapitel XVII.

48 „Die Zerstörung Nordhausens...", S. 47. Vgl. auch Bornemann. Beide nennen den 14. April, die Besetzung erfolgte aber am 15. April 1945. Außerdem nennen sie das RCT 18, was falsch ist.

49 Ebenda.

50 "Regimental History. The 16th Infantry 1798–1946", Kapitel XVII. Der Chronik nach handelt es sich bei den gefangengenommenen Offizieren um Angehörige einer Wehrwirtschaftsstelle. Die Zahlenangaben und Informationen zu Obstlt. Havermann stammen aus dem Report des 3./16.

51 Gem. Dirks in "A German Fights then Surrenders in the Harz Mountains", 65th Halbert 1995.

52 Ein Zeitzeuge spricht in „Zeitzeugen" v. Zeitfuchs/Schirmer, S. 175 von einem gefallenen Angehörigen der K.Gr. Bremm bei der Försterei. Siehe auch Dirks.

53 Gem. Dirks.

54 Gem. Carl Heinz Hühne aus Tanne wurde später in einer Waldschneise ein zurückgelassenes Panzerfahrzeug gefunden.

55 Gem. Dirks. Ortsangaben von Carl Heinz Hühne, Tanne.

56 Report des 3./16.

57 Ebenda. Die Infanteristen hörten in der Nacht Panzergeräusche nördlich des Ortes. Am 16. April, 09.10 Uhr (B), berichtete ein deutscher Gefangener, das 5 Panzer an Sorge vorbei nach Tanne fuhren.

58 „Zwanzig Tage im April…".

59 „Zeitzeugen" v. Zeitfuchs/Schirmer, S. 25. Der „Jagdtiger" kann nur der zweite „Jagdtiger" von Beierfelde sein, der sich über Osterode abgesetzt hat.

60 „Die letzten Trümpfe des Reiches" v. Jean Restayn, Steelmaster Nr. 20. Vgl. auch „Krieg in der Heimat" v. Saft.

61 Report des 3./16.

62 „Zeitzeugen" v. Zeitfuchs/Schirmer, S. 24. Hier wird von einem Jagdpanzer 38 (t) „Hetzer" und 13 getöteten deutsche Soldaten gesprochen. Bei den gemeldeten zwei Selbstfahrla-

fetten handelt es sich sehr wahrscheinlich um zwei Jagdpanzer 38 (t) „Hetzer". Für den Abschuss eines PzKpfw VI gibt es keine Hinweise.

63 Unter den Gefallenen sollen sich nach der Chronik „Geschichte der Siedlung Torfhaus im Oberharz" Hitlerjungen befunden haben, die mit Panzerfäusten auf die Amerikaner gefeuert hatten. Andere Quellen sprechen davon, dass es sich um erschlagene SS-Männer handelt. Vgl. Saft. Die Unterlagen der Kriegsgräberstätte sprechen gegen die Aussage zu den Hitlerjungen. Die meisten Gefallenen des Jahrganges 1927/28 waren Flieger, was für das Lw.Btl. Oesau spricht und Schützen/Grenadiere, bei denen es sich um Angehörige der Waffen-SS handelt.

64 NARA, B-318, Gen.Lt. Sturm. Vgl. „From the Hürtgen Forest to the Heart of the Reich", S. 315.

65 Webseite der Freiwilligen Feuerwehr Harzgerode und „Chronik der Stadt Harzgerode" auf www.harzgerode.de.

66 NARA, B-581, Oberst Estor

67 AAR 746th Tk Bn. Vgl. „Zeitzeugen" v. Zeitfuchs/Schirmer, S. 28. Hier wird von einem mehrstündigen Gefecht bei Silberhütte geschrieben, das in den amerikanischen Unterlagen nicht auftaucht. Möglicherweise besteht aber ein Zusammenhang mit dem abgeschossenen Panzer bei Neudorf und dem Gefecht mit der deutschen Flak westlich von Harzgerode.

68 NARA, B-318, Gen.Lt. Sturm. Vgl. „From the Hürtgen Forest to the Heart of the Reich", S. 315.

69 NARA, B-581, Oberst Estor.

70 Aufstellung, Einsatz und Untergang der SS-Panzerbrigade ‚Westfalen' März–April 1945" v. Wilhelm Tieke in „DF" Heft 12/89.

71 Bericht Uscha. W. Huber, 3. (Führer-Bewerber) Kp. III./SS-Rgt. Holzer.

72 NARA, B-329, Gen.Lt. Flörke.

73 „... bis zum bitteren Ende im Harz" v. Dr. Kalckbrenner.

74 „Das letzte Kriegsjahr im Westen – Geschichte der 116. PzDiv" v. Guderian.

75 NARA, B-581, Oberst Estor.

76 BA-MA ZA 1/921, B-569 Fretter-Pico.

77 Beitrag „Division Potsdam" vom 30.10.2005 auf der Webseite www.ditunddat. huettenrode-im-harz.de. Information zu den Gebirgsgeschützen aus „Zeitzeugen", S. 140.

78 NARA, B-581, Oberst Estor.

79 „Zwanzig Tage im April...". Vgl. Beitrag „Von Netzkater bis Sophienhof" auf www.rambow.de, April 2011.

80 „Notizen zum Thema: Vor 50 Jahren – Das Kriegsende in Tanne/Harz" v. Otto Hesse und Carl Heinz Hühne. Nach diesem Bericht sollen die sechs erschossen worden sein. Ein Zeitzeuge berichtet in „Zeitzeugen" v. Zeitfuchs/Schirmer, S. 175, dass die sechs Toten erst nach mehreren Tagen geborgen wurden und drei von ihnen keine Erkennungsmarke mehr hatten. Drei wurden auf dem Friedhof Sorge beerdigt, die anderen wurden später umgebettet. Es gibt keine Angaben über die Todesursache.

81 "History of the 16th Medical Detachment WW II". Der Report des 3./16 meldet zwei verwundete Sanitäter und einen Vermissten. Der AAR des VII. US Corps verzeichnet an diesem Tag den Abschuss einer deutschen Selbstfahrlafette durch das 634th TD Bn und berichtet von einem Gegenangriff westlich von Tanne. Wahrscheinlich handelt es sich um die

Selbstfahrlafette, deren Selbstzerstörung durch die Panzerjäger als Abschuss verbucht wurde.

[82] „Notizen zum Thema: Vor 50 Jahren – Das Kriegsende in Tanne/Harz“ v. Otto Hesse und Carl Heinz Hühne.

[83] Seit 2010 Ortsteil der Stadt Oberharz am Brocken.

[84] BA-MA ZA 1/921, B-569 Fretter-Pico. Siehe Anmerkungen im Zusammenhang mit den deutschen Gefangenenaussagen in Sorge.

[85] „Notizen zum Thema: Vor 50 Jahren – Das Kriegsende in Tanne/Harz“ v. Otto Hesse und Carl Heinz Hühne.

[86] Königshütte entstand 1936 durch die Zusammenlegung von Rothehütte und Königshof und gehört heute zur Stadt Oberharz.

[87] Die Geschützbatterien sind wahrscheinlich die Granatwerfer, die später in die Hände der Amerikaner fielen.

[88] „Notizen zum Thema: Vor 50 Jahren – Das Kriegsende in Tanne/Harz“ v. Otto Hesse und Carl Heinz Hühne.

[89] „Zeitzeugen“ v. Zeitfuchs/Schirmer, S. 223.

[90] Ebenda, S. 28.

[91] „Geschichts- und Erinnerungstafel Oderbrück“ des Volksbund Deutscher Kriegsgräberfürsorge e.V.

[92] „Das Kriegsende 1945 in Hasselfelde“ v. Horst Gaevert in „Unser Harz“ Nr. 3/2002.

[93] Ebenda.

[94] „Das Kriegsende 1945 in Hasselfelde“ v. Gaevert.

[95] Ebenda. Vgl. auch „Schicksalstage im Harz“ v. M. Bornemann. Bei der Batterie soll es sich um die Batterie gehandelt haben, die zuvor am Rabenstein stand.

[96] www.ditunddat.huettenrode-im-harz.de, Beitrag „Division Potsdam“ v. 30.10.2005.

[97] NARA, B-318, Gen.Lt. Sturm. Vgl. auch “From the Hürtgen Forest to the Heart of the Reich”, S. 315.

[98] Webseite www.harz-saale.de „Das Ende des Zweiten Weltkrieges in Eisleben und das Kriegsgefangenenlager von Helfta.“

[99] NARA, B-217, Gen.d.Inf. Mattenklott.

[100] NARA, B-329, Gen.Lt. Flörke.

[101] „... bis zum bitteren Ende im Harz“ v. Dr. Kalckbrenner.

[102] BA-MA ZA 1/921, B-569 Fretter-Pico.

[103] Gem. Dirks.

[104] NARA, B-318, Gen.Lt. Sturm. Vgl. auch “From the Hürtgen Forest to the Heart of the Reich”, S. 315.

[105] “From the Hürtgen Forest to the Heart of the Reich”, S. 315.

[106] Vgl. „Das Kriegsende im Harz“ v. H. Gaevert in „Unser Harz“ Nr. 3/2002.

[107] Vermutlich handelt es sich um die Eisenbahnbrücke westlich von Sorge.

[108] „Zeitzeugen“ v. Zeitfuchs/Schirmer, S. 175.

[109] Gem. Carl Heinz Hühne, Tanne. Im Rahmen der KLV wurden Kinder aus den bombenbedrohten Industriegebieten und Großstädten ohne ihre Eltern aufs Land geschickt, um sie vor den Bombenangriffen zu schützen und die Mütter noch effektiver in die Kriegswirtschaft einbinden zu können.

[110] Ebenda.
[111] Ebenda.
[112] American World War II Orphans Network, AWON.
[113] "Regimental History. The 16th Infantry 1798–1946" Kapitel XVII. Vgl. auch Hesse/Hühne.
[114] Das S-3 Journal des 745th Tk Bn nennt ein 15cm Geschütz und eine 2cm Flak.
[115] Gem. Hesse/Hühne.
[116] BA-MA ZA 1/921, B-569 Fretter-Pico. Gem. Dirks sollen die Amerikaner bereits am 15. April abends Braunlage ohne Kampf besetzt haben. Dabei handelt es sich jedoch um einen Irrtum
[117] „Zeitzeugen" v. Zeitfuchs/Schirmer, S. 30.
[118] Gem. Estor und Bornemann.
[119] Bericht Capt. Flair, Infantry School Fort Benning.
[120] Die bisherige Literatur hat die Säuberungen in diesem Bereich dem 1./60 zugeordnet, was nicht zutrifft.
[121] Zeitzeugenbericht v. Herbert Schneider, Zeitz, Angehöriger der Geschützbatterie in der Mitteldeutschen Zeitung MZ. Vgl. auch „Die Zerstörung Nordhausens...", S. 47.
[122] „Zwanzig Tage im April…". Bornemann geht davon aus, dass das RCT 18 Netzkater besetzt hat. Es handelte sich aber um Teile der 24th CavRcnSq der 4th CavGp, die diesen Abschnitt säuberten.
[123] „Zwanzig Tage im April…".
[124] Unit Report des 634th TD Bn.
[125] Gem. „Krieg in der Heimat" v. Saft sollen 16 Hitlerjungen, die gefangengenommen wurden, von den Amerikanern in einem nahegelegenen Steinbruch erschossen worden sein.
[126] „Zeitzeugen" v. Zeitfuchs/Schirmer, S. 30. Angeblich wurden 9 US Panzer abgeschossen, die HJ-K.Gr. soll 50 Gefallene und 150 Verwundete gehabt haben.
[127] „Transatlantische Kulturkriege: Shepard Stone, die Ford-Stiftung und der europäische Antiamerikanismus" v. Volker Rolf Berghahn, 1. Auflage 2004, S. 51.
[128] Ebenda, S. 52.
[129] „Kampf um die Akten: die Westalliierten und die Rückgabe von deutschem Archivgut nach dem Zweiten Weltkrieg" v. Astrid M. Eckert, 1. Auflage 2004, S. 78.
[130] „Transatlantische Kulturkriege", S. 52.
[131] „Kampf um die Akten", S. 79/80.
[132] www.harz-saale.de.
[133] „Zeitzeugen" v. Zeitfuchs/Schirmer, S. 143.
[134] „Das Kriegsende im Harz" v. H. Gaevert in „Unser Harz" Nr. 3/2002.
[135] www.ditunddat.huettenrode-im-harz.de, Beitrag „Division Potsdam" vom 30.10.2005. Vgl. „Zeitzeugen" v. Zeitfuchs/Schirmer, S. 30. Bornemann berichtet von 46 gefallenen Amerikanern und elf gefallenen Deutschen.
[136] www.elbingerode.de
[137] „Zeitzeugen" v. Zeitfuchs/Schirmer, S. 100ff.
[138] "Die letzten Kriegstage in Elbingerode" v. Helmut op de Hipt.
[139] Rothehütte ist seit dem 01.04.1936 Ortsteil von Königshütte.
[140] NARA, B-329, Gen.Lt. Flörke. Flörke schreibt irrtümlich, das Schierke besetzt wird.

[141] „... bis zum bitteren Ende im Harz" v. Dr. Erich Kalckbrenner. Kalckbrenner nennt eine größere Anzahl von Halbkettenfahrzeugen und LKW, die sich in dem Waldstück befanden, was auf die SS-Pz.Brig. hindeutet. Wer „Kather" ist, konnte Dr. Kalckbrenner nicht erklären.

[142] „Das letzte Kriegsjahr im Westen – Geschichte der 116. PzDiv" v. Guderian.

[143] „68 Kriegsmonate – 9. PzDiv" v. Carl H. Hermann.

[144] BA-MA ZA 1/921, B-569 Fretter-Pico.

[145] Gem. Saft. Schneider schreibt in „Tiger im Kampf", dass sich die 3./510 (die der H.U.S. Eisenach unterstellt war. d.A.) bei Elend auflöst.

[146] BA-MA ZA 1/921, B-569 Fretter-Pico.

[147] NARA, B-318, Gen.Lt. Sturm.

[148] www.ditunddat.huettenrode-im-harz.de, Beitrag „Division Potsdam" vom 30.10.2005.

[149] Ebenda.

[150] Zwischen dem AAR des 49th AIB und dem Interview mit Col. Burba zu den Kämpfen bei Blankenburg bestehen Abweichungen. Bei Burba erfolgt der Bombenangriff erst am 19. April und der Angriff am 18. April wird durch die Co. A vorgetragen. Der AAR nennt den Bombenangriff am 18. April und die Co. C führt den Angriff. Da das Interview am 12. Mai erfolgte und der AAR tageweise geführt wurde, liegt der Fehler wahrscheinlich bei Col. Burba.

[151] www.ditunddat.huettenrode-im-harz.de, Beitrag „Division Potsdam" vom 30.10.2005.

[152] Ebenda.

[153] „Schicksalstage im Harz" v. M. Bornemann. Gem. „Zeitzeugen" v. Zeitfuchs/ Schirmer, S. 30, wird von 15 bestätigten Gefallenen auf deutscher Seite gesprochen. Gaevert nennt ebenfalls 15 gefallene Soldaten.

[154] „Das Kriegsende 1945 in Hasselfelde" v. H. Gaevert in „Unser Harz" Nr. 3/2002.

[155] „Thale zur Zeit des Nationalsozialismus 1933 – 1945". Vgl. auch „Zeitzeugen" v. Zeitfuchs/Schirmer, S. 31. Amerikanische Berichte sprechen von einem deutschen Gegenangriff einer kleinen Gruppe Infanterie mit zwei Selbstfahrlafetten, der abgewiesen wurde.

[156] Übersetzung aus „Die 1st US Infantry Division „The Big Red One..." v. Nücherlein.

[157] Ebenda. Es handelt sich hier sehr wahrscheinlich um den PzKpfw VI „Königstiger", der nach Zeitzeugenberichten am 18. April von der SS-Pz.Brig. im Raum Thale übernommen und dann bei Rübeland aufgegeben wurde. Zeitzeugen berichten, dass sein Wrack noch 1946 in einem Steinbruch bei Rübeland stand.[157] Die Geschichte dieses Panzers besagt, dass ein Ofw. Weller am 18. April im *„Raum Thale"* für die SS-Pz.Brig. einen PzKpfw VI „Königstiger" der s.Pz.Abt. 507 übernommen haben soll, der später *„bei Rübeland wegen Spritmangel aufgegeben"* werden musste. Hierfür gibt es verschiedene Hinweise. Thalenser Zeitzeugen hatten im Zusammenhang mit den Verteidigungsvorbereitungen in der Stadt von einem „Tiger"-Panzer berichtet, der das Steinbachtal südlich der Stadt gesperrt haben soll. Im Zusammenhang mit der unmittelbaren Besetzung der Stadt am 19. und 20. April wird er aber nicht mehr erwähnt.[157] Dieser Panzer könnte aus einer der vielzähligen Instandsetzungseinrichtungen in diesen Bereich stammen und kam so wieder zum Einsatz.[157] In den Berichten wird im Weiterem davon gesprochen, dass jener Ofw. Weller *„bei der Reparatur des Panzers durch einen Schuss aus kurzer Entfernung im Gesicht verletzt wurde"*. Wahrscheinlicher ist, dass er die Schussverletzung bei der Aufgabe des Panzers bei

Rübeland erlitten hat, was sich mit dem Bericht der Amerikaner über den unerwarteten Kontakt mit dem *„großen Pott"* deckt.

158 „Zeitzeugen" v. Zeitfuchs/Schirmer, S. 102.

159 "Regimental History. The 16th Infantry 1798–1946", Kapitel XVII.

160 „Notizen zum Thema: Vor 50 Jahren – Das Kriegsende in Tanne/Harz" v. Otto Hesse und Carl Heinz Hühne/Tanne.

161 "Regimental History. The 16th Infantry 1798–1946", Kapitel XVII.. Hier könnte ein Zusammenhang mit dem gefangengenommenen Captain in Elbingerode bestehen.

162 „Zeitzeugen" v. Zeitfuchs/Schirmer, S. 100 u. 102.

163 Wahrscheinlich handelt es sich um belgische 12cm Kanonen, die unter der Bezeichnung 12cm Kanone 370 (b) bei der Wehrmacht hauptsächlich am Atlantikwall zum Einsatz kam. Vermutlich gehörten sie zur Art.Abt. 1066 der 166. InfDiv, die in Dänemark aufgestellt wurde und der 326. VolksGrenDiv unterstellt war. Sie verfügte über acht 12cm Geschütze.

164 Bericht Capt. Flair, Infantry School Fort Benning.

165 Sammlung Nüchterlein, „Krell'sche Schmiede".

166 Möglicherweise wurde auch hier die Zerstörung eines Panzers doppelt gezählt.

167 „Zeitzeugen" v. Zeitfuchs/Schirmer, S. 31.

168 „Quedlinburger Dom" ist die Bezeichnung für die Stiftskirche St. Servatius.

169 „Heinrich Himmler Biographie" v. Peter Longerich, Pantheon Verlag 2008, 2. Auflage, S. 282/283. Siehe „936 Begräbnis Heinrichs I. – 1936 die archäologische Suche nach den Gebeinen in Quedlinburg und die NS-Propaganda" v. Uta Halle.

170 Stationierung gem. Tessin.

171 Zitat aus „Zeitzeugen" v. Zeitfuchs/Schirmer, S.31

172 Ebenda, S. 31.

173 Ebenda, S. 184/185.

174 Ebenda, S. 144.

175 NARA, B-329, Gen.Lt. Flörke. Flörke nennt die Zeche „Buchenwald", was wahrscheinlich eine Verwechselung ist, da sich zwei Kilometer nördlich von Elbingerode der „Büchenberg" befindet.

176 Entnommen der Webseite von Oberregierungsrat Vermessungsassessor Dipl. Ing. Winfried Schrödter, www.vexili.net/HistMGL/Org_FoStff.html. Der Hinweis zur Einlagerung kam von Rudi Herz/Berlin, der von einem „Filmstudio Kiew" in Königshütte berichtete, das neben Filmmaterial für Wochenschauen auch Filme für Wernher von Braun herstellte und vorführte. Kurz vor Kriegsende wurde das Material dann im Schacht 2 eingelagert.

177 NARA, B-217, Gen.d.Inf. Mattenklott.

178 Gem. Dirks.

179 BA-MA ZA 1/921, B-569 Fretter-Pico.

180 NARA, B-581, Oberst Estor.

181 NARA, B-318, Gen.Lt. Sturm.

182 „Thale zur Zeit des Nationalsozialismus 1933–1945", Heiko Golla, 1. Auflage 2005, S. 21 u. 58.

183 Ebenda, S. 59.

[184] NARA, B-581, Oberst Estor. Estor schreibt vom „Hütteroder Brunnen", was eine Verwechselung ist. Estor rechnet den Feindeinbruch bei Rübeland dem 17. April zu, was nicht zutrifft, da zu diesem Zeitpunkt noch keine amerikanischen Truppen bei Rübeland standen.

[185] NARA, B-581, Oberst Estor.

[186] Am 20. April 1945 erfolgte die Aufspaltung des WFSt in die Führungsgruppe Nord (A) und Süd (B). Damit endete das Lagebuch.

[187] „Division Potsdam" auf www.ditunddat.huettenrode-im-harz.de.

[188] Volksstimme Wernigerode v. 26.04.2005, Bericht von Johannes Tschorn.

[189] Vermutlich handelt es sich um das Hotel „Bodeblick" an der Bodefurt in Treseburg.

[190] „Zeitzeugen" v. Zeitfuchs/Schirmer, S. 32. Zeitfuchs/Schirmer beziehen sich auf den Zeugen Werner Meister aus Treseburg, der an der Bergung und Beerdigung beteiligt war und auf das Protokoll der Umbettung am 17.11.51. Siehe hierzu auch die weiteren Anlagen auf S. 253 – 262. Vgl. www.ditunddat.huettenrode-im-harz.de, Beitrag „Division Potsdam" v. 30.10.2005. Hier wird von elf Hitlerjungen und drei Soldaten gesprochen und als Ort des MG-Überfalls das Hotel „Bodetal" genannt.

[191] „Thale zur Zeit des Nationalsozialismus", S. 59. Vgl. „Zeitzeugen" v. Zeitfuchs/Schirmer, S. 160/161.

[192] Ebenda, S. 59.

[193] Ebenda, S. 69.

[194] Ebenda, S. 58/59.

[195] „Zeitzeugen" v. Zeitfuchs/Schirmer, S. 183.

[196] Ebenda, S. 36.

[197] Ebenda, S. 120/121.

[198] Das genaue Datum der Gefangennahme ist nicht eindeutig belegt.

[199] "Regimental History. The 16th Infantry 1798–1946", Kapitel XVII.

[200] Ebenda.

[201] „Zeitzeugen" v. Zeitfuchs/Schirmer, S. 103/104. Bericht von op de Hipt.

[202] In "Zeitzeugen" v. Zeitfuchs/Schirmer, S. 61 wird durch einen Zeitzeugenbericht bestätigt, dass die deutschen Truppen über Drillingsflak verfügten. Diese kamen aufmontiert auf Schützenpanzerwagen als SdKfz 251/21 zum Einsatz.

[203] Op de Hipt erfuhr am 15.10.1997 durch einen Anruf von Dirks von diesem Ereignis in Elbingerode.

[204] "A german fights then surrender in the Harz Mountains" v. Peter Dirks, veröffentlicht im 65th Harbert, 1995.

[205] Siehe auch "US Army in World War II - The last offensive - Sweep to the Elbe" v. Charles B. Mac Donald.

[206] „Zeitzeugen" v. Zeitfuchs/Schirmer, S. 133/134.

[207] Gem. Auskunft des Volksbundes Deutsche Kriegsgräberfürsorge wird Appel als „vermisst am 20.04.45 am Brocken" geführt. Auf dem Kreuz steht „gef. 17.04.1945". Appel wurde 1976 auf den Soldatenfriedhof Blankenburg umgebettet.

[208] NARA, B-217, Gen.d.Inf. Mattenklott.

[209] NARA, B-329, Gen.Lt. Flörke.

[210] „... bis zum bitteren Ende im Harz" v. Dr. Erich Kalckbrenner. Kalckbrenner gerät am 19.04.45 in Kriegsgefangenschaft.

211 www.ditunddat.huettenrode-im-harz.de, Beitrag „Division Potsdam“ v. 30.10.2005.

212 NARA, B-318, Gen.Lt. Sturm.

213 Mit dem Bau der Rappbode-Talsperre war aus Hochwasserschutzgründen im Jahr 1938 begonnen worden. Doch bereits 1942 wurde der Bau wegen des Krieges eingestellt. Erst 1959 wird die Talsperre, die heute die größte im Harz ist, fertiggestellt.

214 www.ditunddat.huettenrode-im-harz.de, Beitrag „Division Potsdam“ v. 30.10.2005.

VI. Das Ende des Harzkessels

Aus dem Führerhauptquartier 20. April 1945. Das Oberkommando der Wehrmacht gibt bekannt: *„Im Harz leisten unsere Truppen überlegenen feindlichen Kräften verbissenen Widerstand.“*

Erdlageunterrichtung Lw.Kdo. West – FS an Lfl.Kdo. 6 „Geheim“[1]

AOK 11: Im Harz halten die schweren, wechselvollen Kämpfe um den Brocken und im Raum Wernigerode an. Feind hat südlich der Linie Quedlinburg – Aschersleben, nördlich Gernrode und durch den Verlust von Ermsleben den Austritt aus dem Gebirge gewonnen. (Quelle: Akten Lfl.Kdo. 6)

Am **Freitag**, dem **20. April 1945** entlastet im Bereich des XIX. US Corps die 8th US AD bis 12.00 Uhr (B) das 330th InfRgt der 83rd US InfDiv im Raum Wernigerode. Das RCT 330 fährt zur Elbe, wo es sich auf die Ablösung des RCT 320 der 35th US InfDiv vorbereitet. Die 8th US AD, die jetzt vom Corps den Befehl erhält, Blankenburg einzunehmen, beginnt mit dem CCA auf der Rechten und dem CCB auf der Linken den Angriff. Die TF Roseborough, 49th AIB, CCB, bezieht um 06.30 Uhr (B) mit der Co. A unter 1st Lt. Cone die Ausgangslinie für den Angriff auf Heimburg an der R 81. Nachdem Jagdbomber um 11.45 Uhr (B)[2] die Stadt angreifen, erfolgt der Angriff der Bodentruppen. Ohne großen Widerstand wird Heimburg besetzt und das Bataillon bereitet sich auf den Angriff auf Blankenburg vor. Der Tp. C, 88th CavRcnSq säubert den Heimburger Wald im Bereich Bärenstein von versprengten deutschen Truppen. Zur gleichen Zeit, wie die TF Roseborough bezieht die TF Van Houten, 36th Tk Bn, des CCB ihre Angriffspositionen. Um 09.30 Uhr (B) fährt die Kolonne in Westerhausen auf. Ein Platoon der Co B, 49th AIB bezieht an der Straße nach Blankenburg Sicherungsstellung. Dann fahren Jeeps der Abteilung Psychologische Kriegsführung, P&PW, der 9th US Army mit Lautsprechern in Richtung Blankenburg und fordern die Verteidiger auf, zu kapitulieren.

In Blankenburg befinden sich zu diesem Zeitpunkt außer den Insassen der Lazarette nur noch vereinzelte Gruppen deutscher Soldaten. Die Masse hatte sich auf Befehl des Standortältesten Maj. Nowakowski-Nufer aus der Stadt zurückgezogen.[3] Nowakowski war selber mit einem Teil von ihnen nach Michaelstein abgerückt, wo er die Soldaten aus der Wehrmacht entlässt, bevor er sich beim Stab des AOK 11 meldet.[4] Andere Teile setzen sich in die umliegenden Wälder ab.

Die Kasernen der Stadt sind verlassen. Die Genes.Kp. des Gren.Ers.Btl. 467 der Div. z.b.V. 471 hatte am 18. April die Rote Kaserne am Schlossberg verlassen. Der Stamm des Gren.Ers.Btl. 467 war schon lange zuvor von Blankenburg nach Stendal umgezogen, wo das Bataillon im Rahmen der „Leuthen"-Bewegung am 25. März 1945 als Gren.Ausb.Btl. 467 mobilgemacht und mit der „Ostgoten"-Bewegung an die Ostfront verlegt wurde. Aus der Genes.Kp. hatte man Einsatzgruppen unter Führung einiger junger Fahnenjunker gebildet und in der Umgebung von Blankenburg in Stellung gehen lassen. Doch die meisten dieser Gruppen lösen sich beim Herannahen der Amerikaner auf, so unter anderem am Ziegenkopf.[5]

Auch die Kasernen am Regenstein sind verlassen. Die Besatzung der MG-Stellung im Wall vor der Kaserne hat sich abgesetzt.[6] Lediglich in der Schlosskaserne befinden sich noch Angehörige des WFSt, welche die, aus Berlin ausgelagerten, Aktenbestände bewachen. Doch ihr Auftrag ist nicht verteidigen, sondern die sichere Übergabe der Aktenbestände. Die deutsche Artillerie, die sich in den Tagen zuvor vom Hirschtor aus Feuerduelle mit der amerikanischen Artillerie geliefert hatte, ist ebenfalls abgerückt.[7] Einzelne schwerbewaffnete Panzervernichtungstrupps der Hitlerjugend, die an den Tagen zuvor u.a. am Pfeifenkrug, in Stellung gegangen waren, sind vor den anrückenden Amerikanern geflüchtet oder wurden von älteren Soldaten rechtzeitig aus der Gefahrenzone geschickt.[8] Nur am Stadtausgang nach Westerhausen liegen noch deutsche Soldaten in Stellung. Sie gehören zu einer Kompanie aus Versprengten unter Führung von Oblt. Opitz, der als einziger den Rückzugsbefehl des Standortältesten nicht erhalten hatte.[9]

Doch das alles wissen die Amerikaner nicht. Noch ist die Lage unklar. Anbetracht der auf engstem Raum zusammengedrängten zahllosen deutschen Truppen im Raum Blankenburg muss der CO des CCB, Lt.Col. Edwin H. Burba, davon ausgehen, dass es zu Widerstand kommen würde. Nachdem nach einigen Warnschüssen keine Reaktionen in der Stadt erkennbar sind, fordert Burba Luftunterstützung an. Gegen 10.00 Uhr greifen 13 Jagdbomber das Stadtgebiet von Blankenburg an. Spreng- und Phosphorbomben schlagen ein. Als sie nach 45 Minuten abdrehen, brennt es an unzähligen Stellen in der Stadt. 60 Gebäude sind zerstört oder beschädigt. Mitten in den Lösch- und Rettungsarbeiten schlagen gegen 11.00 Uhr erneut Granaten in der Stadt ein. Jetzt eröffnen die amerikanischen Panzer, die zwischen Heimburg und Blankenburg aufgefahren sind, das Feuer auf die Stadt. Auch die Artillerie nimmt noch einmal die Stadt unter Beschuss.[10] Gegen 11.30 Uhr hört der Beschuss auf.[11]

Gegen 12.00 Uhr sendet Burba den Bürgermeister von Westerhausen, Gustav Neumann, in Begleitung des stellv. Bgms. Adolf Bömmel mit einer weißen Fahne in die Stadt, um den, dort vermuteten, deutschen Truppen die Kapitulationsaufforderung zu übermitteln.[12] Col. Burba sagt hierzu in einem Interview am 14. Mai 1945: *„Der Bürgermeister von Westerhausen und sein Adjutant wurden mit der weißen Fahne nach Blankenburg gesandt. Sie sollten dem Kommandanten der Stadt übermitteln, dass die Stadt von 6000 Mann und 200 Panzern eingekreist ist und sollte es zu Widerstand kommen, dann würde ein erneuter Bombenangriff unmittelbar nach 12.00 Uhr erfolgen und die Stadt würde gestürmt werden."*[13] Am Ortsausgang von Blankenburg nach Westerhausen treffen die Parlamentarier auf die Stellungen der Kompanie des Oblt. Opitz. Da Opitz nicht weiß, dass die deutschen Truppen die Stadt bereits geräumt haben, schickt er die Abordnung mit einem Motorrad weiter zum Quartier des K.Kdt.[14] Doch dort sind nur noch einige Offiziere. So wird Neumann nach Kloster Michaelstein gebracht, wo er trotz seines Hinweises auf das Ultimatum als Spion verhaftet und unter Arrest gestellt wird. Er kommt erst am nächsten Tag frei, nachdem sich der Stab aus Michaelstein abgesetzt hat.[15] So kommt es, wie es kommen muss. Zwischen 13.30 und 14.00 Uhr greifen amerikanische Jagdbomber noch einmal die Stadt an.[16] Auch vermutete deutsche Stellungen an den Berghängen oberhalb der Stadt werden beschossen. Als nach zwei Stunden die Parlamentarier immer noch nicht aus der Stadt zurückgekehrt sind, entschließt sich am Stadtrand von Blankenburg Oblt. Opitz, mit den Amerikanern in Westerhausen Kontakt aufzunehmen.

Der Bürgermeister von Westerhausen, Neubauer und Col. Burba auf dem Rücksitz eines Jeeps

Foto: Mit freundlicher Genehmigung der 8th Armored Division Ass. Webmaster Okey Taylor

Dort erklärt ihm Lt.Col. Burba, das seine Panzer um 17.00 Uhr mit dem Angriff beginnen, wenn bis dahin nichts geschieht. Opitz, der noch immer nicht weiß, dass seine Vorgesetzten die Stadt verlassen haben, befiehlt nach seiner Rückkehr angesichts der aufgefahrenen amerikanischen Panzer kurz vor 17.00 Uhr die Auflösung der Kompanie.[17] Als um 17.00 Uhr in Blankenburg die Kirchenglocken läuten, rollt die amerikanische Kolonne an. Vor ihnen überfliegen noch einmal drei, mit ihren Bord-MG feuernde, Jagdbomber, die Stadt, dann erreicht die Kolonne der TF Van Houten, 36th Tk Bn, von Westerhausen kommend mit zwei Panzerkompanien voraus, gefolgt von den Panzerinfanteristen der Co. B, 49th AIB die Stadt.[18] Auch von Helsungen her nähern sich Panzer über den Heidelberg.[19] Als die TF Roseborough, 49th AIB von Heimburg aus Blankenburg erreicht, fährt ihnen Herzog Ernst-August mit einer weißen Fahne in Richtung der Regenstein-Kaserne entgegen.[20] Bis 18.30 Uhr hat das CCB Blankenburg kampflos besetzt.

Doch der Beschuss der Stadt, der bereits am 15. April begonnen hatte, und die Besetzung haben ihre Opfer gefordert. Nicht alle Einwohner hatten Schutz in den Bunkern und Stollen der Umgebung gesucht.[21] Eine Anzahl an Einwohnern, aber auch in der Stadt befindliche Soldaten und Zwangsarbeiter, werden durch Bomben und Granaten getötet.[22]

Panzer und Panzerinfanteristen der 8th US AD in den Straßen von Blankenburg, wo Bürger versuchen, die Brände zu löschen
Foto: Mit freundlicher Genehmigung der 8th Armored Division Ass.

Viele werden verwundet und kämpfen in den Lazaretten der Stadt um ihr Leben. So wird der Chefarzt der Blankenburger Lazarette, Oberstabsarzt Dr. Oddey und der San.Fw. Hein getötet, als sie einem verwundeten Wehrmachtsangehörigen helfen wollen, der vor der Schlachterei Schomburg in der Langen Straße 23 verwundet wurde. Beide sterben durch Granatsplitter.[23] Einige Soldaten ereilt der Tod beim Versuch, sich vor den einrückenden Truppen in Sicherheit zu bringen. Ein deutscher Soldat wird am alten Bahnwärterhaus an der Neuen Halberstädter Straße erschossen, als sich amerikanische Panzer am Abend den Kasernen am Regenstein nähern.[24] Die meisten Gefallenen finden ihre Ruhestätte auf dem Friedhof am Heidelberg.[25] Die 8th US AD verzeichnet lediglich einen Gefallenen und sechs Verwundete bei der Einnahme von Blankenburg.

Unmittelbar nach der Besetzung von Blankenburg fahren die Jeeps mit ihren Lautsprecheranlagen, die zuvor Blankenburg zur Kapitulation aufgefordert hatten, in Richtung Timmenrode und nördlich an der Teufelsmauer Richtung Helsungen und fordern jetzt die deutschen Truppen in den Wäldern auf, sich zu ergeben.[26] Viele kommen dieser Aufforderung nach und stellen sich den amerikanischen Truppen in Blankenburg.

Südöstlich von Blankenburg, in Cattenstedt, setzt sich an diesem Vormittag unbemerkt von den Amerikanern die Geschichte der PzKpfw VI „Königstiger" von Elbingerode fort. Die drei „Königstiger" hatten unter Führung von Oblt. Dirks am frühen Morgen Blankenburg erreicht, wo sich im Schloss der Stab der InfDiv. „Potsdam" befinden soll. Doch dieser hatte sich bereits am 19. April aufgelöst. So verlässt Dirks mit den Panzern Blankenburg und fährt in Richtung Thale, wo er Worgitzki beim Stab des LXVII. AK vermutet. Bei Cattenstedt hält die kleine Kolonne.

Dann verwischen sich auch hier wieder Dirks Erinnerungen. Während er 1985 berichtet, dass sein Auftrag beendet war, nachdem er die Panzer bei Cattenstedt in Stellung gebracht hatte, und er sich dann auf die Suche nach Worgitzki machte, schreibt er 1995 in der amerikanischen Veteranenzeitschrift, dass er die Panzer auf halber Strecke nach Thale halten ließ und sich auf die Suche nach den vorgesetzten Stäben und Sprit für die Panzer machte. Diese Suche hat in dann in beiden Berichten mit dem Beiwagenkrad Richtung Hexentanzplatz – Roßtrappe geführt und um Mitternacht erreicht er Neuwerk, ohne Worgitzki gefunden zu haben. Dort verbringt der die Nacht und lässt sein Beiwagenkrad zurück.[27] Dann teilt sich die Geschichte wieder. Im „Harzkurier" 1985 berichtet Dirks, dass er sich mit seinem Fahrer am nächsten Tag, dem 21. April, von Neuwerk zu Fuß in die Wälder begibt. In der amerikanischen Veteranenzeitschrift erscheint jedoch eine andere Version. Demnach war es ihm in Neuwerk weder gelungen, Sprit aufzutreiben, noch neue Befehle zu bekommen. So kehrt er am frühen Morgen zu den zurückgelassenen PzKpfw VI „Königstiger" bei Cattenstedt zurück. Angesichts der aussichtslosen Lage lässt Dirks die drei „Königstiger" unbrauchbar machen und die Besatzungen setzen sich in Wälder ab.[28] Doch gerade das letztere scheint fraglich, denn verschiedene Quellen sprechen von nur einem zerstörten „Königstiger" im Straßengraben bei Cattenstedt.

So berichtet Dr. Guntram Seltmann in dem Heft „Zeitzeugen berichten – Eine Dokumentation aus Zeitzeugenberichten zu den Ereignissen in der Stadt Blankenburg am 20. April 1945": *„An einem dieser Tage konnte ich beobachten, wie eine Panzerbesatzung ihren Panzer vernichtete. Das war am Lindenberg in Cattenstedt. Ich hörte es aus der Ferne knallen, lief in Richtung des Knalls und sah den Panzer brennen und sich mehrere Soldaten ziemlich eilig entfernen. Der Panzer brannte total aus. Explosionen gab es keine weiteren, wahrscheinlich waren Benzin und Munition verbraucht... Der Panzer wurde erst Jahre später entsorgt, wir haben oft in ihm gespielt."*[29]

Was aber ist aus den beiden anderen „Königstigern" geworden? Viel spricht dafür, dass diese beiden „Königstiger" nicht gesprengt wurden, sondern noch einmal zum Einsatz kamen. So gelangte ein PzKpfw VI „Königstiger" wahrscheinlich bis auf eine Wiese zwischen Michaelstein und Heimburg, wo er aufgegeben wurde und mit einem „Königstiger" soll Hptm. Hans Bölter bei Stecklenberg ein Gefecht mit amerikanischen Panzern geführt haben, bei dem er drei Sherman abgeschossen haben soll, bevor der Panzer durch einen Treffer einer amerikanischen Zwillingsflak am Turm außer Gefecht gesetzt wurde. Da es keine Hinweise auf weitere Kämpfe mit Beteiligung von Panzern gibt, dürfte somit der Einsatz des „Königstigers" mit Hptm. Bölter als Kommandant einer der letzte Panzereinsätze im Harz gewesen sein.

Das CCA löst um 10.30 Uhr (B) mit der TF Goodrich, 18th Tk Bn, das RCT 330 bei Ilsenburg und Wernigerode ab und übernimmt die Straßensperren. Die TF Poiner, 7th AIB, verlässt Heudeber um 06.35 Uhr (B), löst Teile des RCT 330 ab und beginnt um 09.15 Uhr (B) in zwei Kolonnen mit der Säuberung der Wälder südlich von Benzingerode – Heimburg, während der Tp. A. 88th CavRcnSq an der Nordflanke patrouilliert. Als die Bevölkerung Tage danach den Heimburger Wald nach Opfern der Kämpfe der letzten drei Tage absucht, finden sie insgesamt 18 gefallene Soldaten, die in Heimburg beigesetzt werden.[30] Das CCR erreicht um 18.30 Uhr (B) Aspenstedt und die TF Altman, 58th Tk Bn wird um 20.00 Uhr (B) dem CCB unterstellt und geht nach Westerhausen. Um 23.30 Uhr (B) erreicht sie Blankenburg.

Bei der 1st US InfDiv erreichen die Verbände von Süden her bis zum Abend ihre Operationsgrenze im Harz. Die Regimenter erhalten den Befehl, ihre Positionen zu halten und ihre Bereiche von Versprengten und eingekreisten Widerstandsnestern zu säubern. Beim RCT 16 säubert die Co. L, 3./16 den Bereich nordwestlich von Elbingerode und die Co. I den Bereich nordöstlich der Stadt. Die Co. K säubert die Wälder nördlich von Rübeland.

Pioniere des 1st Engr C Bn der 1st US InfDiv in Wienrode neben dem Wrack einer schweren deutschen Zugmaschine mit angehängtem Geschütz
Foto: Mit freundlicher Genehmigung des 1st Infantry Division Museum

Kriegsgefangene der 1st US InfDiv marschieren durch Wienrode
Foto: National Archives

Beim RCT 18 setzt das 2./18 um 08.00 Uhr (B) den Angriff nach Nordosten fort. Gegen den Widerstand von kleinen deutschen Kampfgruppen aus Waffen-SS und Hitlerjugend, die auch zwei Pak einsetzen, geht der Vormarsch nur langsam vorwärts und um 11.00 Uhr (B) erreicht die Co. E Wienrode.

Bis zum Mittag ist Wienrode und die Umgebung mit Unterstützung der leichten Panzer des 2nd Plat. Co. D, 745th Tk Bn gesäubert. Allein hier ergeben sich 1000 Deutsche. Oberst Grassau, der mit einer kleinen Gruppe seines Stabes in Wienrode geblieben war, geht mit seinen Männern unbewaffnet über ein offenes Feld den Infanteristen entgegen, um sich zu ergeben. Einwohner von Wienrode finden ihn nach dem Ende der Kämpfe mit seinen Männern erschossen neben der R 81. Mit weiteren 16 gefallenen Soldaten, die später von Einwohnern geborgen werden, wird er auf dem Friedhof von Wienrode beerdigt.[31] Der 2nd Plat. Co. B, 745th Tk Bn, der die Co. E nach Wienrode begleitet hat, verlässt auf Grund eines gemeldeten Panzerhinterhaltes Wienrode und fährt zur Co. F, die auf Timmenrode vorrückt. Timmenrode wird ebenfalls gegen leichten Widerstand genommen. Später wird auch Cattenstedt besetzt.[32] Die Panzer des 2nd Plat. Co. D, 745th Tk Bn fahren nach Thale. Am Abend steht das Bataillon mit der Co. F in Timmenrode, Co. E in Wienrode und die Co. G sichert die Kreuzung am Armen Feld.

Beim 3./18 trifft um 02.00 Uhr (B) die Co. K in Thale ein und beginnt um 06.00 Uhr (B) mit der Überquerung der Bode in der Stadt, während die Co. L und die Co. G die Oberstadt sichert. Die Co. I, die in der Nacht die Wälder südlich der Stadt gesäubert hat, rückt an der linken Flanke parallel zur Co. K über die Bode vor. Bis 10.50 Uhr (B) ist Thale vollständig besetzt. Jetzt haben auch die letzten Verteidiger die Stadt verlassen. Als eine der Letzten setzt sich eine Gruppe Waffen-SS Richtung Altenbrak in die Wälder ab und sprengt auf ihren Rückzug zwei Brücken hinter dem Hirschgrund.[33] Endlich können die Einwohner die Keller und Schutzstollen verlassen. Jetzt, wo die Gefahr vorbei ist, als Verräter durch die eigenen Leute hingerichtet zu werden, erscheinen auch weiße Fahnen im Straßenbild. Hatten die Einwohner doch die, kurz zuvor erfolgte, Erschießung des ortsansässigen Fuhrunternehmers Curt Eisermann vor Augen, der sich geweigert hatte, seine Fahrzeuge an die Wehrmacht abzugeben.[34] Auch viele deutsche Soldaten, die sich versteckt hatten und nicht in den Wäldern untertauchen konnten, kommen jetzt hervor und ergeben sich. Viele verlieren aber noch in den darauffolgenden Tagen ihr Leben bei Schießereien mit amerikanischen Truppen, die die Wälder durchkämmen. In vielen Fällen werden sie als vermeintliche Heckenschützen und „Werwolf"-Angehörige erschossen. Erst Ende April, Anfang Mai 1945 erfolgt die Beisetzung aller in Thale und Umgebung gefallenen deutschen Soldaten. Ende April werden 18 deutsche Soldaten und am 6. Mai noch einmal 19 Soldaten und zwei Hitlerjungen begraben. 21 von ihnen werden als unbekannte Soldaten in einem Massengrab beigesetzt.[35]

In Thale fällt den amerikanischen Truppen das unzerstörte Werk der Eisen- und Hüttenwerke Aktiengesellschaft in die Hände. Im ehemaligen Eisenhüttenwerk Thale war 1915 der Prototyp des deutschen Stahlhelms entwickelt worden, der danach in Thale und anderen Werken für das deutsche Militär produziert wurde und dessen Form bis in die heutige Zeit als Vorbild für Einsatzhelme dient.[36]

Stahlhelmproduktion im Werk Thale
Foto:
Stadtarchiv Thale. Mit freundlicher Unterstützung durch Heiko Golla, Thale

Amerikanische Soldaten vor einem Waggon mit erbeuteten Stahlhelmen
Foto: National Archives (Fold3.com)

Am Abend bezieht die Co. D, 87th Cml Mort Bn Stellungen in Thale. Allein den Männern der Co. D ergeben sich an diesem Tag 214 Deutsche. Der 3rd Plat. Rcn Co. 634th TD Bn übernimmt am Abend die Bewachung der deutschen Gefangenen in Thale. Eine deutsche Einheit in Stärke von 285 Mann ergibt sich dem 2nd Plat. Rcn Co. im Raum Altenbrak. Bei der Befragung stellt sich heraus, dass sie ihre gesamten Fahrzeuge im Wald versteckt haben. Es werden 45 Fahrzeuge sichergestellt, die später für den Abtransport von Gefangenen benutzt werden. Das 32nd FA Bn unter dem Kommando von Lt.Col. Edward S. Bechtold, welches das RCT 18 unterstützt hatte, muss herangezogen werden, um der großen Anzahl an Gefangenen Herr zu werden. Bei Altenbrak bewachen sie ein Lager mit 3500 Deutschen. Die Artilleristen, deren Geschütze während der letzten Tage ständig im Einsatz waren, hatten den Befehl erhalten: *„Feuereinstellung – der Feind ergibt sich in allen Stellungen."*[37]

Insgesamt meldet die Kriegsgefangenensammelstelle des 3./18 die Gefangennahme von 6000 Deutschen, unter ihnen zwei Generalleutnante, ein Generalmajor, fünf Stabsoffiziere und 150 Offiziere. Die meisten von ihnen gehören zum Stab des LXVII. AK und zur InfDiv. „Potsdam". In der Stadt und der Umgebung werden etwa 2000 kriegsgefangene Briten, Belgier, Russen und Amerikaner befreit.

Das 3./26 sichert im Tagesverlauf das Brocken-Plateau und säubert die Umgebung. Dabei werden Lt. Abele, Sgt. Shepard und drei Mannschaften von der Co. L getötet. Das 3./26 verliert insgesamt acht Mann. 60 Deutsche gehen in Kriegsgefangenschaft, 25 werden getötet. Nach der Einnahme des Brockens bezieht die Co. L Verteidigungsstellungen um den Gipfel. Der Rest des Bataillons geht nach Braunlage und sichert den Ort. Die anderen Einheiten der 1st US InfDiv halten ihre bisherigen Stellungen und säubern weiter die Harzwälder von versprengten deutschen Truppen.

Bei der 9th US InfDiv verbleibt das RCT 47 in seinen Sicherungsstellungen und durchkämmt die Umgebung mit Patrouillen. Die Co. B, 1./47 bekämpft den Widerstand im Bereich Großer Sieberstein, südöstlich von Gernrode, und stellt um 08.25 Uhr (B) den Kontakt mit dem RCT 60 her. Auch das RCT 60 hält seine Positionen und säubert das Gebiet von durchsickernden deutschen Truppen. Gleiches erfolgt beim RCT 39. Mit Unterstützung der unterstellten 4th CavGp erfolgt eine verstärkte Patrouillentätigkeit im gesamten Abschnitt. Im Bereich Drohndorf - Mehringen, südöstlich von Aschersleben, treffen sie auf eine 40 bis 100 Mann starke deutsche Gruppe mit einem 4cm Geschütz[38]. Daraufhin wird die Co. G, 2./39 motorisiert und säubert gemeinsam mit der Cavalry das Gebiet. Zur Sicherung der Divisionszone patrouilliert die TF Carter, die aus dem 9th Rcn Tp ohne einem Platoon, der Co. G, 60th InfRgt, einem Plat. 15th Engr C Bn, der Co. D, 746th Tk Bn ohne einem Platoon, der Rcn Co. und der Co. B, 899th TD Bn besteht, im südwestlichen Bereich der Division. Die TF Hupfer, die die Sicherung des Div.CP in Pansfelde verstärkt, verbleibt in Bereitschaft, den rückwärtigen Raum gegen deutsche Gegenangriffe und Ausbruchsversuche zu sichern. Die Division meldet 8644 Kriegsgefangene.

Im Kriegstagebuch des VII. US Corps vom 20. April 1945 heißt es: *„Innerhalb der Korpszone endet der organisierte Widerstand in den Harzbergen und mit dem Zusammenbruch des Widerstandes wurden Tausende von Gefangenen gemacht... Die beispiellose Anzahl an Gefangenen im Harz, wies darauf hin, dass die endgültige Beseitigung des Kessels kurz bevorstand. Der Widerstand der verbliebenen feindlichen Truppen in diesem Raum war unorganisiert und uneffektiv...“* Die Gesamtzahl der Kriegsgefangenen der VII. US Corps beträgt an diesem Tag 18101, soviel wie an keinem anderen Tag im Monat April 1945. Dennoch fordert auch dieser Tag eigene Opfer. Die 1st US InfDiv verliert 54 und die 9th US InfDiv acht Mann.

Die Vielzahl an Kriegsgefangenen wird für die G-4 Abteilungen der amerikanischen Divisionen während der Kämpfe im Harz neben der Versorgung der eigenen Truppen zu einem der Hauptprobleme. Jedes verfügbare Fahrzeug wird für den Abtransport der Kriegsgefangenen in die Sammel- und Durchgangslager eingesetzt. Da es sich in den meisten Fällen um offene Lastwagen handelt, kann man sich vorstellen, was dies für die deutschen Kriegsgefangenen bedeutet, die sich meist völlig erschöpft und hungrig, teils verletzt, eng zusammengedrängt, auf den schwankenden Ladeflächen wiederfinden, und so oftmals große Entfernungen zurücklegen müssen bevor sie in den Kriegsgefangenenlagern unter ähnlich schlechten Bedingungen untergebracht werden.

Angesichts der aussichtslosen Lage erteilt das AOK 11 den Befehl zur Einstellung der Kämpfe. Der Stab bezieht den letzten Gefechtsstand auf einer bewaldeten Höhe zwei Kilometer südwestlich von Michaelstein, wo er bis zum 23. April bleibt.[39] Die verbliebenen deutschen Truppen empfangen kurz darauf den letzten Funkspruch des AOK 11: *„Wir schalten ab. Alles Gute.“* Mit der Einstellung des organisierten Widerstandes beginnt der Exodus der, auf engstem Raum zusammengedrängten, deutschen Truppen und Stäbe. Das Gen.Kdo. Stellv. VI. AK gibt um 18.00 Uhr völlig eingeschlossen das Kommando ab.[40] In den Wäldern um Kloster Michaelstein lösen sich die Reste des Lw.Btl. Oesau auf, die sich aus dem Gebiet um den Brocken und von südlich Wernigerode hierher zurückgezogen haben.[41]

Gen.Lt. Flörke erteilt nach dem Empfang des letzten Funkspruchs des AOK 11 auf dem Gefechtsstand des LXVI. AK in der „Zeche Büchenberg“ bei Elbingerode seinen Männern die Genehmigung zum Absetzen. Doch die meisten bleiben, denn es gibt kaum noch eine Fluchtmöglichkeit und das Risiko, auf der Flucht erschossen zu werden ist größer, als auf das Eintreffen der Amerikaner zu warten und sich geschlossen zu ergeben. Die Reste des Stabes, der Korpsnachrichtenabteilung und Splittergruppen der Artillerie und Flak, die einen Sicherungskreis gebildet haben, verschießen ihre letzte Munition und warten auf die Amerikaner. Gegen 10.00 Uhr ergeben sie sich den, von Wernigerode kommenden, Panzerinfanteristen des CCA der 8th US AD kampflos und treten den Weg in die Gefangenschaft an.[42]

Die Reste der SS-Pz.Brig. „Westfalen", die sich im Raum Blankenburg versammelt haben, treten ein letztes Mal an und werden von ihren Führern entlassen. Sie sollen sich auf eigene Faust nach Hause oder hinter die Elbe absetzen. Etwa 200 Mann des SS-Rgt. Holzer und die SS-Unterführerlehrkompanie, die Blankenburg befehlsmäßig verlassen hatten, lösen sich auf. In Zivilbekleidung aus der Kriegsopfer-Spinnstoffsammlung machen sie sich auf den Weg. Die Masse gerät in Kriegsgefangenschaft und wird über Halberstadt und Hildesheim zu den Rheinwiesenlagern abtransportiert.[43] Die letzten Reste der K.Gr. Graf v. Brühl gehen bei Blankenburg in Kriegsgefangenschaft. Hptm. Geigenmüller ergibt sich mit den Resten der Pz.Jg.Abt. 228 in Wienrode, die bespannten Trossteile mit dem Genesenenlazarett der Division bei Timmenrode.[44] Am Waldrand hart östlich von Blankenburg kapituliert die Divisionsnachschubkolonne der 116. PzDiv mit 200 Mann, 150 Pferde und 100 Wagen und Feldküchen.[45] Der Stab der Div. Sturm geht nach Stecklenberg, wo es in den umliegenden Bergen und Wäldern immer wieder zu heftigen Einzelgefechten kommt, doch eine Führung gibt es nicht mehr.[46]

Angesichts der zusammengebrochenen Führung der Restverbände im Harz erteilt das OKW gemäß dem KTB des Fü.Stab Nord (A) noch am 20. April den Befehl, dass die 11. Armee dem AOK 12 unterstellt wird.

Aus dem Führerhauptquartier 21. April 1945. Das Oberkommando der Wehrmacht gibt bekannt: *„Im Harz dauern die schweren Abwehrkämpfe um den Brocken, im Abschnitt Elbingerode und mit den von Osten gegen den Unterharz angreifenden feindlichen Kräften an."*

Am **Sonnabend,** dem **21. April 1945,** beendet die 1st und 9th US Army die Besetzung des Harzes. Elemente der 2nd US AD, die nach der Ablösung an der Elbe ihre Besatzungszone südlich von Braunschweig erreicht und dort die 8th US AD abgelöst haben, beginnen mit der Säuberung des Forst Königslutter.

Die 8th US AD des XIX. US Corps der 9th US Army erreicht an diesem Tag die Armeegrenze bei Michaelstein und Cattenstedt. Im besetzten Blankenburg erfolgt auf dem Schloss die offizielle Übergabe der Lazarette der Stadt an das CCB.[47] Die TF Poiner, 7th AIB, des CCA rückt ab 07.00 Uhr (B) in zwei Kolonnen ostwärts auf Michaelstein vor, um die letzten deutschen Widerstandsnester in diesem Abschnitt zu beseitigen und den Kontakt mit der 1st US InfDiv herzustellen. Nach einem Schwenk erreichen sie mit der ersten Kolonne von Südwesten um 12.35 Uhr (B) Michaelstein und mit der zweiten um 14.00 Uhr (B). Der letzte Widerstand von Resten der 26. VolksGrenDiv des LXVI.AK und des Lw.Btl. Oesau wird durch die TF Poiner der CCA der 8th US AD in den Wäldern bei Michaelstein gebrochen.[48] Um 17.35 Uhr (B) wird die TF Poiner bei Michaelstein vom CCB abgelöst.

Das CCB entsendet um 07.00 Uhr (B) die TF Moore, 36th Tk Bn mit dem Rcn Plat. der Co. C, 36th Tk Bn und der Co. C, 49th AIB von Blankenburg in Richtung Cattenstedt und Wienrode. Um 07.30 Uhr erreichen sie Cattenstedt und bei Wienrode stellen sie den Kontakt zum 2./18 der 1st US InfDiv her. Um 11.00 Uhr (B) stellt die TF Artman, 58th Tk Bn, die am Vortag dem CCB unterstellt wurde, in Hüttenrode den Kontakt zur 1st US InfDiv her. Dann kehrt sie aus der Unterstellung unter das CCB zum CCR zurück und verlegt nach Aspenstedt. Die TF Connel, 80th AIB des CCR erreicht um 19.45 Uhr (B) Goslar. Zu diesem Zeitpunkt ist die 88th CavRcnSq bereits auf dem Marsch nach Osterode.

Lt.Gen. Simpson, CG 9th US Army (vorne), im Gespräch mit einem deutschen Offizier am 21. April 1945 in Halberstadt. Rechts hinter Simpson Col. Dodge, Chief of Staff 8th US AD Foto: Mit freundlicher Genehmigung der 8th Armored Division Ass. Webmaster Okey Taylor

Die 1st und 9th US InfDiv säubern weiter den Harz von versprengten deutschen Truppen. Die 1st US InfDiv beginnt mit Vorbereitungen zur Verlegung in einen neuen Einsatzraum. Die Co. L, 3./26 wird um 10.00 Uhr (B) von der Co. K auf dem Brocken-Plateau abgelöst und geht nach Braunlage. Der 1st Plat. Co. C, 745th Tk Bn, der mit der Co. A, 1./26 von Elend aus nach Norden auf Drei-Annen-Hohne vorrückt, meldet seine Teilnahme bei der Gefangennahme von 167 Deutschen und der

Eroberung und Zerstörung von zwei PzKpfw IV, einer Selbstfahrlafette, einem Halbkettenfahrzeug und weiteren Fahrzeugen. Dazu dürfte auch der bereits erwähnte „Tiger"- Panzer unter einer Eiche auf der Wiese in der Nähe des Bahnhofes Drei-Annen-Hohne gehören, der dort aufgegeben und gesprengt wurde.[49] Bereits am 18. April hatte das 3./330 der 83rd US InfDiv dort zwei Selbstfahrlafetten gemeldet. Beim RCT 18 säubert das 2./18 und das 3./18 weiter ihre Abschnitte. Der Bn.CP des 3./18 in Thale registriert 200 Gefangene. Das 634th TD Bn unter Lt.Col. Henry L. Davisson steht mit der Co. A in Braunlage, der Co. B in Thale, der Co. C in Neuwerk und der Rcn Co. in Treseburg. Alle anderen Verbände der Division verbleiben in den erreichten Räumen und setzen die intensive Patrouillentätigkeit fort.

Bei der 9th US InfDiv säubert die Co. G, 2./39 mit dem Tp. C, 4th CavRcnSq bis 01.15 Uhr (B) Drohndorf gegen starken Widerstand. 35 Deutsche werden gefangen genommen, 50 bis 70 sollen nach amerikanischen Angaben getötet worden sein. Im Tagesverlauf setzt die Division die Sicherung ihres Abschnittes und die Säuberung von Versprengten gegen vereinzelten Widerstand fort. Auf dem Div.CP in Pansfelde trifft der Befehl ein, sich auf die Verlegung von Teilen der Division zur Übernahme des Mulde-Abschnittes bei Dessau von der 3rd US AD am 22. April vorzubereiten. Der Befehl geht an das 60th InfRgt. Der Division ergeben sich an diesem Tag 1767 Mann. Das letzte Mal seit Beginn der Harzkämpfe fordert dieser Tag noch einmal einen hohen Blutzoll von der Division, 41 Soldaten fallen. Das VII. US Corps meldet am Abend 14907 deutsche Kriegsgefangene.

Nur noch wenige deutsche Stäbe sind an diesem Tag noch nicht in Gefangenschaft. Der Stab des AOK 11 versteckt sich weiterhin südwestlich von Michaelstein im Wald. Dem Stab der Div. Sturm gelingt noch einmal das Absetzen in den Wald an der Georgshöhe, anderthalb Kilometer südlich von Thale, als amerikanische Panzer nach Stecklenberg hinein rollen. Dort bezieht Sturm seinen letzten Gefechtsstand im Jagdhaus des Barons von dem Bussche-Streithorst aus Thale, bei dem sich bereits Tage zuvor der Luftwaffenstab unter Gen.Maj. Petrauschke einquartiert hat.[50] Von hier kann Sturm zusehen, wie die Panzer durch Thale fahren. In unmittelbarer Nähe des Gefechtsstandes wird in den Wäldern noch vereinzelt gekämpft.[51] Eine kleine Gruppe um Oberst Burian ergibt sich in Neuwerk den Amerikanern. Als einen der letzten gelingt der 3./Art.Rgt. 272 unter Maj. Martin Jenner der Ausbruch aus dem Harzkessel. Östlich von Torgau treffen sie auf russische Truppen und fliehen nach Ludwigslust, wo sie in amerikanische Gefangenschaft geraten.[52]

Geheime Tagesberichte der Wehrmachtsführung vom 22. April 1945: *Im Harz ist der Kampf der dort eingeschlossen gewesenen 11. Armee mit zwei Armeekorps und 11 Divisionen beendet.*

Am **Sonntag**, dem **22. April 1945**, beginnt die 8th US AD des XIX. Corps mit der Entlastung der 1st US InfDiv im Harz und übernimmt am Mittag das Kommando über den Abschnitt. Das CCA bezieht seinen Besatzungsbereich mit dem HQ in Bad Lauterberg, dem 7th AIB in Herzberg, dem 18th Tk Bn in Bad Harzburg und dem 809th TD Bn in Ilsenburg. Das 49th AIB, CCB geht mit dem CP nach Elbingerode und am 24. April nach Rübeland, die Kompanien übernehmen die Verantwortung für Rübeland, Trautenstein, Wernigerode, Benzingerode, Heimburg und Michaelstein. Das 36th Tk Bn, CCB geht nach Hasselfelde. Das CCR übernimmt seinen neuen Zuständigkeitsbereich mit dem CP in Clausthal-Zellerfeld, dem 58th AIB in Seesen und dem 80th Tk Bn im Raum Goslar –Astfeld - Langelsheim – Wolfshagen – Lautenthal – Hahnenklee – Bockswiese – Oker. Die 88th CavRcnSq übernimmt die Besatzung für Northeim, Nörten-Hardenberg, Duderstadt, Bartolfelde und Osterode.

Die 1st US InfDiv patrouilliert bis zur Ablösung durch die 8th US AD in ihrem Einsatzraum im Harz und bereitet sich auf die Verlegung in einen Sammelraum südöstlich von Sangerhausen vor. Bei der 9th US InfDiv beginnt die Verlegung in den neuen Divisionsabschnitt mit dem RCT 60, das um 06.30 Uhr (B) mit dem 965th FA Bn Siptenfelde Richtung Mulde verlässt. Um 11.00 Uhr (B) treffen die Befehle des VII. US Corps zur Verlegung der anderen Teile der Division ein. Doch zuvor soll der verbliebene Widerstand vollständig beseitigt werden. Das RCT 39 erhält den Auftrag, den Raum Stecklenberg, Friedrichsbrunn, Bad Suderode, Mägdesprung, Güntersberge, Straßberg und Siptenfelde zu säubern. Das RCT 47 erhält den Abschnitt Stangerode, Pansfelde, Meisdorf, Ballenstedt und Harzgerode. Die DivArty übernimmt den Bereich Stolberg, Rottleberode, Wettelrode, Pölsfeld, Blankenheim, Ahlsdorf bis nördlich Bräunrode und das 899th TD Bn die Umgebung von Steinbrücken

Die 4th US CavGp geht aus der Unterstellung unter die 9th US InfDiv heraus unter die Kontrolle des VII. Corps, verbleibt aber im direkten operativen Zugriff der 9th US InfDiv. Ihr wird durch die 9th US InfDiv der Abschnitt Westerhausen, Warnstedt, weiter ostwärts bis einschließlich Quedlinburg, Aschersleben, südwärts über Hettstedt, Kupferberg bis Klostermansfeld zur Säuberung zugewiesen. Im Tagesverlauf werden 811 Gefangene gemacht. Das VII. US Corps meldet 17881 Gefangene.

Mit einzelnen Feuergefechten in der Nähe des Gefechtsstandes der Div. Sturm südlich von Stecklenberg endet der letzte deutsche Widerstand. Doch noch dringen keine amerikanischen Truppen zum Forsthaus vor.[53] Weitere deutsche Generäle gehen während des Tages in Gefangenschaft. Der Komm.Gen. der 326 VolksGrenDiv, Gen.Maj. Heinz Kokott, wird am Kloster Michaelstein gefangengenommen.[54] Gen.Lt. Fretter-Pico ergibt sich dem 2./18 in den Wäldern bei Wienrode.

Am **Montag**, dem **23. April 1945**, übernimmt von Blankenburg aus die 8th US AD der 9th US Army das Kommando über das nördliche Harzumland. Teile der 3rd US

AD der 1st US Army erreichen nach ihrer Ablösung an der Muldelinie ihren zukünftigen Besatzungsraum im Harz. Die TF Richardson fährt in den Stationierungsbereich nach Hettstedt-Kupferberg und Rotha, wo sie unter die Kontrolle des 32nd AR zurückkehrt. Das 83rd Armd Rcn Bn verlässt Wolfen und fährt nach Stolberg, wo es gegen 16.00 Uhr (B) eintrifft und unter die Führung des CCB geht. Der Bn.CP und der Train geht nach Stolberg, die Co. A nach Herrmannsacker, die Co. B nach Dietersdorf, die Co. C nach Schwenda und die Co. D nach Breitenstein.

Die 1st US InfDiv versammelt sich in ihren Räumen. Das 2./18 geht nach Timmenrode und die Co. E, 2/18 bezieht in Wienrode Quartier. Die Co. K, 3./26 wird um 17.30 Uhr (B) von der 8th US AD auf dem Brocken abgelöst, nachdem es auf Grund von Schneefall zu Verzögerungen gekommen ist. Dann geht die Kompanie zum Bataillon nach Braunlage. Noch einmal registriert die Division eine große Anzahl deutscher Kriegsgefangener. Maj. Raymond R. Regan, der Co des MP Plat. der 1st US InfDiv schreibt an diesem Tag im Kriegstagbuch: *„Ein Großteil der Kriegsgefangenen (der Division seit Kriegsbeginn), nämlich 29.572 wurden im Harz zwischen dem 11. und 23. April 1945 gefangengenommen. Tausende von deutschen Soldaten wurden in den Hospitälern überrascht, sie wurden aber nicht mitgezählt bei dieser Art der Auflistung. Während der viertägigen Periode vom 19. bis 23. April 1945 wurden nicht weniger als 20.206 Kriegsgefangene erfasst und durch die Kriegsgefangenen-Sektion bewacht. Am 21. und 22. April 1945 unterhielt und bewachte diese Sektion drei weitere Anlagen dieser Art, zwei davon in Thale und eine in Ellrich.“*[55]

Aufnahme des 100 000ten Kriegsgefangenen der 1st US InfDiv vom 24. April 1945. Die Gefangennahme erfolgte bereits am 19. April 1945 Foto: National Archives

Die 9th US InfDiv durchkämmt ohne ihr RCT 60 gründlich den Harz. Lediglich westlich von Mägdesprung kommt es zu einem Feuergefecht zwischen Infanteristen des 2./39 und einer Gruppe Deutscher, bei dem etwa 60 Gefangene gemacht werden. Die Masse der Deutschen flieht nach den ersten Schüssen in die Wälder. Das RCT 47, das 84th und 18th FA Bn, die 4th CavGp und das 899th Tk Bn säubern ihren Bereich vollständig. Die 4th US CavGp beginnt im Bereich Quedlinburg - Aschersleben - Klostermansfeld mit ihrer Sicherungsmission, die bis zum Ende des Krieges andauert. Das 26th FA Bn setzt die Säuberung fort. Insgesamt werden 1184 Gefangene gemacht.

Der Stab des AOK 11 unter Gen. Lucht ergibt sich auf seinem letzten Gefechtsstand südwestlich von Michaelstein der 8th US AD.[56] Um 10.00 Uhr geht der Rest des Stabes der Div. Sturm, bestehend aus dem Kommandeur, zwei Stabsoffizieren und 30 Unteroffizieren und Soldaten in Gefangenschaft der 1st US InfDiv.[57] Nachdem Sturm erkannt hatte, dass es keine weitere Möglichkeit zum Ausweichen gibt, hatte er in der Nacht durch einen Förster den Amerikanern in Thale einen Brief überbringen lassen, in dem er ihnen die Bereitschaft zur Kapitulation und die Hoffnung auf eine Behandlung nach der Genfer Konvention mitgeteilt hatte. Erst nach dem Ende der Ausgangssperre am Morgen war der Förster zum Gefechtsstand von Sturm zurückgekehrt.[58]

Was in Bad Grund mit Gen.Maj. Görbig begonnen hatte, endet mit Gen.Lt. Sturm, dem 10. deutschen General, der im Harz von der 1st US InfDiv gefangengenommen wird. Neben den Komm.Gen. des Stellv. VI. AK, Gen.Maj. Mattenklott, des Stellv. IX. AK, Gen.Lt. Fretter-Pico, und des LXVII. AK, Gen.Lt. Hitzfeld, ergeben sich weiterhin Gen.Maj. Rudolf Friedrich Petrauschke vom LG-Kdo. III, Gen.Maj. Aldo Saul, der in der Führerreserve durch das LXVII. AK als Leiter einer Versprengtensammelstelle eingesetzt war, Gen.Maj. Albert Zehler, der nach der Zerschlagung der Div.Nr. 409 Nachkommandoführer der zerschlagenen Truppenteile beim Stellv. IX. AK war, der Führer der K.Gr. Heydenreich des LXVII. AK, Gen.Maj. Heydenreich und Gen.Maj. Ernst König, der bis zum 12. April 1945 Komm.Gen. der 28. InfDiv[59] war und in einem Lazarett gefangengenommen wurde. Damit hat die 1st US InfDiv die meisten Generäle während der Kämpfe in Gefangenschaft genommen.

Weitere acht Generäle geraten in Gefangenschaft anderer Divisionen, so der Oberbefehlshaber der 11. Armee, Gen.d.Inf. Lucht, der sich an diesem Tag Angehörigen der 8th US AD ergibt. Weitere Generäle sind Gen.Lt. Flörke, Komm.Gen. des LXVI. AK, Gen.Maj. Kokott, Kdr. der 26. VolksGrenDiv, Gen.d.Inf. Otto Schellert, der im März 1945 aus dem aktiven Dienst ausgeschieden war, Gen.Lt. Diecke von der Luftwaffe, Gen.Maj. Jordan, Führer der K.Gr. Jordan und die Gen.Maj. Daniels und Maus aus dem Stab des Oberquartiermeisters der 11. Armee.

Gen.d.Inf. Lucht mit Offizieren des VII. Corps am 24. April 1945 in Osterode vor einem erbeuteten PzKpfw VI „Königstiger“ Fotos: National Archives

In den kommenden Tagen geht die Suche nach versteckten deutschen Soldaten im Harz weiter. Dabei kommt es zu vereinzelten Schießereien mit Toten und Verletzten. Auch mehrere Erschießungen lassen sich nachweisen. Hier trifft es insbesondere Angehörige der Waffen-SS, bei denen man grundsätzlich davon ausgeht, dass sie sich in den Wäldern versteckt haben, um als „Werwölfe" den Kampf fortzusetzen. Heißt es doch nicht umsonst in einem amerikanischen Flugblatt: *„Warnung! An den deutschen Soldaten: Ergib dich sofort der Militärregierung. Falls du in Zivilkleidung entdeckt wirst – die du trägst, um der Erkennung zu entgehen – kannst du als Spion erschossen werden."*

Am **Dienstag**, dem **24. April 1945**, beginnt die 1st US InfDiv mit der Verlegung in die neuen Sammelräume. Das 1./16 geht nach Bornstedt, das 2./16 nach Beyernaumburg, das 3./16 bleibt vorerst in Elbingerode. Das 2./18 geht nach Siebigerode – Mollendorf, das 3./18 nach Annarode. Beim 26th InfRgt geht das 1./26 nach Rothenschirmbach und Kleinosterhausen, das 2./26 nach Farnstädt und das 3./26 verlässt um 15.00 Uhr (B) Braunlage und geht nach Wolferstedt. Das 634th TD Bn verlässt den Bn.CP in Benneckenstein und geht nach Blankenheim bei Eisleben, die Co. A nach Großosterhausen, die Co. B nach Hergisdorf, die Co. C nach Bornstedt und die Rcn Co. nach Kreisfeld. Der Div.CP verlegt nach Blankenheim. Die 9th US InfDiv beginnt um 06.30 Uhr (B) mit der Verlegung des RCT 47 zur Muldelinie. Das RCT 39 wartet mit dem 18th FA Bn und einem Plat. des 9th Rcn Tp im Harz auf die Verlegung und hat sich am Abend mit dem 1./39 in Stecklenberg, dem 2./39 in Gernrode und den Co. I, K, L, 3./39 in Güntersberge, Siptenfelde und Straßberg versammelt. Der Div.CP geht nach Köthen. Die 4th US CavGp kehrt um 06.00 Uhr (B) unter die Kontrolle des VII. US Corps zurück.

Am **Mittwoch**, dem **25. April 1945** beginnt als letzte Einheit der 9th US InfDiv das 39th InfRgt um 07.30 Uhr (B) mit der Verlegung in den neuen Divisionsabschnitt. Im Besatzungsgebiet der 8th US AD kommt es im Raum Torfhaus zu einem Vorfall, der typisch ist für die erste Phase nach der Zerschlagung des Harzkessels, in der noch immer unzählige deutsche Soldaten und ehemalige Würdenträger durch die dichten Harzwälder streifen und versuchen, sich der Gefangennahme zu entziehen. An diesem Tag erhalten die amerikanischen Truppen in der Siedlung Torfhaus die Nachricht, dass sich in der nahegelegenen Schubensteinhütte „Werwölfe" verstecken sollen. Als die Amerikaner mit Panzern die Hütte erreichen, finden sie dort zwei erschossene Amerikaner vor. In der verlassenen Hütte liegen SS- und HJ-Uniformen. Eine Suche in den umliegenden Wäldern bleibt erfolglos. Auch die Befragung der Bewohner der Siedlung Torfhaus ergibt keine Hinweise auf die Täter. So werden zwei Tage später, am 27. April 1945, als Sühnemaßnahme die Bewohner aus der Siedlung vertrieben und alle Häuser niedergebrannt.

Am **Donnerstag**, dem **26. April 1945** erreichen die letzten Verbände der 3rd US AD ihren Besatzungsbereich. Das 1./32 steht in Quenstedt, das 2./32 in Leimbach und das 3./32 in Klostermansfeld. Die Co. A, 1./33 in Breitungen, Co. B, 1./33 in Sittendorf, die Co. C, 1./33 in Görsbach, Co. D, 1./33 in Thürungen, Co. E, 2./33 in Tilleda, Co. F, 2./33 in Rottleberode, Co. G, 2./33 in Bielen, Co. H, 2./33 in Windehausen und das 3./33 in Görsbach. Die Co. A, 1./36 in Braunschwende, Co. B, 1./36 in Hermerode, Co. C, 1./36 in Biesenrode, Co. F, 2./36 in Wimmelrode und das 3./36 in Grillenberg. Das 83rd Armd Rcn Bn bleibt im bisherigen Raum.

Nach dem Unterstellungswechsel der 1st US InfDiv vom VII. US Corps zum VIII. US Corps verlässt sie am **Freitag**, dem **27. April 1945** um 24.00 Uhr (B) als letzte amerikanische Infanteriedivision den Harz. Für die Harzregion beginnt endgültig die Phase der amerikanischen Besatzungszeit, bevor kurzeitig große Teile des Harzes britisches Besatzungsgebiet werden und ab Anfang Juli 1945 die Grenze der sowjetischen Besatzungszone den Harz für fast 45 Jahre teilt.

* * *

---

1 BA-MA, Unterlagen des Lfl.Kdo. 6.

2 Der Angriff auf Heimburg erfolgte unmittelbar nach dem Luftangriff auf Blankenburg und steht im direkten Zusammenhang mit diesem.

3 www.ditunddat.huettenrode-im-harz.de, Beitrag „Division Potsdam" v. 30.10.2005.

4 Ebenda. Es wird hier von drei Bataillonen gesprochen, was so nicht zutreffen kann.

5 „Zeitzeugen berichten – Eine Dokumentation aus Zeitzeugenberichten zu den Ereignissen in der Stadt Blankenburg am 20. April 1945", zusammengestellt von den Mitgliedern „Freunde der örtlichen Geschichte Blankenburgs" unter Leitung von Manfred Funk, S. 26/27. Herr Günter Kipper nennt das Inf.Ers.Btl. 367, was eine Verwechselung ist. In Blankenburg befand sich das Btl. 467. Die Bezeichnung Inf.Ers.Btl. war 1945 nicht mehr gebräuchlich, sondern Gren.Ers.Btl. Der Stempel seiner Einberufung nach Blankenburg war vermutlich noch der alte Stempel der Einheit.

6 Ebenda, S. 12.

7 Ebenda, S. 10.

8 Ebenda, S. 47.

9 www.ditunddat.huettenrode-im-harz.de, Beitrag „Krieg in Blankenburg" v. 25.09.2005. Vgl. auch „Zeitzeugen" v. Zeitfuchs/Schirmer, S. 207ff.

10 Ebenda.

11 „Zeitzeugen berichten…", S. 42.

12 www.ditunddat.huettenrode-im-harz.de, Beitrag „Krieg in Blankenburg" v. 25.09.2005. Ergänzt durch die Angaben aus „Zeitzeugen berichten…", S. 22. . Vgl. auch „Zeitzeugen" v. Zeitfuchs/Schirmer, S. 207ff.

13 After Action Interviews 8th US AD.

14 www.ditunddat.huettenrode-im-harz.de Beitrag „Krieg in Blankenburg" v. 25.09.2005. Vgl. auch „Zeitzeugen berichten…", S. 18.

15 „Zeitzeugen berichten…", S. 18/19.

16 Ebenda. S. 40.

[17] www.ditunddat.huettenrode-im-harz.de, Beitrag „Krieg in Blankenburg“ v. 25.09.2005. Vgl. auch „Zeitzeugen“ v. Zeitfuchs/Schirmer, S. 207ff.

[18] Ebenda, Beitrag „Division Potsdam“ v. 30.10.2005.

[19] „Zeitzeugen berichten…“, S. 50.

[20] Ebenda, S. 35.

[21] Ebenda, S. 9.

[22] Ebenda, S. 1, 2, 8, 11, 29, 45, 46, 54, 56.

[23] „Die letzten Tage der Festung Harz“ v. Bornemann, Ausgabe 1978, S. 64ff.

[24] „Zeitzeugen berichten…“, S. 12.

[25] Ebenda, S. 49.

[26] „Zeitzeugen“ v. Zeitfuchs/Schirmer, S. 122.

[27] Ebenda, S. 232-233.

[28] “A german Fights then surrender in the Harz Mountains” v. Peter Dirks, veröffentlicht im 65th Harbert, 1995.

[29] „Zeitzeugen berichten…“, S. 6.

[30] www.ditunddat.huettenrode-im-harz.de, Beitrag „Division Potsdam“ v. 30.10.2005.

[31] Ebenda. Der Leichnam von Oberst Grassau soll einen Kopfschuss aufgewiesen haben. Über die näheren Ereignisse ist jedoch nichts bekannt. Möglicherweise steht der Tod von Oberst Grassau und seinen Männern im Zusammenhang mit den jugendlichen Alter der Angehörigen der Division „Potsdam“ und der Angst der Amerikaner vor dem „Werwolf“, der dort, wo er in Erscheinung trat, meist aus Jugendlichen bestand. Vgl. auch „Zeitzeugen“ v. Zeitfuchs/Schirmer, S. 34.

[32] Die Besetzung von Cattenstedt am 20. April bestätigt Dr. Seltmann in seinem Bericht in dem Heft „Zeitzeugen berichten…“, S. 6./7. Er geht jedoch davon aus, dass die Besetzung aus Richtung Blankenburg erfolgte. Die Besetzung erfolgte aber von Süden, aus dem Harz. Möglicherweise handelte es sich bei dem, von Seltmann genannten, Jeep um eine Aufklärungspatrouille aus der anderen Richtung. Bornemann nennt den 21. April als Tag der Besetzung, was falsch ist.

[33] „Thale zur Zeit des Nationalsozialismus“, S. 59/60.

[34] Ebenda. S. 19.

[35] Ebenda. S. 59, 60, 68, 69. Golla schreibt von zirka 5000 bis 30000 Gefangenen. Die Kriegstotenliste gibt als Todesursache bei den 39 Toten 26-mal Kopfschuss, neunmal Granatsplitter, dreimal Brustschuss und einen Bauchschuss an.

[36] Ebenda, S. 50/51, 58.

[37] Übersetzung aus „Die 1st US Infantry Division…“ v. Nüchterlein.

[38] Der AAR der 9th US InfDiv schreibt von einem 40mm Geschütz, es handelt sich aber sehr wahrscheinlich um die 3,7cm Flak oder 4,2cm leichte Pak 41.

[39] NARA, B-581, Oberst Estor.

[40] Ebenda.

[41] Ebenda. Vgl. auch „Zeitzeugen“ v. Zeitfuchs/Schirmer, S. 230.

[42] NARA, B-329, Gen.Lt. Flörke.

[43] Aufstellung, Einsatz und Untergang der SS-Panzerbrigade ‚Westfalen‘ März–April 1945“ v. Wilhelm Tieke in „DF“ Heft 12/89. Vgl. auch „Zeitzeugen“ v. Zeitfuchs/Schirmer, S. 226.

[44] „Das letzte Kriegsjahr im Westen – Geschichte der 116. PzDiv“ v. Guderian.

[45] After Action Interviews 8th US AD.

[46] NARA, B-318, Gen.Lt. Sturm.

[47] www.ditunddat.huettenrode-im-harz.de, „Krieg in Blankenburg“ v. 25.09.2005.

[48] Gem. Saft.

[49] Volksstimme Wernigerode v. 26.04.2005, Bericht von Johannes Tschorn.

[50] „Zeitzeugen“ v. Zeitfuchs/Schirmer, S. 185/186.

[51] NARA, B-318, Gen.Lt. Sturm. Angaben zum Gefechtsstand aus „Thale in der Zeit des Nationalsozialismus“, S. 60. Baron von dem Bussche-Streithorst gehörte zum militärischen Widerstand im Dritten Reich.

[52] „From the Hürtgen Forest to the Heart of the Reich“, S. 316/317.

[53] NARA, B-318, Gen.Lt. Sturm. Sturm soll am Mittag den Befehl zum Einstellen der Kämpfe erhalten haben, doch von wem ist unklar, da es keine Führung mehr gab.

[54] Division History 8th US AD. Saft hat die Gefangennahme auf den 21. April datiert.

[55] Übersetzung aus „Die 1st US Infantry Division…“ v. Nüchterlein.

[56] NARA, B-581, Oberst Estor.

[57] NARA, B-318, Gen.Lt. Sturm.

[58] „Selected Intelligence Reports, Office of the A C of S, G-2, 1st US InfDiv”.

[59] In einem anderen Bericht der 1st US InfDiv wird die Gefangennahme von Gen. Sinnhuber als ehemaligen Kdr. der 28. InfDiv im Lazarett in Bad Grund gemeldet. Sinnhuber war aber bis zum 18. April 1945 Komm.Gen. des Verteidigungsbereichs Hamburg-Bremen.

Abkürzungen

AAA (AW) Bn	*Anti Aircraft Artillery (Automatic Weapons) Battalion* (amerik.) – Flakartillerie-Maschinenkanonen-Bataillon
AAR	*After Action Report* (amerik.) – Einsatzbericht
Abt.	Abteilung
a.D.	außer Dienst
AD	*Armored Division* (amerik.) – Panzerdivision
AFA Bn	*Armored Field Artillery* (amerik.) – Gepanzertes Feldartilleriebataillon
AGr	*Army Group* (engl./amerik.) – Armeegruppe
A.Gr.	Armeegruppe, deutsch
AIB/AIR	*Armored Infantry Battalion/Regiment* (amerik.) – Panzerinfanteriebataillon/ Panzerinfanterieregiment der *US Army*
AG Plat.	*Assault Gun Platoon* (amerik.) – Sturmgeschützzug
AK	Armeekorps, deutsch
AOK	Armeeoberkommando
AR	*Armored Regiment* (amerik.) – Panzerregiment der Panzerdivisionen der *US Army*
Armd Engr Bn	*Armored Engineer Battalion* (amerik.) – Gepanzertes Pionierbataillon der *US Armored Division*
Armd Rcn Bn	*Armored Reconnaissance Battalion* (amerik.) – Aufklärungsbataillon der *US Armored Division*
Art.Rgt.	Artillerieregiment
ArtyCdr	*Artillery Commander* (amerik.) – Kommandeur der Divisionsartillerie
AT Co.	*Anti-Tank Company* (amerik.) – Panzerabwehrkompanie
Ausb.Div.	Ausbildungsdivision
Ausb.Kp.	Ausbildungskompanie
Bau.Ers.Btl.	Bau-Ersatzbataillon
(B)	*Bravo*-Zeit – Zeitangabe bei US Army – beginnt am 2. April und entspricht unserer Sommerzeit.
BA-MA	Bundesarchiv – Militärarchiv Freiburg i. Br.
BC	*Bomber Command* (engl./amerik.) – Bomberkommando
BG	*Bomber Group* (engl./amerik.) – Bombergruppe
BG	*Battle Group* (amerik.) – Kampfgruppe
Bgm.	Bürgermeister
Bn	*Battalion* (engl./amerik.) - Bataillon
Bn.CP	*Battalion Command Post* (engl./amerik.) – Bataillonsgefechtsstand
Bn.HQ	*Battalion Headquarters* (engl./amerik.) – Bataillonshauptquartier
brit.	britisch
Brig.	Brigade

Brig.Gen.	*Brigadier General* (engl./amerik.) – Brigadegeneral, Rang in der brit. Armee und der *US Army* ohne Äquivalent zur Wehrmacht
Btry	*Battery* (engl./amerik.) – Abkürzung für Batterie
Capt.	*Captain* (engl./amerik.) Hauptmann
CavGp	*Cavalry Group* (engl./amerik.) – Aufklärungsregiment bzw. motorisierte Aufklärungseinheit, die direkt dem Kommando der *Corps* untersteht
CavRcnSq	*Cavalry Reconnaissance Squadron* (engl./amerik.) – Aufklärungsbataillon / Aufklärungseinheit der US AD bzw. der CavGp in der Tradition der US-Kavallerie.
CC A / CC B / CC R	*Combat Command A, B, R* (Reserve) – Kampfverband der US AD, gebildet in der Regel aus einem Tk Bn, einem AIB sowie Unterstützungselementen, der sich für den Einsatz in sogenannte *Task Force*s untergliedert
CG	*Commanding General* (engl./amerik.) – Kommandierender General
Cml Mort Bn	*Chemical Mortar Battalion* (engl./amerik.) – selbstständiges Chemisches Bataillon, ausgerüstet mit schweren Granatwerfern
Cpl.	*Corporal* (engl./amerik.) – Unteroffizier
Co. A, B (etc.)	Company (engl./amerik.) – Kompanie der *US Army* mit Buchstabennummerierung als Angabe der Bataillonszugehörigkeit
Col.	*Colonel* (engl./amerik.) – Oberst
Cn Co.	*Cannon Company* (amerik.) – Geschützkompanie der InfRgt'er der US InfDiv
CO	*Commanding Officer* (engl./amerik.) – Befehlshabender Offizier, ab KpChef aufwärts, Offiziere im Rang bis Col.
CorpsRes	*Corps Reserve* (engl./amerik.) Bezeichnung für Reserve des Armeekorps
CP	*Command Post* (engl./amerik.) – Gefechtsstand
CT	*Combat Team* (engl./amerik.) – Kampfgruppe der US AD, in der Regel bestehend aus einem Bataillon und Verstärkungskräften
DivArty	*Division Artillery* (amerik.) – Divisionsartillerie der *US Army*
Div.Füs.Btl.	Division-Füsilier-Bataillon
Div.Kdr.	Divisionskommandeur
Div. Nr.	Division Nummer – Bezeichnung, welche bei den Divisionen des Ersatzheeres der Wehrmacht verwendet wurde
DivRes	*Divisional Reserve* (engl./amerik.) – Divisionsreserve
Div. z.b.V.	Division zur besonderen Verfügung
DP	*Displaced person* (engl./amerik.) – Bezeichnung für die befreiten ausländischen Zwangsarbeiter, KZ-Häftlinge und aus deutscher Kriegsgefangenschaft befreiten alliierten Soldaten
Dr.	Doktor (akademischer Grad)
d.R.	„der Reserve" – Zusatz zum Dienstgrad für Reserveoffiziere

Engr C Bn	*Engineer Combat Battalion* (engl./amerik.) – Pionierbataillon der InfDiv der *US Army*
FA Bn	*Field Artillery Battalion* (engl./amerik.) – Feldartilleriebataillon der *US Army*
FA Gp	*Field Artillery Group* (amerik.) – Feldartillerieregiment der *US Army*
Flak.Abt.	Flugabwehrkanonen-[Flak]-Abteilung
Felders.Btl.	Feldersatzbataillon
Flak.Brig.	Flak-Brigade
Flak.Div.	Flak-Division
Fla-MG	Flugabwehrmaschinengewehr
Fl.Ers.Btl.	Flieger-Ersatzbataillon
FLUKO	Flugwarnkommando – Teil des deutschen Luftschutzsystems
frz.	französisch
FS	Fernschreiben
FschA	Fallschirmarmee
FschAOK	Fallschirm-Armeeoberkommando
FschJgDiv	Fallschirmjägerdivision
Fsch.Jg.Rgt.	Fallschirmjägerregiment
Fsch.Pi.Btl.	Fallschirmjäger-Pionierbataillon
Füs.Rgt.	Füsilier-Regiment
Fü.Stab	Führungsstab
FW 190	Focke Wulf 190 – deutsches Jagdflugzeug
Gen.d.Inf.	General der Infanterie
Gen.d.Art.	General der Artillerie
Gen.d.Fl.	General der Flieger
Gen.d.Pz.Tr.	General der Panzertruppe
Genes.Kp.	Genesenenkompanie
Gen.Insp.d.Pz.Tr.	Generalinspekteur der Panzertruppe
Gen.Kdo.	Generalkommando
Gen.Lt.	Generalleutnant
Gen.Maj.	Generalmajor
Gen.Obst.	Generaloberst
GI	*Government Issue* (amerik.) – umgangssprachliche Bezeichnung für amerikanische Soldaten
GFM	Generalfeldmarschall
gKdos.	Geheime Kommandosache
Gren.Btl.	Grenadierbataillon
Gren.Rgt.	Grenadierregiment
He 162	Heinkel 162 – strahlgetriebenes deutsches Jagdflugzeug
H.Na.S.	Heeres-Nachrichtenschule
H.U.S.	Heeres-Unteroffiziersschule
H.Gr.	Heeresgruppe

HJ	Hitlerjugend
H.Pi.Brig.	Heerespionierbrigade
Hptm.	Hauptmann
HQ	*Headquarters* (engl./amerik.) – Hauptquartier
Hstuf.	Hauptsturmführer der SS, vergleichbar Hauptmann
H.V.A.	Heeres-Versuchsanstalt
InfDiv	Infanteriedivision
InfRgt	Infanterieregiment
i.G.	„im Generalstab" – Zusatz zum Dienstgrad für Offiziere des Generalsstabsdienstes
IPW Team	*Interrogation Prisoner of War Team* (engl./amerik.) – Kriegsgefangenenbefragungsteam
I&R Plat.	*Investigation and Reconnaissance Platoon* (engl./amerik.) – Untersuchungs- und Aufklärungszug
Jg.Btl.	Jägerbataillon
Ju 88	Junkers 88 – deutscher Bomber
K.Kdt.	Kampfkommandant
Kdr.	Kommandeur
Kdr.d.Div.Nachsch. Tr.	Kommandeur der Nachschubtruppen einer Division
Kdr.d.Pz.Tr.	Kommandeur der Panzertruppen im Wehrkreis
Kdtr.	Kommandantur
KG	Kampfgeschwader der deutschen Luftwaffe
K.Gr.	Kampfgruppe – Bezeichnung für unterschiedlich zusammengesetzte Einheiten, welche häufig nach ihrem Kommandeur benannt wurden
Komm.Gen.	Kommandierender General
Korps.Gr.	Korpsgruppe
Kp.	Kompanie
KpChef	Kompaniechef
Krs.	Kreis (entspricht dem heutigen Landkreis)
KTB	Kriegstagebuch
KZ	Konzentrationslager
Lds.Schtz.Btl.	Landesschützenbataillon
Lehr.Rgt.	Lehrregiment
Ln.Ers.Abt.	Luftnachrichten-Ersatzabteilung
L.Na.S.	Luft-Nachrichten-Schule
Lt.	*Lieutenant* (engl./amerik.), Leutnant (deutsch) 1st Lt. – Oberleutnant; 2nd Lt. – Leutnant
Lt.Col.	*Lieutenant Colonel* (engl./amerik.) – Oberstleutnant
Lt.Gen.	*Lieutenant General* (engl./amerik.) – Generalleutnant
Lw.Btl.	Luftwaffen-Bataillon
Lw.Kdo.	Luftwaffenkommando

Lfl.Kdo.	Luftflottenkommando
Maj.	Major (engl./deutsch)
Maj.Gen.	*Major General* (engl./amerik.) – Generalmajor
Me 109	Messerschmidt 109 – deutsches Jagdflugzeug
Med Bn	*Medical Battalion* (engl./amerik.) – Sanitätsbataillon
Med Det.	*Medical Detachment* (amerik.) – zu einem Bataillon/Regiment zeitweise abgestellte Sanitätseinheit
MG	Maschinengewehr
(mot)	motorisiert
Mort Pla.	*Mortar Platoon* (amerik.) – Granatwerferzug in der HQ Co. der Tk Bn, ausgerüstet mit 81mm Granatwerfern
MP	*Military Police* (engl./amerik.) – Militärpolizei
Na.Abt.	Nachrichtenabteilung (Fernmeldeabteilung)
Na.Ausb.u.Ers.Abt.	Nachrichten-Ausbildungs- u. Ersatzabteilung
NARA	*National Archives* U.S.A. – Nationalarchiv der USA
NL	Niederlande
N.P.E.A.	amtl., volkstümlich *Napola,* Nationalpolitische Lehranstalt
NSDAP	Nationalsozialistische Deutsche Arbeiterpartei
NSKK	Nationalsozialistisches Kraftfahrkorps – paramilitärische Einheit der NSDAP
Ob.d.E.	Oberbefehlshaber des Ersatzheeres
Oberst i.G.	Oberst im Generalstab
Oblt.	Oberleutnant
Obstlt.	Oberstleutnant
Obstgruf.	Oberstgruppenführer der SS, vergleichbar Generaloberst
OB West	Oberbefehlshaber West
Offz.Nachw.Btl.	Offiziersnachwuchsbataillon
OKH	Oberkommando des Heeres
OKW	Oberkommando der Wehrmacht
Ostubaf.	Obersturmbahnführer der SS, entspricht Oberstleutnant
OQu.-Abt.	Oberquartiermeisterabteilung der Armee
Pak	Panzerabwehrkanone
Pfc.	*Privat First Class* (engl./amerik.) – Gefreiter
Pi.Btl.	Pionierbataillon
Pi.Ers.u.Ausb.Btl.	Pionier-Ersatz- u. Ausbildungsbataillon
Pkt.	Punkt – geografische Ortsangabe, meist Trigonometrischer Punkt
PKW	Personenkraftwagen
Plat.	*Platoon* (engl./amerik.) – Zug, Teil einer Kompanie
Plat. Leader	*Platoon Leader* (engl./amerik.) – Zugführer
Plat.Sgt.	*Platoon Sergeant* (engl./amerik.) – Zugfeldwebel
Pvt.	*Privat* (engl./amerik.) – einfacher Soldat
PW/POW	*Prisoner of War* (engl./amerik.) – Kriegsgefangener

Pz.Abt.	Panzerabteilung
PzAOK	Panzer-Armee-Oberkommando
PzArmee	Panzerarmee
Pz.Aufkl.Abt.	Panzeraufklärungsabteilung
Pz.Aufkl.Lehr.Kp.	Panzeraufklärungs-Lehrkompanie
Pz.Ausb.Abt.	Panzerausbildungsabteilung
Pz.Ausb.Vbd.	Panzerausbildungsverband
Pz.Brig.	Panzerbrigade
PzDiv	Panzerdivision
Pz.Ers.u.Ausb.Abt.	Panzerersatz- u. Ausbildungsabteilung
PzGrenDiv	Panzergrenadierdivision
Pz.Jg.Abt.	Panzerjägerabteilung
Pz.Jg.Lehr.Abt.	Panzerjäger-Lehr-Abteilung
PzK	Panzerkorps
PzKpfw	Panzerkampfwagen
PzLehrDiv	Panzerlehrdivision
Pz.Pi.Ers.Btl.	Panzer-Pionier-Ersatzbataillon
Pz.Schtz.	Panzerschützen
Pz.Tr.	Panzertruppe
QM Co.	*Quartermaster Company* (amerik.) – Versorgungskompanie der *US Army*
R	Reichsstraße, heute Bundesstraße
RAB	Reichsautobahn
RAD	Reichsarbeitsdienst
Rcn Plat.	*Reconnaissance Platoon* (engl./amerik.) – Aufklärungszug
Rcn Tp.	*Reconnaissance Troop* (engl./amerik.) – Aufklärungskompanie der *CavRcnSq*
Rcn Co.	*Reconnaissance Company* (engl./amerik.) – Aufklärungskompanie der *TD Bn*
RCT	*Regimental Combat Team* (engl./amerik.) – Regimentskampfgruppe (in den US InfDiv) – trägt die Nummer des Regiments, durch welches sie gebildet wird - z. B. *RCT 38*
Regtl.CP	*Regimental Command Post* (engl./amerik.) – Regimentsgefechtsstand
Regtl.Res.	*Regimental Reserve* (engl./amerik.) – Regimentsreserve
Res.Laz.	Reservelazarett
Res.Laz.Kp.	Reservelazarettkompanie
ResPzDiv	Reserve-Panzerdivision
Rgt.	Regiment – deutsche Abkürzung
Rgt.Gr.	Regimentsgruppe
ROB-Lehrgang	Reserveoffiziersbewerber-Lehrgang
San.Abt.	Sanitätsabteilung
San.Fw.	Sanitätsfeldwebel
Schtz.Rgt.	Schützenregiment

SdKfz	Sonderkraftfahrzeug
Sect.	*Section* (engl./amerik.) – Halbzug, Teil eines Platoon der *US Army*
s.Flak.Abt.	Schwere Flakabteilung
Sgt.	*Sergeant* (engl./amerik.) – Unteroffizier
SHAEF	*Supreme Headquarters Allied Expeditionary Force* (engl./amerik.) – Oberstes Hauptquartier der Alliierten Expeditionsstreitkräfte in Europa
sMG	schweres Maschinengewehr
SPW	Schützenpanzerwagen
SS	Schutzstaffel der NSDAP (1925 gegr. als „Stabswache“ zum pers. Schutz Hitlers; bis 1934 Unterorganisation der SA, danach unter Himmler eigenständiges Repressionsorgan der NSDAP im Dritten Reich)
SS-FrwPzGrenDiv.	SS-Freiwilligen-Panzergrenadierdivision
SSgt.	*Staff Sergeant* (engl./amerik.) – Stabsunteroffizier
SS-Gruf.	SS-Gruppenführer, entspricht Generalleutnant
SS-Pz.Unterf.Ausb.u. Lehr.Abt.	SS-Panzer-Unterführer-Ausbildungs- u. Lehrabteilung
Stamm.Kp.	Stammkompanie der Ersatzbataillone
Stellv. AK	Stellvertretendes Armeekorps – von den Wehrkreisen aufgestellt
Stellv. Gen.Kdo.	Stellvertretendes Generalkommando – Stab des Stellv. AK
StGesch	Sturmgeschütz
St.Gesch.Brig.	Sturmgeschützbrigade
Sturm.Pi.Lehr.u. Res.Btl.	Sturm-Pionier-Lehr- u. Reservebataillon
Svc Co.	*Service Company* (engl./amerik.) – Versorgungskompanie
TAC	*Tactical Air Command* (engl.(amerik.) – Taktisches Luftkommando der USAAF
TD Bn	*Tank Destroyer Battalion* (amerik.) – Panzerjägerbataillon der *US Army*,
Tec 5	Technician 5th Grade – Corporal (amerik.)
TF	*Task Force* (engl./amerik.) – Kampfgruppe, bestehend aus allen Waffengattungen in US-Divisionen, gebildet für einen bestimmten Auftrag
Tk Bn	*Tank Battalion* (engl./amerik.) – Panzerbataillon der *US Army*
Tp.	*Troop* (engl.) (engl./amerik.) – Kompanie der *CavRcnSq*
TrÜbPl	Truppenübungsplatz
TWX-Telegramm	Telegramm mit besonderer Vorrangstufe
Uffz.	Unteroffizier
Ustuf.	Untersturmführer der SS, entspricht Leutnant
USAAF	*United States Army Air Force* (amerik.) – Luftwaffe der US Army,

	heute nur noch *United States Air Force* als eigenständige Teilstreitkraft
Vers.Rgt.	Versorgungsregiment
Volks.Art.Korps.	Volks-Artillerie-Korps
VolksGrenDiv	Volksgrenadierdivision – Bezeichnung für Divisionen, die nach dem 20. Juli 1944 aufgestellt wurden und als Reaktion auf das Hitler-Attentat direkt dem Reichsführer-SS als Ob.d.E. unterstellt waren.
V-Waffen	Vergeltungswaffen, auch Wunderwaffen – Bezeichnung für die ersten Marschflugkörper und Großraketen der Wehrmacht
Waffen-SS	Entsteht 1933 aus der Allgemeinen SS als „Stabswache Berlin" – später „Leibstandarte Adolf Hitler"; 1935 entsteht daraus die „SS-Verfügungstruppe" mit Standarten im Reich (u. a. eingesetzt beim Betrieb der KZ's), die mit Beginn des 2. Weltkriegs zur Waffen-SS ausgebaut wird; gegen Ende des Krieges rund 900.000 Mann.
W.Kr.	Wehrkreis
WFSt	Wehrmachtsführungsstab

Nummerierungen:

I a	1. Generalstabsoffizier der Division (Wehrmacht), verantwortlich für Einsatz und Führung
I b	2. Generalstabsoffizier der Division (Wehrmacht), Quartiermeister
I c	3. Generalstabsoffizier der Division (Wehrmacht), verantwortlich für Feindlage und Abwehr
G-1/S-1	Personalabteilung bei der *US Army* („G" bei Army/Div., „S" bei Regt./ Bn)
G-2/S-2	Abteilung für Feindaufklärung bei der *US Army*
G-3/S-3	Abteilung für Operationen und Planungen der *US Army*
G-4/S-4	Abteilung für Logistik der *US Army*
G-5	Abteilung für administrative Aufgaben der *US Army* in besetzten Gebieten (*Civil Affairs/Military Government*); spezielle *G-5 Sections* gab es ab Ebene der Divisionen
1./271	1. Bataillon des 271st InfRgt, hier der 69th US InfDiv, der *US Army*
4./662	Kurzform für 4./s.Flak.Abt. 662 (o) - 4. Batterie der schweren Flakabteilung 662 (ortsfest) der Deutschen Wehrmacht

Quellenverzeichnis

Military Studies, Historical Division USAREUR/OCMH, Washington DC im Bestand des Bundesarchiv-Militärarchiv Freiburg i. Br. und National Archives Microfiche Publication, Foreign Military Studies, U.S.A.

ZA 1/144 A-893	Gen.Maj. Frhr. v. Gersdorff, Chef d. Stabes 7. Armee, „Die Endphase des Krieges - Vom Rhein zur tschechoslowak. Grenze" v. 20.3.46
ZA 1/660 B-309	Gen.d.Inf. Hitzfeld, „Kampf in Mitteldeutschland (22.3.–11.5.), dies im Rahmen des LXVII. AK für Zeit 22.3.–19.4. 45" v. 22.8.46
ZA 1/732 B-382	Gen.Lt. Floerke (und Chef d. Stabes Oberst i.G. Bodenstein), „Bericht über die Tätigkeit des Gen.Kdo. LXVI.AK März April 1945, 26.–30.3.45" v. 20.12.46
ZA 1/733 B-383	Gen.Lt. Floerke (und Chef d. Stabes Oberst i.G. Bodenstein), „Bericht über die Tätigkeit des Gen.Kdo. LXVI.AK März April 1945, 30.3.–4.4.45" v. 20.12.46
ZA 1/857 B-507	Gen.d.Inf. Petersen, Komm.Gen. Gen.Kdo. XC.AK, „Kämpfe vom 20.03.45 bis 6.05.45" v. Nov.46–Mai 47
ZA 1/858 B-507	Skizzen XC. AK – Petersen
ZA 1/920 B-568	Gen.d.Art. Maximilian Fretter-Pico, „Die Operation des Fü.Stabes Stellv. Gen.Kdo. IX v. 2.-22.4.45 beginnend vom Fall Kassel bis in das Zentrum des Harzes" v. 4.3.47
ZA 1/935 B-583	Gen.d.Inf. F. Schulz - Mai 1946, Lage (im Großen) H.Gr. G April 1945 (identisch mit Brief)
ZA 1/960 B-607	Gen.Lt. Floerke, „Bericht zur Tätigkeit LXVI.AK März April 45" v. 23.6.47
ZA 1/1056 B-703	Oberst i.G. Horst Wilutzky, Ia der H.Gr. G, „Der Kampf der H.Gr. G im Westen – Abschlusskämpfe in Mittel- und Süddeutschland bis zur Kapitulation vom 22.03.–06.5.45" v. Sept./Okt. 47
ZA 1/2418- 2420,	(T-123), Geschichte des OB West – GFM Kesselring, Band I - IV

NARA B-205	Gen.Maj. Karl Becher – Kampfgruppe Becher – 22. März–8. April 1945
NARA B-209	Gen.Lt. Albert Zehler – Alarmausbildung des Ersatzes, Kämpfe an der Fulda, ErsDiv. 409, 28.03.- 2.4.1945
NARA B-217	Gen.d.Inf. Franz Mattenklott – Kämpfe in Westfalen, Rückzug in den Harz, W.Kr. VI, 22.03.-20.4.1945
NARA B-219	Gen.d.Pz.Tr. Maximilian Reichsfreiherr v. Edelsheim – Bericht über die Tätigkeit des deutschen XXXXVIII. PzK beim amerikanischen Feldzug in Mitteldeutschland vom 11.04.-03.05.45 v. 12.07.1946

NARA B-312 Gen.Maj. Paul Görbig – Kampfgruppe Generalmajor Görbig vom Einsatz im Teutoburger Wald bis zum Harz. 1.–10.4.45 (VI. AK)

NARA B-318 Gen.Lt. Alfred Sturm, Infanteriedivision Sturm, Kampfabschnitt Süd-ost-Harz, 12.–23.4.1945 v. 29.12.1950

NARA B-319 Gen.Lt. Friedrich Karst - Div. 176 und Div. 466, 22.3.–11.5.1945

NARA B-329 Gen.Lt. Flörke – Bericht über die Tätigkeit des Gen.Kdo. LXVI. AK im März April 1945 v. 7.4.1946

NARA B-354 Gen.d.Inf. Günther Blumentritt – Kämpfe der 1. Fallschirm-Armee zwischen 28.3. und 9.4.1945 ostwärts des Rhein

NARA B-360 Gen.Maj. Munzel - Panzerausbildungsverband Thüringen (2. PzDiv) 27. März – 5. April 1945

NARA B-394 Gen.d.Pz.Tr. Walter Wenck – An beiden Ufern der Elbe, 12. Armee, 11.4. – Mai 1945

NARA B-414 Oberst i.G. Rolf Geyer – Darstellung des Verlauf der Kämpfe auf deutscher Seite bei Heeresgruppe H vom 10.3. bis 9.5.1945

NARA B-561/562 Gen.Maj. Erwin Kaschner – 326. VolksGrenDiv, 26.1.–17.4.1945

NARA B-581 Oberst Fritz Estor – Kämpfe der 11. Armee April 1945 in Mitteldeutschland

NARA B-606 Oberst Günther Reichhelm – Das letzte Aufgebot (Kämpfe der deutschen 12. Armee im Herzen Deutschland 13.4.-7.5.1945)

NARA B-713 Obstlt. i.G. Heinz Guderian, Gen.Maj. Siegfried v. Waldenburg - Im Ruhrkessel, 116. PzDiv, 10.3.–16.4.1945

NARA B-850 Maj. Helmut Hudel – PzLehrDiv – Östlich des Unterrheins, Kämpfe an der Sieg und im Ruhrkessel, 23.3.–15.4.1945

Bundesarchiv-Militärarchiv Freiburg i. Br.

RW 4/v.134 Tägliche Wehrmachtsberichte des OKW v. 1.4.-16.4.45

RH 8/1265 Bericht Entwurf u. Einsatz des A4 - Gerätes v. Gen.Maj. Dornberger, Insp. d. FR - Truppen 1945, Verzeichnis der Verlagerungsorte März 45

RH 19 XII/ N 318/ 1 Gen.d.Inf. Friedrich Schulz, Oberbefehlshaber der H.Gr. G, "Lage, Auftrag und Maßnahmen der H.Gr. G im April 45", Nachlass handschr. v. 7.5.46, 6 Seiten

Amerikanische Unterlagen, Chroniken, Bücher

- United States Army in World War II – Special Studies, Chronology 1941–1945, compiled by Mary H. Williams, Office of the Chief of Military History, Department of the Army, Washington D.C. 1960
- United States Army in World War II – The E.T.O, The last offensive - Chapter XVII, Sweep to the Elbe by Charles B. Mac Donald, Center of Military History, Washington D.C. 1993
- Order of Battle U.S. Army in World War II, Shelby L. Stanton, Presidio Press, Novato CA 1985

- Central Europe - The U.S. Army Campaigns of World War II – Edward N. Bedessem, U.S. Army Center of Military History, CMH-Pub 72-36, (Broschüre, veröffentlicht im Internet 27.10.2000)
- "War as I knew it" George S. Patton, Jr., Annotated by Col. Paul D. Harrkins, Houghton Mifflin Company, Boston MA
- "The XX. Corps - Its History and Service in World War II" Halstead, KS: W.E.B.S. 1984. (Neuauflage)
- "Spearhead in the West - The Third Armored Division 1941–1945", reprinted by the Battery Press, Library of Congress Katalog No. 80-65-184
- „Spearheading with the Third Armored Division", written 1945, Übersetzung Jürgen Möller, 2001
- "Death Traps – The Survival of an American Armored Division in World War II", by Balton Y. Cooper, Presidio Press, Copyright 1998. Übersetzung Jürgen Möller, 2001
- 6th Armored Division, Third U.S. Army Combat Record, gedruckt bei Steinbeck, Aschaffenburg, 1945, Übersetzung Ulrich Koch, Berlin, 2000
- „Phantom Nine: The 9th Armored (Remagen) Division 1942–1945" Dr. Walther E. Reichelt, 1987, Übersetzung Jürgen Möller, 2002
- HQ 9th Armored Division - PR-Section, Capt. Cav. PR Officer Charles Gillett 3. Sept. 1945, Übersetzung: Ulrich Koch, Archiv Koch-Berlin
- "The last kilometer: Marching to victory in Europe with the Big Red One, 1944–1945" by A. Preston Price, 2002
- "Danger Forward – The story of the First Division in World War II", Society of the First Division, Washington D.C.
- "The First! The story of the 1st Infantry Division", "GI Stories" published by the "Star & Stripes" in Paris, 1944-1945
- "The 16th Infantry 1778–1946, a Regimental History" by Lt. John Baumgartner, 1st SSgt Al de Poto, Sgt. William Fraccio and Cpl. Sammy Fuller
- "Vanguard to victory – History of the 18th Infantry" by Pfc. Arnold J. Heldenheimer
- "The operation of Company B, 26th Infantry/(1st Infantry Division) in the Reduction of Enemy Positions in the Harz Mountains 17–18 April 1945" by Capt. Felder L. Fair, The Infantry School Fort Benning
- "History of the 634th Tank Destroyer Battalion"
- Selected Intelligence Reports December 1944–May 1945, Office of the CoS, G-2 First US InfDiv
- "Command Post Operations HQ 3./16 April–May 1945" by Karl E. Wolf
- "3rd Bn, 26th Infantry Regiment, Journal Nov. 1942–May 1945" compiled by Col. Walt Nechey
- "K Co. History 26th Infantry", Cantigny War Memorial Museum First Division
- "Trespass against them, history of the 271st infantry regiment, 15 May 1943–25 May 1945", John F. Higgins, Naumburg, H. Sieling, 1945 Compiled and written by Lt. John F. Higgins - Archiv Joseph Lipsius
- "History of the Battle axe regiment of the Fighting 69", Leipzig, J. J. Weber, 1945/ Editor, E. Cline Fletcher - Archiv Joseph Lipsius

- "273rd infantry history - First to meet Russian Army", Grimma, Friedrich Bode, 1945 Written by Sgt. Elbert H. Duncan, Archiv Joseph Lipsius
- The 777th Tank Battalion, Archiv Joseph Lipsius
- "We Ripened Fast - History of the 76th Infantry Division", Baltimore 1946, Archiv Koch, Berlin
- "The Thunderbolt across Europe", Chronik der 83rd Infantry Division
- "Eight Stars to Victory – A history of the veteran Ninth US Infantry Division"
- "The 9th Infantry Division in WW II – As told by the man", Robert Cardinell
- "Timberwolf Tracks: The History of the 104th Infantry Division, 1942–45" by Leo A. Hoegh, and Howard J. Doyle, Washington, D.C.; Infantry Journal Press
- "Unit History of the 87th Chemical Mortar Battalion 22 May 1943 to 6 November 1945" by R. Bruce Elliott
- The Hitler Jugend – Supreme Headquarters Allied Expeditionary Force Evaluation and Dissemination Section

Amerikanische Kriegstagebücher

- After Action Report V. Corps April 1945, NARA 205-0.3
- After Action Report 9th AD, April 1945, NARA 609-0.3
- After Action Report 2nd Tk Bn, 9th AD, April 1945, NARA 609-TK(2)-0.3
- After Action Report 14th Tk Bn, 9th AD, April 1945, NARA 609-TK(14)-0.3
- After Action Report 19th Tk Bn, 9th AD, April 1945, NARA 609-TK(19)-0.3
- After Action Report 27th AIB, 9th AD, April 1945, NARA 609-TINF(27)-0.3
- After Action Report 89th CavRcnSq, 9th AD, April 1945, NARA 609-CAV-0.3
- After Action Report 2nd InfDiv, April 1945, NARA 302-0.3
- After Action Report 9th InfRgt, April 1945, NARA 302-INF (9)-0.3
- After Action Report 23rd InfRgt, April 1945, NARA 302-INF (23)-0.3
- After Action Report 38th InfRgt, April 1945, NARA 302-INF (38)-0.3
- After Action Report 741st Tk Bn, April 1945, NARA ARBN-741-0.3
- After Action Report 612th TD Bn, April 1945, NARA TDBN-612-0.3
- After Action Report 69th InfDiv, April 1945, NARA 369- 0.3
- Action Report 69th InfDiv, April, Mai 1945, NARA 369-3
- G 3 Journal 69th InfDiv, April, Mai 1945, NARA 369-3
- After Action Report 271st InfRgt, April 1945, NARA 369-INF (271) – 0.3
- S 2-3 Journal 271st InfRgt, NARA (bei 369-INF (271) – 0.3)
- After Action Report 273rd InfRgt, April 1945, NARA 369-INF (273) – 0.3
- After Action Report 661st TD Bn April 1945, NARA TDBN-661-0.3
- After Action Report 102nd CavRcnSq, April 45, v. Barbera Berntsen, 1999
- After Action Report VII. Corps, April 1945, NARA 207-0.3
- After Action Report 3rd AD, April 1945, NARA 603-0.3
- After Action Report CCA 3rd AD, April 1945, NARA 603-CCA-0.3
- After Action Report 83rd Armd Rcn Bn, April 1945, NARA 603-CAV-0.3
- After Action Report 36th AIR, 3rd US AD, Combined Arms Research Library CARL Fort Leavenworth

- S-3 Unit Journal 36th AIR, April 1945, NARA, 603-Inf.(36)-3.2
- G-3 Periodic Report 3rd AD, April 1945, NARA, 603-3.1
- Unit History of the Co. E, 16th InfRgt April 1945, NARA 301-INF(16) 9-0.1
- Medical Detachment 16th Infantry History, NARA 301-INF(16) 6-0.1
- Regimental history of the 18th Infantry for April 1945, NARA 301-INF(18)-0.2
- After Action Report 745th Tk Bn, CARL Fort Leavenworth
- After Action Report 634th TD Bn, CARL Fort Leavenworth
- After Action Report 9th US InfDiv, April 1945, NARA 309-0.3
- After Action Report 60th InfRgt, April 1945, NARA 309-INF (60)-0.3
- After Action Report 746th Tk Bn, CARL Fort Leavenworth
- After Action Report 104th InfDiv, April 1945, NARA, 3104-0-3
- After Action Report 750th Tk Bn, April 1945, NARA ARBN-750-0.3
- After Action Report 817th TD Bn, CARL Fort Leavenworth
- XIX Corps Combat Chronology April 1945
- 8th Armored Division History
- 8th Armored Division After Action Interviews
- After Action Report G-2 8th Armored Division, April/Mai 1945
- After Action Report CCA, 8th Armored Division, April 1945
- After Action Report 7th AIB, 8th AD, April 1945
- After Action Interview CCA, 8th AD, Blankenburg
- After Action Report CCB, 8th Armored Division, April 1945
- After Action Interview CCB, 8th Armored Division, Blankenburg
- After Action Interview 36th Tk Bn, 8th AD, Blankenburg
- History of the 49th AIB, 8th Armored Division April 1945
- After Action Report CCR, 8th Armored Division, April/Mai 1945
- After Action Report 58th AIB, 8th Armored Division, April 1945
- After Action Report 80th Tk Bn, 8th Armored Division, April 1945
- After Action Report 88th CavRcnSq, 8th Armored Division, April 1945
- Unit Journal 329th IR, 83rd Infantry Division, April 1945
- After Action 329th IR, 83rd Infantry Division, April/Mai 1945
- After Action 330th IR, 83rd Infantry Division, April/Mai 1945
- After Action 331st IR, 83rd Infantry Division, April/Mai 1945
- Unit History 643rd TD Bn, 83rd US InfDiv, CARL Fort Leavenworth

Deutsche Unterlagen, Chroniken, Bücher (Auswahl)

- KTB des OKW (WFSt) 1940 –1945 geführt v. Helmuth Greiner u. Percy E. Schramm, KTB des OKW (WFSt) 01. Januar 1944–22.05.1945 Band 4 v. Percy E. Schramm, Bernard & Graefe Verlag GmbH & Co. Kg, Bonn
- „Die Geheimen Tagesberichte der Wehrmachtsführung im Zweiten Weltkrieg 1939–1945", Bd.12 1.1.45-8.5.45 – Kurt Mehner Biblio Verlag Osnabrück 1984
- „Verbände und Truppen der deutschen Wehrmacht und Waffen-SS 1939–1945", Georg Tessin; Bd. 1-15, 2. verbesserte Auflage, 1972 – 79, Biblio Verlag Osnabrück

- „Die Deutsche Wehrmacht 1939–1945 - Führung und Truppe“, Kurt Mehner; Militair-Verlag Klaus D. Patzwall, Norderstedt, 2. Auflage 1993
- „Heereseinteilung 1939“, Gen.Lt. a.D. Friedrich Stahl, Verlag Hans-Henning Podzun - Bad Nauheim 1954
- „Das Deutsche Heer 1939–1945“, Wolf Keilig; Podzun-Pallas-Verlag Bad Nauheim 1956
- „Das große Buch der Deutschen Heere im 20. Jahrhundert“, Bruce Quarrie, Podzun-Pallas-Verlag 1990
- „Die Generäle des Heeres“, Wolf Keilig, Podzun-Pallas-Verlag GmbH, Friedberg 1983
- „Deutscher Volksturm - Das letzte Aufgebot 1944/1945“ v. Franz W. Zeidler , Bechtermünz-Verlag, für Weltbildverlag GmbH, Augsburg 1999
- „Hitlers Weisungen für die Kriegsführung 1939–1945“, Walter Hubatsch, Bernhard & Gräfe Verlag für Wehrwissen, Frankfurt/Main, 1962
- „Der Zweite Weltkrieg – Kampf ums Reich – Krieg an allen Fronten“, Verlag Pabel-Moewig Rastatt, 1994
- „Die amerikanische Besetzung Deutschlands“, Klaus-Dietmar Henke, R. Oldenbourg Verlag, München, 1996
- „Wehrmacht und Niederlage“, Andreas Kunz, Schriftreihe des MGFA, Band 64, R. Oldenbourg Verlag, München, 2005
- „Deutschland im Zweiten Weltkrieg“, Wolfgang Schumann und Olaf Groehler, Bd. 6, Akademie-Verlag Berlin 1985
- „Deutsche Chronik 1933–1945“, Heinz Bergschicker, Verlag der Nation Berlin, 4. Auflage 1988
- „Der Zweite Weltkrieg - Kampf ums Reich - Krieg an allen Fronten“, Verlagsunion Pabel-Moewig KG Rastatt 1994
- „Der Zweite Weltkrieg“, Heinz Bergschicker, Deutscher Militärverlag, Berlin 1964
- „Die Besatzer und die Deutschen - Amerikanische Zone 1945–1948“, Klaus-Jörg Ruhl, Droste Verlag Düsseldorf 1980, Sonderausgabe für Gondrom Verlag GmbH & Co.KG. Bindlach 1989
- „Der verdammte Krieg - Kriegsende 1943–45“, Guido Knopp, C. Bertelsmann Verlag GmbH , München 1991, Sonderausgabe 1998
- „Kriegsende 1945 in Deutschland“, Schriftreihe des MGFA, Band 55, R. Oldenbourg Verlag, München, 2002
- „Transatlantische Kulturkriege: Shepard Stone, die Ford-Stiftung und der europäische Antiamerikanismus“ v. Volker Rolf Berghahn, 1. Auflage 2004
- „Kampf um die Akten: die Westalliierten und die Rückgabe von deutschem Archivgut nach dem Zweiten Weltkrieg“ v. Astrid M. Eckert, 1. Auflage 2004
- „Die SS-Organisation Lebensborn e.V.“ v. Volker Koop, Köln 2007
- „Der Lebensborn e.V. - Ein Instrument nationalsozialistischer Rassenpolitik“ v. Georg Lilienthal, Frankfurt a.M. 2003
- „Die Illusion der Wunderwaffen – Die Rolle der Düsenflugzeuge und Flugabwehrraketen in der Rüstungspolitik des Dritten Reichs“ v. Ralf Schabel, Verlag Oldenbourg, Ausgabe Februar 1994

- „Schülersoldaten 1943–1945", Hans-Martin Stimpel, Cuvillier Verlag Göttingen, Göttingen 2004
- „Die Flakhelfer" v. Hans-Dietrich Nicolaisen, Verlag Ullstein, Buch Nr. 33045, 1985
- „Heinrich Himmler Biographie" v. Peter Longerich, Pantheon Verlag 2008, 2. Auflage
- „Goebbels Tagebücher 1945 – Die letzten Aufzeichnungen", Lizenzausgabe mit Genehmigung des Hoffmann und Campe Verlag Hamburg
- „Soldat bis zum letzten Tag", Albert Kesselring, Generalfeldmarschall a.D., Verlag S. Bublis Schnellbach 2000, Erstauflage 1953
- „Ein Infanterist in zwei Weltkriegen", Otto Maximilian Hitzfeld, Biblio Verlag, Osnabrück 1983
- „... verlassen von des Sieges Göttern", Maximilian Fretter-Pico, Kyffhäuser-Verlag Wiesbaden, 1969
- „Das letzte Kriegsjahr im Westen – Die Geschichte der 116. Panzer-Division – Windhund-Division – 1944–1945", Heinz Günther Guderian, SZ Offsetdruck-Verlag, 1. Auflage 1994
- „Die Geschichte der Panzer-Lehr-Division im Westen 1944-1945", Helmut Ritgen, Motorbuchverlag, 1. Auflage 1979
- „68 Monate – 9. Panzerdivision", Carl Hans Hermann, Kameradschaft der Schnellen Divisionen des ehemaligen Österreichischen Bundesheeres, Wien September 1975
- „Die Armee Wenck – Hitlers letzte Hoffnung", Günther W. Gellermann; Bernard & Graefe Verlag Bonn 1997, 3. Auflage
- „... und die Aufklärer sind immer dabei...", Cord Schwier, Munster 2001
- „Die deutsche Panzertruppe Bd. 2 1943–45", , Thomas L. Jentz, Podzun-Pallas-Verlag, 1999
- „Tiger in Combat I", Wolfgang Schneider, Stackpole Books, 2004
- „Tiger in Combat II", Wolfgang Schneider, Stackpole Books, 2005
- „Tiger – Geschichte einer legendären Waffe", Egon Kleine, Volkmar Kühn, Verlag Flechsig, 2006
- „Das Ende im Westen 1945", Werner Haupt, Podzun-Verlag, 1972
- „Endkampf zwischen Rhein und Weser – Nordwestdeutschland 1945", Werner Niehaus, Motorbuch-Verlag, Stuttgart, 1. Auflage 1983
- „Damals - Der Zweite Weltkrieg zwischen Teutoburger Wald, Weser und Leine", Heinz Meyer, Schütz-Verlag, 1980
- „Die Weser-Linie – Kriegsende 1945" v. Hermann Kleinebenne, Eigenverlag
- „Von der Kapitulation zur Invasion" v. Heinz Meyer, Eigenverlag
- „Der Kreis Höxter in jenen Tagen. Das Kriegsende 1945 zwischen Weser und Egge.", K. H. Behre, Busse-Seewald-Verlag. 2. Auflage März 1989
- „Die letzten Kriegstage im Eichsfeld und im Raum Mühlhausen vom 3. bis 10. April 1945", Eduard Fritze, Verlag Rockstuhl Bad Langensalza, 1. Auflage 2002
- „Kriegsende und Neubeginn im Landkreis Eichsfeld 1945/1946", Thomas T. Müller und Maik Pinkert, im Auftrag des Landkreises Eichsfeld, der Stadt Heiligenstadt und des Bischöflichen Geistlichen Kommissariats Heiligenstadt, Eichsfeld Verlag, 2003

- „Raketenschmieden und KZ-Außenkommandos im Eichsfeld und Südharz 1944–1945“, Joachim Bornschein, Wartburg Verlag Weimar, 1. Auflage 2003
- „Eisenbahnviadukt Oberrieden“ v. Wolfgang Koch, Verlag Vogt GmbH, 1989
- „Die letzten Tage in der Festung Harz“, Manfred Bornemann, Piepersche Druckerei und Verlag GmbH Clausthal-Zellerfeld, 5. Auflage 1990
- „Schicksalstage im Harz“, Manfred Bornemann, Piepersche Druckerei und Verlag GmbH Clausthal-Zellerfeld, 6. Auflage 1989
- „Krieg in der Heimat ...bis zum bitteren Ende im Harz“, Ulrich Saft, Militärbuchverlag Saft Walsrode, 2. Auflage 1996
- „Auf Spurensuche - Der Kreis Sangerhausen 1939–1945“, Thilo Ziegler, 1999
- „Nordhausen im Bombervisier – Zum Luftkriegsschicksal einer mitteldeutschen Stadt 1940–1945“, Walter Geiger, Verlag Neukirchner, 1. Auflage 2000
- „Mitteldeutschland im Luftkrieg 1944 und 1945“, Fred Dittmann, Eisleben 2001
- „Fliegerhorst und Luft-Nachrichten-Schule 1 Nordhausen 1935–1945“, Fred Dittmann, Verlag Rockstuhl, 1. Auflage 2006.
- „Die 1st US Infantry Division „The Big Red One“ April 1945 zwischen Weser und Harz” Band 1, Dipl. Museologe Peter Nücherlein, Schmiedemuseum „Krell'sche Schmiede“ Wernigerode, 2001
- „Das Kriegstagebuch der 83rd US Infanterie Division für die Monate April und Mai 1945“ Band 1“, Dipl. Museologe Peter Nüchterlein, Schmiedemuseum „Krell'sche Schmiede“ Wernigerode, 1999
- „Our Way to Halle – Der Marsch der ‚Timberwölfe‘ nach Halle“, Matthias J. Maurer, fliegenkopf verlag Halle 2001

Deutsche Zeitzeugenberichte, Veröffentlichungen, private Sammlungen und Archivunterlagen

- „Die Aktion Leuthen“ - Das Ende des deutschen Ersatzheeres im Frühjahr 1945, Andreas Kunz, MGFA - Zeitschrift für Geschichtswissenschaften, Heft 9, 48. Jahrgang 2000, S. 789ff.
- „Das Konzentrationslager ‚Mittelbau‘ in der Endphase der nationalsozialistischen Diktatur“ v. Joachim Neander, Clausthal-Zellerfeld, 1997, Dissertation Universität Bremen, 1996
- „Konzentrationslager Mittelbau-Dora - 1943–1945“ v. Jens-Christian Wagner, Göttingen 2007
- „Evakuierungstransporte des KZ Buchenwald und seiner Außenkommandos“, Buchenwaldheft 16, Christine Schäfer, NMG Buchenwald 1983
- „Raketen aus Bleicherode: Raketenbau und Entwicklung in Bleicherode am Südharz 1943–1948“, Bernd Henze, Gunter Hebestreit, Schriftenreihe „Spuren der Vergangenheit“, Bd. 1, 2. Auflage 2008
- „Elbe-Operationen – Die Kämpfe um die amerikanischen Brückenköpfe im April 1945“, Peter Wittig, Sonderheft Dresden 2004, Militärhistorische Schriften des Arbeitskreises Sächsische Militärgeschichte e.V.

- „Die Zerstörung Nordhausens und das Kriegsende im Kreis Grafschaft Hohenstein 1945“, Manfred Schröter, Beiträge zur Heimatkunde aus Stadt und Kreis Nordhausen, Meyenburg-Museum, Sonderausgabe 1988
- „Nordhausen unter dem Sternenbanner“, Peter Kuhlbrodt, Schriftenreihe heimatgeschichtlicher Forschungen des Stadtarchiv Nordhausen, Nr. 7, 1995
- „Die Stadt am Ende der Faschistenherrschaft“ v. Helmut Drechsler in Beiträge zur Heimatgeschichte aus Stadt und Kreis Nordhausen, Heft 12, 1987
- „Schicksalstage 1945 in Großwerther – Das Tagebuch der Ursula Schönemann“ in Beiträge zur Heimatkunde aus Stadt und Kreis Nordhausen, Heft 16, 1991
- „Auleben im April 1945 – Kriegszeit und Kriegsende in einem Dorf in der Goldenen Aue.“ v. Jörg-Michael Junker und Hans-Jürgen Kohlmann, in „Beiträge zur Heimatkunde aus Stadt und Kreis Nordhausen“, Heft 20, Nordhausen 1995
- „Damals und heute – Nordhausen“ v. Karel Margry aus der Reihe „After the Battle“, Heft 101, 1998
- „Zwanzig Tage im April - Die Kriegsereignisse bei Ilfeld vor 50 Jahren – Eine Chronik“ v. Manfred Bornemann, 1995
- „Die Kämpfe zwischen Eggegebirge und Weser im Frühjahr 1945“ v. Waldemar Becker, in der Westfälischen Zeitschrift, 135. Band, 1985
- „Die Besetzung Lippes im Frühjahr 1945“ v. Waldemar Becker, in Lippische Mitteilungen 64, 1995
- „Karlshafen im Zweiten Weltkrieg“ v. Horst Wagner, Karlshafen 1999
- „Badenhausen im 20. Jahrhundert“ v. Wilhelm Reißner, 1968
- „Sösetalgeschichte(n) und andere“, Bd. 2 v. Werner Binnewies, 1994
- „Tausend Jahre Förste am Harz“ v. Werner Bienewies, 1990
- „Aus längst vergangenen Tagen Band 1“ v. Albert Humm, 1982
- „450 Jahre Clausthal-Zellerfeld“, 1982
- „Kriegsende in Gieboldehausen“ v. Gerhard Rexhausen, Geschichtswerkstatt des HVV Gieboldehausen
- „Schwiegershausen am Harz – Ein Heimatbuch“ v. Walter-Gerd Bauer, Duderstadt 1954
- „Zeitzeugen berichten – Eine Dokumentation aus Zeitzeugenberichten zu den Ereignissen in der Stadt Blankenburg am 20. April 1945“, zusammengestellt von den Mitgliedern „Freunde der örtlichen Geschichte Blankenburgs“ unter Leitung von Manfred Funk
- „Thale zur Zeit des Nationalsozialismus 1933–1945“, Heiko Golla, 1. Auflage 2005
- „Das Ende der deutschen Panzerwaffe“, Wolfgang Schneider, Schriftenreihe „Das schwarze Barett“ Heft 13–15
- Beiträge zur Geschichte der deutschen und alliierten gepanzerten Verbände aus der Heftreihe „Steelmasters“, Verlag VDM – Heinz Nickel, Zweibrücken
- „Chronik der schweren Panzer-Abteilung 507“
- „Panzer-Abteilung 508 – Erlebnisse, Erinnerungen 1943–1945“

- „Aufstellung, Einsatz und Untergang der SS-Panzerbrigade ‚Westfalen' März–April 1945", v. Wilhelm Tieke, Schriftenreihe „Der Freiwillige" Heft 4 – 12/1989 sowie Ergänzungen und Berichte in den Heften 05/91, 06/95, 02/99, Mai/Juni 2008
- „Stichwort: Scharnhorst – Schulen im Endkampf", „Der Freiwillige" Heft 4/85
- "A german fights then surrender in the Harz Mountains" v. Peter Dirks, veröffentlicht im 65th Harbert, U.S.A. 1995
- „Garnison Northeim 1604–1987: Ein wehrkundlicher Streifzug durch die historische Truppenbelegung einer deutschen Stadt" v. Dr. Walter Ohlmer, 1987
- Sammlung Ziegler, Sangerhausen (Kopien des Briefverkehrs zwischen den Gemeinden und dem Landratsamt Sangerhausen zur Chronik von Sangerhausen 1947, Originale im Bestand Archiv Sangerhausen)
- Sammlung Rudi Herz, Berlin

Weitere Beiträge aus Zeitschriften und Zeitschriftenreihen

- ARATORA - Zeitschrift des Vereins für Heimatkunde, Geschichte und Schutz von Artern e.V. Band 1 (1991), 5 (1995), 6 (1996), 11 (2001)
- „Heimatblätter für den süd-westlichen Harzrand" herausgegeben vom Heimat- und Geschichtsverein Osterode/Harz und Umgebung e.V.
- „Unser Harz – Zeitschrift für Heimatgeschichte, Brauchtum und Natur"
- „Lerbacher Heimathefte"
- Volksstimme Wernigerode
- Harz-Kurier
- Mitteldeutsche Zeitung MZ

Webseiten

- „Chronik von Elbingerode", www.elbingerode.de
- „Chronik 1939-1945", www.godelheim.de
- „Chronik der Stadt Göttingen", www.stadtarchiv.goettingen.de
- „Chronik der Stadt Harzgerode", www.harzgerode.de
- „Chronik von Nordhausen" v. Dr. Kuhlbrodt, Webseite der Stadt Nordhausen, Stand Februar 2011, www.nordhausen.de
- „Chronik der Stadt Wernigerode", www.frank-goetze-online.de
- „1945 - Windhausen vor 65 Jahren" v. Horst Sablotny, www.bad-grund-harz.de
- „Zur Geschichte der Kyffhäuserregion" www.kyffnet.de
- „Die letzten Kriegstage in und um Hameln", www.gelderblom-hameln.de
- „Das Ende des Zweiten Weltkrieges in Eisleben und das Kriegsgefangenenlager von Helfta", www.harz-saale.de
- „Von Netzkater bis Sophienhof", April 2011, www.rambow.de/netzkater
- „Bericht über die letzten Kriegstage im Mühlental von Wernigerode" v. Werner Weber, Halberstadt, 2003, www.dhm.de/lemo/forum/kollektives_gedächtnis
- „Rettung der Zillierbachtalsperre" v. Wolfgang Wiezorrek, www.talsperren-lsa.de
- „1945 – Das Kriegsende in Osterode im Harz", www.aplha64.de
- „Festung Harz", www.Die-Feldpost-2-Weltkrieg.org

- „Rüstungsproduktion in Mitteldeutschland“, 2009, www.nszwangsarbeit.de
- „Ingenieurbüro konstruiert 1944 neue U-Boot-Generation“ v. Gerhard Simon, www.arge-deutsche-geschichte.de
- „Forschungsstaffel z.b.V.“ v. Oberregierungsrat Vermessungsassessor Dipl. Ing. Winfried Schrödter, www.vexili.net/HistMGL/Org_FoStff.html
- „Allgemeine Flugabwehrraketen Wasserfall, Taifun“, www.luftfahrtprojekte.de
- „...bis zum bitteren Ende im Harz“ v. Dr. Erich Kalckbrenner, http:/home.arcor.de/axel.strube/Berichte/bis_zum_bitteren_ende.html
- „Fallschirmpionierbataillon 5 – Endkampf im Harz 1945“, www.geocities.com/ fschpibtl5 /html/Berichte3. html
- “The saga of the Red Horse – a short account of the Combat Operations in Europe during 1944 1- 1945 of the 113th Cavalry Group Mechanized”, 2008, www.redhorse.nl
- “Elbe Operations” by Lt. Houcek, Historical Division, US Army, 2010, www.history.mil

Informationen, die dem Internetportal Wikipedia unter dem jeweiligen Schlagwort entnommen wurden, sind als solche gekennzeichnet und haben den Stand August 2011.

Verwendetes Kartenmaterial

- Topographische Karte der US Army, Central Europe, 1:100.000, 1st Edition, published by War Office, 1944
- Reichskarte Einheitsblatt 86 Nordhausen - Sondershausen, 1:100.000, Verlag des Reichsamtes für Landesaufnahmen Berlin, 1936
- „Reisen und Wandern durch Deutschlands Gaue, der Harz“, Beilage zum Sammelalbum (vor 1945)
- „BZ Karte Harz und Kyffhäuser“ herausgegeben von der „BZ am Mittag“ im Ullsteinhaus, Berlin (vor 1945)
- Shell Reisedienst Straßenkarte Nr. 11 Thüringen - Mitteldeutschland (vor 1945)
- Shell Reisedienst Straßenkarte Nr. 12 Sachsen-Mitteldeutschland (vor 1945)
- Kartenmaterial der ehemaligen Nationalen Volksarmee der DDR
- Topographische Karte Südliches Harzvorland mit Kyffhäuser und Hainleite, 1:50.000, Thüringisches Landesamt für Vermessung und Geoinformation, 2005

Das zerstörte Nordhausen

Luftaufnahme von Nordhausen mit dem Fluss Zorge, der durch die Bildmitte verläuft. Aufgenommen am 11. April 1945 von einem Taktischen Aufklärungsflugzeug P-51 Mustang der 9th US Air Force beim Anflug von Norden.
Foto: National Archives (fold3.com)

Luftaufnahme von Nordhausen mit den Bahnanlagen am rechten Bildrand. Aufgenommen am 11. April 1945 von einem Taktischen Aufklärungsflugzeug P-51 Mustang der 9th US Air Force.
Foto: National Archives (fold3.com)

Luftaufnahme von Nordhausen mit den bereits geräumten Hauptstraßen, aufgenommen am 12. Mai 1945 von der USAAF
Foto: National Archives (fold3.com)

Luftaufnahme der Bahnanlagen in Nordhausen, aufgenommen am 12. Mai 1945 von der USAAF.
Foto: National Archives (fold3.com)

Luftaufnahme des Flugplatzes Nordhausen mit dem Hangar und abgestellten Flugzeugen, aufgenommen am 12. Mai 1945 von der der USAAF.
Foto: National Archives (fold3.com)

Eingang zum Fahrstollen B im Kohnstein April 1945 Foto: National Archives

Besuchereingang zum Fahrstollen A heute Foto: Jürgen Möller, 2008

Bauteile von V 1 und V 2 Raketen, die von den amerikanischen Truppen vor den Stollen gefunden wurden . Fotos: National Archives (fold3.com)

Triebwerksteile in der heutigen Besucherstollenanlage der KZ Gedenkstätte.
Fotos: Jürgen Möller, 2008 (Genehmigung für Foto- u. Dreharbeiten v. 14.11.2008)

Eingang zum Lagergelände (oben). Lagerkrematorium und Denkmal für die Opfer auf dem Vorplatz (unten). Fotos: Jürgen Möller, 2008

Ein Häftling zeigt Tec 5 John L. Lyndon vom VII. US Corps den Verbrennungsofen Foto: National Archives (fold3.com).

Der Verbrennungsofen heute Foto: Jürgen Möller, 2008

KZ Außenlager Boelcke-Kaserne in Nordhausen

Bergung der toten KZ-Häftlinge in der Boelcke-Kaserne durch Einwohner von Nordhausen Fotos: National Archives

Die Bevölkerung von Nordhausen beim Abtransport der Opfer und beim Anlegen von Massengräbern am 14. April 1945 Fotos: National Archives

Gräber gefallener deutscher Soldaten auf dem Friedhof Epschenrode
Foto: Jürgen Möller, 2009

Grab der zwei gefallenen Soldaten von der Eisfelder Talmühle auf den Friedhof Sophienhof
Foto: Jürgen Möller, 2011

Grabstätte auf dem alten Friedhof in Ilfeld
Foto: Jürgen Möller, 2011

Grab eines unbekannten Soldaten in Eisdorf
Foto: Andreas Maak, Förste

Kriegsgräber auf dem
Friedhof Osterode
Foto:
Andreas Maak, Förste

Eingang zur Kriegsgräberstätte
Oderbrück/Harz
Foto: Jürgen Möller, 2011

Kriegsgräberstätte
Sieber
Foto:
Jürgen Möller, 2009

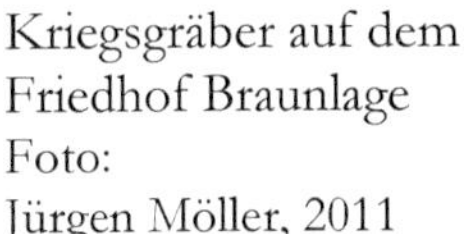

Kriegsgräber auf dem Friedhof Braunlage
Foto:
Jürgen Möller, 2011

Kriegsgräberstätte auf dem Friedhof Elend
Foto:
Jürgen Möller, 2011

Soldatengrab in Güntersberge
Foto:
Jürgen Möller, 2011

Soldatengräber in Friedrichsbrunn
Foto:
Jürgen Möller, 2011

Gräberfelder auf dem Friedhof Harzgerode
Foto:
Jürgen Möller, 2011

Friedhof Hüttenrode
Foto:
Jürgen Möller, 2011

Einzelgrab neben dem Soldatengemeinschaftsgrab in Allrode

Grabstätte der erschossenen Hitlerjungen in Treseburg

Soldatengräber auf dem Friedhof Altenbrak

Fotos: Jürgen Möller, 2011

Soldatengräber auf dem Friedhof Elbingerode/Harz

Gedenkstein für 21 unbekannte Soldaten auf dem Friedhof Thale
Foto: Heiko Golla, Thale

Gedenkstein für die Gefallenen der Kämpfe um Hasselfelde

Grab eines Hitlerjungen an der Straße Siptenfelde - Harzgerode

3 Fotos: Jürgen Möller 2011

Soldatengräber auf dem Friedhof Rübeland

Grabstein in Warnstedt

Grabstein in Wienrode mit dem Namen von Oberst Grassau vom Gren.Rgt. „Potsdam 2“
Fotos: Jürgen Möller, 2011

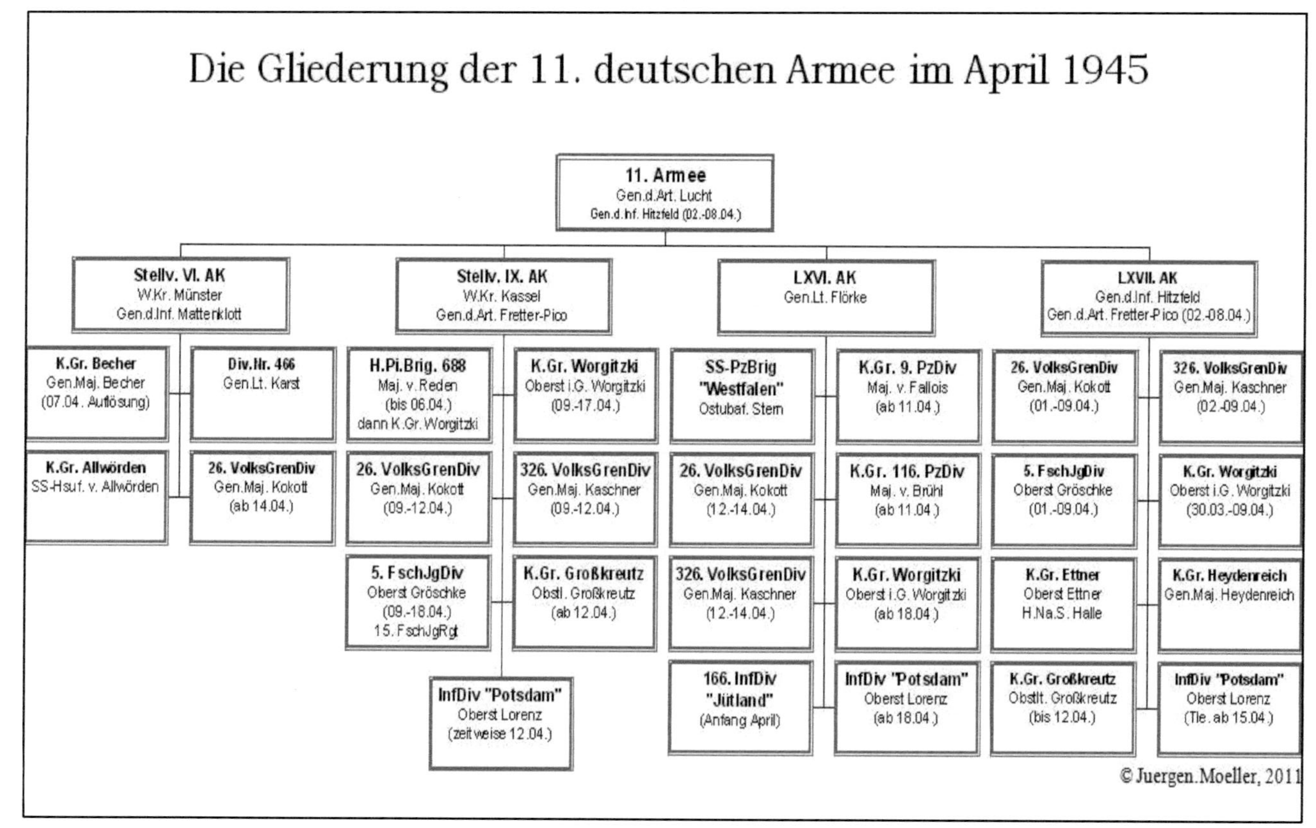
Die Gliederung der 11. deutschen Armee im April 1945
11. Armee
Gen.d.Art. Lucht
Gen.d.Inf. Hitzfeld (02.-08.04.)
Stellv. VI. AK
W.Kr. Münster
Gen.d.Inf. Mattenklott
K.Gr. Becher
Gen.Maj. Becher
(07.04. Auflösung)
Div.Nr. 466
Gen.Lt. Karst
K.Gr. Allwörden
SS-Hsuf. v. Allwörden
26. VolksGrenDiv
Gen.Maj. Kokott
(ab 14.04.)
Stellv. IX. AK
W.Kr. Kassel
Gen.d.Art. Fretter-Pico
H.Pi.Brig. 688
Maj. v. Reden
(bis 06.04.)
dann K.Gr. Worgitzki
K.Gr. Worgitzki
Oberst i.G. Worgitzki
(09.-17.04.)
26. VolksGrenDiv
Gen.Maj. Kokott
(09.-12.04.)
326. VolksGrenDiv
Gen.Maj. Kaschner
(09.-12.04.)
5. FschJgDiv
Oberst Gröschke
(09.-18.04.)
15. FschJgRgt
K.Gr. Großkreutz
Obstl. Großkreutz
(ab 12.04.)
InfDiv "Potsdam"
Oberst Lorenz
(zeitweise 12.04.)
LXVI. AK
Gen.Lt. Flörke
SS-PzBrig
"Westfalen"
Ostubaf. Stern
K.Gr. 9. PzDiv
Maj. v. Fallois
(ab 11.04.)
26. VolksGrenDiv
Gen.Maj. Kokott
(12.-14.04.)
K.Gr. 116. PzDiv
Maj. v. Brühl
(ab 11.04.)
326. VolksGrenDiv
Gen.Maj. Kaschner
(12.-14.04.)
K.Gr. Worgitzki
Oberst i.G. Worgitzki
(ab 18.04.)
166. InfDiv
"Jütland"
(Anfang April)
InfDiv "Potsdam"
Oberst Lorenz
(ab 18.04.)
LXVII. AK
Gen.d.Inf. Hitzfeld
Gen.d.Art. Fretter-Pico (02.-08.04.)
26. VolksGrenDiv
Gen.Maj. Kokott
(01.-09.04.)
326. VolksGrenDiv
Gen.Maj. Kaschner
(02.-09.04.)
5. FschJgDiv
Oberst Gröschke
(01.-09.04.)
K.Gr. Worgitzki
Oberst i.G. Worgitzki
(30.03.-09.04.)
K.Gr. Ettner
Oberst Ettner
H.Na.S. Halle
K.Gr. Heydenreich
Gen.Maj. Heydenreich
K.Gr. Großkreutz
Obstlt. Großkreutz
(bis 12.04.)
InfDiv "Potsdam"
Oberst Lorenz
(Tle. ab 15.04.)
© Juergen.Moeller, 2011

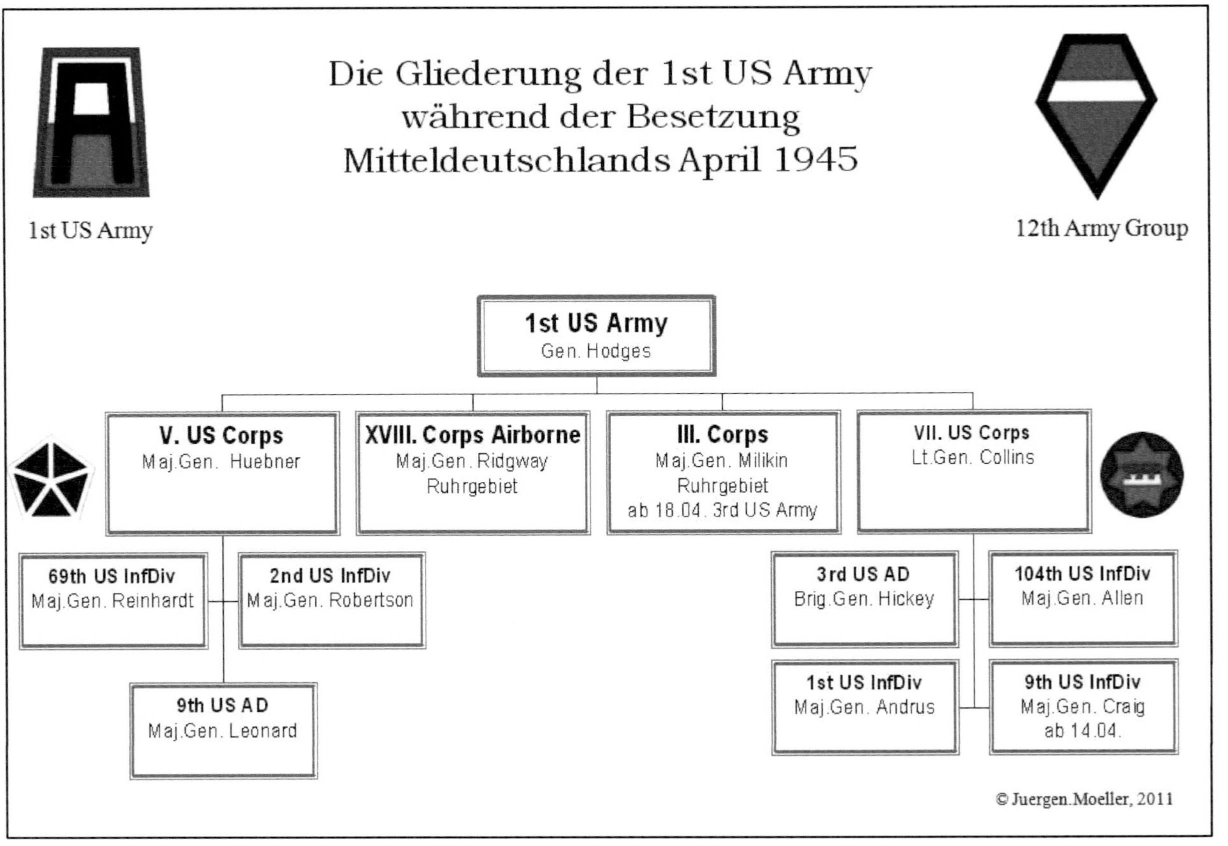
Die Gliederung der 1st US Army
während der Besetzung
Mitteldeutschlands April 1945
1st US Army
12th Army Group
1st US Army
Gen. Hodges
V. US Corps
Maj.Gen. Huebner
XVIII. Corps Airborne
Maj.Gen. Ridgway
Ruhrgebiet
III. Corps
Maj.Gen. Milikin
Ruhrgebiet
ab 18.04. 3rd US Army
VII. US Corps
Lt.Gen. Collins
69th US InfDiv
Maj.Gen. Reinhardt
2nd US InfDiv
Maj.Gen. Robertson
9th US AD
Maj.Gen. Leonard
3rd US AD
Brig.Gen. Hickey
104th US InfDiv
Maj.Gen. Allen
1st US InfDiv
Maj.Gen. Andrus
9th US InfDiv
Maj.Gen. Craig
ab 14.04.
© Juergen.Moeller, 2011

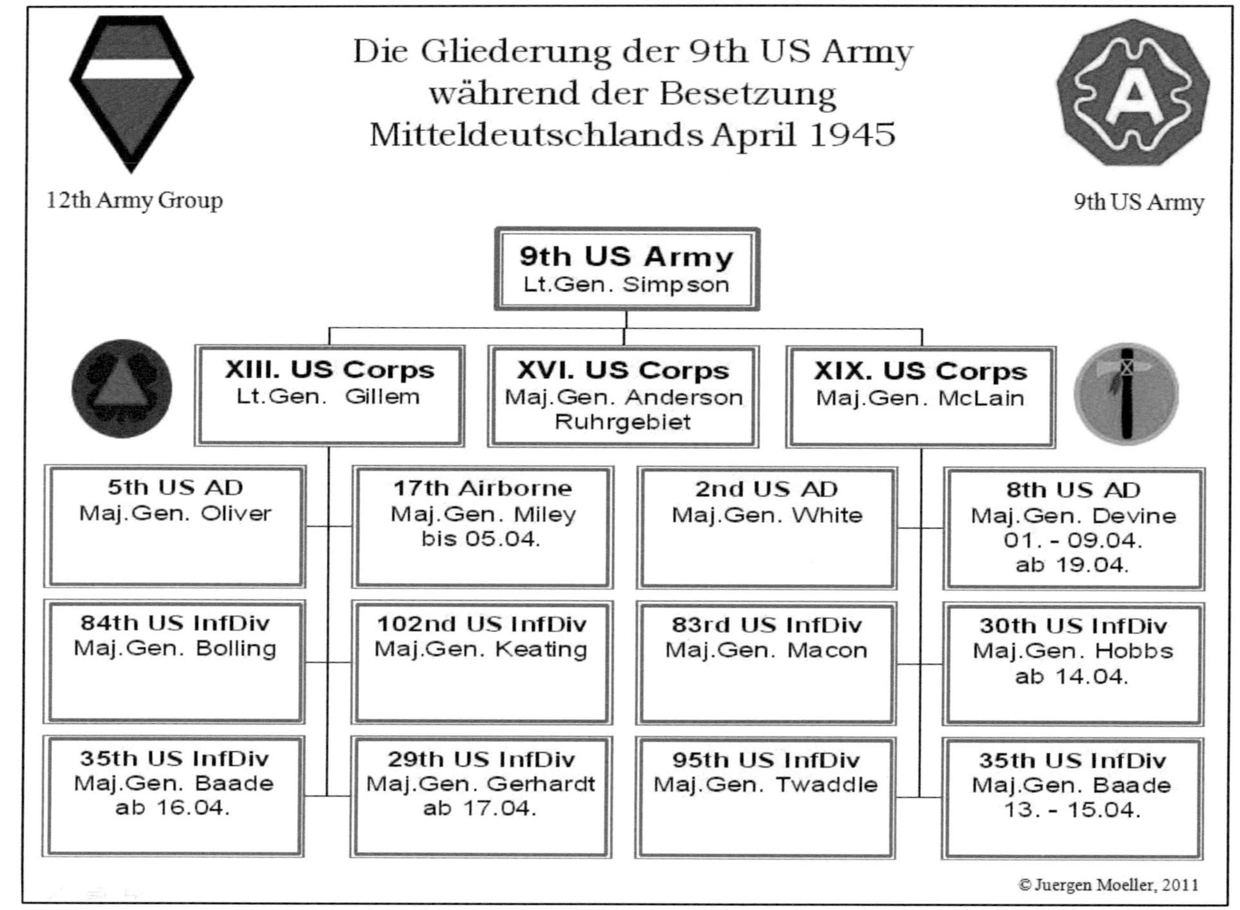

Die Gliederung der 9th US Army
während der Besetzung
Mitteldeutschlands April 1945
12th Army Group
9th US Army
9th US Army
Lt.Gen. Simpson
XIII. US Corps
Lt.Gen. Gillem
XVI. US Corps
Maj.Gen. Anderson
Ruhrgebiet
XIX. US Corps
Maj.Gen. McLain
5th US AD
Maj.Gen. Oliver
17th Airborne
Maj.Gen. Miley
bis 05.04.
2nd US AD
Maj.Gen. White
8th US AD
Maj.Gen. Devine
01. - 09.04.
ab 19.04.
84th US InfDiv
Maj.Gen. Bolling
102nd US InfDiv
Maj.Gen. Keating
83rd US InfDiv
Maj.Gen. Macon
30th US InfDiv
Maj.Gen. Hobbs
ab 14.04.
35th US InfDiv
Maj.Gen. Baade
ab 16.04.
29th US InfDiv
Maj.Gen. Gerhardt
ab 17.04.
95th US InfDiv
Maj.Gen. Twaddle
35th US InfDiv
Maj.Gen. Baade
13. - 15.04.
© Juergen Moeller, 2011

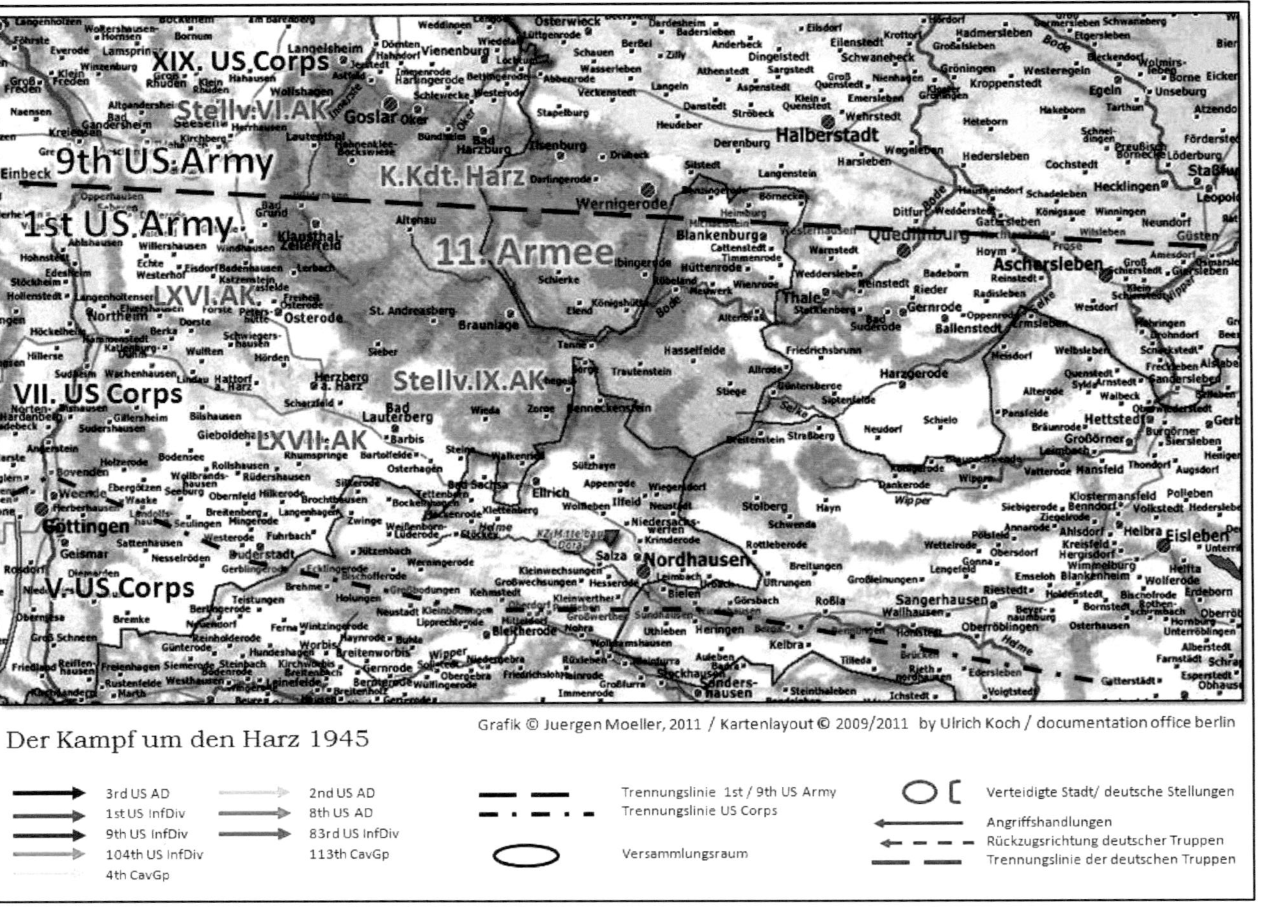
XIX. US Corps
Stellv.VI.AK
9th US Army
1st US Army
K.Kdt. Harz
11. Armee
LXVI.AK
Stellv.IX.AK
VII. US Corps
LXVII.AK
V. US Corps
Goslar
Halberstadt
Wernigerode
Quedlinburg
Aschersleben
Blankenburg
Thale
Osterode
Göttingen
Nordhausen
Eisleben
Sangerhausen
Der Kampf um den Harz 1945
Grafik © Juergen Moeller, 2011 / Kartenlayout © 2009/2011 by Ulrich Koch / documentation office berlin
3rd US AD
1st US InfDiv
9th US InfDiv
104th US InfDiv
4th CavGp
2nd US AD
8th US AD
83rd US InfDiv
113th CavGp
Trennungslinie 1st / 9th US Army
Trennungslinie US Corps
Versammlungsraum
Verteidigte Stadt/ deutsche Stellungen
Angriffshandlungen
Rückzugsrichtung deutscher Truppen
Trennungslinie der deutschen Truppen

Die Einnahme von Nordhausen und der Beginn der Einkesselung des Harzes 10. – 13. April 1945

Grafik © Juergen Moeller, 2011 / Kartenlayout © 2009/2011 by Ulrich Koch / documentation office berlin

Die Kämpfe im Harz 14. – 17. April 1945

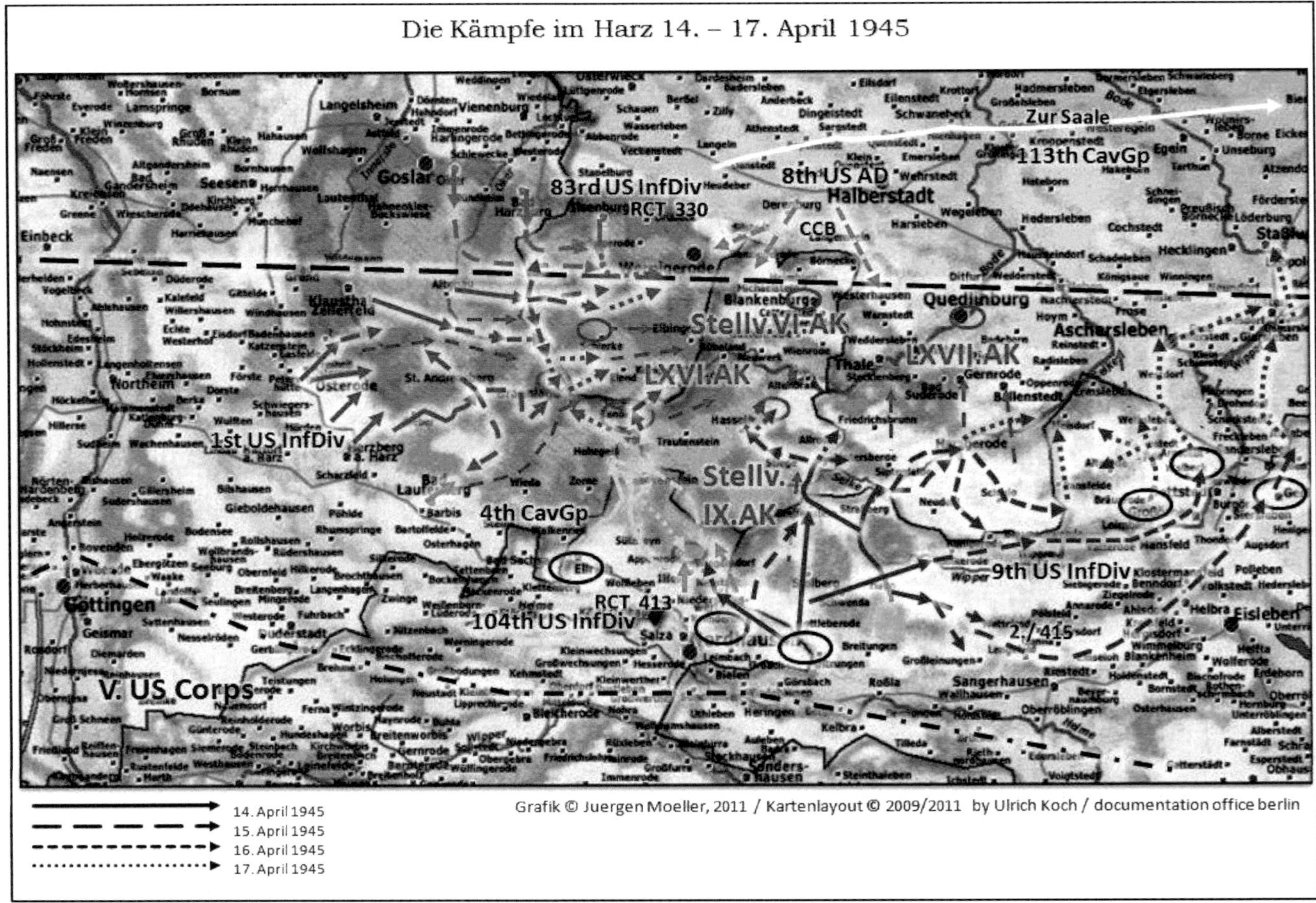

Grafik © Juergen Moeller, 2011 / Kartenlayout © 2009/2011 by Ulrich Koch / documentation office berlin

Das Ende des Harzkessels 18. – 23. April 1945

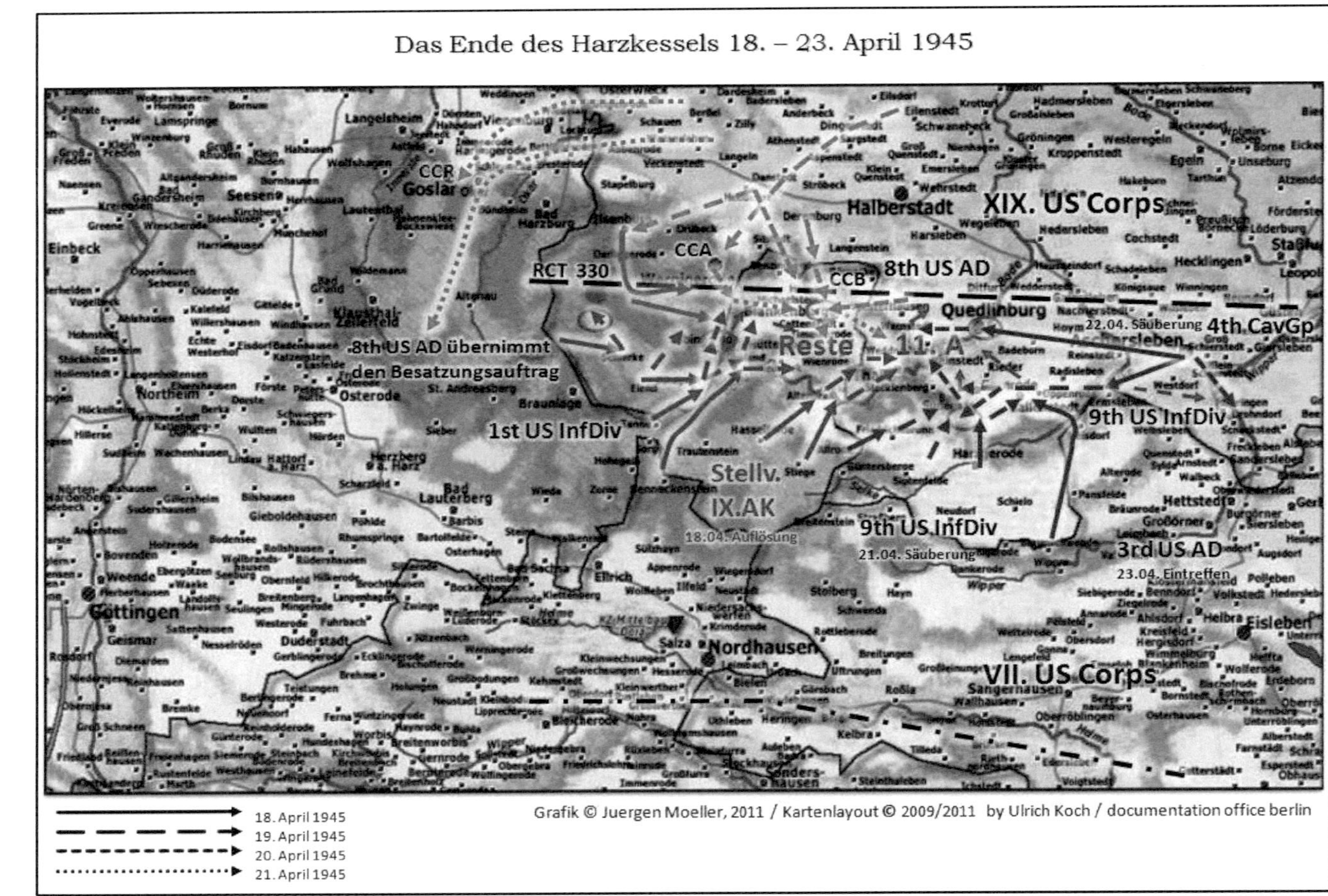

Grafik © Juergen Moeller, 2011 / Kartenlayout © 2009/2011 by Ulrich Koch / documentation office berlin

Autor Jürgen Möller

Der Autor, Jürgen Möller, wurde 1959 in Gotha/Thüringen geboren und beschäftigt sich seit mehr als 15 Jahren mit der militärgeschichtlichen Erforschung des Kriegsendes 1945 in Mitteldeutschland.

Im Ergebnisse dieser Forschungen wurde 2010 beim Verlag Rockstuhl in Bad Langensalza die Dokumentationsreihe *„Das Kriegsende in Mitteldeutschland 1945"* ins Leben gerufen, die seitdem in thematisch abgeschlossenen Einzeldokumentationen den Ablauf der amerikanischen Besetzung Mitteldeutschlands im April/Mai 1945 behandelt.

Bücher von Jürgen Möller im Verlag Rockstuhl

Reihe „Das Kriegsende in Mitteldeutschland 1945"

1. Band [2010]*	- Kampf um Nordthüringen im April 1945	ISBN 978-3-86777-212-9
2. Band [2011]	- Kriegsschauplatz Leipziger Südraum 1945	ISBN 978-3-86777-168-9
3. Band [2014]	- Kampf um Zeitz im April 1945	ISBN 978-3-86777-477-2
4. Band [2021]	- Kampf um den Harz April 1945	ISBN 978-3-86777-257-0
5. Band [2017]	- Endkampf an der Mulde 1945	ISBN 978-3-86777-334-8
6. Band [2013]	- Flak im Endkampf Leuna 1945	ISBN 978-3-86777-457-4
7. Band [2013]	- Kriegsende an Saale und Unstrut 1945	ISBN 978-3-86777-456-7
8. Band [2014]	- Die letzte Schlacht Leipzig 1945	ISBN 978-3-86777-687-5
9. Band [2017]	- Sturmlauf Werra zur Saale April 1945	ISBN 978-3-86777-647-9
10. Band [2017]	- Panzerkeile Thüringer Autobahn 1945	ISBN 978-3-86777-648-6
11. Band [2018]	- Durchbruch zur Zwickauer Mulde April 1945	ISBN 978-3-86777-649-3
12. Band [2019]	- Der Kampf um die Thüringer Pforte April 1945	ISBN 978-3-95966-109-6
13. Band [2020]	- Der Kampf um Weißenfels April 1945	ISBN 978-3-95966-401-1
14. Band [2021]	- Kriegsschauplatz Thüringer Wald April 1945	ISBN 978-3-95966-110-2
15. Band [2022]	- Kampf um die Thüringer Waffenschmiede April 1945	ISBN 978-3-95966-111-9
16. Band [2023]	- Kriegsende im Thüringer Schiefergebirge April 1945	ISBN 978-3-95966-112-6
17. Band [2024]	- Sturm auf die Erzgebirgsstellung April 1945	ISBN 978-3-95966-113-3
18. Band [2025]	- Das Finale im Erzgebirge April 1945	ISBN 978-3-95966-475-2
19. Band [2026]	- Endziel Berlin – Der Stoß zur Elbe 1945	ISBN 978-3-95966-476-9

Spezialausgaben „Das Kriegsende in Mitteldeutschland 1945"

1. Band [2017]	- Konzentrationslager Buchenwald Weimar April 1945	ISBN 978-3-95966-274-1
2. Band [2018]	- Konzentrationslager Mittelbau-Dora 1945	ISBN 978-3-95966-390-8

Handbuch - Kriegsende Mitteldeutschland 1945 ISBN 978-3-86777-588-5

*****) *Erscheinungsjahr*

Stand Juli 2021